Michael Bernays

Schriften zur Kritik und Literaturgeschichte

Dritter Band

Verlag
der
Wissenschaften

Michael Bernays

Schriften zur Kritik und Literaturgeschichte

Dritter Band

ISBN/EAN: 9783957008671

Auflage: 1

Erscheinungsjahr: 2016

Erscheinungsort: Norderstedt, Deutschland

Hergestellt in Europa, USA, Kanada, Australien, Japan
Verlag der Wissenschaften in Hansebooks GmbH, Norderstedt

Michael Bernays

Schriften

Schriften

zur

Kritik und Litteraturgeschichte

von

Michael Bernays

Neue wohlfeile Ausgabe in 4 Bänden

Dritter Band.

Aus dem Nachlaß herausgegeben
von
Georg Witkowski

Berlin W 35
B. Behr's Verlag
1903

Vorrede.

In dem Vorwort Erich Schmidts zum zweiten Bande
dieser Schriften war der Absicht Ausdruck gegeben worden, die
Sammlung nach Bernays' vorzeitigem Hingang nicht weiter fort-
zuführen. Indessen drangen, als dieser Entschluß kund wurde,
zu den Ohren der Nächstbetheiligten mahnende Stimmen von
Freunden und Fachgenossen, so häufig und bringend, daß sie nicht
überhört werden durften. Zumal die trefflichen Worte Sauers (in
der Deutschen Litteraturzeitung vom 15. Januar 1898) mußten
zu erneuter ernsthafter Erwägung auffordern, ob nicht in dem Bilde
des Forschers Bernays, das diese Sammlung der Nachwelt überliefern soll, noch wesentliche Züge zu ergänzen seien, ob seine
über drei Jahrzehnte umfassende Thätigkeit als Schriftsteller sich
in dem Vorhandenen genügend und zutreffend darstellte, ob endlich
unter den an sehr verschiedenen und zum Theil kaum mehr zugänglichen Stellen verstreuten Arbeiten nicht noch so manche der
Erneuerung und Erhaltung werth seien.

Die Antwort auf die erste dieser Fragen ergab sich durch
einen Vergleich dessen, was die beiden Bände darboten, mit
dem Umfang des Gebietes, das Bernays forschend und lehrend
erobert und wie kein andrer in seiner Zeit beherrscht hatte: des
weiten Gesamtbereiches der westeuropäischen Geistesgeschichte
von den Zeiten an, da die homerischen Gesänge zur Harfe des
Rhapsoden ertönten, bis zu den jüngsten Tagen, deren litterarische
Production er mit aufmerksamem, freilich selten billigendem

Blicke bis an sein Ende unablässig verfolgte. Denn obwohl Bernays sich vornehm vom staubigen Gewühl der kämpfenden litterarischen Parteien fernhielt, so konnte doch sein Tagebuch, konnten seine brieflichen Aeußerungen bezeugen, daß er ihnen seine Theilnahme keineswegs versagte und zu dem wüsten „Rembrandt als Erzieher“ ebenso Stellung nahm wie zu den neuesten naturalistischen Romanen der Franzosen und Russen.

Für die früheren Perioden seines Lebens boten sich vollends in überraschender Fülle die Belege dar, die bewiesen, mit welchem regen Interesse er die Erscheinungen seiner Zeit verfolgt hatte, wie er von der Warte des wissenschaftlich geschulten Kritikers ihnen Werth und Unwerth abzumessen vermochte. Höchst reizvoll erschien es, eine Anzahl bedeutsamerer Werke jener sechziger und siebziger Jahre, die nun schon fast wie eine ferne Vergangenheit hinter uns liegen, in dem Geiste eines der reifsten ihrer Zeitgenossen sich spiegeln zu sehen, zu erkennen, wie jene abwelkende Epigonendichtung vor seinem Urtheil bestand.

Nicht minder anziehend sind diejenigen Aufsätze, die sich mit dem deutschen Theater derselben Zeit befassen. Sie zeugen davon, daß Bernays den Niedergang unsres Dramas und unsrer Bühne klar erkannte und die Wiederherstellung des Kunststils der Darstellung, die zusammenstimmende Wirkung aller Theile, die Bekämpfung des vagierenden Virtuosenthums, die Hebung der technischen und geistigen Bildung der Schauspieler als Mittel zur Besserung ansah.

Daß es möglich wäre, solche Betrachtungen an Bernays’ gedruckte öffentliche Aeußerungen zu knüpfen, konnte in den ersten beiden Bänden höchstens das Schriftenverzeichniß lehren. Der übrige Inhalt deckte nur einen bescheidenen Ausschnitt des Kreises seiner Thätigkeit, die große Zeit der neueren deutschen Dichtung, über die nur zwei der Aufsätze in Nachbarfelder hinein reichten. Es fehlte jeder Beleg für die lebenslange, tiefgründende Beschäftigung mit den altklassischen Litteraturen, zumal mit Homer, der griechischen und römischen Komödie, Horaz und den Elegikern und Satirikern, die hinter ihm stehen; kein Zeugniß sprach für das intime Verhältniß zum italienischen Epos der Renaissance, zu den Neulateinern und Philologen des sechzehnten und siebzehnten Jahrhunderts, zu Shakespeare, zur Dichtung der Spanier und Portugiesen, und nur gestreift wurde das klassische Drama der Franzosen, das Bernays als ein höchstes in seiner Art, der geltenden Anschauung zum Trotz, mit immer wachsender, zärtlich bewundernder Neigung umfaßte und pries. Vollends jene Studien auf dem Gebiete der neueren und neuesten englischen Dichtung, die vor allem seinem Liebling Wordsworth galten, konnten in den Schriften um so weniger dokumentarische Bestätigung finden, da hier alles im Bereiche innigster Aneignung, stillen Durchdenkens und Durchfühlens und gelegentlicher mündlicher oder brieflicher Aeußerungen geblieben war.

Das gilt nun auch von einer beträchtlichen Anzahl der übrigen Höhepuncte Bernaysscher Forschung. Das Meiste und, wir müssen es leider sagen, das Beste, was er an geistigen Schätzen aus den ungeheuren von ihm verarbeiteten Mässen gewonnen hatte, ist mit ihm zu Grunde gegangen. Das gewaltige Gesamtbild fast aller ältern und neuern Litteraturen, das vor seinem Geiste stand, die Linien, die er über die Jahrtausende hinweg von einer großen Erscheinung zur andern führte und durch die er das weit Getrennte zur Einheit verband, — er hat sie mit lebendigem Worte oft genug Freunden und Schülern zu zeichnen gewußt, aber niemals hat er sie mit festem Griffel so wie er, und vielleicht kein andrer der Zeitgenossen, sie erblickt, aufs Papier zu bannen und damit den Spätern als Erbe zu erhalten versucht.

Immerhin vermögen wir aber doch, zumal für die Shakespearestudien, stattliche Beweise zu erbringen, nicht minder für das oben berührte Interesse am Theater und der Dichtung der Zeit. Erfüllen also auch die neuen zwei Bände die Aufgabe, das Bild des Forschers Bernays zu liefern, keineswegs vollkommen, so greifen sie doch über die Grenzen ihrer Vorgänger weit hinaus und können wenigstens in der großen Abhandlung Ueber Citate und Noten einen annähernden Begriff von dem Umfang geben, den er mit seinem Blicke umspannte.

Diese Abhandlung gewährt zugleich die beste Anschauung von der Eigenart des Schriftstellers, wie sie sich am Schlusse seiner Laufbahn herausgebildet hatte. Ein jüngerer Fachgenosse, dessen liebevolles Verständniß des heimgegangenen großen Litterar-historikers sich in allen übrigen Puncten bewährt, stellt die Behauptung auf: „Seine Schriftstellerei hat keine Geschichte gehabt; sein erstes Werk ist gerade so geartet und so reif wie sein letztes.“ Wäre dem so, dann dürfte man, um Bernays als Autor kennen zu lernen, sich mit den bequem zur Hand liegenden, selbständig publicirten Schriften oder den in den ersten beiden Bänden dieser Sammlung enthaltenen Arbeiten begnügen. Aber ein Blick auf die ältern Aufsätze zeigt, daß der sonst so gründliche Beurtheiler sich in diesem Puncte in einen Irrthum befand, der allerdings durch die bereits berührte Unzugänglichkeit der frühen Arbeiten Bernays' sehr entschulbbar wird.

Die lange Reihe von Kritiken und Charakteristiken, die der ersten, ins Leben der Wissenschaft mächtig eingreifenden Schrift Ueber Kritik und Geschichte des Goetheschen Textes vorausgingen, beweist das vollauf. Hier suchte Bernays als Tages-schriftsteller zu wirken, freilich als ein Tagesschriftsteller, wie es deren nur sehr wenige gegeben hat. Mit festem und schnellem Blicke faßte er die Erscheinungen ins Auge und suchte der großen Menge der gebildeten Leser in weitverbreiteten, angesehenen Organen die Bedeutung neuer Dichtungen, großer wissenschaftlicher Persönlichkeiten oder hervorragender Schauspieler zum Bewußtsein zu bringen. Dem Lärmen jener Meute, die die Berühmtheiten des Tages kläffend begleitet, um beim Hervortreten eines andern Gegenstandes der allgemeinen Aufmerksamkeit sogleich auf die frische Fährte abzuschwenken, — diesem Lärmen hat er nie seine Stimme beigemischt; auch hier galt es ihm stets allein, aus einer gefestigten künstlerischen und sittlichen Anschauung heraus dem, was er für gut und recht erkannt hatte, Geltung zu verschaffen, das Schlechte und Niedrige aber mit allen Kräften zorniger Entrüstung oder scharfer Satire abzuwehren.

Es leuchtet aus diesen ersten Arbeiten eine ernste Auffassung der Pflichten des Kritikers, eine Größe der menschlichen und wissenschaftlichen Gesinnung hervor, die um so höher anzuschlagen ist, wenn man sich vergegenwärtigt, unter welchen äußeren Umständen sie entstanden sind.

Dabei hat die leichte Anmuth der Form unter dem gewichtigen Inhalt keineswegs gelitten. Sie zu erreichen, bedurfte es für Bernays nicht der Annäherung an den Ton, der seitdem zum Schaden der Wissenschaft auch in ihr Arbeitsgebiet eingedrungen ist und der den behandelten Gegenstand nur als das Object betrachtet, auf dem der Verfasser die Kristalle seines Witzes sich ansammeln, ihre scharfen Kanten blendend funkeln läßt. Im Gegensatz zu solchem selbstsüchtigen Bestreben tritt hier der Autor bescheiden zurück; er fühlt sich als Vermittler zwischen dem Werke, der Persönlichkeit, die er vorführt, und dem Leser, dem er die Erkenntniß, die ihm selbst aufgegangen ist, überliefern will; nur weiß er diese Erkenntniß ihm durch die Klarheit und ungesuchte Schönheit der Sprache, durch einen lebendigen, dem geselligen Gespräch abgelauschten Ton zu erleichtern.

Man erkennt, daß die wohllautend dahinfließende Rede sich an dem unvergleichlichen Ebenmaß jener Perioden gebildet hat, in denen der nur den Jahren nach alte Goethe seinem Volke das Letzte und Höchste, was er zu sagen hatte, mittheilte; auch die milde Heiterkeit der Seelenreise, die den lehrhaften Schriften des vielgeliebten Dichters eigen ist, sucht Bernays nicht ohne Erfolg über den Ernst des Inhalts zu breiten. Ebenso wird man den Einfluß des größten Meisters darin erkennen dürfen, daß er die künstlerische Erscheinung als natürlich geworden, organisch entwickelt betrachtet; sie stellt ihm gemeinsam mit den verwandten die Abwandlungen des aufzufindenden Urtypus, das Product des innerlich wirkenden Gesetzes dar. So führt er allenthalben das Einzelne zur allgemeinen Weihe; er lenkt den Blick des Lesers von dem gegebenen Objekt auf die Gattung, von dem Entstandenen auf die Bedingungen des Entstehens.

Im Gegensatz zu seiner spätern Weise sucht er hier nicht durch den Reichthum des Details, nicht durch die tiefgründende und nach allen Seiten ausgreifende Erörterung einzelner Fragen zu wirken. Vielmehr sind es große allgemeine Gesichtspuncte, die er sich wählt; er behandelt die Erscheinungen in ihrer Totalität und weist ihnen ihre Stellung im Rahmen der historischen Entwicklung an, er prüft sie auf ästhetischen Werth und sittliche Bedeutung, er sucht die Eigenart, die sich in ihnen abspiegelt, aufzudecken.

Gerade jetzt, da die ästhetische und psychologische Richtung wieder gegenüber der im engern Sinne philologischen zu neuem Ansehen gelangt, mag man gern auf die Zeugen der alten ästhetisirenden Periode zurückblicken, die mit schwächerem Rüst=zeug ähnliche Probleme zu bewältigen suchte wie die, denen wir uns nun von neuem zuwenden. So darf es wohl als be=rechtigt erscheinen, diese ältern Arbeiten auch als Documente zur Geschichte der litterarhistorischen Wissenschaft, als Vor=bilder einer im edelsten Sinne populären Schreibweise zu er=neuern und der Nachwelt zu überliefern.

Bernays selbst hat indessen die Nachtheile der hier vor=herrschenden Methode oder, besser gesagt, die Gefahr des Mangels an streng wissenschaftlicher Methode, die durch die ästhetische Be=handlung litterarhistorischer Gegenstände heraufbeschworen wird, aufs klarste erkannt. Schmerzlich bewegt rief er aus: „Soll denn unsre Litteraturgeschichte fort und fort der Tummelplatz eines wüsten Dilettantismus bleiben? Wie lange hat das Studium unsrer nationalen Litteratur unter der Schmach gelitten, daß sich zu Pflegern desselben Männer aufwarfen, die in keinem andern Gebiete, auf dem eine hergebrachte wissenschaftliche Zucht herrscht, sich ungestraft hätten zeigen dürfen! Wer wollte es den Meistern unsrer klassischen Philologie verargen, wenn sie die Geringschätzung, die solchen Pflegern gebührte, zuweilen auf das Studium selbst übertrugen?"

Den Meistern der klassischen Philologie! Die neuere Litteraturgeschichte von ihnen als gleichberechtigten Zweig der philologischen Wissenschaft anerkannt zu sehen, wurde sein Hauptstreben, und er erkannte, daß dieses Ziel nur erreicht werden konnte, wenn jeder, der auf diesem Felde wirkte, sich die strengsten Forderungen philologisch-historischer Forschung gegenwärtig hielt.

Hierfür Muster aufzustellen, ließ Bernays sich in der spätern Zeit vor allem angelegen sein. Die subtilen Fragen der Text-, Stoff- und Entstehungsgeschichte, die Erörterung biographischer Einzelheiten, die höhere Kritik traten in seinen Arbeiten mehr und mehr in den Vordergrund, die großen Zusammenhänge wurden daneben immer weniger betont. Die Untersuchung bewegte sich langsam von Punct zu Punct fort. Erst wenn der Wanderer das Erdreich der kleinen Parcelle, die unmittelbar vor ihm lag, bis auf das winzigste Theilchen Bodenkrume durchgesiebt und auf seinen Gehalt geprüft hatte, erst wenn alle Reize des weiten Horizonts, der sich dem geübten Auge des Fernhinblickenden eröffnete, erschöpft waren, setzte er den Fuß einen Schritt vorwärts, um auf der neu betretenen Scholle dasselbe Verfahren anzuwenden. Er selbst behielt dabei immer das Endziel des Weges im Bewußtsein und steuerte unbeirrt darauf zu; aber ob die Mehrzahl der Leser dazu fähig war? Er zwingt sie, sich neben ihm in dem gleichen, gemessenen Zeitmaß fortzubewegen und er verlangt von ihnen dieselbe Andacht zum Kleinen, dieselbe Fähigkeit des Sichversenkens, des Fortspinnens der Gedankenfäden durch weite Räume, die er selbst besaß. Es leuchtet ein, daß der Genuß seiner letzten Schriften dadurch an bestimmte Vorbedingungen geknüpft ist, die sich nicht gerade häufig finden, so daß selbst manche Fachgenossen nicht den richtigen Standpunct zu ihnen zu gewinnen vermochten. Solche bezeichneten denn wohl auch als die eigenste, unveränderliche Natur des Verfassers, was sich bei vollständigerer Uebersicht seines Schaffens als Ergebniß einer langen Entwicklung, als eine Art von Altersstil darstellte.

In dieser Hinsicht aufklärend und berichtigend zu wirken, das betrachte ich als eine Hauptaufgabe, die durch die Herausgabe des dritten und vierten Bandes erfüllt werden soll.

Aber freilich wäre ihr Erscheinen immer noch nicht genügend gerechtfertigt, wenn sie nur neue Documente zur Erkenntniß der wissenschaftlichen Bedeutung, der Entwicklung des Forschers und Schriftstellers Bernays enthielten. Denn kein wissenschaftliches Buch soll zunächst um des Autors willen wichtig sein, soll um seine Persönlichkeit zu beleuchten an das Licht treten; es mag schweigen, wenn es nichts andres als seine eigene Geschichte zu erzählen hat. Wir verlangen, daß dadurch unsre Kenntniß bereichert, unser innerer Sinn angeregt werde. Ich bin der Ueberzeugung, daß das bei allen den hier abgedruckten Aufsätzen zutrifft, daß sie alle durch ihren Gehalt die Erneuerung verdienen. Aus der weit größern zur Verfügung stehenden Masse sind sie so ausgewählt worden, daß alles fortblieb, was von Bernays anderwärts in ähnlichem Sinne behandelt worden war, daß ferner von den ältern Kritiken und Charakteristiken nur diejenigen hier erscheinen, deren Gegenstände jetzt noch ein höheres Maß von Theilnahme einflößen, daß endlich der Kreis litterarhistorischer und philologischer Interessen nicht überschritten wurde. Deshalb sind z. B. die Reden auf Richard Wagner und Ludwig II., deren Drucklegung von manchen Seiten gewünscht wurde, fortgeblieben; beide bedeuten nicht objektive Würdigungen, sondern sie huldigen in edlem Enthusiasmus zwei Naturen, in denen sich für Bernays die dämonische Eigenart des Genies sichtbar verkörperte.

Das Verfahren des Herausgebers in Bezug auf den Wortlaut der Aufsätze sei nur mit wenigen Worten begründet. Bernays ließ sich in der Regel durch äußere Anlässe zum Schreiben anregen: das Streben, sich selbst mit neuen Erscheinungen aus-

einanderzusetzen, das Bedürfniß, verehrten Männern bei ge=
gebener Gelegenheit zu huldigen, kurz irgend ein subjectives
Moment, erregt vom Augenblick, tritt bei der Mehrzahl seiner
Arbeiten an die Spitze, durchwärmt sie mit einem Hauche
lebendigen innern Gefühls, das der wissenschaftlichen Erörterung
den Stempel der Ansprache, der persönlichen Mittheilung auf=
prägt. Es wäre in vielen Fällen unmöglich, allenthalben aber
unberechtigt gewesen, die Spuren dieser Entstehungsart zu ver=
wischen.

Ebenso mußte der Versuchung widerstanden werden, da, wo
die Kenntniß der Gegenstände älterer Arbeiten inzwischen durch
die Forschung bereichert und vertieft worden ist, etwa durch er=
gänzende Anmerkungen eingreifen zu wollen. Nur in den
Fällen, wo die Gelegenheit zu kleinen Berichtigungen sich un=
gezwungen darbot, habe ich sie stillschweigend vorgenommen, und,
wie zu S. 286 dieses Bandes, auf Neueres hingewiesen, wo es
mir der Billigkeit zu entsprechen schien. Eine Anzahl von kleinen
Vermehrungen des Textes und der Anmerkungen ist den Ein=
trägen des Verfassers in seine Handexemplare und Abschriften
der frühern Drucke entnommen.

Wo die von Bernays citirten Quellen später in gereinigter
Gestalt erschienen sind, z. B. die Werke Shakespeares und der
deutschen Klassiker, habe ich die besseren Lesarten, die Seiten=
zahlen der jetzt gebräuchlichen Ausgaben eingesetzt, um dem Leser
das Auffinden der Belegstellen zu erleichtern.

Der Reiz, der Nachlaßpublikationen in der Regel eigen ist,
indem sie einen Blick in die verödete Werkstatt eröffnen, soll auch
unsrer Sammlung nicht völlig fehlen. Ihren Schluß bilden eine
Anzahl von ungedruckten Stücken, zum Theil ursprünglich nicht
für die Oeffentlichkeit bestimmt, zum Theil fragmentarisch und
ohne die letzte Feile des sorgsamen Autors. Man wird, hoffe
ich, trotzdem ihre Drucklegung nicht tadeln. Am ehesten könnte
vielleicht die Abtheilung „Einzelnes“ auf Widerspruch stoßen; denn
es ließe sich wohl darüber streiten, ob solche Splitter, die dem

unmittelbaren Eindruck der Lektüre, gelegentlichen hingeworfenen
Aeußerungen entstammen, auf den öffentlichen Markt gehören.
Mag der kleinen Auswahl aus einer hundertfach größeren Menge
solcher Worte. das Lebensrecht nicht abgesprochen werden; birgt
sie doch sicher eine Reihe von Gedanken, die ihre anregende
Wirkung auf die Leser nicht verfehlen werden.

Es bleibt mir schließlich noch die angenehme Pflicht, denen
zu danken, die sich bei der Herausgabe dieser Bände hilfreich
erwiesen haben: Franz von Lenbach, der das meisterhafte Porträt
bereitwillig zur Verfügung stellte, Herrn Professor Dr. Wülker
in Leipzig, der die Durchsicht der auf Shakespeare bezüglichen
Aufsätze freundlichst auf sich nahm, und Herrn Bibliothekar
Dr. Holder in Karlsruhe, der in treuer Verehrung für den
heimgegangenen Verfasser sämmtliche Korrekturen revidirt hat.

Leipzig, den 20. October 1898.

Georg Witkowski.

Inhalt.

I.

Zu Shakespeare.

Shakespeare ein katholischer Dichter.
(1865.)

Man hat Ursache, einem Autor erkenntlich zu sein, der gleich
an der Schwelle des Buchs uns seine Absichten eröffnet und
deutlich das Ziel bezeichnet, das er sich zu erreichen vorgenommen.
Der Verfasser des vorliegenden Buchs[1]) erweist uns diese dankens=
werthe Gefälligkeit; gleich in der Einleitung bekennt er unverhohlen,
zu welchem Zwecke er die Feder ergriffen. Er ist erstaunt
darüber, daß Shakespeare so verschiedene und oft so sonderbare
Beurtheilungen erfahren hat: die deutsche Kritik zeigt sich zwar
nicht so unverständig, wie die englische; aber auch sie hat den
großen Briten verkannt. Auch Goethe und Schiller vermochten
nicht, bis in das Innere seines Wesens vorzudringen; jener ist,
wie Herr Rio meint, „von seinem Standpunkt eines natura=
listischen Dichters aus" über Shakespeares Naturalismus in
Ekstase gerathen." Schiller hingegen ward, „mit größerem Rechte,
durch Bewunderung des Idealismus Shakespeares in Ekstase
versetzt." In welchem Sinne unserm Goethe hier der Stand=
punct eines naturalistischen Dichters zugeschrieben wird, bleibt
uns verborgen, und ebenso verborgen sind uns die Stellen in
Schillers Werken und Briefen, in denen sich die Ekstase über
Shakespeares Idealismus ausspricht. In dem Aufsatze über
naive und sentimentalische Dichtung stellt Schiller ihn neben
Homer, weil in den Werken Beider die vollkommenste Wahrheit

---

[1]) Shakespeare von A. F. Rio. Aus dem Französischen übersetzt
von Karl Zell.

der Darstellung herrscht, welche durch die subjektive Empfindung des Autors niemals beeinträchtigt wird. Alsdann erkannte Schiller, was schon Lessing erkannt hatte, daß Shakespeare, „so viel er wirklich gegen den Aristoteles sündigt, weit besser mit ihm würde ausgekommen sein, als die ganze französische Tragödie" und durch Richard III. fühlte er sich sehr lebhaft an die griechische Tragödie erinnert. (An Goethe 5. Mai und 28. November 1797.) Fast möchte es scheinen, als habe der Verfasser sich zu jener übereilten Aeußerung durch einen mißverstandenen Satz in Gervinus' Shakespeare (4, 321) verleiten lassen.

Aber wer wird auch einen französischen Autor so streng beim Wort nehmen, wenn er gelegentlich einige Bemerkungen über deutsche Dichter wagt! Und man wird diese Strenge um so eher ermäßigen, wenn man vernimmt, daß der Autor sich einen gefährlichen Posten gewählt hat, und daß von den zahl= reichen Gegnern, mit denen er in den Kampf tritt, mehr als einer, nach seinem eigenen Ausdrucke, „Legion heißen könnte": unsere Strenge sollte also wohlverdientem Mitleid weichen. Herr Rio hat sich nämlich vorgesetzt, den großen englischen Dichter für die Katholiken wieder zu gewinnen, denen er als gläubiger Mensch und gläubiger Dichter angehört. Zwar haben die Schriftsteller und Kritiker, die ihm bisher ihren Fleiß ge= widmet, wie in einem geheimen Einverständniß sich bemüht, ihn dieser Genossenschaft zu entziehen; die verschiedenen Parteien auf dem Gebiete der Religion und Philosophie, rationalistische Protestanten und orthodoxe Männer der Hochkirche, Anhänger Hegels sowie Pantheisten und Atheisten haben ihn der Reihe nach zu dem ihrigen gemacht; nur die Katholiken haben sich schweigend und unthätig verhalten; aber jetzt erhebt die römische Kirche gebieterisch ihren Anspruch durch den Mund des Herrn Rio und fordert von Ketzern und Heiden ihren getreuen Sohn William Shakespeare zurück.

Herr Rio verhehlt sich nicht „die Kühnheit, oder selbst, wenn man will, die Verwegenheit seines Unternehmens." Aber er sollte nicht glauben, daß er der erste sei, der es unternimmt, den Dichter des Hamlet in den Schoß der römischen Kirche zurückzuführen. Da er diesem Gegenstand „ein gewissenhaftes und eindringendes Studium" gewidmet, das er sogar schon „vor mehr als einem Vierteljahrhundert" begonnen hat, so durfte es ihm nicht unbekannt sein, daß z. B. Charles Butler den großen William an der Spitze der katholischen Dichter Englands nennt. Wir haben indeß nicht im Sinne, den Ruhm zu schmälern, der Herrn Rio aus seinem Unternehmen erwachsen möchte. Von ganzem Herzen sei ihm unverkümmert die Ehre gegönnt, die Meinungen, die er hier vorträgt, zu erst gefaßt und zu erst ausgesprochen zu haben. Und allerdings ist er auch der erste, der zu behaupten wagt und zu beweisen glaubt, nicht nur, daß Shakespeare aus einer katholischen Familie stamme und selbst sich zur römischen Kirche bekannt, sondern daß er auch in seinen Dichtungen vornehmlich dahin getrachtet habe, diese Kirche, welcher er mit so rührender Treue angehangen, zu feiern und zu erheben und sie an ihren triumphirenden Widersachern zu rächen. Der Meinung Rios zufolge mußte die innerste Natur der Shakespeareschen Werke unverstanden bleiben, so lange man in ihrem Urheber nicht den treuen Katholiken erkannt hatte; ein Verständniß dieser Werke wird jetzt erst möglich, nachdem Herr Rio ihnen die seit längerer Zeit verflüchtigte katholische Seele wieder eingehaucht hat.

Von welcher Art sind nun die Gründe, die den Verfasser zur Annahme seiner Meinung bewogen haben, und durch welche Beweise hofft er uns von der Richtigkeit dieser Meinung zu überzeugen? Hat er während des Verlaufs seiner fünfundzwanzig= jährigen Studien Materialien zur Biographie Shakespeares in die Hände bekommen, die vor ihm Niemand ausfindig gemacht hat, und durch deren Benutzung es ihm gelingt, die großen Lücken in unserer Kenntniß vom Leben des Dichters befriedigend auszufüllen? Wie dankbar würden wir für jede Bereicherung des biographischen Stoffes sein! Man weiß und hat oft genug

darüber geklagt, aus wie spärlichen und trüben Quellen wir das
schöpfen müssen, was man die Biographie Shakespeares zu nennen
pflegt. Schon sechzig bis siebzig Jahre waren seit seinem Tode
verflossen, als unter seinen Landsleuten der Wunsch rege ward,
auch etwas von den Lebensverhältnissen des großen Mannes zu
wissen, dessen Werke um jene Zeit (1685) in einer neuen Folio-
Ausgabe, der vierten seit 1623, dem Publikum vorgelegt wurden.
Man fing an, zu forschen und Erkundigungen einzuziehen; aber
die zu spät erwachte Neugier mußte sich mit unbedeutenden, hier
und dort zusammengerafften Geschichtchen begnügen, die sich vielfach unter einander widersprachen, und für die es entweder gar
keine oder nur eine sehr zweifelhafte Gewähr gab. Wenn man
die Nachrichten betrachtet, die etwa um 1680 der Antiquar
Aubrey zusammenstellte, wenn man hört, was die ehrlichen
Stratforder Bürger dem Schauspieler Betterton erzählt haben,
wenn man endlich liest, was der mehr als achtzigjährige Ge-
meindeschreiber im Jahr 1693 dem Herrn Dowdall berichtete,
so bedarf es allerdings keiner sehr geschärften Kritik, um den
geschichtlichen Werth dieser Traditionen, die zum Theil schon
durch ihre Abgeschmacktheit ihren Ursprung verrathen, auf das
richtige, das ist, auf ein sehr bescheidenes Maß zurückzuführen.
Wer den vorhandenen Biographien Shakespeares eine neue hinzufügt, sollte daher während seiner Arbeit immerwährend die bekannten Worte von Steevens[2]) und Hallam[3]) im Gedächtniß
behalten. Denn, in der That, ganz sicher steht für uns in
Shakespeares Leben nur das Wenige, was wir aus deutlichen
Aeußerungen der Zeitgenossen erfahren, oder was durch gleichzeitige Documente beglaubigt wird. Eine ziemliche Anzahl ehe-
mals unbekannter Documente ist während der letzten Jahrzehnte
ans Licht gekommen; aber kaum sind wir der Belehrung, die sie
uns boten, froh geworden, so müssen wir auch schon un-

---

[2]) Zu Shakespeares 93. Sonett.
[3]) Introduct. to the Lit. of Europe 2, 176. (1843.)

weigerlich auf sie Verzicht leisten: denn, daß diese Schrift=
stücke, namentlich diejenigen, welche Collier aus Lord Ellesmeres
Papieren hervorzog, gefälscht sind, das kann nach den Unter=
suchungen von Hamilton und Ingleby ferner keinem Zweifel
unterliegen. Es erweckt kein günstiges Vorurtheil für die kritische
Sorgfalt, die Herr Rio seinem Stoffe widmet, daß er diese
Urkunden, je nachdem sie seinen Zwecken dienen, der Benutzung
würdigt oder unbenutzt läßt. Aus einem Briefe des Dichters
Daniel an Sir Thomas Egerton geht hervor, daß Shakespeare
sich um das Hofamt eines Master of the Queens Revels be=
worben habe; in einem andern mit den Buchstaben H. S. unter=
zeichneten Briefe, den man dem Grafen Southampton zuschrieb,
geschieht der besondern Gunst Erwähnung, mit welcher Elisabeth
und König Jacob den Dichter ausgezeichnet; beide Briefe bleiben
von Herrn Rio weislich unerwähnt, denn sie würden freilich
allen seinen Vermuthungen und Versicherungen gar zu ent=
schieden widersprechen. Dagegen verschmäht er es nicht, das
ebenfalls gefälschte Schriftstück vom November 1589, in welchem
Shakespeare unter den Theilhabern des Blackfriars=Theater er=
scheint, auf S. 77 als eine „authentische Urkunde" anzuführen;
denn diese „Urkunde", in welcher die Schauspieler bezeugen, daß
sie in ihren Stücken niemals politische und religiöse Materien
(matters of state and religion) berührt haben, giebt dem Ver=
fasser Gelegenheit, sich recht eindringlich über die furchtbaren
Bedrückungen zu äußern, welche das Theater unter der unerträg=
lichen Herrschaft der protestantischen Königin zu erdulden hatte.
Und ebenso wenig kann er es sich in einem andern Falle ver=
sagen, von einer als unecht erkannten Notiz Gebrauch zu machen:
er spricht S. 243 von einem „vor Kurzem erst entdeckten
Document", dem zufolge im Sommer 1602 eine Aufführung
des Othello in Gegenwart der Königin stattgefunden habe; er
denkt sich den Dichter bei dieser Aufführung betheiligt und
deutet an, welche „verschiedene Empfindungen" dessen Herz in
der Nähe der gehaßten Königin bewegen mußten; zugleich spricht

er die sinnreiche Vermuthung aus, die Verzweiflung Othellos müsse auf das „reuerfüllte Herz" Elisabeths, die den Tod des Grafen Essex betrauerte, einen Eindruck gemacht haben, „wie wenn eine Egge mit ihren Eisenspitzen darüber hingezogen würde." Wir müssen Bedenken tragen, dieser Vermuthung beizustimmen; denn von der Thatsache, worauf sie sich stützt, nämlich der Auf= führung des Dramas in Gegenwart der Königin, haben wir wie gesagt nur durch eine gefälschte Notiz Kunde erhalten.

Von einem Schriftsteller, welcher den Gebrauch gefälschter Documente für nöthig erachtet, läßt sich kaum erwarten, daß es ihm gelungen sein werde, beglaubigte Thatsachen und Urkunden von unbezweifelter Echtheit ans Licht zu bringen. Der Ver= fasser hat denn auch während seiner vieljährigen Mühen dem vorhandenen und so oft durchgearbeiteten biographischen Stoff nicht das Geringste hinzuzufügen vermocht. Er muß sich also bescheiden, diese wohlbekannten kärglichen Materialien nach eigen= thümlichen Gesichtspuncten anzuordnen und für seine eigenthüm= lichen Zwecke zuzurichten.

Unter allen Zeugnissen, die wir über Shakespeare besitzen, konnte dem Verfasser keines werther sein, als der kleine aus vier Wörtern bestehende Satz, mit welchem der Reverend Richard (nicht, wie Herr Rio schreibt, David) Davies seine kurze, hand= schriftlich erhaltene Notiz über des Dichters Leben schließt. Dieser Satz wird denn auch auf einer der letzten Seiten des Buches (S. 300) gleichsam um das ganze, so mühselig aufgerichtete Gebäude zu krönen, mit großer Befriedigung vorgebracht. Der Verfasser sagt dort (S. 298), das Nichtwissen der Con= fession Shakespeares sei nur ein künstliches; es bestehe nur für diejenigen, welche entschlossen seien, sich nicht belehren zu lassen; dieses Nichtwissen, oder vielmehr dieses Nichtglaubenwollen, daß Shakespeare der katholischen Religion angehörte, sei im 17. Jahr= hundert unter seinen Landsleuten nicht vorhanden gewesen und man könne aus dieser Zeit ganz positive Zeugnisse aufrufen zur Unterstützung der Behauptung, daß Shakespeare Katholik war. Wir dürfen nun nicht etwa fragen, ob Herr Rio uns einen katholischen Beichtvater an dem Sterbebette Shakespeares zeigen, ob er nachweisen kann, daß Shakespeare die Sterbe=sakramente empfangen habe; eine solche Frage hat der Verfasser auf S. 299 als „empörenden Hohn" abgewiesen. Wir ent=halten uns also dieses „empörenden Hohnes" und werden um so begieriger, jene andern „positiven Zeugnisse" kennen zu lernen. Das eine derselben ist nun jenes Sätzchen, bestehend aus den vier inhaltsreichen Worten: „He dyed a papist, er starb als Papist." Wer ist der Autor dieses Satzes?

Im Jahre 1688 starb der Reverend William Fulman; er hatte biographische Sammlungen angelegt, welche er seinem Freunde Richard Davies, Rector von Saperton, in Gloucestershire, ver=machte; Davies vermehrte die einzelnen Artikel dieser Collectaneen mit mancherlei Notizen; nach seinem Tode im Jahre 1708 ge=langten diese Aufzeichnungen nach Oxford, wo sie noch jetzt in der Bibliothek des Corpus=Christi=College aufbewahrt werden. Ueber Shakespeare scheint Fulman nur wenig gewußt zu haben; er nennt seine Vaterstadt, giebt sein Geburts= und Todesjahr an und sagt, daß er aus einem Schauspieler ein Schauspiel=dichter geworden. Was Davies diesen Bemerkungen hinzufügt, ist auch gar dürftig. Er erzählt das Geschichtchen von dem Wilddiebstahl, den Shakespeare im Park des Sir Thomas Lucy verübt haben soll; aber er ist mit den Personen und Verhält=nissen so wenig bekannt, daß er nicht einmal den Taufnamen Lucys anzugeben weiß. Davies berichtet nun ferner, daß Shakespeare an diesem Lucy später Rache genommen habe; denn dieser sei es, den er in seinem Richter Clodpate verspotte; er nenne ihn einen großen Mann, und in Anspielung auf seinen Namen trage er als Wappen three louses rampant.[4]) Nun findet sich in keinem Shakespeareschen Drama ein Justice

---

[4]) Die Worte lauten im Original: But his revenge was so great, that he is his Justice Clodpate, and calls him a great man, and that in allusion to his name bore three louses rampant for his arms.

Clodpate; dieser Name diente in sprichwörtlichem Scherz zur Bezeichnung eines albernen, unwissenden Richters. Davies kann nur den Justice Shallow im Sinne haben, der in der ersten Scene der „Lustigen Weiber von Windsor" im ganzen Bewußt= sein seiner Würde auftritt und sich vornimmt, den Sir John Falstaff vor der Sternkammer zu verklagen, weil dieser ihm „seine Leute geschlagen und sein Wild getödtet hat."[5]) Dieser Shallow indeß trägt nicht, wie Davies sagt, „three louses" in seinem Wappen, sondern „a dozen white luces" (Hechte), die dann Sir Hugh Evans in seinem walisischen Dialekt in „louses" verwandelt. — Man sieht also, daß der Bericht des guten Davies da, wo wir ihn controliren können, sich nicht als zuverlässig er= weist; der Mann hat ein unbestimmtes Gerede gehört, das er hier aufzeichnet; es ist kaum möglich, in so wenige Worte mehr Ungenauigkeiten zusammenzudrängen. Sollen wir nun dem, der sich mit Shakespeares Leben und Dichtungen so unbekannt zeigt, leichtsinniger Weise Glauben schenken, wenn er uns, un= gefähr achtzig Jahre nach Shakespeares Tod etwas erzählt, das im vollkommensten Widerspruch steht mit Allem, was wir sonst über den Menschen und Dichter mit Sicherheit wissen, wenn er uns erzählt, daß Shakespeare „als Papist gestorben sei?"

Herr Rio glaubt (S. 300), daß „diese Thatsache zum ersten Mal angeführt worden sei von Herrn Simpson"; im Jahre 1858 hat nämlich dieser Herr Simpson in der Zeitschrift The Rambler über die, wie es in der Einleitung (S. X) heißt, „Religions= eigenschaft[6]) Shakespeares eine Reihe von sehr interessanten

---

[5]) Knight, you have beaten my men, killed my deer, and broke open my lodge.

[6]) Rios Buch hat nicht nur das Unglück, eine schlechte Sache mit schlechten Waffen zu vertheidigen; es ist auch überdies einem schlechten Uebersetzer in die Hände gefallen, der z. B. auf S. 286 folgenden Satz drucken läßt: „Denn der Gesandte spricht mit innerer Bewegung von den Leiden der englischen Katholiken, deren Augenzeuge und Vertrauensmann er war." — Wenn Herr Karl Zell auf S. 33 bemerkt, Schlegel habe in

Artikeln" erscheinen lassen. Diese Artikel im Verein mit Lingards englischer Geschichte haben Herrn Rio, wie es scheint, vornehmlich mit der Leidensgeschichte der Katholiken unter Elisabeths Herrschaft vertraut gemacht; er citirt daher Herrn Simpson recht oft und hat offenbar recht viel von ihm gelernt. Ich weiß jedoch nicht, ob dieser letztere Umstand jenen Artikeln zu großem Ruhme gereicht. Denn ein Artikel, aus dem Herr Rio etwas lernt, braucht deshalb noch nicht ein solcher zu sein, der unbekannte Thatsachen vorbringt oder neue Anschauungen entwickelt. Denn Herr Rio weiß gar manches nicht, was leicht zu wissen war, und was er sogar wissen mußte. Wenn er also glaubt, jene „Thatsache," nämlich daß Davies Shakespeare einen Papisten nennt, sei zuerst von Herrn Simpson angeführt worden, so beweist er durch diesen Glauben nur, was freilich alle Theile seines Buches auf das Ueberzeugendste beweisen, daß seine fünfundzwanzigjährigen Studien ihn mit der Litteratur, die sich um Shakespeare und seine Werke in so großen Massen auf= gehäuft, nur in sehr oberflächlicher Weise bekannt gemacht haben. Diese „Thatsache" ist oft genug angeführt und besprochen worden. Damit Herr Rio erfahre, durch welche Schriftsteller er mit leichter Mühe, ehe Herr Simpson seine Artikel schrieb, die Kenntniß dieser Thatsache hätte erlangen können, so wollen wir ihn auf einige Bücher verweisen, die sogar während der Zeit seiner Studien erschienen sind. Joseph Hunter, der im Jahre 1845 die zwei Bände seiner New Illustrations of the Life, Studies and Writings of Shakespeare herausgab, er= wähnt auf S. 115 des ersten Bandes die von Davies über= lieferte Nachricht und nennt sie remarkable, if true; Halliwell druckt in seinem 1848 erschienenen Life of William Shakespeare auf S. 123 sorgfältig den ganzen Bericht von

---

Love's Labour's lost eine Stelle ausgelassen, so mag er hier die Belehrung empfangen, daß Schlegel keine Zeile dieses Lustspiels übersetzt hat. Vgl. meinen Aufsatz: Der Schlegel=Tieck'sche Shakespeare. Köln. Ztg. 14. Septbr. 1864.

Davies ab,[7]) und es fällt ihm durchaus nicht ein, jene bedeutsamen
vier Wörtchen am Schlusse ängstlicher oder betrügerischer Weise
wegzulassen; endlich hat Alexander Dyce in der Biographie, welche
den ersten Band seiner Ausgabe Shakespeares vom Jahre 1857 er=
öffnet, jenes gefährliche Sätzchen auf S. 111 ganz unerschrocken
angeführt, und seit dem Jahre 1861 konnte es auch der deutsche
Leser sehen und prüfen, wenn er nur einen Blick thun wollte
in die mit erschöpfender Vollständigkeit zu vortrefflicher Uebersicht
zusammengestellten biographischen Nachrichten, welche Delius dem
siebenten Bande seines Shakespeare einverleibt hat: hier fand er
es sogar zweimal, in der 17. und 55. Note, abgedruckt.

Jene „Thatsache" ist also durchaus nicht verheimlicht
worden. Und welchen Werth haben unbefangene Forscher, für
welche ein Gesetz der Kritik vorhanden ist, dieser Notiz beigelegt?
Eben den, welcher ihr zukommt. Sie verbürgt uns nichts weiter,
als daß neben den mannigfaltigen Gerüchten, welche über
Shakespeare, zum Theil erst lange nach seinem Tode, in Umlauf
kamen, in gewissen Kreisen auch das Gerücht aufgetaucht war,
daß er als Papist gestorben sei. Indeß scheint dies Gerücht,
seiner geringen Glaubwürdigkeit wegen, sich nur wenig verbreitet
zu haben, weil Davies, so viel wir wissen, der einzige ist, der
es, gegen das Ende des 17. Jahrhunderts, nicht etwa dem
lesenden Publikum öffentlich mittheilte, sondern neben den
andern Notizen gelegentlich aufzeichnete. — Wenn ein Gerücht
sich unbefangenen Forschern als grundlos erweist, so sind diese
nicht verpflichtet, den Ursprung desselben zu erklären; in diesem
Falle jedoch läßt sich wohl vermuthen, wie das Gerede entstand.
Unter den Stratforder Bürgern kam, etwa im Beginn des
17. Jahrhunderts, ein strenger puritanischer Sinn zur Geltung.
Während früher, in der Jugendzeit Shakespeares, die wandernden
Schauspielertruppen dort häufig ihre gern gesehenen Vorstellungen

---

[7]) Hier sind auch die Zusätze von Davies durch den Druck genau von
der ursprünglichen Aufzeichnung Fulmans unterschieden.

gaben, wurden im Jahre 1602 und 1612 alle theatralischen Lustbarkeiten von der Corporation bei scharfer Strafe wiederholt untersagt. Hunter bemerkt (1, 105), daß unter den Nachkommen des Dichters selbst mehrere solchen strengen religiösen Gesinnungen sich zuneigten. Daß Shakespeare dieser puritanischen Engherzig= keit abhold war, dürfen wir mit Zuversicht annehmen; er wird es auch, wenn er sich dazu aufgefordert fand, entschieden aus= gesprochen haben, daß jene bis zum Lächerlichen getriebene Sitten= strenge weder der wahren Religion, noch der wahren Sitt= lichkeit förderlich sein könne, — und wie leicht mag es da manchen Ueberfrommen in den Sinn gekommen sein, in ihm einen verkappten Papisten zu wittern; „denn in jenen Tagen gab es viele, die da glaubten, wer kein Puritaner sei, sei auch kein Protestant."[8]

Wie ein derartiges Gerede entsteht, wie hartnäckig es sich oft erhält und fortpflanzt, dafür können wir in der Geschichte unserer eigenen Schriftsteller ein lehrreiches Beispiel finden. Wie lange hat man nicht Ludwig Tieck und August Wilhelm Schlegel für heimliche Katholiken gehalten! Die Behauptung, daß sie zur römischen Kirche übergetreten, ist nicht etwa achtzig Jahre nach ihrem Tode von einem Notizensammler gelegentlich aufgezeichnet worden: sie ward bei Lebzeiten dieser Männer öffentlich ausgesprochen[9]. Tieck hielt es niemals der Mühe werth, sie zu widerlegen, Schlegel wies sie erst im Jahre 1828 in einer vortrefflichen Schrift zurück. Wollte nun ein zukünftiger Litterarhistoriker einen dieser beiden Männer, auf die Aeußerungen ihrer Zeit= genossen hin, zum Katholiken machen, so könnte er für sein Verfahren wenigstens mehr scheinbare Gründe vorbringen, als wir für uns anführen könnten, wenn wir, auf das Wort des Herrn Davies hin, Shakespeare als Papisten sterben ließen.

---

[8] — for in those days there were many who thought, that not to be a Puritan was not to be a Protestant. Hunter 1, 115.

[9] Von Tieck erzählt es Voß 1820 (Bestätigung der Stolbergischen Umtriebe S. 113 fg.). Sollte doch auch Goethe in Rom katholisch ge= worden sein (F. H. Jacobi an J. v. Müller 3. Oktober 1787).

Das Gerücht, das Davies der Nachwelt aufbewahrt hat, kann uns also nicht mehr gelten, als irgend eine der Anecdoten, die man sich vor etwa 180 Jahren von Shakespeare zu erzählen begann; und wie wir dem Autor der „Lives of the Poets" (1753) und sogar dem Dr. Johnson entschieden unsern Glauben versagen, wenn sie uns berichten, daß Shakespeare seine Lauf= bahn in London vor den Thüren der Schauspielhäuser als ein ausgezeichneter Pferdehüter begonnen habe[10]), ebenso entschieden mißtrauen wir dem Herrn Davies, wenn er, ohne uns irgend eine Gewähr für seine Behauptung zu bieten, den Dichter im Schoße der römischen Kirche sein Leben enden läßt.

Aber Herr Rio hat uns „ganz positive Zeugnisse" vorzu= legen verheißen. Wie, wenn eins von diesen die Worte: he dyed a papist bestätigte? — Freilich zeigt es sich, daß Herr Rio nur noch über einen Zeugen zu verfügen hat: es wäre für ihn also räthlich gewesen, seine Verheißung in etwas be= scheidenere Worte zu fassen. Diesem einen Zeugen horchen wir nun mit verdoppelter Aufmerksamkeit. Wie angestrengt wir indeß auch aufhorchen, wir können nichts vernehmen; denn dieser „ganz positive" Zeuge erweist sich als negativ bis zum Aeußersten: er sagt nämlich gar nichts. Er überhebt uns also auch der Mühe, sein Zeugniß zu prüfen. Dieser schweigsame Zeuge ist kein anderer als John Ward, der von 1662 bis 1679 Vicar in Stratford war; er hinterließ verschiedene, nur zu seinem eigenen Gebrauch bestimmte Aufzeichnungen, unter denen sich auch einige zwischen 1661 und 1663 niedergeschriebene Notizen über Shakespeare befinden. Er erzählt uns unter anderm das Histörchen, Shakespeare habe mit Drayton und Ben Jonson ein lustiges Gelage gehalten; wahrscheinlich habe man zu stark getrunken (and itt seems drank too hard), denn Shakespeare sei an einem Fieber gestorben, welches er sich dabei

---

[10]) Dies Geschichtchen soll Betterton von Sir William Davenant er= fahren haben, der, wenn man dem Schwätzer Aubrey trauen darf, sich gern für einen natürlichen Sohn Shakespeares halten ließ.

zugezogen. Mit den Werken des Dichters war der gute Vicar damals noch wenig vertraut, denn er notirt sich, daß er sie durchlesen müsse, damit er in der Sache nicht unwissend sei (that I may not be ignorant in that matter), und ganz ernsthaft fragt er sich, ob Dr. Heylin auch wohl daran thue, in seiner Aufzählung der berühmten dramatischen Dichter Englands Shakespeare auszulassen? — Wards Tagebuch wird in der Bibliothek der Medical Society in London aufbewahrt und ist im Jahre 1839 herausgegeben worden.[11]) In dieser Ausgabe finden sich die seitdem oft angeführten Notizen; von einem Zeugniß über Shakespeares Katholicismus findet sich aber nichts, offenbar, weil sich auch in der Handschrift nichts davon vorfand. Aber Herr Rio wollte durchaus etwas derartiges finden. Er sagt (S. 300): „In diesen Memoiren" — so nennt er mit einem prunkhafteren Titel die Aufzeichnungen Wards — „in diesen Memoiren kommt zwar eine Erwähnung des Todes unseres Dichters vor," — es ist das eben angeführte Histörchen — „aber ohne die geringste Aufklärung über die Religion, in welcher er starb." — Wir fragen ganz einfach: Was sollte denn der gute Ward da „aufklären," wenn Shakespeare unter Protestanten als Protestant lebte und starb? — Aber Herr Rio fährt fort: „Das Schweigen des Verfassers der Memoiren oder diese Lücke war für viele Leser ein Gegenstand der Verwunderung, und sie konnten sich die Sache nicht recht erklären." Man sieht, der Verfasser ist ungehalten darüber, daß ihm der Vorrath seiner „ganz positiven Zeugnisse" in so bedenklicher Weise zusammenschmilzt; geht er in seinem Unmuth wohl gar so weit, den Herausgeber des Tagebuchs, Dr. Severn, einen Mann, dessen Ehrenhaftigkeit zu bezweifeln wir nicht die geringste Ursache haben, einer höchst unehrenhaften Unterschlagung jenes Zeugnisses zu beschuldigen? Hat Herr Rio denn etwa das vermißte

---

[11]) Diary of the Rev. John Ward. Arranged by Charles Severn, M. D. London 1839.

Zeugniß in Wards Handschrift mit eigenen Augen gelesen? Nein, er pflegte, wie sich aus seinem Buche ergiebt, zum Zwecke der „Untersuchungen, die er über die katholischen Dichter Englands seit der Reformation anstellte" (S. 301), die hand= schriftlichen Schätze der Archive und Bibliotheken nicht zu durch= mustern; er begnügte sich, aus solchen Quellen zu schöpfen, die bequemer am Wege liegen. Er hat auch Wards Manuscripte nicht durchforscht; sein Gewährsmann ist J. Payne Collier; aber auch dieser hat die Worte des Stratforder Vicars nicht etwa selbst gelesen; er hat nur, ehe das Tagebuch im Drucke erschienen war, Herrn Rio erzählt, er habe von Dr. Severn, dem die Herausgabe der Wardschen Papiere aufgetragen worden, im Gespräche gehört, „dieses Tagebuch enthalte eine entscheidende Stelle zur Bestätigung der Vermuthung, daß Shakespeare in der katholischen Religion gestorben sei" (S. 302). Und daß er dies wirklich von Dr. Severn gehört habe, versicherte Collier in einem Briefe, den er kurz nach der Veröffentlichung des Tage= buchs an den durch die wahrgenommene „Lücke" sehr überraschten Herrn Rio richtete.

Es liegt uns nicht ob, zu untersuchen, wer mehr Glauben verdiene, Collier, der erzählt, was ihm Dr. Severn über den In= halt des Tagebuchs erzählt hat, oder Dr. Severn selbst, der das Tagebuch herausgegeben; wir wollen auch nicht auf das Ergebniß der so lebhaft gepflogenen Verhandlungen über die Echtheit der von Collier entdeckten Documente hinweisen; — in keinem Falle ist dies Ergebniß geeignet, unsern Glauben an die Zuverlässigkeit einer Collierschen Behauptung zu stärken; wir beschränken uns auf die unzweifelhaft richtige Bemerkung, daß ein „ganz positives" Zeugniß, welches noch Niemanden be= kannt geworden, auch für Niemanden existirt und daher eine Vermuthung weder bestätigen noch entkräften kann. Was aber auch Dr. Severn dem Herrn Collier mitgetheilt haben mag, diese Mittheilungen haben auf den letztern offenbar nicht den geringsten Eindruck hervorgebracht und nicht die leiseste Er=

innerung bei ihm zurückgelassen. Fünfundzwanzig Jahre sind seit der Herausgabe des Wardschen Tagebuches verflossen; Collier ist während dieser Zeit dem Studium Shakespeares ununterbrochen treu geblieben; er hat die Werke des Dichters herausgegeben, er hat sein Leben beschrieben, er hat über ihn und seine Zeit Entdeckungen aller Art gemacht, deren Werth freilich ein sehr zweifelhafter ist; aber während er auch das Geringfügigste, das mit dem Leben und Thun des Dichters in Verbindung steht oder zu stehen scheint, oft bis zum Ueberdruß bespricht und erörtert, hat Collier innerhalb dieses langen Zeit= raums in keiner seiner Schriften auf jenes vermißte Zeugniß hingedeutet. In seiner Ausgabe Shakespeares vom Jahre 1844 veröffentlichte er eine Biographie des Dichters, die 266 Seiten umfaßt; an zwei Stellen (S. 223 und 250) erwähnt er das von Dr. Severn herausgegebene Tagebuch und führt die be= kannten Worte des Stratforder Vicars an, denen er übrigens in beiden Fällen nur wenig Gewicht beilegt; daß er aber in dem gedruckten Tagebuch eine „Lücke" vermuthe oder wahr= genommen habe, davon vertraut Herr Collier seinen Lesern durchaus nichts. Und sollte er sich selbst jener vor fünf Jahren empfangenen Mittheilungen des Dr. Severn damals noch er= innert haben, so muß ihm doch das Zeugniß Wards von welchem sie ihm Kunde gaben, ganz und gar werthlos erschienen sein; denn auf S. 143 spricht er es so entschieden wie möglich aus, daß Shakespeare als Protestant erzogen worden, als solcher gelebt habe und als solcher gestorben sei.[12] Und was hätte auch Collier veranlassen sollen, daran zu zweifeln? Wie das Kirchen= buch bezeugt, hat Shakespeare nebst allen Mitgliedern seiner Familie in der protestantischen Kirche zu Stratford die Taufe erhalten; er, sein Weib, seine Tochter und sein Schwiegersohn haben in der protestantischen Kirche zu Stratford ihre Grab=

---

[12] That his son William was educated, lived, and died a protestant we have no doubt. Dieselben Worte wiederholt er 1858 in der zweiten Auflage 1, 113.

stätte gefunden,[13]) und wir besitzen sein Testament, das wenige
Wochen vor seinem Tode aufgesetzt worden, das er drei Mal
mit eigener Hand unterschrieben hat. In diesem Schriftstücke
einen Beweis für des Dichters katholische Gesinnungen ausfindig zu machen, das hat selbst Herr Rio seinen spähenden
Augen nicht zugemuthet: Shakespeares letzter Wille beginnt auf
gut protestantisch mit dem Bekenntniß, daß er hoffe und sicherlich glaube, durch das alleinige Verdienst Jesu Christi, seines
Heilands (through thonelie meritte of Jesus Christe my
Saviour) des ewigen Lebens theilhaftig zu werden. —

Die „ganz positiven Zeugnisse," auf welche Herr Rio
unsere Neugier mit so verheißungsvollen Worten gespannt hatte,
sind also von uns vernommen worden. Es waren ihrer zwei:
das eine entbehrt jeder Beglaubigung und zeigt sich als durchaus unzuverlässig, das andere ist nicht vorhanden. Der Verfasser selbst scheint eingesehen zu haben, daß Zeugnisse von so
zweifelhafter Beschaffenheit seiner Behauptung nur eine unsichere
Stütze bieten konnten. Er mußte daher andere, festere Stützen
herbeischaffen, die nicht beim ersten Hauch einer gesunden Kritik
zusammenbrechen. Aber von welcher Seite sollten ihm diese
Stützen geliefert werden, und aus welchem Material sollten sie
bestehen? Dieses Räthsel hat der Verfasser bald gelöst. Shakespeares Leben und Dichtungen bieten, nach seiner Meinung,
eine solche unerschütterliche Stütze dar; jenes muß nur unbefangen
dargestellt, diese müssen nur richtig gedeutet werden, so ergiebt
sich aus ihnen unzweifelhaft, daß wir in Shakespeare einen der

---

[13]) Daß die vier Verse auf Shakespeares Grabstein (Good frend,
for Jesus sake forbeare) vom Dichter selbst herrühren, wird erst im Jahre
1693 von Dowdall erzählt; Halliwell, Life of Shakespeare (1848) S. 287,
bemerkt sehr richtig: It is unnecessary to say that such wretched doggrel
verses never could have proceeded from Shakespeare's pen. Ebenso
sagt De Quincey, diese Verse seien „equally below his intellect no less
than his scholarship," und vermuthet, sie könnten wohl vom grave-digger
oder parish-clerk herrühren.

feurigsten und gläubigsten Katholiken zu verehren haben. Was die ganz positiven Zeugnisse also nicht leisten wollen, das muß durch indirekte, aber um so unzweideutigere Zeugnisse geleistet werden. Shakespeares Leben und Dichtungen ins Katholische gewissermaßen umzusetzen, ist daher die eigentliche Aufgabe des Buches.

Das erste Kapitel ist überschrieben: Shakespeares Erziehung. Die Behandlung dieses Stoffes nimmt 44 Seiten ein. Von Shakespeares Erziehung wissen wir nichts; wir können nur vermuthen, daß er die öffentliche Schule in Stratford besuchte, welche im Jahre 1553 von Edward VI. einen neuen Freibrief erhalten hatte und seitdem The King's new school genannt wurde. Was wir über des Dichters Kindheit und Jugend mit Zuverlässigkeit aussagen können, beschränkt sich auf die zwei Thatsachen, daß seine Eltern, John und Mary Shakespeare, ihn in Stratford am 26. April 1564 taufen ließen, und daß er sich, wahrscheinlich im Dezember 1582, mit Anne Hathaway vermählte. Was wird der Verfasser diesen Thatsachen auf den 44 Seiten seines ersten Kapitels hinzuzufügen haben?

Gleich im Anfang weist er uns sehr energisch auf die „Thatsache" hin, daß Shakespeare „in einer Familie erzogen wurde, welche dem damals unterdrückten Religionsbekenntnisse treu geblieben war."

Kann dies Factum deutlich und bündig bewiesen werden, so erhält die Biographie Shakespeares allerdings dadurch einen nicht verächtlichen Zuwachs. Auf welche Zeugnisse beruft sich nun der Verfasser? Beruft er sich etwa auf jenes Glaubensbekenntniß, das uns Jahr 1770 der Maurermeister Mosely in dem Sparrenwerk des Hauses fand, welches das Geburtshaus des Dichters sein soll? Dies von katholischer Glaubensgluth durchhauchte Schriftstück haben noch Chalmers und Drake,[14]

---

[14] Jener in seiner Apology for the Believers in the Shakespeare-Papers (1797) S. 128 fgg., dieser in Shakespeare and his times (1817)

trotz Malones Widerspruch, für echt gelten lassen; aber jetzt wagt selbst ein Rio nicht, für dies Document den Glauben seiner Leser in Anspruch zu nehmen. Er begnügt sich fürs erste damit, jene Behauptung ausgesprochen zu haben, und erzählt alsdann: „Johannes Shakespeare, der Vater des Dichters, muß sich während der Zeit der ersten Religionswirren unter Heinrich VIII. und Eduard VI. auf irgend eine Art bemerkbar gemacht haben, denn er stand bei seinen Mitbürgern zu Stratford in Ansehen, und dieses Ansehen nahm immer zu seit der Regierung von Maria Tudor, welcher er das Bürgerrecht in dieser Stadt und eines der ersten dortigen Gemeindeämter zu verdanken hatte" (S. 2). Sollte man nicht nach diesen Worten vermuthen, die Königin Maria habe den glaubenseifrigen Handschuhmacher in Stratford durch glänzende Beweise ihrer Gunst ausgezeichnet und ihm „eines der ersten Gemeindeämter" verschafft, zu denen die Bürger sonst nur durch die Gemeinde selbst erwählt wurden?

Der eben angeführte Satz ist nicht blos deshalb anziehend, weil er kein wahres Wort enthält, — diesen eigenthümlichen Vorzug theilt er mit gar vielen andern Sätzen dieses Buches; — er wird uns besonders dadurch wichtig, daß er uns einen Einblick in die Methode eröffnet, zu welcher der Autor sich mit entschiedener Vorliebe bekennt. Diese Methode besteht darin, den klaren und präzisen Daten überall so weit wie möglich aus dem Wege zu gehen und der Darstellung eine angenehme Unbestimmtheit zu ertheilen, die dem Verfasser gestattet, jede erwünschte Folgerung aus seinen eigenen Worten zu ziehen. Der Chronologie ist Herr Rio daher nicht befreundet; wir hingegen haben alle Ursache, uns mit dieser schätzbaren Wissenschaft in gutem Vernehmen zu halten. Nicht ohne Grund hat man sie

1, 16. Malone hatte diese Confession in seiner Ausgabe Shakespeares vom Jahre 1790 in gutem Glauben veröffentlicht; in seiner Inquiry aber (1796) sprach er die feste Ueberzeugung aus, sie könne nicht aus der Familie des Dichters herstammen.

„die Leuchte der Geschichte“ genannt; sie wird uns auch aus der Dämmerung herausleuchten, welche der Verfasser geflissentlich um seinen Gegenstand verbreitet.

Daß der Vater des Dichters sich in den Zeiten Heinrichs VIII. oder Edwards VI. irgendwie hervorgethan habe, ist eine lächerliche Vermuthung des Herrn Rio. Um das Jahr 1551, also etwa vier Jahre nach dem Tode Heinrichs VIII., zog John Shakespeare von dem Dorfe Snitterfield, wo sein Vater Richard Pächter des wohlhabenden Robert Arden war, nach dem drei englische Meilen entfernten Stratford. Im Juli 1553 folgte Maria ihrem Bruder Edward auf den Thron; daß aber gerade von diesem Zeitpunct an Shakespeares Autorität unter seinen Mitbürgern zusehends gewachsen sei, davon haben wir keine Kunde. Am 17. Juni 1555 ward er von Thomas Siche von Arlescote wegen acht Pfund verklagt; etwa gegen Ende des Jahres 1557 heirathete er Mary Arden und wir wissen, daß er um diese Zeit zwei Häuser in Stratford besaß, eins in Greenhill-Street, das andere in Henley-Street. Er ward Mitglied der Corporation, und man übertrug ihm vom Jahre 1557 an kleinere Aemter in der Gemeinde; als aber Maria Tudor am 17. November 1558 starb, war er auf der Staffel dieser Ehren noch nicht sehr hoch gestiegen: er war damals einer der vier Constables. Zu den „ersten Gemeindeämtern“ gelangte er, nachdem Elisabeth den Thron bestiegen. Im September 1561 ward er einer von den Chamberlains in Stratford und blieb zwei Jahre lang auf diesem Posten; am 4. Juli 1565 wählte man ihn unter die vierzehn Aldermen, und endlich vom Herbst 1568 bis zum Herbst 1569 bekleidete er die höchste Würde, welche in der Gemeinde zu erlangen war, nämlich die eines high bailiff; am 5. September 1571 ward er alsdann noch zum chief alderman für das folgende Jahr ernannt. Aus der einfachen Zusammenstellung dieser Daten ergiebt sich ungefähr das Gegentheil von dem, was Herr Rio seinen Lesern vorgetragen hat; wollten wir uns die von ihm beliebte Darstellungsweise aneignen, so könnten wir etwa sagen: unter der Regierung der katholischen Maria vermochte John Shakespeare nur untergeordnete Aemter in seiner Gemeinde zu erlangen; sobald aber die protestantische Elisabeth zur Herrschaft gekommen, stieg er rasch und in ununterbrochener Folge zu den höchsten Ehrenämtern empor. Wir verschmähen es aber, aus diesen Daten irgend welche Folgerung herauszupressen. Das Eine jedoch sagen sie uns auf das bestimmteste: John Shakespeare hat sich zu jener Zeit in keinem Falle öffentlich zur römischen Kirche bekannt. Elisabeths erstes Parlament hatte jenes vielberufene Gesetz (act of supremacy) erlassen, dem zufolge jeder Beamte verpflichtet war, die Suprematie der Königin in allen kirchlichen Angelegenheiten durch einen Eid anzuerkennen; der Vater des Dichters konnte also seine Aemter nicht übernehmen, ohne diesen vom Gesetz vorgeschriebenen Eid zu leisten und sich damit der Herrschaft der ketzerischen Königin aus freien Stücken zu unterwerfen.

Obgleich der Verfasser demnach für die Behauptung, daß Shakespeares Familie dem unterdrückten Glauben zugethan gewesen, auch nicht den Schatten eines Beweises beigebracht hat, obgleich die urkundlich beglaubigten Thatsachen dieser Behauptung zu widersprechen scheinen, so wird John Shakespeare dennoch auf den folgenden Seiten beständig als „Recusant" vorgeführt, und wir erhalten ein ausführliches Gemälde der Qualen, der innern und äußern Bedrängnisse, denen er als solcher nothwendig preisgegeben war.

Von Bedrängnissen und Verfolgungen, die John Shakespeare zu erdulden gehabt, ist uns durchaus keine Nachricht zugekommen. Aus einigen erhaltenen Notizen und Urkunden hat man, und wohl nicht mit Unrecht, geschlossen, daß, etwa vom Jahre 1578 an, seine bis dahin erfreulichen Vermögensverhältnisse sich weniger günstig gestaltet haben. Er verpfändete das Heirathsgut seiner Frau, Asbyes genannt, für vierzig Pfund an Edmund Lambert; als im Januar 1578 festgesetzt wurde, daß jeder Alderman zu einem bestimmten Zweck sechs Schilling acht Pence beitragen sollte, brauchte er nur die Hälfte dieser Summe zu entrichten; im November jenes Jahres wurden ihm die wöchentlichen Abgaben für die Armen erlassen, und am 6. September 1586 verlor er die Würde eines Alderman, weil er, wie angegeben wird, den Sitzungen seit langer Zeit nicht beigewohnt hatte.

Diese und ähnliche Notizen mögen zu der Annahme leiten, daß John Shakespeare in mißliche, für einige Zeit vielleicht gar in bedrängte Verhältnisse gerieth; sie lassen jedoch auch eine andere Deutung zu, und in jedem Falle wird sich ein unbefangener, wahrheitsliebender Forscher solcher nackt dastehenden Notizen nur mit großer Vorsicht bedienen. Wie man sie indeß auch deuten möge, so läßt sich doch keineswegs aus ihnen beweisen, daß der alte Shakespeare, der 1580 das zwei Jahre vorher verpfändete Gut Asbyes wieder einlösen wollte, jemals in wirkliche Armuth gesunken sei.[16]) Ueber die Ursache, welche jene unerfreuliche Veränderung in seinen Vermögensumständen herbeigeführt, wissen wir vollends gar nichts mit Bestimmtheit zu sagen. Da er in einer Urkunde vom Jahre 1579 ein yeoman genannt wird, so hat man vermuthet, er werde sich um jene Zeit in landwirthschaftliche Unternehmungen eingelassen und, vom Glück nicht begünstigt, bedeutendere Verluste erlitten haben.

Für Herrn Rio nun existirt hier nirgends ein Zweifel, eine Unsicherheit; er ist in der beneidenswürdigen Lage, über alle diese Dinge zuversichtlich und entscheidend sprechen zu können. Er weiß, daß die Lage John Shakespeares eine „erbarmenswerthe" war, daß „die geringen Mittel zum Lebensunterhalt, welche der Familie noch geblieben waren, sich immer mehr als unzureichend zeigten" (S. 6); ja, er weiß sogar, daß der Familie das liebe Brod gefehlt hat: „einmal trat der schreckliche Augen-

---

[16]) Am 4. April 1579 warb John Shakespeares Tochter Anne begraben; die Bestattungskosten (for the bell and pall) betrugen acht Pence, eine verhältnißmäßig sehr hohe Summe; andere Bürger zahlten nur die Hälfte.

blick ein (1580), daß der Bäcker Sadler, welcher für Abgabe
des Brodes nicht weniger als fünf Pfund Sterling zu fordern
hatte, nichts mehr herzugeben drohte, wenn ihm nicht eine sichere
Bürgschaft für die Zahlung der früheren Schuld geleistet würde."
— Wie rührend! Aber wir wollen den Lesern doch rathen, ihr
Mitleid nicht zu verschwenden. Obgleich Herr Rio diese beweg=
liche Episode eines von ihm erfundenen Familiendramas durch
die beigesetzte Jahreszahl beglaubigt hat, so müssen wir doch der
Wahrheit gemäß aussagen, daß die schreckliche Begebenheit un=
richtig dargestellt und die hinzugefügte Jahreszahl falsch ist.
Auf das schmerzliche Vergnügen, die Geschwister des Dichters
und vielleicht gar ihn selbst ängstlich nach Brob schreien zu
hören, auf dies Vergnügen wird Herr Rio wohl verzichten
müssen, wenn er sich der Quelle erinnert, aus welcher seine Er=
zählung geflossen ist. Diese Quelle ist das vom 14. November
1578 datirte Testament des Bäckers Roger Sadler; unter den
Summen, welche er ausstehen hatte (Debtes which are owinge
unto me Roger Saddeler) zählt der Mann auch fünf Pfund
auf, welche er von Edmund Lambert und Cornishe für die
Schuld des Mr. John Shakespeare zu fordern berechtigt war.[16]
Aus dieser im November 1578 niedergeschriebenen Notiz schließt
also Herr Rio, daß die Shakespearesche Familie im Jahre 1580
kein Brob gehabt habe. Man blicke noch einmal auf die ein=
bringliche Darstellung, welche der Verfasser von diesem Vor=
gang liefert, und lerne an diesem einleuchtenden Beispiele die
Gewissenhaftigkeit schätzen, mit welcher er seine Quellen aus=
beutet.

Aber auch wenn ihn die Quellen gänzlich verlassen, bewahrt
er beim Vortrag seiner Behauptungen dieselbe ungestörte Zuver=
sicht. Er sieht nicht nur die zerrütteten Verhältnisse John
Shakespeares deutlich vor sich, er weiß auch die Ursache dieser

---

[16] Item, of Edmonde Lambarte and . . . Cornishe for the debte
of Mr. John Shaksper — — — — V. £.

Zerrüttung eben so deutlich anzugeben. Er schildert mit grellen Farben die übele Lage derjenigen, welche „mit den Agenten der Staatsgewalt in Berührung kamen, namentlich mit solchen Agenten, welche in der Heimath der ihnen gegenüberstehenden Bürger aus der Zahl der von dem alten Glauben Abgefallenen genommen waren;" am gefährlichsten unter diesen war eine gewisse Klasse von Männern der Justiz. Wehe dem Recusanten, welcher gegen einen Mann dieser Klasse eine Schuldforderung oder sonst einen rechtlichen Anspruch geltend zu machen hatte! er mußte in diesem Kampfe unterliegen, wie klar auch sein Recht sein mochte. „Ein Verlust dieser Art," fährt der allwissende Verfasser fort, „ein Verlust dieser Art in Verbindung mit den monatlichen Religions-Strafgeldern, — das war die Ursache, welche Johann Shakespeare mit den Seinigen in den oben bemerkten Stand der Noth brachte" (S. 15).

In der That, Herr Rio muß den Respekt vor der Wahrheit in der Schule des trefflichen Ritters John Falstaff gelernt haben; hätte er sich nur etwas von dem Geist und Witz seines Lehrers angeeignet, so könnte man ihn immerhin für einen nicht unwürdigen Schüler dieses erfindungsreichen Mannes gelten lassen. Denn gleich wie diesem die steifleinenen Kerle in beliebiger Anzahl aus dem Boden herauswachsen, so quillen die erforderlichen Thatsachen unter der Feder des Herrn Rio hervor. Er beobachtet dabei ein Verfahren, welches nur dann zu dem gewünschten Erfolge leiten kann, wenn es überall mit jener entschlossenen Kühnheit angewandt wird, die sich nicht jedermann selbst zu geben vermag: der Verfasser läßt es an dieser Kühnheit nicht fehlen. Er spricht eine Behauptung aus, die er, da ein Beweis für sie nicht ausfindig zu machen ist, freilich unbewiesen lassen muß; kurz hernach ist diese Behauptung schon eine feststehende Thatsache geworden, die Niemand anzweifeln kann, und diese so zu Stande gebrachte Thatsache muß dann gleich wieder zur Grundlage einer andern Behauptung dienen, für die ebenfalls kein Beweis geliefert wird. Alle Diejenigen, die sich im bürgerlichen Leben oder im Gebiet der Litteratur mit der Erfindung von Thatsachen abgeben und sich in der Aus= übung dieser Kunst zur Vollkommenheit erheben wollen, werden gewiß ein solches Verfahren ihrer Aufmerksamkeit, vielleicht gar ihrer Bewunderung werth achten.

Also Herr Rio erzählt, daß John Shakespeare dem unterdrückten Glauben angehangen; er erzählt ferner, daß dieser eifrige Katholik „alle Opfer an Geld und die sonstigen Opfer, welche das Gewissen um der Religion willen forderte, wenn auch nicht mit Freude, doch jedenfalls mit ausdauernder Stand= haftigkeit - dargebracht" (S. 4), daß dieser bedauernswürdige Märtyrer endlich in die kläglichste Armuth verfallen sei und daß irgend ein Rechtshandel, der sich allerdings gänzlich unserer Kunde entzogen hat, nebst den monatlichen Religions=Straf= geldern ihn in diese jammervolle Lage bringen mußte. Wir wissen freilich nicht, ob der alte Shakespeare auch nur einen Penny von diesen Geldern bezahlt hat; aber Herr Rio hat ihn nun einmal dazu verurtheilt und läßt sie ihn erbarmungslos so lange fortzahlen, bis er, wie wir eben vernommen haben, seinen Kindern kein Brod mehr geben kann. Diese Strafgelder sind aber auch das Aeußerste und Letzte, was die lebhafte, aber nicht eben fruchtbare Einbildungskraft des Verfassers an Qualen für den armen Shakespeare zu ersinnen vermag; er verweilt daher bei ihnen mit einer gewissen Zärtlichkeit, und nachdem er sie zuerst auf S. 15 producirt hat, bringt er sie noch zu drei ver= schiedenen Malen dem Leser nachdrücklich in Erinnerung (S. 20, 22, 42). Diese Strafgelder, die, wie er S. 42 sagt, „immer fortdauerten," obgleich wir nicht wissen, daß sie jemals an= gefangen haben, diese Gelder gebraucht er wie eine Waffe, mit welcher er dem schon gerührten Leser das Mitleid für den um der Religion willen schmählich verfolgten Stratforder Bürger abzuzwingen gedenkt.

Aber wenn der Leser auch noch so willig ist, sich der Rüh= rung und dem Mitleid hinzugeben, endlich wird er doch un=

geduldig fragen: Giebt es irgend ein Document, irgend eine beglaubigte Nachricht, welche die Annahme rechtfertigt, John Shakespeare sei ein Katholik gewesen und habe demzufolge die geschilderten Qualen und Bedrängnisse erduldet? — Wir antworten: Ein solches Document, eine solche Nachricht giebt es nicht. Wohl aber hat Collier in seiner Biographie Shakespeares S. CXXXIX zuerst ein Actenstück veröffentlicht, in welchem Herr Simpson[17]) und der ihm gehorsam folgende Herr Rio einen unumstößlichen Beweis für den Katholicismus des alten Shakespeare erblicken. Ein Schriftsteller, dem es um die Wahrheit und nicht um seine Meinung zu thun wäre, hätte dies Document gleich zu Anfang dem Leser vor Augen gelegt und ihm gesagt: Aus diesem Schriftstück und nur aus diesem — denn ein anderes von ähnlichem Inhalt ist nicht vorhanden — ziehe ich die Folgerung, daß John Shakespeare sich zum katholischen Glauben bekannt hat. Der Leser mochte dann selbst entscheiden, ob diese Folgerung und alle ferneren Schlüsse, die aus ihr hergeleitet werden, berechtigt seien oder nicht. Aber wer wird auch Herrn Rio ein so gerades, ehrliches Verfahren zumuthen wollen? Er geht ganz anders zu Werke: er verkündet und wiederholt seine Behauptung mit immer größerer Entschiedenheit, gleich als ob ihm die zahlreichsten urkundlichen Beweise dafür zu Gebote ständen, und erst auf S. 110 erwähnt er jenes Schriftstück, so daß der Leser glauben muß, es sei dies nur eines von den vielen ähnlichen Documenten, deren genauere Bezeichnung und Anführung sich der Verfasser erspart hat.

Und von welcher Beschaffenheit ist nun jenes Document? — Im Jahre 1592 ward eine aus acht Mitgliedern bestehende Commission gebildet, welche die Aufgabe hatte, nach Jesuiten, Priestern und Recusanten in Warwickshire zu forschen. Der Bericht dieser Commission, an deren Spitze Sir Thomas Lucy

---

stand, ist uns erhalten.[18]) Dort werden alle solche Recusanten mit Namen aufgeführt, welche nicht, nach Ihrer Majestät Verordnung, monatlich die Kirche besuchen oder ihrer Schulden halber oder wegen Alter, Krankheit, körperlicher Unfähigkeit aus der Kirche weg bleiben; (the names of all sutch recusantes as have bene hearetofore presented for not comminge monethlie to the churche according to hir Majesties lawes, and yet are thoughte to forbeare the church for debtt and for feare of processe, or for soom other worse faultes, or for age, sicknes, or impotencye of bodie). In Stratford machen die Commissaire neun Männer namhaft und unter diesen nimmt Mr. John Shakespeare den dritten Platz ein. Diese Männer haben jedoch nicht bekannt, daß sie den Besuch der Kirche deshalb unterlassen, weil ihre religiösen Ueberzeugungen mit der vom Staat anerkannten Religion in Widerspruch stehen; die Commissaire berichten vielmehr, diese neun kämen nicht in die Kirche, weil sie gerichtliche Verfolgung wegen Schulden fürchteten (it is sayd that these laste nine coom not to churche for feare of processe for debtte). Collier glaubte zwar, eine solche Verfolgung hätte am Sonntag nicht wohl stattfinden können; aber Alex. Dyce (Shakespeare's Works [1857] 1, IX) weist mit Recht darauf hin, daß die Worte des Berichts (and yet are thoughte to forbeare the church for debtte and

---

[18]) Er ist vom 25. September 1592 datirt. Der Theil des Berichts, der sich auf Stratford bezieht, ist, ausführlicher als von Collier, von Halliwell mitgetheilt worden, Life of Shakespeare (1848) S. 72. — Ich will den Verdacht der Fälschung, welcher die meisten der von Collier zuerst veröffentlichten Papiere trifft, gegen dies Document nicht aussprechen. Der Umstand, daß es im State Paper Office gefunden worden, kann freilich allein seine Echtheit nicht verbürgen; denn die ebenfalls dort aufgefundene Petition der Schauspieler von Blackfriars vom Jahre 1596, die zuerst Collier in den Annals of the stage 1, 298—300 abdrucken ließ, hat sich als gefälscht erwiesen. Siehe Ingleby, the Shakspere Controversy (1864) S. 289—302.

for seare of processe) ausdrücklich das Gegentheil besagen[19]); und wie hätten diese Männer überhaupt einen solchen Grund für die Unterlassung des Kirchenbesuchs angeben können, wenn Gesetz und Sitte nicht wirklich dem Gläubiger gestattet hätten, den Schuldner auch am Sonntage zu verfolgen?

John Shakespeare gab also an, daß er aus Furcht vor seinen Gläubigern nicht in die Kirche komme. Herr Rio, der uns so viel von der bedauernswürdigen Armuth des Mannes erzählt hat, müßte demnach diesen Grund sehr triftig finden; er könnte sogar das Bild häuslichen Jammers, das er uns so gern vor die Augen bringt, durch diesen bedeutenden Zug ver= vollständigen. Aber er fühlt sich hier unbehaglich in die Enge getrieben. Hat John Shakespeare wirklich aus dem angegebenen Grunde den Gottesdienst gemieden, so kann jener Bericht, selbst in den Augen des Verfassers, unmöglich ein Zeugniß für die katholische Gesinnung des säumigen Kirchenbesuchers sein, und mit diesem scheinbaren Zeugniß, dem einzigen, welches aufzu= treiben ist, würde den Behauptungen des Herrn Rio vollends jeder Grund entzogen. Hat aber John Shakespeare seine wahren Gesinnungen verhehlt und sein religiöses Bekenntniß nicht offen kund gegeben, hat er es nicht verschmäht, eine Entschuldigung

---

[19]) Auch Halliwell bemerkt (Life of Shakespeare S. 71): „Mr. Collier thinks no such process could be served on a Sunday, but this I suspect must be one of the many errors, which result from measuring the usage of an early period by that of our own." Vergleiche übrigens einen kleinen Aufsatz in „The Shakespeare Society's papers" 2, 115: „On the Recusancy of John Shakespeare." — Bei uns in Deutschland muß es in früherer Zeit etwas Gewöhnliches gewesen sein, daß der Gläubiger den Schuldner in der Kirche aufsuchte. Im Simplicissimus (Buch IV, Kapitel 17) lesen wir die ergetzlichen Worte: „Ein ander komt vor, oder wanns wolgeräth, in die Kirche mit einem Gebund Brieffen, wie einer der eine Brandsteur samlet, mehr seine Zinsleute zu mahnen als zu beten; hätte er aber nicht gewußt, daß seine Debitores zur Kirche kommen müßten, so wäre er sein daheim über seinen Registern sitzen blieben." (Ausgabe von Heinrich Kurz 1, 421.)

vorzubringen, durch welche er die Commissaire täuschen und sich vor jeder Strafe sicher stellen konnte, — wo bleibt alsdann die „heldenmüthige Standhaftigkeit" (S. 42), die der Vater des Dichters bewiesen haben soll, und durch welche „seine eigenen und seiner Familie Leiden von Tag zu Tag zunahmen?" Im Jahre 1592 war ihm Gelegenheit geboten, diese Standhaftigkeit offen vor aller Welt zu bewähren; aber wenn er sich da furcht= sam zurückzog und es nicht räthlich fand, ein klares, unum= wundenes Zeugniß für seinen Glauben abzulegen, wie kann er dann noch seines „unerschütterlich festen Gewissens" (S. 111) wegen gepriesen werden? Und wie kann man glauben, daß derjenige, der hier so offenbar den Regeln der Weltklugheit und nicht den Mahnungen seines Gewissens folgte, doch auch wieder muthig und unerschrocken genug gewesen sei, um allen drohen= den Gefahren zum Trotz seine Anhänglichkeit an die unter= drückte Religion laut zu bekennen und dadurch Jammer und Elend aller Art über seine Familie zu bringen? — Man sieht, das Document von 1592 ist nach keiner Seite hin günstig für den Verfasser; dieser hat vielmehr seine Taktik so übel berechnet, daß er von dem einzigen Schriftstück, welches er etwa zu seinen Gunsten anführen könnte, nur einen sehr ängstlichen Gebrauch machen darf: denn entweder muß er den katholischen Märtyrer, den er eben erst mit so vieler Mühe geschaffen, wieder in das Nichts zurückweisen, oder er muß ihm doch den standhaften Glaubensmuth absprechen, den er ihm mit so begeisterten Lob= sprüchen zuerkannt hat.

Von uns sei es fern, aus diesem Document irgend einen Schluß zu ziehen auf die sittlichen und religiösen Gesinnungen des alten Shakespeare! Der Vater des Dichters bleibe uns in ehrenvollem Andenken. Aber bekennen müssen wir, daß der völlige Mangel zuverlässiger Nachrichten es ganz und gar un= möglich macht, eine deutliche oder auch nur eine undeutliche Vorstellung von seiner Persönlichkeit zu gewinnen; und ebenso unmöglich ist es daher, den Einfluß abzuschätzen und zu be=

stimmen, den er auf Erziehung und Ausbildung seines großen Sohnes geübt haben mag. Jenem Document von 1592 kann man schon deshalb keine bestimmte Folgerung abgewinnen, weil alle derartige Notizen, die durch anderweitige Nachrichten nicht erläutert werden, die verschiedenste Auslegung zulassen. Möglich, daß John Shakespeare damals in der That von einem oder dem andern Gläubiger hart bedrängt wurde und sich aus diesem Grunde nicht in die Kirche wagte; möglich auch, daß seine religiösen Ansichten es ihm wünschenswerth machten, sich dem Gottesdienste fern zu halten; — aber woher wissen wir, daß diese Ansichten die eines Katholifen waren? Könnte er nicht ebenso wohl sich jenem überstrengen Puritanismus an= geschlossen haben, der damals in Stratford zu herrschen begann? Der Dichter zeigt sich in seinen Werken den Puritanern nicht eben freundlich gesinnt; wer wollte es uns nun verwehren, wenn wir, in der Art des Herrn Rio argumentirend, hieraus den sichern Beweis entnähmen, daß der junge William die Männer jener Sekte schon in seinem väterlichen Hause gleichsam aus der ersten Hand habe kennen lernen, daß er mit Schmerz wahrgenommen, wie sein Vater ihrem verderblichen Einflusse sich hingegeben, und daß er schon früh den Entschluß gefaßt habe, jene kopfhängerischen Ueberfrommen zu verdienter Strafe mit herbem Witz zu verfolgen? — Wahrlich, wo eine bestimmte Kenntniß nicht mehr zu erlangen ist, da bleibt allen erdenklichen Vermuthungen ein weites Feld eröffnet; das wenige jedoch, was wir über John Shakespeare noch urkundlich wissen, wider= spricht auf das entschiedenste der Annahme, daß er unter dem Banne des Katholicismus gestanden und die Leiden, die den Anhängern Roms damals beschieden waren, willig getragen habe. Auf einer spätern Recusantenliste ist sein Name nicht zu finden; wenn er auch in einer Klageschrift gegen John Lambert im Jahre 1597 von seinem beschränkten Vermögen und der geringen Zahl seiner Freunde spricht (of small wealthe and verey fewe frends and alyance), so hat er es doch nicht gescheut, sich an das heraldische Amt zu wenden, und, wahrscheinlich auf den Wunsch seines Sohnes, ein Wappen für sich zu begehren. Dies ward ihm denn auch 1599 ertheilt; das Diplom, von William Dethick und William Camden ausgestellt, wird in den Biographien Shakespeares gewöhnlich seinem ganzen Umfange nach abgedruckt; Herr Rio hat es aber wohl mit allzuflüchtigem Auge übersehen; denn nirgends erwähnt er Wappen und Urkunde, die freilich zur Unterstützung seiner Hypothesen nicht tauglich sein würden. Wir dürfen annehmen, daß John Shakespeare, durch seinen wohlhabenden Sohn von jeder Sorge befreit, ein behagliches Alter genoß; er starb nicht etwa, wie Herr Rio mit Freuden vernehmen würde, im Gefängniß, auf dem Schaffot oder unter den Marterwerkzeugen des Henkers, nein, er starb ganz friedsam und geruhig, wahrscheinlich in einem seiner beiden Häuser in Henley-Street, oder auch in dem großen Hause New Place, welches sein Sohn 1597 von William Underhill für sechzig Pfund gekauft hatte. Wie uns das Stratforder Kirchenbuch meldet, ward er am 8. September 1601 bestattet. —

Der Versuch, die Zahl der katholischen Märtyrer durch den unerschrockenen Glaubenshelden John Shakespeare zu vermehren, ist also Herrn Rio vollständig mißglückt. Daß aber dieser standhafte Glaubensheld nur in der Imagination des Verfassers erzeugt worden, daß seine wirkliche Existenz durch kein glaubhaftes Zeugniß nachzuweisen ist, — das mußte um so ausführlicher und umständlicher dargethan werden, je nachdrücklicher Herr Rio es zu wiederholten Malen als nothwendig und natürlich bezeichnet, daß der Sohn seine religiösen Gesinnungen von einem so glaubensstarken Vater erben mußte. In der Bewunderung dieses standhaften Vaters, in dem theilnahmsvollen Anschauen, in dem schmerzlichen Mitgefühl aller der Qualen und Leiden, die dieser geliebte Vater durch unerschütterliche Treue gegen die unterdrückte Religion auf sich herabbeschwor, soll der Dichter aufgewachsen sein; dadurch — so denkt Herr Rio —

mußte sich der Same des Katholicismus tief und fest in seine Seele einsenken, dieser Same mußte im spätern Leben herrlich aufgehen: Shakespeare mußte den glorwürdigen Entschluß fassen, sich und seine Poesie ganz in den Dienst der katholischen Religion zu geben, und gegen den falschen Glauben, der damals so frech triumphirte, in unerbittlichem Haß durch „seine kleine dramatische Agitation" (S. 165) anzukämpfen. Aber wenn der katholische Vater vor unsern Blicken verschwindet, so verschwindet uns auch die Möglichkeit, den religiösen Gesinnungen des Sohns auf die Spur zu kommen, und von dem „Schauspiel des Elends, das Shakespeare als Sohn seit seiner Kindheit vor Augen hatte," (S. 219) bleibt auch nicht eine einzige kleine Scene übrig. Darf man sich nicht darüber wundern, daß der Verfasser, indem er uns über Shakespeares Erziehung belehren will, uns nur die schmählichen Verfolgungen, die furchtbaren Qualen schildert, die den armen Katholiken drohten? Nicht nur Somervilles und Ardens traurige Geschichte,[20]) welche die meisten neueren Biographen Shakespeares berichten, wird hier gar erbaulich wiedererzählt, wir müssen auch noch manche andere schreckliche Begebenheiten mitanhören. Der Verfasser selbst fühlt sich (S. 21) zu der Bemerkung gedrungen: „man kann nun zwar nicht ausdrücklich behaupten, daß Stratford oder die Umgegend der Schauplatz solcher gewaltsamer Katastrophen war; aber" — — aber trotzdem fährt er unermüdlich fort, alle derartigen Histörchen, die er bei seinen nicht immer zuverlässigen Gewährsmännern auflesen konnte, herbeizuziehen und sie so anschaulich als er es nur immer vermag auszumalen.

Wir lassen ihn dies fromme Geschäft ungestört vollführen und harren geduldig des Augenblicks, in dem es ihm belieben wird, sich endlich zu unserm Dichter zu wenden. Was der junge Shakespeare über religiöse Angelegenheiten empfand

---

[20]) In Verbindung mit der Geschichte Leicesters wird sie klar und übersichtlich dargestellt von N. J. Halpin, Oberon's vision in the Midsummernightsdream (London 1843) S. 43 fg.

und dachte, das — haben wir eingesehen — vermögen wir weder zu erkennen noch zu enträthseln. Wir müssen jetzt wohl fragen: was hat er gethan? Stimmen seine Thaten mit den ihm von Herrn Rio beigelegten Gesinnungen überein, so mag es vielleicht auch mit diesen Gesinnungen seine Richtigkeit haben.

Hat er also vor den Augen aller Welt oder auch nur im verborgenen irgend etwas gethan, wodurch er sich als Gegner der Staatskirche, als Anhänger des katholischen Glaubens dar=stellt? Sichern Muthes wird Herr Rio diese Frage bejahen. Er läßt im Jahre 1583 den neunzehnjährigen William, wir wissen nicht mit welcher Berechtigung, „unter den traurigsten Umständen" (S. 44) nach London reisen, damit er dort etwa der Hinrichtung Ardens beiwohnen könne. Als aber dem Dichter 1585 Zwillinge geboren wurden, da, sagt der Verfasser (S. 45), „fand er die erste Gelegenheit, für sich in eigenem Namen und als Familienvater für die Seinigen, einen feind=lichen Act zu vollziehen gegen jene furchtbare Macht, die den Namen Staats=Kirche führte." Der Verfasser versteht es, die Aufmerksamkeit der Leser zu spannen. Und worin bestand dieser feindliche Act? Er gab seinen Kindern die Namen Hamnet und Judith. Und diese Namen waren ein Protest gegen die Staatskirche? Allerdings, meint Herr Rio. Das Buch Judith war ja von den Theologen dieser Kirche vor Kurzem unter die Apokryphen gestellt worden, und ein Buchdrucker war gefoltert und hingerichtet worden, „weil er ein Werk unter dem Titel De schismate gedruckt hatte, in welchem der Sieg der Kirche über die Häresie vorausgesagt und dieser Sieg mit dem Siege der Judith über Holofernes verglichen wurde" (S. 46). Und Shakespeare wagte es, diesen gefährlichen Namen in seine Familie einzuführen! „Geschah dieses," fragt Herr Rio, „in dem Sinne jenes Virgilschen Verses: Exoriare aliquis, oder," fährt er fort, indem er zu unsrer Verwunderung einen Einfluß der Reformation auf den Katholiken Shakespeare zugesteht — „oder war es nur eine biblische Geschmacksache, wie deren so manche durch die Reformation auftamen?" Nun, da Herr Rio selbst noch Zweifel äußert, so haben wir gewiß alle Ursache, behutsam zu verfahren und über diese gewichtige Frage noch keine Entscheidung zu treffen. Der Name Hamlet (Hamnet) aber, davon ist der Verfasser überzeugt, „läßt keine so unschuldige Erklärung zu, wie die zuletzt angedeutete ist, wenigstens für diejenigen nicht, welche die tragische Geschichte des Prinzen Hamlet kannten. Hamlets Arm waffnet sich ja doch gegen eine Königin, welche durch eine widerrechtliche Usurpation herrscht, gegen eine Frau ohne Scham und ohne Herz. Nun, für die Katholiken war Elisabeth gerade so und womöglich noch etwas schlimmeres" (S. 47). Und nun erkühnt sich Herr Rio gar „mit großer Wahrscheinlichkeit" zu vermuthen, daß Shakespeare in seinem Hamlet eigentlich dem unglücklichen Somerville ein Denkmal habe errichten wollen; denn dieser war ja auch geistesverwirrt und wollte ein Attentat gegen die Königin ausführen.

Es ist allerdings eine bedenkliche Sache um jene beiden Namen. Daß Judith dem Holofernes den Kopf abgeschlagen hat, kann füglich nicht geläugnet werden. Daß „Hamlets Arm sich gegen seine Mutter waffnet," ist freilich nicht so ganz richtig. Herr Rio hatte offenbar die Tragödie so ziemlich aus dem Gedächtniß verloren, als er diese Worte schrieb; er hatte vergessen, daß der Geist den Prinzen davon abmahnt, irgend etwas gegen die Königin zu unternehmen:

> But, howsoever thou pursuest this act,
> Taint not thy mind, nor let thy soul contrive
> Against thy mother aught: leave her to heaven,
> And to those thorns, that in her bosom lodge,
> To prick and sting her. (1, V) —

— er hatte vergessen, daß Hamlet, ehe er, in jenem furchtbaren Zwiegespräch, der Mutter mit herzzerreißenden Worten ihre Schandthat vorhält, so bestimmt wie möglich sagt:

I will speak daggers to her, but use none (3, II).

Aber wenn dem Verfasser auch sein Gedächtniß hier untreu ge=
worden ist, das bleibt doch immer wahr, daß Hamlet wenn auch
keine Königin so doch wenigstens einen König zu tödten vorhat
und ihn am Ende auch wirklich tödtet. Mag man daher sagen,
was man will, es ist nicht zu verkennen, daß in den Namen
Hamlet und Judith etwas Hochverrätherisches, etwas Mörderisches
liegt.

Die mörderischen Gesinnungen, deren Symbol diese Namen
sind, müssen aber in Stratford ziemlich heimisch gewesen sein.
Denn wie wird Herr Rio erstaunen, wenn wir ihm mittheilen,
daß es in Stratfort ein Ehepagr gab, welches muthig genug
war, jene Namen zu tragen. In der That, es gab dort einen
Hamnet und eine Judith Sadler; der Mann ist im Oktober 1624,
die Frau im März 1613/14 gestorben. Der Mann wird
in Shakespeares Testament erwähnt und erhält 26 Shilling
8 Pence, um sich einen Ring zu kaufen.[21]) Diese Eheleute waren
die Pathen der Kinder Shakespeares und mußten auf diese da=
her ihre kirchen= und staatsgefährlichen Namen übertragen, so
wie hinwiederum Shakespeare wahrscheinlich am 5. Februar
1597/98 bei einem Sohne Sadlers zu Gevatter stand und
diesem seinen unschuldigeren Namen William vererbte. Der
„feindliche Akt gegen die Staatskirche" hatte also einen sehr
friedlichen und natürlichen Ursprung.[22]) Die Kirche hat daher

---

[21]) Item I gyve and bequeath to Hamlett Sadler XXVIs, VIIId
to buy him a ringe. — Er gehört auch zu den Unterzeichnern des Testa=
ments, und schreibt seinen Taufnamen mit n: Hamnet.

[22]) Noch auf S. 246 wiederholt der Verfasser die Behauptung, daß
Shakespeare seinem Sohne den Namen Hamlet „aus ähnlichen Gründen
gab, warum er einer seiner Töchter den Namen Judith ertheilen ließ." — Der
possierliche Einfall stammt übrigens nicht aus dem Kopfe des Herrn Rio.
In der Ausdeutung der Namen ist ihm Herr Simpson vorangegangen;
auch die Identität Somervilles und Hamlets hat Herr Simpson zuerst er=
kannt. (The Rambler, March 1858, S. 186 fg.) Er fragt: For who

auch), so viel uns bekannt geworden, das feindselige Unterfangen des Dichters niemals geahndet; sie fühlte sich durch das Ereigniß, daß zwei Kinder in Stratford nach ihren Pathen Hamlet und Judith genannt wurden, durchaus nicht in ihrem Bestehen gefährdet und ließ die harmlosen Kleinen in ungestörtem Besitz dieser bedenklichen Namen.

Wollte Shakespeare der Staatskirche einen empfindlichen Schlag versetzen, so mußte er also auf andere Thaten sinnen. Er ging nach London und ward Schauspieler.

Im zweiten Kapitel seines Buches will uns Herr Rio „Shakespeare in London" schildern. Wir erwarten den Dichter als Religionskämpfer in angestrengter Thätigkeit zu sehen. Da der Verfasser über diese Thätigkeit nichts zu berichten hat, so muß er wohl Mittel finden, die entstehende Lücke auszufüllen. Er greift daher zu demjenigen Mittel, welches ihm das bequemste und geläufigste ist: er beginnt abermals über die Leiden der Katholiken zu jammern, gegen die Protestanten wüthend zu eifern und setzt dies auf 47 Seiten (S. 44—91) wacker fort. Das old merry England wird hier vor unsern Augen zu einem Land des Schreckens und der Trübsal: man sieht nichts als Scheiter=haufen, Blutgerüste, Henker und Schlachtopfer. Die nichts=würdigen Henker, die sich in immer steigender Beeiferung zu ihrem scheußlichen Amte herzudrängen, sind die Protestanten, die muthig duldenden Schlachtopfer sind die Katholiken; das Theater, für welches Shakespeare schrieb, wird deshalb auch (S. 94) mit angenehm überraschendem Witz „das Theater der Schlachtopfer" genannt. Herr Rio erzählt uns von einer „Schreckenszeit," welche Elisabeth über ihr Volk verhängt habe; vier Mal (S. 54, 86, 88, 219) geschieht dieser Schreckenszeit

but Somerville is the original of Hamlet? — Herr Rio läßt es un=erwähnt, daß er seinem Vorgänger und Mitstreiter diese Einsichten verdankt. Der Leser mag nun entscheiden, wem die größere Anerkennung gebührt, demjenigen, der eine Abgeschmacktheit zuerst vorbringt, oder dem, der sie von einem andern gläubig annimmt.

Erwähnung, und ihr wird eine Dauer bald von fünf, bald von sieben, bald gar von zwanzig Jahren zugestanden. Wir hören von den „kleinen und großen Räubern, die sich mit katholischem Gute bereichert hatten,“ und wir erfahren, daß diesen Räubern eine „fast teuflische Gesinnung“ (S. 87) eigen war. Wir sehen unaufhörlich katholisches Blut stromweis fließen, wir sehen stets Scharen verruchter Protestanten mit Strick und Beil gerüstet und lechzend vor Verlangen, fromme Anhänger Roms zu ent= haupten oder zu erdrosseln. In dem Vortrag dieser mit zelotischer Bitterkeit reichlich gewürzten Jammer= und Greuelgeschichten kann Herr Rio jedoch eine gewisse Eintönigkeit nicht vermeiden. So ist z. B. von der Hinrichtung des edeln Edmund Campion, die wir wahrlich nicht billigen wollen, sechs Mal die Rede (S. 29, 49, 54, 56, 82, 85). Hatte der Verfasser keine andern „Schlachtopfer“ zur Verfügung, mit denen er seine düstern Ge= mälde beleben konnte? Ein protestantischer Rio, der die Leiden seiner Glaubensgenossen unter der Herrschaft der Maria Tudor schildern wollte, befände sich in einer weit günstigeren Lage: er hätte die Wahl zwischen mehreren namhaften Schlachtopfern; er könnte, zur Erregung von Mitleid und Haß, bald Ridley, bald Cranmer, bald den zweiundachtzigjährigen Latimer auf dem Scheiterhaufen vorführen; es ist unangenehm für Herrn Rio, daß er sich immer mit dem einen Campion behelfen muß. —

Eine bis an den Rand gefüllte Schale des Grimms und Zornes wird auf das Haupt der Elisabeth ausgegossen. Schon auf S. 27 war der Verfasser zu der Annahme geneigt, daß Shakespeare, als er sein Ungeheuer Richard III. schilderte, eigent= lich das Ungeheuer Elisabeth im Auge gehabt. Aber jetzt erst wird ihr Bild mit kräftigen Farben ausgemalt. Ihre Regierung hat das gottvergessene England in den Abgrund des Elends gestürzt. Die beiden herrschenden Eigenschaften ihrer Natur waren Wollust und blutdürstige Rachsucht; die letztere hatte jedoch das Uebergewicht (S. 93). Wenn sie die dramatische Dichtung begünstigte, so geschah es, weil sie von dem Drama

eine Befriedigung dieser beiden Leidenschaften forderte und er=
hielt. Die Armada, die geweihte Kriegsflotte des Katholicismus
hat sie gewiß nicht ohne Hülfe dunkler Mächte zerstreut; sie
hat mit geheimem Zauberwerk die Stürme heraufbeschworen,
welche den Schiffen des katholischen Königs so verderblich wurden:
„denn,“ sagt Herr Rio (S. 55), „es war, wie wenn sie einen
Bund geschlossen hätte mit den Stürmen oder mit irgend einer
dunkeln Macht, welche die Stürme loslassen kann.“ Warum
geht Herr Rio nicht noch einen nothwendigen Schritt weiter und
sagt es gerade heraus, daß Shakespeare in der königlichen Hexe
das Urbild der Hexe im Macbeth gefunden hat, die ja auch über
die Stürme schaltet und die Schiffe nach Belieben umher=
schleudern kann?[23] Der Verfasser lese aufmerksam den Dialog,
den sie mit ihren widerlichen Genossinnen führt, und er wird
die von uns angedeutete Aehnlichkeit nicht verkennen.

Endlich wendet Herr Rio sein Auge auch auf die dramatischen
Dichter Englands und sie müssen ein schweres Gericht über sich
ergehen lassen. Schon früher (S. 41) sprach er von „dramatischen
Saturnalien,“ und von dem „abtrünnigen Mönch Bale,[24] durch

---

[23] Macbeth 1, III: 2. Witch. I'll give thee a wind.

        1. Witch. Thou'rt kind.

        3. Witch. And I another.

        1. Witch. I myself have all the other;

                  And the very ports they blow,

                  All the quarters that they know

                  I' the shipman's card -- — —

                  Though his bark cannot be lost,

                  Yet it shall be tempest-tost.

[24] Es ist dies John Bale, der Bischof von Ossory, der um die Zeit
von Shakespeares Geburt starb. In seinen dramatischen Stücken, die sich
weder durch Form noch Gehalt auszeichnen und bald vergessen wurden,
hatte er die Sache der Reformation zu fördern gesucht. Wenn Rio diesen
Mann, den er selten ohne ein entehrendes Epitheton nennt, als den Vater
des englischen Dramas bezeichnet, so liefert er dadurch den Beweis, daß er
von den Dramen Bales nichts gesehen noch gelesen hat; denn diese bewegen
sich noch ganz und gar in den älteren Formen der Miracle-plays.

den diese Periode des dramatischen Unflaths eingeleitet wurde." Aus den im spätern Mittelalter ausgebildeten Formen der Moral- und Miracle-plays hat sich bekanntlich in allmählichen Uebergängen das nationale Drama in der zweiten Hälfte des sechzehnten Jahrhunderts entwickelt und rasch eine wunderbare Blüthe erreicht. Herr Rio klagt aber mit düsterer Miene über die „plötzliche Abirrung vom bessern Wege, in welche das Drama seit der Mitte des 16. Jahrhunderts verfallen war." Und in der That, die „Abirrung" muß eine sehr gefährliche gewesen sein, wenn die Schilderung richtig ist, welche Herr Rio von dieser Dichterschule entwirft, die „damals für die Stadt London den dramatischen Bedarf lieferte" (S. 91). Es ist nur wenig, wenn er diese Schule (S. 74) eine „haßerfüllte, gemeine, blut= bürstige und vor allem servile" nennt. Man höre seine haar= sträubende Schilderung (S. 72)! Unter den damaligen eng= lischen dramatischen Dichtern finden sich außer den kirchlichen Apostaten, Spionen, berufsmäßigen Betrügern und Religions= verächtern überdies noch zügellose Wüstlinge, Verleumder des Erwerbs wegen, ja selbst Mörder, welche gleichsam abgehärtet durch das beständige Blutvergießen auf der Bühne, von der Dichtung zur Wirklichkeit übergingen. Nicht zufrieden mit ihrer eigenen persönlichen Unwürdigkeit, arbeiteten sie täglich an der Herabwürdigung ihrer Kunst, indem sie dieselbe zu dem Dienste der rohesten Leidenschaften hergaben und den am meisten fana= tischen Theil des großen Haufens durch „stark geladene" Tiraden gegen die Katholiken hetzten. — Entsetzlich! So ein Londoner Theater muß ja eine wahre Mördergrube gewesen sein! Und das alles sind die Früchte des Protestantismus!

Solchen fluchwürdigen Dichtern, solchen Helfershelfern des Satan konnte Herr Rio unmöglich ein eingehendes Studium widmen. Er redet zwar so, als ob er manche Stunde in ihrer bösartig verderblichen Gesellschaft zugebracht habe, und man sollte glauben, daß er aus voller Ueberzeugung lästerte und schimpfte. Aber nein, er schimpft nur nach Hörensagen. Wir entdecken nämlich bald, daß er sein Gemüth nicht befleckt hat durch die Lectüre dieser vom Pesthauch inficirten Dramen, dieser Höllen=geburten, an denen das Blut schuldloser Katholiken klebt. Er möchte sich zwar ein gelehrtes Ansehen geben und citirt ein paar Stellen aus den Dichtungen dieser Mörder und Beutelschneider; aber diese Stellen hat er samt und sonders im dritten Band von Colliers Annals of the Stage gefunden, und das wenige, was er sonst noch über jene der ewigen Verdammniß anheimgefallenen Sünder mittheilt, hat er unbedenklich demselben Bande entlehnt.[25] Und zwar ist die Entlehnung nicht immer glücklich von statten gegangen. So redet er auf S. 61 von Marlowes Tamerlan, und bemerkt, „der Dichter verspreche am Ende des ersten Theils dieses Werks, worin ein Mord auf den andern folgt, einen zweiten Theil, wo noch größere Mordthaten vorkämen (still greater murders).“ — Wir erinnern uns nicht, in Marlowes Tamburlaine ein solches Versprechen gelesen zu haben; aber unser Gedächtniß kann mangelhaft sein, und der Verfasser führt ja hier sogar die Worte des Originals an. Wir schlagen die von Alex. Dyce 1850 herausgegebenen Werke Marlowes auf, wir überblicken die letzte Scene im ersten Theil des Tamburlaine, die citirten Worte jedoch sind nicht zu entdecken. Den Marlowe hat aber Herr Rio ja gar nicht gelesen; wir sollten nur im dritten Band von Colliers Annals nachsuchen, da werden die Worte schon stehen. Und wirklich, da stehen sie auch auf S. 120. Mit der Tragödie Marlowes haben sie indeß gar nichts zu schaffen. Collier spricht dort im Text allerdings vom Tam-burlaine; in einer ausführlichen Note aber erwähnt er das Werk eines ungenannten Autors, das offenbar die Bestimmung hatte, mit Marlowes beliebtem Werk zu wetteifern (The first part of the Tragical Raigne of Selimus, some-time Emperour of the Turks, 1594). Von diesem

***

[25] Die auf S. 67 und 71 angeführten Stellen finden sich bei Collier S. 160 und 209, die Verse aus der Rede des Propheten Jonas S. 67 bei Collier S. 220.

Drama heißt es: The whole play is full of blood and slaughter, and the author promises, in the second part of his tragedy, (which has not survived) to tell of still „greater murders." Herr Rio hat also Colliers Worte nur ganz obenhin angesehen und durch diesen unschicklichen Irrthum zur Genüge bewiesen, daß er bei seiner Darstellung die Quellen unbenutzt läßt und auch von den allbekannten Hülfsmitteln nur einen sehr nachläjsigen Gebrauch macht.[26]

Obschon der Verfasser nun weder die Dramen Marlowes gelesen, noch das Kapitel, welches Collier ihnen gewidmet, auf= merksam betrachtet hat, hält er sich doch für berechtigt, diesem Dichter ein „satanisches Wesen" (S. 60) zuzuschreiben. Daß Satan wirklich so mächtig in ihm war, das erkennt Herr Rio an zwei untrüglichen Zeichen; denn er sagt: Marlowe verfolgte die Katholiken mit seinem Haß, griff aber niemals die officielle Staatsreligion an. Hätte er nur zu dem letztern sich ver= standen, so wäre ihm das erstere vielleicht minder schwer an= gerechnet worden. Freilich läßt sich von den religiösen An= schauungen des Mannes nicht viel gutes rühmen. Indeß würde man von Herrn Rio doch wohl ein milderes Urtheil erwirken, wenn man ihm das Blatt vor die Augen brächte, auf welchem ein gewisser Rychard Bame eine Darstellung der Ansichten giebt, welche Marlowe über Religion und Christenthum gehegt haben soll.[27] In wie weit dieser Bame, der hernach hingerichtet wurde,

---

[26] Wenn auf S. 63 unter Hinweisung auf Collier 3, 197 Peeles Tochter zu einer Tochter Lord Burghleys gemacht wird, so wollen wir dies lächerliche Versehen großmüthig auf Rechnung des Uebersetzers schreiben, welcher der Sprache und der hier behandelten Gegenstände gleich un= kundig ist.

[27] A note contayninge the opinion of one Christopher Marlye, concernynge his damnable opinions and judgment of religyon and scorne of gods worde. Das Schriftstück ward zuerst mitgetheilt von Ritson in seinen Observations on Warton's History of Engl. Poetry, S. 40; jetzt hat es A. Dyce in den dritten Band seiner Ausgabe des Marlowe auf= genommen S. 311—15.

Glauben verdient, ist nicht leicht mehr zu bestimmen; aber Herr Rio pflegt es ja auch mit der Glaubwürdigkeit seiner Gewährsmänner nicht so genau zu nehmen. Unter diesen Ansichten sind viele, die jedem Christen, mag er sich zur römischen oder evangelischen Kirche bekennen, verdammenswerth erscheinen müssen; eine derselben wird Herr Rio jedoch keineswegs verdammen; sie wird ihm vielleicht gar als so verdienstlich entgegenleuchten, daß sie die Scheußlichkeit aller übrigen durch ihren Glanz auslöscht. Denn Marlowe hatte ein gutes Herz für die Katholiken und meinte: That yf ther be any God or good Religion, then it is in the Papistes, becavse the service of God is performed with more ceremonyes, as elevacion of the masse, organs, singinge men, shaven crownes, etc. und gleichsam zur Bekräftigung dieser Ansicht wird mit energischer Kürze hinzugefügt: That all protestantes ar hipocriticall Asses.

Nicht wahr, ein Mann, der unter vielen abscheulichen eine so gesunde Meinung hegt, kann dem Heil noch nicht ganz und gar entfremdet sein? Er verdiente wohl, daß Herr Rio noch nachträglich den Bannfluch von seinem Haupte nähme, der auf den andern Komödienschreibern freilich mit unverminderter Schwere auch ferner lasten muß. Denn keiner der andern kann einen solchen Milderungsgrund für sich geltend machen: sie alle haben als verhärtete Sünder fort und fort das Ansehen des Papstes gering geachtet, den katholischen König trotzig verspottet, und — was alle schamlosen Verbrechen krönt — sie haben der Elisabeth geschmeichelt! Mußten sie nicht gewärtig sein, nach ihrem Tode in den tiefsten und schauervollsten Abgrund der Hölle zu verdienter ewiger Qual hinabgestoßen zu werden? —

Wäre Herr Rio durch Kenntniß und Einsicht befähigt, geschichtliche Zustände klar anzuschauen und unbefangen zu beurtheilen, so würden wir ihm sagen: das englische Drama ist ganz und gar aus dem nationalen Leben hervorgewachsen und hat sich beständig in inniger Verbindung mit demselben erhalten. Gleich wie in dem Drama der Spanier ist uns in ihm ein

Spiegel des Nationalcharakters aufgestellt. Was in der Nation lebendig war, die Gesinnungen, die sie durchdrangen, die Leiden=schaften, die sie beherrschten und bewegten und die oft zu einem gewaltsamen Ausbruch kamen, die Stimmungen, die mit dem Tage flüchtig wechseln, und die unveränderlichen Grundelemente, auf denen das Wesen des Volkes für immer beruht, — das Alles mischte sich im Drama keck durcheinander und ward in unmittelbarer Lebendigkeit auf der Bühne zur Darstellung ge=bracht. Unter der Herrschaft der Elisabeth ward die Nation mächtig erhoben im Bewußtsein ihrer fessellos aufstrebenden Größe. Eine frische Lebenskraft brach überall hervor; es trieb und keimte aller Orten, ein ungehemmter jugendlicher Drang erregte und vervielfältigte alle Kräfte. Wo aber alles so ge=waltig, so ungestüm zur Entwicklung drängt, da kann in Leben und Sitte das Maß nicht immer gewahrt werden. Wie große Thaten vollbracht wurden, so wurden auch große Verbrechen verübt; alles zeigt sich in gigantischen Formen, die Schranke des Sittlichen wird nicht immer beachtet, oder vielmehr, sie ist noch nicht so fest aufgerichtet, daß nicht eine kraftvolle Natur sich vermessen dürfte, sie umzustoßen. Denn die Kräfte in ihrer überquellenden Fülle streben vor allem darnach, sich zu offen=baren. Eine solche Zeit sieht das Größte und Wundervollste entstehen; in einer solchen ruhmreichen, vielbewegten Zeit wird der sichere Grund gelegt für das Glück, für die Größe der kommenden Zeiten. England fühlte sich befreit von der geistigen Oberherrschaft eines ausländischen Priesters; der Feind, der so lange schreckend gedroht, hatte vergebens seine furchtbare Macht aufgeboten, um, der „triumphirenden See“[28]) zum Trotz, das Eiland zu bezwingen, und das Volk jauchzte auf im stolzen Gefühl seiner Kraft, die sich glorreich vor den Augen der Welt bewährt hatte.

―――――――

[28]) **England bound in with the triumphant sea.** Shakesp. Richard II. 2, I.

Die Kunst, die in einer solchen Zeit entspringt, muß ein Kind derselben sein. Sie trägt denselben Charakter, den Leben und Sitte aufweisen. Auch sie schwankt noch unsicher, bald glücklich dem Großen zustrebend, bald wieder unfähig, sich des Rohen zu erwehren. Lebensfülle, eine weite, mannigfaltige Anschauung, Stärke und Kühnheit im Erfassen der Dinge, eine oft erschütternde Wahrheit in ihrer Darstellung und eine reiche Poesie, die das Einzelne schmückt, — diese Eigenschaften müssen den ältern Dramatikern, den unmittelbaren Vorgängern Shakespeares zugestanden werden. Aber das Maß ist noch nicht gefunden, das Werk der Einbildungskraft ist noch nicht zum Kunstwerk gereift. Die Kraft äußert sich zügellos, und muß daher nicht selten ihre eigene Wirkung vernichten; die Leidenschaften, die sich hier kund geben, müssen oft durch ihre Gewaltsamkeit verletzen und empören. Die Dichter stürzten sich in das stürmisch erregte Leben, das um sie her wogte; auch ihnen fehlte ein äußerer Halt und die innere Haltung, und manche von ihnen gingen unter in dem wilden Treiben, überreizt und frühzeitig entkräftet. Vor keiner Erscheinung des Lebens sollte die Bühne sich verschließen, für Alles, was die Zeit dem Dichter darreichte, sollte dort Raum geschafft werden, die Gefühle, welche das Volk so kräftig aussprach, sollten dort ihren lauten Widerhall finden. So mußte denn auch das Nationalgefühl, das bei dem allgemeinen Aufschwung der Geister sich immer stärker ausbildete, von der Bühne herab in vollen Tönen verkündigt werden. Und in diesem Nationalgefühl begegneten sich Liebe und Haß. Das Vaterland und seine Herrscherin ward mit Begeisterung gepriesen, verherrlicht ward der Sieg der neuen Religion, in welcher man die Bürgschaft der nationalen Unabhängigkeit erblickte. Und eben so laut und heftig ward der alte Glaube geschmäht, der, wie man wähnte, dem Volke eine verhaßte Knechtschaft aufzulegen bestimmt war; alle, die ihn beschützten und verbreiteten, oder die gegen Englands Selbständigkeit die Waffen erhoben hatten, wurden mit Grimm und Spott verfolgt, und besonders der Papst und der spanische König mußten sich vom englischen Volke wie von den Londoner Theaterdichtern eine sehr üble Behandlung gefallen lassen.

Wir wollen diesem Uebermaße patriotisch=religiöser Polemik wahrlich nicht unsern Beifall zollen. Aber man weiß es ja, bis zu welchem Grade die Leidenschaften erhitzt werden, wenn der Religionshader einmal entzündet ist, und wenn noch gar ein lebhaft erregtes Nationalgefühl hinzutritt, um die verderb= liche Flamme noch heftiger anzufachen. Und waren es etwa nur die englischen Dramatiker, die in jener Zeit der kirchlichen Zwietracht ihren Widersachern gegenüber das Maß der Billig= keit vergaßen? Der große Religionskampf ward von allen Völkern, die in ihn verschlungen waren, mit derselben schranken= losen Heftigkeit, mit erbarmungsloser Wuth geführt. Geschichte und Litteratur lehren uns durch unwiderlegliche Zeugnisse, in erschreckenden Beispielen, daß weder die Bekenner der neuen, noch die Kämpen der alten Religion irgend eine Schonung des Feindes kannten; roher als die heidnischen Griechen, denen es sündlich schien, über den Gefallenen sich prahlerisch zu erheben,[29]) verschmähten sie es nicht, den Sturz des Feindes mit grellem Hohngelächter zu begleiten und sich der schmählich errungenen Triumphe mit schändlichem Frohlocken laut zu rühmen. Nicht an die Bartholomäusnacht des Jahres 1572 wollen wir erinnern, wohl aber an die Medaille, die zum ehrenden Andenken dieser Mordnacht geschlagen wurde. Sie zeigt das Bild des Papstes Gregor XIII. auf der einen Seite, auf der andern die Hugenotten, die ein geflügelter Engel, mit Kreuz und Schwert bewaffnet, zu Boden streckt; die Umschrift lautet: Ugonottorum strages, 1572. Auch der Jubelrede sollte man gedenken, mit welcher der all= gewandte Stilkünstler Marcus Antonius Muretus dies schauder= volle Ereigniß in Gegenwart des Papstes feierte.[30]) — Zu der

---

[29]) $οὐχ\ ὁσίη,\ κταμένοισιν\ ἐπ'\ ἀνδράσιν\ εὐχετάασθαι.$ Odyssea XXII, 412.

[30]) Herr Rio mag Herz und Ohr an folgenden wohlgerundeten Perioden

Poesie des Religionshasses haben die meisten Litteraturen eine nur zu reichliche Beisteuer geliefert. Die stärkste Tirade, die jemals ein englischer Bühnendichter gegen die Feinde seines Vaterlands und des Protestantismus geschleudert hat, wie gelind und matt erscheint sie, sobald man etwa einige Verse aus Lope de Vegas Gedicht Corona tragica danebenstellt, in welchem das Geschick der Maria Stuart geschildert und das Ketzerthum samt allem, was ihm anhängt, mit dem wüthendsten Ingrimm angegriffen wird. Mit welchen entsetzlichen Reden erfreut Calderon in dem Gelegenheitsdrama El sitio de Breda sein katholisches Publikum![31]) Und welche Entstellung der Geschichte erlaubt er sich in La crisma de Inglaterra! Daß auch der edelste Mensch, vom Glaubensfanatismus befangen, das reinste Gefühl der Menschlichkeit verleugnen kann, dafür mag Cervantes ein betrübendes Zeugniß ablegen. Die grausame Maßregel, durch welche in den Jahren 1609—1614 die Morisken aus Spanien ausgetrieben wurden, eine Maßregel die ein Staatsmann wie Richelieu heftig tadelte, Cervantes hat sie als guter Katholik gebilligt und gerühmt. Im zweiten Theil des Don Quixote läßt er einen dieser zum Exil verurtheilten Unglücklichen sagen, daß diese Strafe, so schrecklich sie auch sei, ihnen doch mit Recht auferlegt werde, und daß wohl göttliche Eingebung den König

---

weiden: O noctem illam memorabilem, et in fastis eximiae alicuius notae adiectione signandam, quae paucorum seditiosorum interitu regem a praesenti caedis periculo, regnum a perpetua civilium bellorum formidine liberavit. Der feurige Redner macht sogar die Natur zur Mitgenossin der greuelvollen That: Qua quidem nocte stellas equidem ipsas luxisse solito nitidius arbitror, et flumen Sequanam maiores undas volvisse, quo citius illa impurorum hominum cadavera evolveret et exoneraret in mare.

31) Was Harzenbusch in seiner Ausgabe des Dichters 4, 715 und Leop. Schmidt in dem trefflichen Werke: die Schauspiele Calderons S. 515 über dies Drama bemerken, habe ich wohl beachtet, kann es aber nicht zutreffend finden.

zu diesem trefflichen Entschluß bewogen habe.[32] — Ein solches
Beispiel kann uns an die Schwäche der menschlichen Natur
mahnen, es muß uns mahnen, diejenigen milde zu beurtheilen,
die fortgerissen von den Leidenschaften des Parteikampfes oder
verblendet von der Heftigkeit des Glaubenseifers, jede zartere
Rücksicht, ja wohl gar das Gebot der Menschlichkeit aus den
Augen verlieren und mit allen Waffen schonungslos den Gegner
bekämpfen, von dem sie hinwiederum keine zartere Behandlung
erwarten und erlangen.

Und dies mildere Urtheil muß wahrlich auch den englischen
Dramatikern zu statten kommen. Selbst da, wo sie sich am
heftigsten äußern, zeigen sie sich nie unmenschlich, und daß sie
boshaft geflissentlich darnach trachteten, in ihrem Publikum den
Haß gegen die Katholiken zu schärfen und so deren Los zu
verschlimmern, — das ist eine ebenso hämische wie lächerliche
Beschuldigung. Sie standen inmitten eines Volkes, dessen Gefühle sie theilten; indem sie ihm zu hören gaben, was es hören
wollte, machten sie zugleich ihren eigenen Empfindungen Luft
und ließen sie in freiem Flusse einherströmen.

Man hat schon längst bemerkt, daß Shakespeare sich solcher
derben gegen die Widersacher Englands gerichteten Feindselig-
keiten nicht schuldig macht. Wie in allem übrigen, so stand
er auch hierin höher und größer da als die andern Sterblichen.
Wie er seinem Vaterlande anhing, mit welchem Stolz er sich
des Glückes bewußt war, ein Sohn dieses Volkes zu sein, das
sollen uns nicht etwa einzelne Stellen seiner Dramen, wie die
Lobrede des sterbenden Gaunt oder die Schlußworte im King
John beweisen, — dafür ist uns seine ganze Poesie, vor allem

---

[32] Ricote sagt: Finalmente con justa razon fúimos castigados con
la pena del destierro, blanda y suave al parecer de algunos; pero al
nuestro la mas terrible que se nos podia dar. Und kurz vorher:
— — — me parece que fué inspiracion divina la que movió á Su
Magestad á poner en efecto tan gallarda resolucion. D. Quix. II,
cap. LIV.

die Reihe seiner historischen Schauspiele, ein einziger, ununter=
brochen fortlaufender Beweis. Und dies Vaterland, dessen
Preis er in nie verhallenden Worten verkündigte, es ist nicht
etwa ein erträumtes England, das die irr schweifende Phantasie
eines religiösen Fanatikers erst geschaffen und gleichsam katho=
lisch geweiht und gereinigt hätte, — nein, es ist das wirkliche,
das ihn umgab, auf dessen sicherm Boden er stand, das er
werden und blühen sah, das England, das unter Elisabeths
Regiment groß geworden war vor den Völkern Europas und den
Angriff eines übermächtigen Feindes rühmlich zurückgeschlagen
hatte.[33])

Dies Land war sein Vaterland. Aber er, „der den
Werth einiger Jahrhunderte in seiner Brust fühlte, dem das
Leben ganzer Jahrhunderte durch die Seele webte,"[34]) er hätte
sich willenlos den Stimmungen des Augenblicks überlassen, durch
sein mächtiges Wort die rohen Neigungen der Menge auf=
stacheln und die Harmonie seiner Werke durch mißtönende
Klänge des Hasses zerstören sollen? Er, der die geheimsten
Tiefen jeder Leidenschaft ergründet hatte, er sollte den vorüber=
rauschenden Leidenschaften des Tages seine Stimme leihen? —
Welt und Leben lagen offen vor ihm; sein Auge überblickte sie,
aber er verlor sich nicht in ihren Weiten. Mit einer Kraft,
die bisher keinem andern Sterblichen verliehen worden, ergriff
er die Welt und das Leben, um beide mit seinem Geiste zu
durchdringen und zu läutern und eine neue Welt zu schaffen,

____

[33]) This fortress built by Nature for herself

Against infection and the hand of war,

This happy breed of men, this little world,

This precious stone set in the silver sea,

Which serves it in the office of a wall,

Or as a moat defensive to a house,

Against the envy of less happier lands.

Richard II. 2, I.

[34]) Worte Goethes über Shakespeare in den Frankfurter gelehrten
Anzeigen 1772 Nr. LXXIV. Weimarer Ausgabe 37, 226.

in welcher die wirkliche ihr wunderbar verklärtes Abbild mit Staunen erkennen sollte.

Erst seitdem uns die Vorgänger und Zeitgenossen Shake=speares in ihren Werken nahegetreten sind und wir ihre Künstlerphysiognomien deutlich sehen und unterscheiden können, erst seitdem vermögen wir auch zu bestimmen, wodurch er eigentlich aus dem Kreise seiner Kunstgenossen sich heraushebt, wodurch er ein anderer wird als sie und sich die Alleinherr=schaft in seinem Reiche sichert. Seine Ueberlegenheit wird nicht nur durch die immer neu heranbringende Fülle seiner Schöpfer=kraft offenbar; er ist nicht blos deshalb der größte, weil er der reinsten Wahrheit stets getreu bleibt, weil er jeder Er=scheinung die einzig richtige Form verleiht, jedem Gedanken den tiefsinnigsten Ausdruck, und jeder Empfindung die innigsten Laute — seine alles überragende Größe haben wir in ihrem Ursprung erst dann begriffen und gewürdigt, wenn wir jedes seiner Werke als eine vollkommene, selbständige Einheit klar anschauend erkannt haben. Denn hierdurch wird er der Einzige: die ihm vorangingen, vermochten sich nicht zum Begriff, zur Darstellung eines Ganzen zu erheben, so manigfache Reize auch durch ihre Werke verstreut sind, so voll und lebendig auch der Quell der Poesie hier sprudelt; er jedoch giebt immer ein Ganzes, eine in sich beschlossene Welt, aus der sorgfältig alles ferngehalten und ausgesondert ist, was ihre nothwendige Einheit verletzen, ihren zarten innern Zusammenhang auch nur für kurze Momente unterbrechen könnte. Der ganze Inhalt der belebten und unbelebten Welt steht zu seiner Verfügung; aber aus diesem unübersehbaren Reichthum greift er, weise wählend, jedesmal nur das heraus, was seiner Schöpfung angemessen sich einfügen wird. So entnimmt er auch dem Stoff, den sein Jahrhundert, seine Umgebung ihm darbot, nur die lautersten Elemente. Er läßt sich tragen und heben von den Wogen der Zeit, aber nicht, gleich den andern, versinkt er in ihnen. Den historischen Schauspielen, die in der Zeit seiner Reife entstanden sind, hat er jenen kräftigen patriotischen Geist eingehaucht, der durch seine Nation belebend und erweckend hindurchzog; aber vor jeder Uebertreibung, in welche dies erhebende Gefühl bei den meisten so leicht ausartet, mußte sein hoher Sinn bewahrt bleiben. Denn so unverkennbar er sich auch in seiner Zeit und durch dieselbe gebildet, so war er doch nicht allein der Mann seines Zeitalters, er war für alle Zeit![35]) Sein Blick ist stets auf das All der Welt gerichtet, dessen innere Geheimnisse er aufschließt; Vergangenheit und Gegenwart rinnt für ihn zu einem großen Ganzen zusammen, das er gleichmäßig umfaßt, und in dem sein Geist sich heimisch fühlt. Ein Sohn seiner Zeit stand er doch zugleich außer und über derselben, ebenso wie er als Bruder der Menschen an allem Menschlichen traulich Theil nimmt, alles Menschliche mitfühlt, und doch auch wieder als ein der menschlichen Beschränktheit enthobener Genius erscheint, der sich zur Erde herabsenkt, um sich liebevoll den Sterblichen mitzutheilen. So steht er unter ihnen da, als ihresgleichen und doch als ein hoher Fremdling! So lebt er fort im liebenden Angedenken der Menschheit, der Erbe unermeßlichen Ruhmes![36]) —

Wessen Seele erfüllt ist von der Größe Shakespeares, dem ist es widerlich, die ohnmächtigen Bestrebungen derer anzuschauen, die den Geist des gewaltigsten Dichters gern in das kleinlich verächtliche Treiben des Tages herabziehen möchten, um ihren aufgereizten Leidenschaften eine elende Befriedigung zu bereiten. Was uns in Shakespeare nothwendig als ein Ausfluß seiner höhern Natur erscheint, das wird für Herrn Rio erst erklärlich, nachdem er das Bild des Dichters entstellt und geschändet hat. Weil Shakespeare, von dem Adel seines Sinnes geleitet, nicht gleich seinen Zeitgenossen den Katholiken derbe Schmähungen entgegenwirft, weil er es unterläßt, ihren Cultus

---

[35]) He was not of an age, but for all time. Ben Jonson.
[36]) Dear son of memory, great heir of fame. Milton.

roh zu verspotten, deshalb muß er, nach Herrn Rios Dafür=
halten, als heimlicher Katholik, um seine „boshafte Lust zu be=
friedigen" (S. 33)[37] das Geschoß seiner Poesie gegen die ver=
haßten Ketzer gerichtet haben. Die hohen Eigenschaften seines
Wesens, die ihn vor den andern auszeichnen, werden also dazu
mißbraucht, ihn noch unter den Standpunct der andern herab=
zuwürdigen. Denn diese machen doch wenigstens aus ihrer
Feindseligkeit gegen ihre Widersacher kein Hehl und treten mit
offenem Antlitz auf den Schauplatz; er aber soll sein Leben
lang eine Ehre darin gesucht haben, in heimlich verbissenem
Groll seinen Gegnern dann und wann hinterrücks einige von
ihnen nie gefühlte Stöße zu versetzen, und dem Grimm, den
er fortdauernd gegen sie im Busen trug, in „etwas verhüllten
Wendungen" (S. 96) einen wirkungslosen Ausdruck zu geben.
Darin, glaubt Herr Rio, bestand die große Aufgabe seines Lebens.

Nachdem der Verfasser seine Wuth gegen die englischen
Bühnendichter in burlesken Scheltreden ersättigt hat, läßt er
unter dem Londoner Publikum ein Gerücht ausgehen „von dem
jungen Dichter, welcher bald die rührendsten, bald die kühnsten
Anspielungen wagte, je nachdem er die Verfolger brandmarken
oder das Mitleid für die Verfolgten erregen wollte; von dem
jungen Dichter, welcher eine Reaction zu gunsten der katho=
lischen Ueberlieferungen zu versuchen schien, indem er so manches,
was die Reformatoren für das Höchste hielten, lächerlich machte,
andrerseits aber das Ideal, welches Gemeinheit und Fanatis=
mus mit wüthendem Hasse geächtet hatten, in seinen beiden
Erscheinungsformen, der frommen Ascetik und des Ritterthums,
wieder zu seiner frühern Geltung zurückzuführen strebte" (S. 91).
Von dieser „Reaction," welche Shakespeare zu gunsten des
Katholicismus unternommen, ist auch noch sonst vielfach die
Rede. So wird Heinrich V. ein „Werk der Reaction"
(S. 150) genannt, und Julius Cäsar ist gar (S. 238) eine
„reactionäre Demonstration," auch in Titus Andronicus

---

[37] Vergl. auch A. W. von Schlegels sämmtliche Werke 6, 225.

soll sich die „Reaction mehr im religiösen als politischen Sinne zeigen, und zwar in so ungewöhnlichen Formen, daß man versucht sein möchte, zu glauben entweder an eine geheime Nachsicht oder an irgend einen Schutz, der stark genug war, den Dichter und seine Gesellschaftsgenossen vor den möglichen Folgen seiner Anspielungen zu bewahren" (S. 94). Ebenso wird es an verschiedenen Orten eingeschärft, daß der Dichter, von dem man bisher fälschlich glaubte, er habe in seinen Werken die wahrsten und umfassendsten Bilder von Natur und Menschheit aufgestellt,[38] vielmehr beständig ein doppeltes Ideal, „das ritterthümliche und das religiöse", im Auge gehabt und nach diesem seine Charaktere gebildet hat (S. 100, 129, 145, 245).

Herr Rio hält es indeß nicht für gerathen, daß der junge Reactionär, der „sich der Aufgabe widmet, die Geister zu bekehren" (S. 79), sich allein in die Gefahren der Hauptstadt wage. Er umgiebt ihn daher mit einem Hofstaat von Schauspielern, welche in Gemeinschaft mit ihm dieselben kirchlich-politischen Zwecke verfolgen. Da Herr Rio sich nach Belieben Katholiken schafft, wo er ihrer bedarf, so nimmt er auch ohne Anstand sowohl Burbadge, wie die Schauspieler zweiten Ranges in den weiten Schoß der römischen Kirche auf (S. 97). Dieser von ihm zusammengerufenen glaubenstreuen Schar gönnt der Verfasser seine ganze Zuneigung. „Wir sehen hier gleichsam eine Colonie muthiger Abenteurer vor uns, welche ihre wahre Fahne verbergend zu gunsten einer andern Macht als der damals herrschenden darauf ausgingen, einen Theil des

---

[38] Schön heißt es in Edward Phillips' Theatrum poetarum (1675) von unserm Dichter: never any represented nature more purely to the life. Man hat in den Worten, die sich in diesem Buche über Shakespeare finden, die Hand Miltons erkennen wollen, dessen Neffe Phillips war; und allerdings, wenn wir weiter lesen: he pleaseth with a certain wild and native elegance, so gedenken wir alsbald der Verse im Allegro:

Or sweetest Shakspeare, Fancy's child,
Warble his native wood notes wild.

seit einem halben Jahrhundert verloren gegangenen Gebietes zu
erobern oder vielmehr wieder zurückzuerobern" (S. 79). Herr
Rio malt es sich aus, welche Wirkung diese Schauspiele auf
der Bühne geübt haben müssen, — diese Schauspiele, entsprungen
aus einem rechtgläubigen Geiste und aufgeführt von recht=
gläubigen Acteurs!

Diese katholischen Helden, die ihre Fahne nicht zu entfalten
wagten und denen Shakespeare sich zugesellte, standen aber unter
dem unmittelbaren Patronat des Grafen Leicester; sie waren
seine Diener.[39]) Durch Vermittlung dieses mächtigen Günst=
lings erhielten sie im Jahre 1574 von der Königin ein Patent,[40])
welches ihnen das Recht ertheilte, in allen Bezirken des Landes
ihre Kunst zu üben; demzufolge eröffneten sie im Jahre 1576
ihr Theater in Blackfriars. Nun wird Leicester von Herrn Rio
selbst überall mit den schärfsten Ausdrücken als der giftigste,
verruchteste Feind der Katholiken geschildert; und doch sollen
wir glauben, daß eine Gesellschaft katholischer Schauspieler sich
in seinen Diensten halten, ja sogar dauernd sich seiner Gunst
versichern konnte? Wie ist es ferner denkbar, daß zu einer
Zeit, da, nach Herrn Rios grausenerregenden Berichten, jeder
Katholik in jedem Augenblicke auf Marter und Tod gefaßt sein
mußte, daß damals eine „Colonie" katholischer Abenteurer sich
unter den Augen der argwöhnisch spionirenden Behörden und
des feindseligen Hofes in ihrer günstigen Stellung ungefährdet
hätte behaupten können? Denn diese Gunst der Behörden
und des Hofes dauerte fort, so lange Shakespeare bei der Ge=

---

[39]) Servaunts to or trustie and welbeloved cosyn and Counsellor,
the Earle of Leicestre werden sie in dem Patent vom 7. Mai 1574 ge=
nannt. Collier, Annals of the Stage 1, 211. Schon seit dem Jahre 1559
hatte Leicester eine Schauspielergesellschaft in seinen Diensten. Siehe den
Brief an den Earl von Shrewsbury, Juni 1559, Collier, Annals 1, 170
und Memoirs of actors S. 3.

[40]) In diesem Document werden namhaft gemacht James Burbadge,
John Perkyn, John Lanham, William Johnson, Robert Wylson.

sellschaft weilte. Als durch Befehl des privy council vom 22. Juni 1600 den öffentlichen Theatern die Erlaubniß entzogen ward, blieben nur zwei von dieser Maßregel ausgenommen, und das eine derselben war der Globe, das Sommertheater der Shakespeareschen Gesellschaft. Und kurz nachdem Jakob I. den englischen Thron bestiegen, ertheilte er dieser Gesellschaft ein Patent (17. Mai 1603)[41]), durch welches sie gleichsam in seinen besondern Dienst aufgenommen wurde: sie legte den bis dahin geführten Namen the Lord Chamberlaine's servants ab und Shakespeare und seine Genossen hießen fortan the King's players.

Die katholische Schauspielergesellschaft hat sich also, gleich manchem andern Blendwerk, in nichts aufgelöst. Shakespeare mußte die Unterstützung gläubiger Genossen entbehren; er mußte darauf bedacht sein, der Staatskirche und der Herrschaft der grimmig gehaßten Elisabeth allein gegenüberzutreten.

Sein Glaubenseifer brach jedoch nicht alsogleich hervor. Er schrieb Lustspiele. Selbst in diesen Lustspielen wird Herr Rio einige Funken von der Glaubensgluth, von dem Feuer des Hasses gewahr, das in Shakespeares Brust loderte. Aber trotzdem kann er zu diesen Produktionen kein rechtes Zutrauen fassen. Sie wollen einem für die Reinheit des katholischen Glaubens begeisterten, gegen die öffentlich anerkannte Kirche heimlich wüthenden Kämpfer nicht wohl anstehen. Der Verfasser läßt ihn daher auf einen „Abweg" gerathen und redet von seinen „vier bis fünf Jahre dauernden Verirrungen" (S. 99). Aber der Verirrte muß sich bald wieder zurecht finden. „Denn," sagt Herr Rio, „zwischen diesem Puncte der Verirrungen und zwischen dem Abfall, auch nur der theilweisen Apostasie, oder selbst nur der religiösen Gleichgültigkeit, war für einen Charakter und eine Natur wie Shakespeare eine unübersteigliche Schranke" (S. 99). Er mußte demnach sein großes Lebens-

***

werk ernstlich beginnen. Hat er nun etwa die Königin oder
die Prälaten der Staatskirche mit blanker Waffe oder doch
wenigstens mit scharf gespitzter Feder angegriffen? Nein, das
erschien ihm wohl allzu bedenklich; er hielt es für genügend,
wenn er nur „gegen die Werke der dramatischen Dichter eine
Art von Kreuzzug unternahm" (S. 124), wenn er, wie es an
einer andern Stelle (S. 129) heißt, sich in Opposition setzte
gegen die historischen Dramen der früheren Bühnendichter, seiner
nächsten Vorgänger.

Wir wissen, daß Shakespeare nicht der erste war, der
Stoffe aus der vaterländischen Geschichte dramatisch bearbeitete:
er fand eine Reihe historischer Dramen vor. Unter den ältern
Werken dieser Klasse war wenigstens eins, das er seines Bei-
falls nicht unwerth achten konnte, — Marlowes Edward the
Second, ein Drama, welches zu den letzten Arbeiten dieses früh
verstorbenen Autors gehörte und auf dessen Composition Shakespeares früheste Versuche wohl schon einigen Einfluß geübt
haben. Die andern „chronicle histories" waren meist formlos
und schwerfällig; an derber Kraft fehlt es ihnen nicht; aber
oft zeigt sich diese nur zu ungebunden und geht ins rohe und
plumpe über; daneben wirkt aber im einzelnen eine frische
Poesie oft erfreuend und erfrischend. An keinem dieser Stücke
konnte Shakespeare ein reines Wohlgefallen haben; er war aber
so weit davon entfernt, sie mit feindseligen Augen zu betrachten
oder gegen ihre Autoren einen Kreuzzug zu unternehmen, daß
er vielmehr diese unvollkommenen Versuche seinen eigenen Werken
zu Grunde zu legen nicht verschmähte. Der King John ist in
engem Anschluß an das ältere, 1591 gedruckte Schauspiel
gleichen Inhalts gearbeitet; selbst den rohen Scenen der „famous
victories of Henry the fifth" entlehnte er manches und benützte
es auf seine Weise in den Dramen, welche die Geschichte
Heinrichs IV. und seines Sohnes darstellen. Unter Shakespeares
Händen nimmt alles die vollkommenste Gestalt an; das un-
förmliche wird edel ausgebildet, das grelle gemildert, das rohe

beseitigt; die schweren Massen, die sich mühselig fortbewegten, haucht er mit seinem Geiste an, und es entspringt ein mächtiges Leben, das sich bis in die kleinsten Theile des großen Ganzen ergießt. In diesem Sinne kann man allerdings sagen, daß er die ältern Werke vernichtete, indem er etwas ungleich höheres schuf. Aber diese Leistungen vollbrachte er nicht im Dienste des Katholicismus: er folgt hier, wie überall, nur dem Gesetze, das seine Künstlernatur ihm auflegte: die Ver= änderungen, die er in der Behandlung des historischen Stoffes eintreten läßt, sind immer nur solche, wie sie nothwendig von der bis zur Vollendung gesteigerten poetischen Kunst geboten werden.

Damit Shakespeare seine Fechterstreiche doch nicht blos in die leere Luft führen müsse, sucht Herr Rio ihm einen Gegner aus, dem vornehmlich die Angriffe gelten sollen. Es ist dies John Bale, „der apostasirte Mönch" (S. 130). Von dem heiligen Zorn, den Herr Rio noch jetzt nach dreihundert Jahren gegen „die abscheulichen Stücke des Apostaten Bale" empfindet, soll auch Shakespeare erfüllt gewesen sein. Wenn der Dichter nur diese abscheulichen Stücke gekannt hätte! Man darf aber mit gutem Grund vermuthen, daß selbst die Namen dieser Werke kaum je zu seinen Ohren gelangt sind. Die meisten Dramen dieses „Apostatenbischofs" waren mehr als fünfundzwanzig Jahre vor Shakespeares Geburt gedruckt worden (1537); als der Dichter seine Laufbahn begann, war gewiß keines derselben mehr auf irgend einer Londoner Bühne zu sehen. Wie thöricht wäre es gewesen, diese den Augen des Publikums längst entschwundenen, einer älteren Periode der poetischen Entwicklung angehörigen Dramen plötzlich zur Unzeit anzugreifen und dadurch ihr er= loschenes Andenken wieder aufzufrischen! In der Liste jener Dramen des Bischofs von Ossory werden uns auch zwei Stücke historischen Inhalts genannt: Upon both marriages of the King (Henry VIII.) und Of King John of England. Das letztere hat sich erhalten und ist im Jahre 1838 gedruckt worden.[42]) Hat Herr Rio, wie er vorgiebt, diesem Werke in der That einige Aufmerksamkeit geschenkt, so mußte ihm auch alsbald deutlich werden, daß Shakespeare unmöglich die Absicht hegen konnte, dies „vermeintliche Meisterwerk Bales für immer niederzuwerfen" (S. 131). Unser Dichter hatte ohne Zweifel nicht die geringste Kenntniß von der Arbeit seines abtrünnigen Vorgängers, der sich natürlich nach Kräften bemüht, den König Johann als einen muthigen Widersacher der päpstlichen Oberherrschaft, als einen Vorkämpfer der Reformation zu feiern. Dieselbe Tendenz verfolgte der Verfasser des Dramas, welches Shakespeare bei der Ausführung seines King John vor Augen hatte. In der Widmung To the Gentlemen Readers, die sich vor diesem ältern Werke findet, wird Johann ausdrücklich für seine Widersetzlichkeit gegen den Papst gepriesen:

> For Christ's true faith indur'd he many a storme
> And set himselfe against the man of Rome.

Aus dem Stoffe, der ihm hier vorlag, hat Shakespeare sein Werk gestaltet; aber dieser Stoff mußte erst durch ein Läuterungsfeuer gehen, alles Gemeine mußte erst aus ihm hinweggeschmolzen sein. Die Scene, in welcher die Klöster geplündert und Mönche und Nonnen wegen ihres sittenlosen Lebens verhöhnt werden, diese grobkomische Scene ward daher ausgeschieden, ebenso wie im ersten Akte die Verhandlungen über die Geburt des Bastards schon dadurch eine mildere Form erhielten, daß sie nicht mehr in Gegenwart der Mutter geführt wurden. Herr Rio hebt es freudig hervor, daß Shakespeare auch eine andere Scene des ältern Stücks, die von Katholiken nicht gebilligt werden konnte, ohne weiteres ausgelassen hat, diejenige nämlich, in welcher „die erdichtete Vergiftung des Königs durch den Abt von Swinstead mit teuflisch ersonnenen Einzelheiten dargestellt wird" (S. 136). Nun ja, diese Scene

---

[42]) Kynge Johan. A Play. In two parts. By John Bale Edited by J. Payne Collier. London. Camden Society 1838.

ward verbannt, eben weil sie in den feinern Organismus des neuen Werkes sich nicht einfügen konnte; Herr Rio sagt uns aber nicht, daß Shakespeare dasjenige, was den Katholiken hier am anstößigsten sein mußte, die Sage von der Vergiftung des Königs durch einen Mönch, unverändert beibehielt: was der ältere Dichter vor den Augen der Zuschauer vorgehen ließ, läßt Shakespeare erzählen.[43]) Er wird hier überall, mag er aus= lassen oder hinzuthun, nur durch künstlerische Rücksichten geleitet. Es waltet hier durchaus die Macht einer lautern Poesie, die sich alles widerstrebende unterwirft. Das Stück ist nicht mehr ausschließlich gegen Rom gerichtet; denn Shakespeare duldet es nicht, daß die Dichtung ihr freies Gebiet verlasse und den Zwecken einer Partei diene; ruhig und klar schwebt sein Geist über den Leidenschaften, die im Leben sich rastlos feindlich be= kämpfen. Er bildet seine Welt streng nach den ihr inne= wohnenden Gesetzen und jeder Charakter muß der Nothwendigkeit seines eigenen Wesens folgen. So ist denn auch im König Johann alles durch menschliche und künstlerische Wahrheit ge= adelt worden; von der Absicht aber, der Sache des Katholicismus irgend welchen Vorschub zu thun, von dieser dem Dichter stets fremd gebliebenen Absicht läßt sich auch hier nicht das mindeste spüren. Der Verfasser sagt (S. 136), daß Shakespeare gegen die Person des König Johann „offenbar einen Widerwillen habe." Der Dichter wird in den Augen des Verfassers zu einem der fanatischen Geschichtsschreiber unserer Zeit, die ihrer Partei gute und wohlbelohnte Dienste leisten, indem sie die historischen Persönlichkeiten früherer Jahrhunderte, je nachdem das Interesse es erheischt, schmähend herabziehen oder leiden= schaftlich erheben. Wüßten wir es nicht schon, wie kümmerlich

---

[43]) Hubert. The king, I fear, is poison'd by a monk:

— — — — — — — — — — — — —

A monk, I tell you; a resolved villain,
Whose bowels suddenly burst out.

King John 5, VI.

beschränkt die Anschauung ist, die Herr Rio dem Dichter ent=
gegenbringt, jenes eine Wort müßte es uns lehren. Shakespeare
einen Widerwillen gegen König Johann! Hat er nicht auch
gegen Macbeth, Jago, Jachimo, König Claudius einen Wider=
willen? — Shakespeare stellt das Menschliche in seiner ganzen
Wahrheit dar und enthüllt es in seiner ganzen Tiefe. In
den Charakteren, die er ins Leben ruft, kann er die Gegen=
sätze, die sich auszuschließen scheinen, zwanglos vereinigen;
denn er zeigt uns den verborgenen Punct, wo sie ihren ge=
meinsamen Ursprung haben. So erreicht er es, daß selbst den
Personen, deren Thun wir tadeln oder verabscheuen, doch unsere
Theilnahme nicht entgeht, wenn sie dem Unglück verfallen. Wie
hassenswerth sich Johann uns auch gemacht hat, der Dichter
denkt nicht daran, ihn mit einem ebenso unkünstlerischen wie
unchristlichen Hasse zu verfolgen, und zuletzt, da der Sterbende
in unsäglichen Qualen bangt, weiß er Töne für ihn zu finden,
die unser Herz bewegen müssen. Aus diesen letzten Worten des
Königs reißt Herr Rio einen einzelnen Satz heraus: „Es ist
eine Hölle in mir," und glaubt, „daß sich dies schreckliche Wort
ebenso sehr auf dessen moralische wie auf seine physischen Qualen
anwenden läßt" (S. 136). Der unbefangene Leser sieht, daß
der König in diesen wie in den vorhergehenden Worten nur die
verzehrende Fiebergluth, die ihn peinigt, durch schreckensvolle Bilder
bezeichnen will.[44]

---

[44] There is so hot a summer in my bosom,
     That all my bowels crumble up to dust:
     — — — — — — I do not ask you much:
     I beg cold comfort; and you are so strait,
     And so ingrateful, you deny me that.
P. Henry: O that there were some virtue in my tears,
     That might relieve you!
K. John: The salt in them is hot.
     Within me is a hell; and there the poison
     Is as a fiend confined to tyrannize
     On unreprievable condemned blood.

Die glänzendste Figur des Stücks, der Bastard, will nur sehr übel in ein Drama passen, das der Verherrlichung des Katholicismus und der päpstlichen Obergewalt gewidmet ist. Das erkennt selbst Herr Rio; aber er kommt dem Dichter mit einer Entschuldigung zu Hülfe: „Hinsichtlich der besonders hervortretenden Züge dieses fälschlich-ritterlichen Charakters konnte Shakespeare die allgemein angenommene Ueberlieferung nicht unberücksichtigt lassen" (S. 137). Dennoch hat es Shakespeare mit der Person dieses Bastards eigentlich gar nicht gut im Sinne; „er entzieht ihr," wie Herr Rio sagt, „den sie umgebenden Schimmer durch den bemerkenswerthen Monolog am Schlusse des zweiten Aktes. Hier nämlich nennt Faulconbridge den Reichthum als den am meisten verehrten Götzen des Jahrhunderts und erklärt dann geradezu, daß auch er zu dessen Anbetern gehören wolle." — Durch diese Andeutung zeigt der Verfasser seine Fähigkeit, Wort und Geist des Dichters mißzuverstehen, abermals in einem grellen Lichte.

Shakespeare hat für seinen King John die Chronik, aus der er sonst mit vollen Händen zu schöpfen pflegt, nur in sehr geringem Maße benutzt. Er hatte so wenig die Absicht, die historischen Anschauungen, die etwa durch das ältere Stück verbreitet wurden, zum Wohl der katholischen Kirche zu zerstören, daß er vielmehr diesem ältern Stücke überall da folgt, wo es in seiner Darstellung von den historischen Ueberlieferungen abweicht.[45]

---

[45] Es sei vergönnt, die Worte hier anzuführen, mit welchen Delius in der Einleitung zu Shakespeares King John das Verhältniß dieses Werkes zu dem ältern Drama klar und prägnant bezeichnet: „Shakespeare hat in allen Fällen eines Zwiespalts zwischen den historischen Ueberlieferungen Holinsheds einerseits und den ungeschichtlichen Versionen seines dramatischen Vorgängers andrerseits, obwohl ihm die ersteren ohne Zweifel aus der Chronik sehr wohl bekannt sein mußten, doch die letzteren unbedenklich sich in seiner eigenen Auffassung angeeignet, und die Abweichungen, die er sich von dem ältern King John verstattet, sind überall nur im Interesse der dramatischen Kunst, nirgends im Interesse der geschichtlichen Wahrheit vorgenommen."

Aber mag Shakespeare auch ungestört ein friedseliges Antlitz bewahren und durch seine erhaben ruhige Haltung gleichsam Einspruch erheben gegen jede Anmuthung kriegerischer Gesinnungen, — Herr Rio läßt doch nicht ab, ihm stets von neuem das Schwert des Herrn zum heiligen Streit in die Hand zu zwingen. Wollen wir einen leichten Ueberblick gewinnen über die Thaten, die der Dichter noch ferner zum Heil der Kirche verrichten soll, so wird es wohlgethan sein, unsere Betrachtung vornehmlich drei Schauspielen zuzuwenden: Henry IV., Richard II. und Henry VIII. Jedes dieser Schauspiele soll einen Beweis abgeben für die katholische Glaubensreinheit, deren sich der Dichter befliß, und für den nicht zu dämpfenden Muth, mit welchem er immer von neuem den ketzerischen Feinden entgegenstürmte. Damit aber dieser Beweis erlangt werde, muß Herr Rio auch fernerhin die Thatsachen, die seinen Behauptungen zuwider sind, entweder ver=schweigen, oder, wenn er sie nicht gänzlich entbehren kann, zu seinen Zwecken umbilden, oder er muß sich auch entschließen, diejenigen Thatsachen, deren er durchaus benöthigt ist, ohne Hülfe eines historischen Berichtes frei zu erfinden. —

John Falstaff! Unsere Mienen werden heiter, sobald wir deinen Namen aussprechen und gleich steht auch deine Gestalt vor uns! Aber, alter Kauz, du würdest wahrlich aufhören, uns zu erheitern und dich deines eigenen Witzes zu freuen, wenn du nur wüßtest, welche gefährliche Kriegsplane dein Dichter im Sinne trug, als er dich in die Welt setzte. Weißt du's noch nicht? Hat Herr Rio dir's noch nicht gesagt? Da du kein großes Maß von Tapferkeit zu deinem Antheil erhalten hast, so wirst du wahrlich erschrecken, wenn du's vernimmst: denke nur, der große William wollte dich als eine „Kriegsmaschine" brauchen, und zwar als eine solche, die er „für das augenblick=liche Bedürfniß gegen die dramatischen Dichter der Gegenseite erfunden hatte" (S. 140). Ja, sieh nur nicht so ungläubig drein! Den alten abscheulichen Ketzer John Oldcastle, dessen Andenken die noch abscheulicheren Protestanten in Ehren hielten, den solltest du durch deinen Wanst, durch deine Vorliebe für den Sekt, durch deine Neigung, die Wahrheit geistreich zu verhüllen und durch deine andern wohlbekannten löblichen Eigenschaften recht gründlich verspotten, so daß die Protestanten an dir ein rechtes Aergerniß nehmen, die Katholiken aber mit frommem Wohlgefallen auf dich schauen mußten. Dir war in dem großen Krieg, den William Shakespeare gegen die bestehende Kirche unternahm und dessen Geschichte Herr Rio zuerst verzeichnet hat, in diesem denkwürdigen Kriege war dir eine bedeutsame Rolle zugedacht, und du hast sie ausführen müssen, ohne von deiner kriegerischen Wichtigkeit eine Ahnung zu haben. Aber nicht wahr, jetzt vergeht dir alle Munterkeit, aller Witz? Denn wenn man seinen dicken Bauch zu so ernsthaften Zwecken einherschleppen muß, so vergißt man es wohl, über ihn Witze zu machen.

Unsere Leser werden nicht weniger erstaunt sein als der fette Ritter. Mögen sie denn in der Kürze vernehmen, wie Herr Rio dazu kam, diesem lebenslustigen Gesellen eine so ungeheuerliche Metamorphose zuzumuthen. — Schon der älteste Biograph Shakespeares, Nicholas Rowe, bemerkt (1709), man sage, der wohlbeleibte Sir John habe zuerst den Namen Oldcastle geführt, die Königin aber habe befohlen, den Namen zu ändern, weil noch einige Personen jener Familie lebten, und da sei der Ritter Falstaff genannt worden.[46]) Der Königin wird auch noch in anderer Beziehung ein Einfluß auf Falstaff zugeschrieben; sie hat, wie zuerst Dennis erzählt,[47]) die Entstehung der Merry wives of Windsor veranlaßt; denn, wie Rowe hinzusetzt, sie wünschte den Ritter auch einmal als Verliebten zu

---

[46]) Upon this occasion it may not be improper to observe, that this part of Falstaff is said to have been written originally under the name of Oldcastle: some of that family being then remaining, the Queen was pleased to command him to alter it; upon which he made use of Falstaff.

[47]) In der Widmung seiner Komödie The comical gallant. 1702.

sehen. Vielleicht sind beide Gerüchte gleich unbegründet. Der Angabe Rowes wird von einigen der Commentatoren, z. B. Steevens und Malone, entschieden widersprochen, andere z. B. Ritson und Reed, suchen sie zu bestätigen, und noch neuerdings hat Halliwell dieser Frage eine umständliche Untersuchung gewidmet, um die Richtigkeit der von Rowe mitgetheilten Tradition zu erweisen.[48] Wir haben die Zeugnisse, die zu diesem Behuf vorgebracht werden, von den oft citirten Worten Fullers an bis zu dem von Halliwell zuerst bekannt gemachten Briefe des Dr. Richard James, noch einmal sorgfältig geprüft: sie scheinen uns nur darzuthun, daß man im Publikum Falstaffs Person mit jenem Oldcastle verwechselte, der aus dem ältern Stück The famous victories of Henry the fifth wohlbekannt war, und dem Falstaff in der äußern Erscheinung ohne Zweifel glich. Jenes ältere Stück, so roh und werthlos es ist, hat bei dem Publikum in Gunst gestanden, und unserm Dichter die Motive geliefert für mehrere Scenen, die wir jetzt in den drei Schauspielen von Heinrich IV. und Heinrich V. bewundern; auch die Namen Ned und Gadshill sind von dort herübergenommen. Es war natürlich genug, daß man den allbekannten Namen Oldcastle auf die neue Person übertrug, die Shakespeare geschaffen; diese hatte freilich mit dem rohen Spaßmacher des ältern Dramas durchaus nichts geistiges gemein; für das Publikum jedoch blieb es derselbe Charakter, ebenso wie die Handlung in beiden so weit von einander abstehenden Werken

---

[48] In einer besondern Schrift: On the character of Sir John Falstaff as originally exhibited by Shakespeare London 1841, und in seinem Life of Shakespeare S. 154 fgg. Man sehe aber, zu welchen Gewaltmitteln er greifen muß, um seine Behauptung durchzusetzen. Er muß annehmen, daß Heinrich IV. schon vor 1593 geschrieben sei und daß auch die Namensänderung schon vor 1593 stattgefunden habe. Denn er glaubt, daß in diesem Jahre die von ihm 1842 herausgegebene erste Skizze der Merry wives entstanden ist, und hier war der Name Falstaff unzweifelhaft der ursprüngliche.

im großen und ganzen dieselbe blieb. Shakespeare aber wollte diese Verwechslung der Personen nicht gestatten; er weist sie ausdrücklich ab in dem Epilog zum zweiten Theil von Henry IV. Dort heißt es: for Oldcastle died a martyr,[49]) and this (näm= lich Falstaff) is not the man. Der Dichter will also nicht, daß man bei seiner komischen Person an den Mann denke, dessen Name, als der eines Märtyrers, in Ehren bleiben soll. Hier hängt alles einfach genug zusammen. Aber selbst zu= gegeben, daß Falstaff zuerst den Namen Oldcastle führte, was folgt weiter daraus? Shakespeare hat alsdann, dem ältern Stücke folgend, diesen Namen beibehalten, ebenso wie er Ned und Gadshill beibehielt.[50]) Als er merkte, daß ein solcher Ge= brauch dieses Namens bei einigen Anstoß erregte, vertauschte er ihn alsbald mit einem andern und verwahrte sich in den eben citirten Worten öffentlich gegen jede Mißdeutung. Auch hier erklärt sich alles leicht und natürlich. Shakespeare wünschte sogar den Schein zu vermeiden, als ob er das Andenken eines Mannes, das von eifrigen Protestanten mit Liebe gehegt wurde, irgend wie hätte verletzen wollen.

Wie bringt es nun Herr Rio fertig, diesem friedlichen Verhalten einen kriegerischen Schimmer zu verleihen? Zu=

---

[49]) Sir John Oldcastle, Lord Cobham stand an der Spitze der Lollarden. Die Versuche, ihn zur römischen Kirche zurückzuführen, blieben erfolglos. Heinrich V., der gegen Ketzer keine Milde kannte, überließ ihn den geistlichen Gerichten; er ward zum Scheiterhaufen verurtheilt. Es ge= lang ihm jedoch, aus dem Tower zu entfliehen und seine Anhänger um sich zu versammeln. Nach einigen mißglückten Versuchen, den König in ihre Gewalt zu bekommen, wurden sie geschlagen und zerstreut (1414); Lord Cobham selbst aber ward vier Jahre hernach erst als Hochverräther gehängt, dann als Ketzer am Galgen verbrannt. Bale veröffentlichte 1559 A brief Chronycle concernyng the Examination and Death of the blessed Martyr of Christ, Syr Johan Oldcastell.

[50]) Ritson sagt ganz richtig: He continued Ned and Gadshill, and why should he abandon Oldcastle? a name and character to which the public was already familiarised.

vörderst beunruhigt er wieder den längst entschlafenen Apostaten=
bischof Bale; das feindliche Gespenst dieses Sünders muß aber=
mals von den Todten emporsteigen, um sich den Streichen
Shakespeares darzubieten. „Mit König Johann," sagt Herr
Rio, „durften jedoch die Angriffe unseres großen Dichters gegen
den Apostatenbischof von Ossory nicht aufhören" (S. 138).
Unter den Vergehen, deren sich dieser Unselige schuldig gemacht
hatte, war ein zu Ehren des Märtyrers Oldcastle geschriebenes
Buch nicht das geringste. Gegen dies Buch, das fünf Jahre
vor Shakespeares Geburt erschienen war und gegen das in
demselben gefeierte „Idol, dessen Cultus sich mit der neuen
Religion aufs innigste vereinigt hatte" (S. 139) — gegen den
Lobredner ebensowohl wie gegen den Gepriesenen selbst mußte
der Dichter seine Waffen richten. Herr Rio stellt es nun seinen
Lesern als eine vollkommen unbezweifelte Thatsache dar, daß
Shakespeare für seinen fetten Sir John absichtlich den Namen
Oldcastle gewählt habe, um diesen ketzerischen Rebellen, den die
Protestanten als Märtyrer ehrten, als einen nichtswürdigen
schamlosen Gesellen höhnend herabzuwürdigen. „Man bezweifelt
nicht," fügt er S. 141 hinzu, „daß die Aufregung in dem
Lager der religiösen Fanatifer groß gewesen sein muß, als sie
aus ihrem Lieblingshelden unter dem rächenden Pinsel des
Künstlers einen possenhaften prahlerischen Trunkenbold werden
sahen, einen Gauner, dem es zu einem Räuber an Muth fehlt,
einen lüderlichen Gesellen" u. s. w. Ob diese „Rache" eine des
Shakespeareschen Genius würdige war, das bekümmert den Ver=
fasser nicht; er versichert uns vielmehr mit triumphirender
Miene (S. 140): „der Gedanke eines solchen Contrastes zwischen
dem Namen und der damit versehenen dramatischen Person
war ganz neu." Daran zweifeln wir nicht, der Gedanke ist
gewiß sehr neu; denn er ist erst in Herrn Rios Kopfe ent=
sprungen. Zweifeln müssen wir aber, wenn Herr Rio überdies
behauptet, daß Shakespeare mit seinem Angriff gegen das Idol
der Protestanten einen Erfolg errungen habe, „der nach den

obwaltenden Umständen um so auffallender ist." Einen Erfolg?
Wir nehmen hier nichts als eine unrühmliche Niederlage wahr.
Kaum hat der Dichter sein schmähliches Wagestück auszuführen
begonnen, so sieht er sich auch alsbald gedrungen inne zu halten;
er muß den mißbrauchten Namen fahren lassen,[51] er muß auch
noch für sein Unterfangen, so zu sagen, öffentlich Abbitte thun
und den Mann, den er eben noch auf das schimpflichste ver=
höhnt hatte, gar einen „Märtyrer“ nennen; nachdem er sich zu
einer gemeinen Rache gerüstet, muß er sich, da man ihn in
seinem Beginnen stört, gleich ängstlich zurückziehen, er muß
nicht nur hämisch und verläumberisch, er muß auch feig er=
scheinen. Wahrlich, jeder unterdrückten Religion sind eblere,
und vor allem muthigere Vorkämpfer zu wünschen. Doch, wir
mögen uns beruhigen! Nur Herr Rio läßt den Dichter so
hämisch und so feig erscheinen. Wir wissen es ja: Shakespeare
fand den Namen Oldcastle in dem ältern Schauspiel, das er
für seine Histories benutzte; hat er ihn daher wirklich zuerst für
seinen Sir John gebraucht, so verfuhr er dabei ganz harmlos,
ohne jede feindselige Absicht, und konnte deshalb mit gutem
Gewissen die Erklärung abgeben, daß er nicht im Sinne gehabt,
das Andenken des Märtyrers Oldcastle zu verunglimpfen. Den
Umstand jedoch, daß der vielerwähnte Name schon dem ältern
Stücke angehört, diesen entscheidenden Umstand hat Herr Rio
verschwiegen. Verschwiegen? — werden vielleicht unsere Leser
fragen, — er hat wohl von dem ältern Drama nichts gewußt,
wie er ja so manches andere auch nicht wußte. Aber wir
müssen bei unserm Ausdruck beharren: er hat jenen Umstand
verschwiegen. Wir sind gern bereit, dem Verfasser die Vorrechte
der Unwissenheit in ausgedehntestem Maße zuzugestehen; hier
aber darf er sich auf diese schätzbaren Privilegien nicht berufen.
Denn er kennt die Famous victories; und zwar hat er das

---

[51] Daß die Worte old lad of the castle in Henry IV. 1, 1, II keine
Anspielung auf Oldcastle enthalten, hat schon Farmer richtig eingesehen; er
verweist auf Gabriel Harvey, der dieselben Worte braucht.

Drama nicht nur so obenhin angesehen, er muß es sogar, was allerdings verwunderlich scheint, gelesen haben; denn er sagt (S. 152), daß es „die religiöse Seite des Charakters seines Helden (Heinrich V.) ganz im Dunkel gelassen." Um eine solche Bemerkung zu machen, mußte er das Stück ziemlich genau prüfen, und der Name Oldcastle konnte ihm nicht entgehen.

Daß also Shakespeare jemals die unwürdige Absicht gehegt, durch Beschimpfung Oldcastles den Protestanten ein Aergerniß zu bereiten, das hat Herr Rio nicht nachzuweisen vermocht; das aber ist als unzweifelhaft nachgewiesen, daß Herr Rio absichtlich die Thatsache verschwiegen hat, welche allerdings die Nichtigkeit seiner Erfindung unwiderlegbar hätte darthun müssen.

Die Kriegsmaschine John Falstaff, von Herrn Rio construirt, liegt zerschlagen und zerstückelt da. Der Verfasser ist jedoch wieder emsig daran, neues Kriegsgeräth für den katholischen Dichter herbeizufahren; und diesmal soll der Kampf nicht etwa blos gegen einen todten Apostaten oder gegen einen längst verbrannten Ketzer, nein, er soll gegen die lebende Königin von England gerichtet werden; die Waffe, die zu diesem Kampfe ausersehen wird, ist die historische Tragödie Richard II. Herr Rio verkündet mit starkem rhetorischen Nachdruck: „Das Trauerspiel Richard II. ist von unserm Gesichtspunct aus betrachtet das wichtigste von allen, nicht blos wegen der kühnen Anspielung, die es enthält, sondern wegen der unzweideutigen Auslegung, welche die Zeitgenossen Shakespeares diesem Stücke gegeben haben. Man kann sagen, daß niemals eine dramatische Dichtung in der politischen Geschichte irgend eines Volkes eine so bedeutende Rolle spielte" (S. 125). Die „kühnen Anspielungen" vermag Herr Rio weder hier noch im folgenden näher zu bezeichnen; er fügt jedoch hinzu, gleich als ob er, blöden Auges, in die Tiefe der Dichterseele zu schauen vermöchte: „Bei diesem Stücke hat er eine Tendenz, einen Rückhaltsgedanken, welcher nicht zweifelhaft sein kann, da seine Zeitgenossen schon als die Erklärer desselben sich aussprachen und durch diese ihre Auslegung dem wagnißvollen Stück die ganze Bedeutung eines politischen Ereignisses gaben" (S. 127).

Auch hier dünkt es den Verfasser vortheilhaft, die historischen Zeugnisse, die ihm zu seiner Auffassung ein Recht geben, vor dem Leser zu verbergen. Indeß, diese Zeugnisse haben das Licht nicht zu scheuen; sie mögen daher zum Vorschein kommen.

Die Empörung, die Essex unbesonnen und kurzsichtig gegen Elisabeth vorbereitet hatte — man kennt den unglücklichen Ausgang, den sie verdientermaßen nehmen mußte — diese Empörung sollte am 8. Februar 1601 zum Ausbruch kommen. Am Nachmittage vorher ließen die Verschworenen ein Drama aufführen, das unverkennbar hindeutete auf das bevorstehende Ereigniß; sie wollten sich und ihren Anhängern von der Bühne herab gleichsam Muth einsprechen lassen zu ihrem wagehalsigen Unternehmen und die Hoffnung auf einen wünschenswerthen Erfolg beleben. Sir Gilly Merick wird als derjenige genannt, der mit den Schauspielern unterhandelte und sie veranlaßte, eine schon veraltete Tragödie von der Abdankung Richards II. zur Aufführung zu bringen.[52] Einer der Schauspieler machte den Einwand, weil das Stück alt sei, würden nur wenige Zuschauer kommen, man hätte deshalb von der Aufführung nur Verlust zu erwarten; da wurden noch vierzig Shilling dazu gegeben und so ward das Stück gespielt.[53] Aus dem Prozesse gegen Sir Christopher Blunt und die andern Theilnehmer der

---

[52] Camden erzählt: „Mericus accusatur, quod —————— exoletam Tragoediam de tragica abdicatione Regis Richardi Secundi in publico theatro coram coniuratis data pecunia agi curasset. Quod ab eo factum interpretati sunt Jurisconsulti, quasi illud pridie in scena agi spectarent, quod postridie in Elizabetha abdicanda agendum." Annales rer. Anglic. regnante Elizabetha. Lugd. Batav. 1625, S. 810.

[53] Arraignment of Merick in Bacons Works ed. Montagu 6, 363: „——— when it was told him by one of the players, that the play was old, and they should have loss in playing it because few would come to it, there were forty shillings extraordinary given to play it, and so thereupon played it was."

Verschwörung erfahren wir den Namen des Schauspielers, der die vierzig Shilling in Empfang nahm: er hieß Philips; das Stück aber, welches die Verschworenen durchaus zu sehen verlangten, wird hier „Heinrich IV." genannt.[54])

Wir sehen, daß der Name unsers Dichters hier nirgends vorkommt. Die Behörden haben, so viel wir wissen, weder ihn noch seine Gesellschaft wegen ihres Verhaltens getadelt oder gar zur Verantwortung gezogen. Mag selbst der in den State Trials genannte Philips der Schauspieler Augustine Philips sein, der zu den Mitgliedern der Shakespeareschen Bühne ge= hörte, so ist es doch immer noch zweifelhaft, ob gerade diese Schauspieler, Shakespeares Genossen, es waren, welche sich be= stimmen ließen, den Wünschen der Verschworenen nachzugeben. Es ist ersichtlich, daß die Shakespearesche Gesellschaft sich von allen Angelegenheiten, die auf Staat und Kirche Bezug hatten, mit weiser Zurückhaltung fern hielt; sie würde wohl auch in diesem Falle nicht ihrer gewohnten Vorsicht entgegen gehandelt, vielmehr die Theilnahme an einem gefahrdrohenden Unternehmen mit Bedacht abgelehnt haben.

Und was sagen die Berichte über das Drama aus, das den Verschworenen für ihre Zwecke so geeignet schien? Von den Schauspielern wird es ein „altes" Stück genannt, ein schon

---

[54]) In den State Trials 7, 60: „The story of Henry IV being set forth in a play, and in that play there being set forth the killing of the king upon a stage; the Friday before, Sir Gilly Merick and some others of the earl's train having an humour to see a play, they must needs have the play of Henry IV. The players told them that was stale; they should get nothing by plaing that; but no play else would serve: and Sir Gilly Merick gives forty shillings to Philips the player to play this, besides whatsoever he could get." — Neuerdings hat Collier noch ein Document entdeckt, welches auf diese Verhandlung mit den Schauspielern Bezug hat. Siehe Athenaeum, 6. Dezbr. 1856, S. 1498. Da es den bekannten Thatsachen nichts wesentlich Neues hinzu= fügt, so mag es hier unberücksichtigt bleiben, um so mehr, da Collier der Entdecker ist.

abgenutztes, das auf das Publikum keine Anziehungskraft mehr übt. Diese Behauptung scheint auf Shakespeares Tragödie nicht wohl zu passen. Jedoch eben in jenen Jahren war die Produktion auf dramatischem Gebiete eine ungemein lebhafte; die neuen Werke folgten rasch auf einander, und man war bestrebt, durch manigfaltigen Wechsel der Darstellungen das Publikum heranzuziehen und zu fesseln. Ein Drama, das schon seit einigen Jahren auf der Bühne heimisch und den Zuschauern bekannt war, mochte daher wohl im Munde eines Schauspielers zu einem alten, zu einem abgebrauchten Stücke werden.

Blicken wir aber nun auf Shakespeares Werk selbst! Dies Werk sollte gleichsam das dramatische Vorspiel einer Empörung bilden und den Männern, die sich gegen die Herrscherin des Landes erheben wollten, Muth und Vertrauen einflößen? Wo hatten die Verschworenen ihre Sinne, als sie ein solches Stück zu solchem Zwecke aus der Masse der dramatischen Erzeugnisse herausgriffen? Hatte die große Begebenheit des kommenden Tages schon im voraus ihre Geister so aufgeregt und verwirrt, daß sie die Gabe des Erkennens und Unterscheidens eingebüßt hatten?

Denn — man lese Shakespeares Worte, man fasse Sinn und Gehalt des Ganzen! Wird hier der verletzte Unterthan ermuntert, gegen seinen König aufzustehen und ihn seines Herrscheramtes zu entsetzen? Wird hier die Auflehnung gegen den Oberherrn mit verführerischen Worten gerechtfertigt, vertheidigt, beschönigt? Wird der Widerstand gegen den rechtmäßigen Gebieter etwa gar anempfohlen und dem kühnen Empörer, der ans Ziel seiner Wünsche gelangt, das lockende Bild eines dauernden Glückes gezeigt? Nein, ganz andere Gesinnungen, ganz andere Gefühle sind in dem Werke Shakespeares zu vernehmen! Man kennt sie, jene majestätischen Worte, in welchen der König, bald zu stolzem Selbstgefühl erhoben, bald in rathlose Schwäche versunken, die unantastbare Heiligkeit des gesalbten Herrschers mit unvergleichlicher Gewalt verkündigt:

> Not all the water in the rough rude sea
> Can wash the balm of from an anointed king;
> The breath of worldly men cannot depose
> The deputy elected by the Lord. (Richard II. 3, II) —

man kennt sie, jene Rede des Bischofs von Carlisle (4, I), welche Shakespeare, seinem Holinshed folgend, gewissermaßen zu einem Codex der Unterthanentreue gemacht hat. Muthvoll tritt der Bischof, von Gott für seinen König erregt, dem glücklichen Usurpator und dessen Anhängern entgegen; er ermahnt sie, abzustehen von so schlimmer Unthat; denn

> What subject can give sentence on his king?

Der König ist auf Erden das Bild von Gottes Majestät, sein Hauptmann, sein Verwalter —

> — — the figure of God's majesty,
> His captain, steward, deputy-elect,
> Anointed, crowned, planted many years —

ein schmählicher Verräther ist jeder, der sich über den Geweihten des Herrn als Richter erheben will. Wird aber das Verbrechen vollzogen, wird der Anführer der Verräther zum König gekrönt, so werden noch künftige Geschlechter ächzen über die schmachvolle That; das Blut der Engländer wird den Boden düngen, Furcht und Entsetzen wird im Lande hausen und Kind und Kindeskinder werden über den Schuldigen ihr Wehe rufen.

> Prevent it, resist it, let it not be so,
> Lest child, child's children, cry against you 'woe'!

In solchen Worten haben die eifrigsten, ja, die beschränktesten Anhänger und Verfechter des von Gott eingesetzten Königthums ihre Gesinnungen mit freudigem Behagen wieder gefunden.[55]

---

[55] Zu der Stelle im 3. Akt bemerkt Dr. Johnson: „Here is the doctrine of indefeasible right expressed in the strongest terms; but our poet did not learn it in the reign of King James, to which it is now the practice of all writers, whose opinions are regulated by fashion

Kein Tudor, kein Stuart konnte verlangen, daß sich die Be=
geisterung des Unterthanen für seinen vom Himmel erkorenen
Herrscher feuriger äußere, daß die Ueberzeugung von dem un=
vertilgbar an der Person des Souverains haftenden Rechte
einen unbedingteren, einen leidenschaftlicheren Ausdruck gewinne.
Wir untersuchen nicht, ob der Dichter in diesen Worten, welche
so mächtig die Empfindung treffen, seine eigenen Anschauungen
kund giebt. Wer, der das Wesen der dramatischen Poesie er=
faßt hat, wird den dramatischen Dichter beim Worte nehmen
und ihn zum Theilnehmer der Gefühle, zum Vertreter der
Grundsätze machen, die er in seinen Werken verkündigen läßt?
Dadurch eben wird er zum Dichter, daß er durch den Kreis
seines eigenen Fühlens und Sinnens nicht beschränkt ist, daß
er jeder Persönlichkeit bis in das Innerste ihrer Natur nach=
gehen oder ihre Empfindungen ganz und ungeschmälert in die
seinigen aufnehmen kann. Alle, die er in seiner geistigen Welt
zum Dasein und zum Thun beruft, sie leben in ihm ihr volles
Leben durch; mit unbestochener Hand ertheilt er gleichmäßig
einem Jeden, was er zum selbständigen Dasein bedarf. Der
Dichter übt die höchste Gerechtigkeit, indem er, wie im Einver=
ständniß mit der Natur, jedem Wesen die Kraft giebt, sich in
seiner Wahrheit darzustellen, alles, was es in sich hegt, mit
unverkümmerter Freiheit ans Licht zu bringen und den Be=
dingungen gemäß, unter denen es geworden und gebildet ist,
mit Entschiedenheit und Nachdruck zu sprechen und zu handeln. So
weiß uns jedes zu überzeugen, daß es in seiner Weise Recht hat.

----

or interest, to impute the original of every tenet which they have
been taught so think false or foolish" — und zu der Rede des Bischofs:
„Here is another proof that our author did not learn in K. James'
court his elevated notions of the right of kings. I know not any
flatterer of the Stuarts, who has expressed this doctrine in much
stronger terms. It must be observed that the poet intends, from the
beginning to the end, to exhibit this bishop as brave, pious, and
venerable."

Auch hier wollte Shakespeare durch den Mund seines
Königs und seines Bischofs gewiß weder seine eigenen Ge=
sinnungen an den Tag legen, noch allgemein gültige Wahrheiten
predigen lassen. Beide reden, wie sie ihrer Natur nach in
dieser Lage reden müssen. Wer da glaubt, daß der Dichter
diese Gelegenheit benutzt habe, um die Doctrin vom leidenden
Gehorsam gründlich einzuschärfen, der mag sich ohne weiteres
zu denen gesellen, die in ihm nur den allweisen Präceptor
sehen, dem es beliebt, jetzt einen Satz aus der Moral vor=
zutragen, bald darauf den Politikern eine Klugheitsregel an die
Hand zu geben oder in glücklichen Momenten wohl gar mit pro=
phetischer Vorahnung die Trefflichkeit einer philosophischen Lehre
zu verkünden, die einige hundert Jahre nach seinem Hinscheiden
das Menschengeschlecht zu erleuchten bestimmt ist. Wir fragen
hier nicht nach dem politischen Glaubensbekenntniß Shakespeares,
wir fragen nur: welchen Eindruck mußten die Worte des Königs,
des Bischofs, von der Bühne herab mit so überwältigender
Energie ertönend, welchen Eindruck mußten sie auf die Ver=
schworenen machen, die sich vor der Bühne zusammengefunden
hatten, um hier die Entthronung eines Königs, zur günstigen
Vorbedeutung, anzuschauen? Zuschauer, von politischen Leiden=
schaften aufgeregt, werden in einer dramatischen Darstellung
vornehmlich das einzelne ergreifen und auffassen, sie werden
dem, was ihre Empfindungen zu bekräftigen scheint, mit stürmischer
Heftigkeit zustimmen, und was ihnen widerspricht, ebenso heftig
verwerfen. Welche Haltung sollten nun die Verschworenen an=
nehmen, wenn das Werk, das auf ihr dringendes Verlangen
ihnen vorgeführt ward, sie mit düstern Prophezeiungen, mit
drohender Unglücksverheißung schreckte? Sie waren bereit zu
dem schlimmsten Wagniß, sie waren entschlossen, die vieljährige,
ruhmgekrönte Königin zu entsetzen, — und sie mußten es sich
gefallen lassen, daß, kurz ehe sie ans Werk gingen, vor
ihren eigenen Ohren diese That als eine schmachvolle, ver=
derbenbringende gebrandmarkt und verurtheilt, die Unverletzbar=

keit der Majestät hingegen mit glühendem Eifer vertheidigt wurde?

Wenn aber auch die Verschworenen in hinreichend gefaßter Stimmung waren, um, hinwegblickend über das einzelne, in den Sinn des Ganzen einzudringen und das Werk in seiner Gesamtheit auf sich wirken zu lassen, konnten sie dann etwa einen Eindruck empfangen, der sie jene unerfreulichen Worte vergessen ließ, der geeignet war, sie in ihrem Vorhaben zu be=stätigen? Leuchtete ihnen aus dem Schauspiel der befriedigende Gedanke entgegen, daß die Empörung, so sehr sie auch von einigen verabscheut werde, dennoch rechtmäßig, nothwendig sei? Wahrlich, nein! In diesem Schauspiele ward ihnen nichts ge=boten, was ihren Gesinnungen schmeicheln konnte. Vor diesem ergreifenden Gemälde des wankenden und allmählich hinsinkenden Königthums müßte vielmehr selbst der beherzteste, entschlossenste Verschwörer zum Mitleid bewegt werden. Wollte man sich von einem Kunstwerk einen unmittelbaren praktischen Erfolg ver=sprechen, so könnte man glauben, kräftig empfindende Menschen, denen dies Werk Shakespeares vor die Augen gebracht wird, müßten sich aufgerufen fühlen, einem bedrohten, bedrängten König ihre thätige Theilnahme zu widmen und ohne Säumen zu seiner Errettung herbeizueilen.

Denn hier wird der König nicht als verächtlich und hassens=werth, der Empörer nicht als groß und liebenswerth geschildert. Der Mann, der hier nach dem Throne begehrt, ist kein edler Held, der unverwandten Schrittes mit frei emporgehobenem Haupte auf sein Ziel losdringt, der offen mit seinem Anspruch hervor=tritt, der durch entscheidende Thaten alle Herzen gewinnt, alle Gemüther mit sich fortreißt, der dem Volke ein hochsinniger Be=freier, den Großen ein milder Schirmherr zu werden verspricht; dieser Mann darf vielmehr für seine Plane keine herzliche Theilnahme von unserer Seite erwarten. Eine vorsorgliche Schlauheit dient ihm zur Führerin; ohne Bedenken wandelt er auf den meist verborgenen, oft krummen Pfaden einer selbst=

süchtig beschränkten Staatskunst; er weiß im richtigen Augenblick den Entschluß zu erfassen, der durch die Umstände geboten
oder begünstigt ist, aber sein Wort stimmt weder zu seinem
Wollen noch zu seinem Thun, er redet mit verstellter Demuth
als Unterthan, der nur sein ihm vorenthaltenes Recht wieder
zu gewinnen strebt, während er sich innerlich schon als König
fühlt; erst dann werden allen Menschen seine Absichten deutlich,
wenn er sie, mit sicherem Fuße unmerklich vorwärts schreitend,
schon vollkommen erreicht hat. Und wenn er nun den Königs-
sitz einnimmt, so wird ihn wohl niemand dort freudig begrüßen;
er sieht eine umdüsterte Zukunft vor sich; man ahnt Zerwürf-
nisse und Zwiespalt, heimliche Verschwörungen und offene Kämpfe,
kurz das ganze Unheil, das in den folgenden Dramen hervorbricht und das er durch seine Usurpation über England verhängt hat.⁵⁶) Schon werden Bündnisse gegen ihn geschlossen,
und man fühlt, daß er niemals fest und unangefochten auf dem
Throne sitzen wird, zu dem er unrechtmäßig gelangt ist, daß sein
ganzes künftiges Leben eine Sühne sein wird für diese That,
die gegen göttliches und menschliches Gesetz verstößt.⁵⁷)

---

⁵⁶) Abbot.   A woeful pageant have we here beheld.
    Bishop.   The woe's to come; the children yet unborn
              Shall feel this day as sharp to them as thorn.

4, I am Schluß.

⁵⁷) Wenn Shakespeare sich jemals als den Herzenstündiger gezeigt hat,
vor dem nichts verborgen bleibt, so ist es in jener großen Scene, in welcher
dem verschlossenen Könige kurz vor seinem Tode in geheimer Zwiesprache
mit seinem Sohne die Zunge gelöst wird, er sich zu seinem Vergehen
bekennt und sein unruhvolles Leben schildert. Henry IV. 2, 4, IV. —
Versucht man es, sich des ganzen Inhalts einer solchen Scene mit Geist
und Gefühl zu bemächtigen und stellt dann etwa eine von den Scenen
daneben, in welchen Falstaffs Wesen sich gründlich darstellt, so wird man
vielleicht Goethes hyperbolischen Ausspruch über Heinrich IV. begreiflich
finden: „Wenn alles verloren wäre was je dieser Art geschrieben zu uns
gekommen, so könnte man Poesie und Rhetorik daraus vollkommen wieder-
herstellen." Hempelsche Ausgabe 19, 129.

Und wie erscheint Richard? Ist er das Bild eines Tyrannen, dem wir die mißbrauchte Macht aus den Händen winden möchten? Sehen wir es mit Freuden an, wenn er von seiner Höhe herabgestürzt wird? — Er ist rasch, ungestüm und unbesonnen, durch gewissenlose Günstlinge leicht zu gewaltthätigen Handlungen verleitet; wie jemand, der nichts zu scheuen hat, spricht er — denn zu heucheln vermag er nicht — seine Gedanken, auch die unfreundlichen, rücksichtslos verletzend aus. Das Gefühl seiner königlichen Würde scheint mächtiger in ihm als die Ueberzeugung von seinen königlichen Pflichten; als Herrscher muß er vielfach unsere Mißbilligung erfahren; aber, wenn sein Thun auch oft scheltenswerth ist, so haftet doch nichts entwürdigendes an seiner Person, nichts, was ihn einem geschärften Hasse, einem gerechten und dauernden Widerwillen oder gar der Verachtung aussetzte. Und sobald das Unglück über seinem Haupte schwebt, sobald wir seinen Untergang nur zu gewiß voraussehen, ebenso bald möchten wir auch vergessen, daß er uns jemals zum Tadel Anlaß gegeben. Wir haben nur Mitgefühl für seinen jetzigen bedauernswürdigen Zustand; mag er auch selbst ihn unwissentlich herbeigeführt haben, wir achten es nicht, wir sehen nicht seine Schuld, wir sehen nur die ihrer Würde entkleidete, in den Staub niedergedrückte Majestät. Es ist noch derselbe Richard, der sich im Glanze der Königswürde nicht immer günstig uns dargestellt hat; aber jetzt erst lernen wir ihn durch und durch kennen; das Unglück weiht ihn, und während es ihn des äußern Schmuckes beraubt, schmückt es ihn mit allem, was seine Natur edles in sich schließt und was erst jetzt hervorzutreten Raum findet.[88] Nur das eine, was er nie besaß, kann er auch jetzt im Unglück nicht erlangen: Kraft zum entschlossenen, folgerichtigen Handeln.

____

[88] Mit welchen Empfindungen fühlende Leser und Hörer das Schicksal Richards begleiten, mag Nathan Drate sagen: „Richard, descending from his throne, discovers the unexpected virtues of humility, fortitude and resignation, and becomes not only an object of love and pity, but of admiration." Shakespeare and his times 2, 376.

Wohl will er sich noch emporraffen; der heftige Eigenwille des
Herrschers tritt noch auf Augenblicke hervor, das Bild der königlichen
Hoheit steigt glänzend vor ihm auf, und er will es festhalten;
aber seine dichterisch bewegte Einbildungskraft ist hier thätiger
als sein Wille, und es ist, als ob er in dieser Thätigkeit, in
diesem Spiel mit Bildern und Gefühlen, in das er sich so gern
versenkt und verliert, einen Ersatz fände für das wirkliche Thun,
das ihm versagt bleibt. Flüchtig wechselnd schwanken und
schweben seine Vorstellungen auf und nieder; die königliche
Hoheit, eben noch gepriesen, ist jetzt ein Nichts, die Unsicherheit
in seinem Innern muß die Pläne seiner Feinde verhängnißvoll
unterstützen. Alles dient dazu, ihm unser Mitgefühl zu sichern.
Was Staat und Volk unter seiner Herrschaft gelitten haben,
das ist nicht ihm allein zuzuschreiben; seine Günstlinge sind die
Mitschuldigen, die seines Vertrauens unwürdig waren, Macht
und Namen des Königs zu ihren eigennützigen Zwecken brauchten
und so dem Herrscher, der sich im müßigen Lebensgenuß gefiel,
verderblich geworden.⁵⁹) Je mehr Vortheile der listige Gegner
über ihn gewinnt, um so mitleidswerther wird uns der ent=
thronte König. Vielleicht hat selbst Shakespeare niemals etwas
gedichtet, was eine so ganz reine, unvermischte Rührung hervor=
bringt, wie jene Scenenfolge, die mit der Rückkehr Richards
nach England beginnt und mit seinem Tode schließt. Die
Trauermär, wie sie der mild gewaltige Dichter erzählt, die
Trauermär vom Falle des rechtmäßigen Königs muß jeden
Hörer zu Thränen bewegen,⁶⁰) jedes Herz, das nicht zu Stahl
verhärtet ist, muß schmelzen und die Unmenschlichkeit selbst muß
Mitleid fühlen.⁶¹) In der That, das war kein Stück, an dem

---

⁵⁹) Siehe die Rede des Gärtners 3, IV.

⁶⁰) Tell thou the lamentable tale of me
  And send the hearers weeping to their beds. 5, I.

⁶¹) — — That had not God, for some strong purpose, steel'd
  The hearts of men, they must perforce have melted
  And barbarism itself have pitied him. 5, II.

Verschworene sich erbauen konnten! Je mehr wir das Besondere unbefangen durchempfinden und den Zusammenhang und die Wirkung des Ganzen erwägen, um so mehr befestigt sich in uns die Ueberzeugung: dies kann das Stück nicht gewesen sein, an dessen Darstellung sich Sir Gilly Merick und seine Genossen am Nachmittag des 7. Februar 1601 erfreuten.

Diese Ueberzeugung ist denn auch von einsichtigen Männern längst gehegt worden. Farmer, Tyrwhitt, Malone glaubten, daß es ein älteres Stück gab, in welchem Richards Absetzung und Ermordung auf der Bühne vorkam; sie glaubten, daß dies ältere Stück von den Verschworenen zur Aufführung ausersehen worden. Bedürfte diese Annahme einer äußern Bestätigung, so ist ihr auch diese seit dem Jahre 1836 zu Theil geworden. Wir wissen seitdem, daß der Dr. Symon Forman im Globetheater am 30. April 1611 einen Richard II. sah, der nicht das Werk Shakespeares war; er verzeichnet in seinem Tagebuche den Inhalt dieses Stücks,[62]) in dem es offenbar sehr blutig herging. Die Charaktere können mit den von Shakespeare gezeichneten keine Aehnlichkeit gehabt haben, der König wird als hinterlistig und grausam dargestellt; kurz aus Formans Bericht erhalten wir das Bild eines jener ältern Stücke, die man immer noch, nach= dem sie längere Zeit geruht hatten, der Schaulust der Menge einmal wieder darbieten konnte; und dies Stück mag denn auch den Gesinnungen und Zwecken der Verschworenen ganz wohl entsprochen haben. Während wir also mit Sicherheit behaupten dürfen, daß Shakespeares Richard II. am 7. Februar 1601

Diese Worte spricht York, nachdem er Richards kläglichen Einzug in London geschildert hat. Von dieser Schilderung sagt Dryden: „The painting of this description is so lively, and the words so moving, that I have scarce read any thing comparable to it, in any other language." Vor= rede zu Troilus und Cressida.

[62]) Siehe Colliers New Particulars regarding Shakespeare and his Works. 1836. Forman erzählt auch den Inhalt von Winters Tale, Cymbeline, Macbeth.

nicht aufgeführt wurde, können wir dagegen mit großer Wahr=
scheinlichkeit vermuthen, daß jenes Drama, welches die Schauspieler
als ein altes bezeichneten und endlich nur auf Sir Gilly Mericks
dringendes Begehren zur Darstellung brachten, dasselbe Stück
war, welches Forman gesehen und beschrieben hat.

Herr Rio weiß von diesem ältern Stücke; er läßt es auf
S. 125 noch zweifelhaft, ob dieses oder Shakespeares Werk zum
Vorspiel von Essex' Aufstande diente; aber bald wird sein Glaube
zuversichtlicher. Die Versuchung, den Dichter an einer Empörung
gegen die ketzerische Königin, so gut es eben gehen will, theil=
nehmen zu lassen, diese Versuchung ist allzu lockend; Shakespeare
darf bei diesem Kampfe gegen Elisabeth nicht ein gleichgültiger
Zuschauer sein; mag er wollen oder nicht, er muß mit in die
Schranken, und so wird denn, der innern Unmöglichkeit und der
äußern Unwahrscheinlichkeit zum Trotz, auf S. 177 dreist be=
hauptet: „Am Abend des 7. Februar 1601 kam Shakespeares
Richard II. zur Aufführung; dieser König war einst durch
Bolingbroke wegen derselben Uebelthaten entthront worden, welche
man der Regierung Elisabeths vorwarf." Indeß kann selbst
Herr Rio nicht alle Bedenken verscheuchen; die Tragödie, wie
sie uns vorliegt, kann selbst von dem stumpfsinnigsten Menschen
nicht als das verheißungsvolle Vorspiel eines Aufstandes an=
gesehen werden. Wie hilft er sich nun heraus? Für einen Mann,
der die schmutzigsten Wege nicht scheut, giebt es immer noch
einen Ausweg, und so hat auch Herr Rio einen solchen gefunden.
Aber welch ein Weg ist das! Nur ein Rio konnte ihn betreten.
Er sagt seinen Lesern (S. 127): „Wir können nicht mehr genau
angeben, bis zu welchem Grade und in welcher Weise die Neben=
umstände der in dem Stücke vorkommenden förmlichen Absetzung
des König Richard Veranlassung gaben, die damals von manchen
gewünschte, aber unmöglich gewordene Befreiung von der
Herrschaft Elisabeths damit zu vergleichen: denn der fünfte Akt,
wie er von dem Dichter verfaßt war und auf dem Theater „Zur
Weltkugel" zur Aufführung kam, wurde mit einer Art politischen

Interdictes belegt, wodurch der Verleger Andreas Wyse genöthigt war, ihn in der im Jahre 1597 veranstalteten Ausgabe dieser anstößigen Tragödie ganz wegzulassen. Vier Jahre später wurde dieser Schlußakt für wenige Stunden gleichsam wieder in das Leben zurückgerufen, als Vorspiel zu dem Aufstande des Grafen Essex. Nachher war nicht mehr von ihm die Rede, und Shake=speare ließ an seine Stelle eine andere dramatische Lösung treten, die ganz das Gepräge jener Tiefe der Empfindung trägt, welche die Werke aus seiner letzten Periode auszeichnet." — Wir blicken noch einmal staunend auf diese Worte: haben wir es hier mit einer schamlosen Entstellung der Wahrheit oder mit einer fast ebenso schamlosen Unwissenheit zu thun?

Die hier so zuversichtlich vorgetragene Entwicklungs=geschichte des Shakespeareschen Werkes, das Interdict, mit dem es belegt worden, die Veränderungen, die es erfahren, — alles, alles, was wir hier vernehmen, hat Herr Rio zur festeren Be=gründung seiner frommen Hypothese ersonnen.

Von Richard II. kennen wir vier Einzelausgaben in Quart, die der Folioausgabe von 1623 vorangingen, die erste erschien 1597, die zweite im folgenden Jahre, die dritte 1608, die vierte 1615.[63]) Diese sämmtlichen Ausgaben, sowohl die, welche vor dem Jahre 1601, wie diejenigen, welche später ans Licht traten, enthalten unverändert die uns wohlbekannten Scenen, die jetzt den fünften Akt bilden.[64]) Dieser fünfte Akt hat niemals eine Veränderung, eine Umdichtung erfahren, ist niemals aus irgend einer Ausgabe weggelassen worden; er liegt uns jetzt in der=selben Gestalt vor, in welcher er 1597 zuerst den Lesern vor Augen kam, und in welcher er auf der Shakespeareschen Bühne gespielt ward, in derselben Gestalt endlich, die ihm der Dichter gleich von Anfang an gegeben hat und der ganzen Beschaffenheit

---

[63]) Die beiden ersten, ebenso wie die in denselben Jahren erschienenen Ausgaben von Richard III. bei Andrew Wyse, die dritte und vierte bei Mathew Law.

[64]) Erst die Folio von 1623 giebt die Eintheilung in Akte und Scenen.

des Stückes gemäß geben mußte. Der vierte Akt jedoch hat in
der Ausgabe von 1608 einen beträchtlichen Zusatz erhalten.[65]
Dort finden wir zuerst die Scene, in welcher Richard vor dem
versammelten Parlamente die Krone förmlich an Bolingbroke
abtritt. Diese Scene beginnt, gleich nachdem der Bischof von
Carlisle seine Rede zu Gunsten des Königs geendet hat, mit
den Worten Northumberlands: May it please you, lords, to
grant the commons' suit, und sie schließt mit den Versen
Richards:

O, good! Convey? — Conveyers are you all,
That rise thus nimbly by a true king's fall.

Ob diese Scene von Shakespeare wirklich erst dem voll=
endeten Drama später hinzugefügt worden, oder ob sie stets
einen Theil desselben gebildet, kann durch äußere Zeugnisse nicht
entschieden werden. Da Shakespeare, wie wir wissen,[66] sich nie=
mals an der Publication seiner Dramen betheiligt hat, so kann
der Umstand, daß sich die Scene in den beiden ersten Ausgaben
nicht findet, nur das eine bezeugen, daß sie bei der Aufführung
weggelassen wurde, nicht aber, daß sie noch ungeschrieben war.
Betrachtet man, wie sie durch eine innerliche Nothwendigkeit
mit dem Ganzen verbunden,[67] wie sie in der Kette der Ereig=
nisse ein unentbehrliches Glied ausmacht, und wie überdies das

---

[65] Dieser Zusatz wird auf dem Titelblatt angegeben: with new ad-
ditions of the Parliament Sceane, and the deposing of King Richard.

[66] Herr Rio weiß das freilich nicht und erfindet deshalb, lächerlich
genug, einen „geheimen Krieg, der gegen seine Werke sowohl von seiten
der Polizeiagenten als von den Dienern der herrschenden Religion geführt
wurde; es war ein unversöhnlicher Krieg, welcher die Veröffentlichung
mehrerer Meisterwerke Shakespeares durch den Druck verhinderte, bis der
Verfasser selbst im Grabe lag." (S. 173.)

[67] Wenn kurz vor dem Schlusse des vierten Aktes der Abt sagt: A
woeful pageant have we here beheld, so kann sich dieser Vers, der schon
in den beiden ersten Quartos zu lesen ist, nur auf die eben geschehene Ab=
dankung des Königs beziehen.

Bild vom Wesen und Charakter des Königs durch sie erst voll=
endet wird, so kann man sich des Glaubens nicht erwehren,
daß sie zugleich mit allen übrigen Scenen des Stücks ent=
worfen und ausgeführt worden. So lange der Thron von einer
Herrscherin eingenommen ward, deren Rechtsanspruch an die
Krone so manchen Engländern zweifelhaft erschien, hielt man es
für gerathen, diese Scene, in welcher ein König förmlich und
öffentlich seinen Rechten entsagt, von der Darstellung aus=
zuschließen[68]); die Shakespearesche Gesellschaft wich auch in diesem
Falle nicht von der Vorsicht ab, die sie in matters of state
and religion überhaupt zu beobachten pflegte. Als aber König
Jakob, dessen Erbrecht von allen anerkannt ward, auf dem
Throne saß, war jede derartige Rücksicht unnöthig geworden;
die früher beseitigten Verse durften gesprochen und gedruckt
werden und ungehindert den Platz einnehmen, den ihnen der
Dichter von Anfang an zugedacht hatte. Wenn man den Ver=
schworenen am 7. Februar 1601 jene Scene der Abdankung vor=
führte, so konnte sie den rührenden Eindruck des ganzen Werkes
nur noch steigern; das schmerzlichste Mitgefühl für den gestürzten
und verlassenen König wäre nur noch lebhafter erregt und da=
durch das Stück für die Zwecke der Versammelten wo möglich
noch ungeeigneter geworden.

Aus dieser einfachen Darlegung mag man nun ersehen,
wie der Verfasser den wirklichen Sachverhalt bis zur Unkennt=

***

[68]) Gewöhnlich bringt man Haywards Buch History of the First
Year of Henry IV mit Shakespeares Richard II. in Verbindung; aber
dadurch kann die richtige Anschauung nur verwirrt werden. Man erzählt,
daß jenes Buch, welches die Absetzung Richards schilderte und dem Grafen
Essex gewidmet war, den Zorn Elisabeths erregte und dem Verfasser schwere
Strafe zuzog. Man will dadurch nachweisen, wie vielen Grund Shakespeare
hatte, die Abdankung Richards nicht auf die Bühne zu bringen. Aber
Haywards Buch erschien erst 1599, und damals waren die beiden Quart=
ausgaben von Richard II. schon vorhanden: also weder jenes Buch noch
das Geschick des Verfassers hat auf Shakespeares Verhalten irgend welchen
Einfluß üben können.

lichkeit entstellt hat. Wir unterdrücken jedes Wort des Unwillens oder des Spottes, überzeugt, daß dies Verfahren des Herrn Rio der Verachtung des Lesers verdientermaßen nicht entgehen kann. Wer der Wahrheit zum Trotz etwas Unbeweisbares beweisen und das Unmögliche wirklich machen will, der muß freilich zu solchen Beweismitteln seine Zuflucht nehmen, gegen deren Anwendung das sittliche Gefühl und der wissenschaftliche Sinn sich gleich stark empören.

Noch immer jedoch sind der Thaten nicht genug, die William Shakespeare unter Herrn Rios erprobter Leitung zur Bewährung seines katholischen Eifers vollführen muß: es bleibt ihm noch eine wunderliche Heldenthat übrig, er muß sein eigenes Drama Heinrich VIII. zerstören. Dies Stück bildet den Abschluß der Dramen, in welchen die Geschichte Englands eine so wunderwürdige poetische Darstellung erhalten hat, oder, wie Herr Rio es ausdrückt, „es ist das letzte Werk in der Reihe der Werke, die er unternommen und ausgeführt hatte, um die Geschichtsfälschungen und Geschichtsentstellungen zu zerstören, durch welche man die Fehler und Verbrechen der Gründer der neuen Religion entschuldigen wollte" (S. 181). Und am Ende dieses Werkes, also an der bedeutsamsten Stelle, die gewählt werden konnte, findet sich eine ausführliche Lobrede auf Elisabeth: diese Königin, die Shakespeare als das unzüchtigste und grausamste aller Weiber verabscheute, wird hier als lilienreine Jungfrau, als das tugendreiche Vorbild aller Fürsten verherrlicht; diese Ketzerin hatte der Papst mit seinem Banne getroffen; den echten Glauben, dem Shakespeare anhing, trachtete sie auszurotten, und hier wird von ihr gepriesen, daß sie die wahre Erkenntniß Gottes befördern werde: God shall be truly known! Das kann Herr Rio nicht gelassen mitanhören, das muß er dem unvorsichtigen William recht ernstlich verweisen; oder vielmehr, er muß, als Erzeuger des katholischen Dichters Shakespeare, in väterlicher Fürsorge versuchen, ob er seinem Geschöpfe die Schmach eines solchen Vergehens nicht abwaschen kann. Und welcher Triumph, wenn es gelänge, nicht nur den Sünder zu reinigen, sondern den rechtgläubigen Dichter aus dieser bedenklichen Probe nur noch rechtgläubiger hervorgehen zu lassen, so daß sein Haupt noch heller als zuvor im Glanze der Märtyrerkrone erstrahlte!

Zu diesem Versuche schickt sich Herr Rio wirklich an; und da wir einmal die Mittel kennen, die ihm wie wenigen andern Schriftstellern zu Gebote stehen, so müssen wir sagen: er kann getrost alles versuchen. Wir verwundern uns also nicht, wenn er uns beweist, daß Shakespeare in Heinrich VIII. seine schärfsten, seine giftigsten Pfeile gegen die Feinde der Kirche entsandt, daß er seine Opposition gegen verworfene Apostaten, wie Bale und die übrigen Dichter waren, hier am rücksichtslosesten geübt hat.

Da Heinrich VIII. „den Höhepunct der bestrittenen Frage über das religiöse Bekenntniß des Dichters in sich begreift" (S. 180), so wird diesem Werke allein ein großes Kapitel von sechsundfünfzig Seiten gewidmet. Der Verfasser beginnt damit, daß er seine Censur ergehen läßt über die „furchtsamen oder feilen Geschichtsschreiber, durch welche die öffentliche Meinung verfälscht worden" (S. 182); er läßt sie der Reihe nach vor sich vorbeiziehen und hat hier vielfache Veranlassung, seine Unwissenheit ebenso sehr wie seinen katholischen Glaubenseifer zu documentiren. Zugleich erleben wir hier das ergetzliche Schauspiel, daß Herr Rio, wie einer, der sich sein Monopol nicht rauben lassen will, über diese Männer vornehmlich deshalb so in Eifer geräth, weil sie alle schamlos lügen und ihm dadurch so zu sagen ins Handwerk pfuschen. So wird von Burnet geurtheilt (S. 198), „daß er weder vor gezwungenen Erklärungen, noch selbst vor der Lüge zurückweicht," und von Holinshed heißt es gar (S. 183): „er lügt nicht weniger unverschämt, ohne Scheu vor dem öffentlichen Gewissen und seinem eigenen Gewissen." Warum ist Herr Rio nur so ärgerlich über diese armen Historiker? Er sollte doch nur glimpflicher mit ihnen verfahren; denn er hat von ihnen gar nichts zu befürchten; sie sind wahrlich nur schüchterne, bescheidene Anfänger in der Kunst, deren gesamte Mittel er mit der unbeschränkten Kühnheit des Meisters handhabt: seine Superiorität bleibt unangetastet.

Was haben nun aber diese lügenhaften Geschichtschreiber, die zum Theil erst lange nach Shakespeares Tode ihre Lügen in die Welt sandten, was haben sie mit dem Werke unseres Dichters gemein? — Herr Rio will beweisen, daß Shakespeare für seinen Heinrich VIII., wenn er die unterdrückte und geschmähte Wahrheit hier wieder in ihre Rechte einsetzen wollte, keinen von den allgemein anerkannten Historikern benutzen durfte, daß er vielmehr aus abseits liegenden, ungetrübten katholischen Quellen schöpfen mußte, z. B. aus den Schriften von Campion und Cavendish. Diese Schriften sind freilich zu Shakespeares Lebenszeit nicht im Druck erschienen; aber ein so eifriger Katholik wie er, der zugleich als streng sichtender Kritiker die unglaubwürdigen Berichte der Ketzer verwarf, wird wohl jene zuverlässigen Werke im Manuscript gelesen haben, als er die historischen Materialien für sein Schauspiel sammelte, in welchem er abermals die protestantischen Henker brandmarken, die katholischen Schlachtopfer verherrlichen und (S. 210) „die größten historischen Autoritäten seiner Zeit Lügen strafen" wollte.

Diese letztere Strafe muß aber vor allem wiederum an Herrn Rio vollzogen werden. Es ist dem Dichter nicht in den Sinn gekommen, sich für seinen Heinrich VIII. eine besondere Quellensammlung anzulegen; er hat sich seinem historischen Führer, dem „unverschämten Lügner" Holinshed, hier sogar noch enger als sonst angeschlossen, so eng, daß z. B. Dyce mit gutem Rechte sagen konnte: „Frequently in King Henry VIII we have all but the very words of Holinshed," (Works of Shakespeare 1, CLXXVI; 2. Ausg. 5, 481.) Der Dichter folgt dem Chronisten bis in die kleinsten Einzelheiten. Wenn in der ersten Scene des dritten Akts der Cardinal Wolsey die Königin Katharina lateinisch anredet und sie ihn unterbricht:

> „O, good my lord, no Latin — — — —
> Pray, speak in English, —

so ist dies wörtlich der Chronik entnommen;[69] dieser selben Quelle verdanken wir die schönen Worte der Königin:

> My lords, I thank you both for your good wills
>
> — — — — — — — — — — — — — — —
>
> But how to make ye suddenly an answer u. s. w.[70]

Wir müßten Scene für Scene einzeln durchgehen, um zur Beschämung des Herrn Rio nachzuweisen, wie arglos und treu Shakespeare gerade bei der Ausführung dieses Werkes den Worten und Gedanken seines historischen Gewährsmannes gefolgt ist. Allerdings benutzt er auch die Schriften von Cavendish und Campion, aber nur deshalb, weil Holinshed, unbehindert durch kleinliche Parteirücksichten, sie schon vor ihm benutzt hat; wenn Holinshed aus den Werken dieser Männer etwas in seine Er= zählung aufnimmt, so eignet sich Shakespeare auch dies ebenso unbefangen an, wie alles andere, was er bei seinem Historiker fand. Davon giebt die zweite Scene des vierten Akts ein schlagen= des Beispiel: wir vernehmen dort die herrliche Doppelcharakteristik Wolseys; erst schildert ihn die Königin in schlimmen Farben:

> He was a man
> Of an unbounded stomach, ever ranking
> Himself with princes u. s. w.

---

[69] Then began the cardinall to speake to her in Latine. Naie good my lord (quoth she) speake to me in English.

[70] Man vergleiche: I was set at work
> Among my maids; full little, God knows, looking
> Either for such men or such business — —

mit: for I am set among my maids at work, thinking full little of any such matter. — Shakespeare läßt den Cardinal zur Königin sagen: Your hopes and friends are infinite; sie antwortet: In England but little for my profit; bei Holinshed sagt die Königin: and for any counsel or friend- ship that I can find in England, they are not for my profit.

Hier ist wieder Alles aus Holinshed herüber genommen: This cardinal was of a great stomach, for he computed himself equal with princes, u. s. w. Dann versucht Griffith in längerer Rede die edleren Eigenschaften Wolseys in ein günstiges Licht zu stellen, und es ist bezeichnend für den Dichter, daß er mit unbestechlicher Gerechtigkeitsliebe hier wie überall gleichsam beide Parteien zu Worte kommen läßt. Griffith beginnt:

This cardinal,
Though from an humble stock, undoubtedly
Was fashion'd to much honour.

Diese ganze Rede ist den Worten Campions nachgebildet; aber wo hat Shakespeare diese Worte gelesen? Nirgend anders als in seinem Holinshed: This cardinal (as Edmond Campion, in his Historie of Ireland,[71]) described him) was a man undoubtedly born to honour. —

Wenn also Shakespeare auch hier seinem lügnerischen Führer treu blieb, wie kann er dann die Wahrheit erspähen und zu Ehren bringen? Und doch soll er, wie Herr Rio behauptet, schon in dem Titel des Stückes prahlend angedeutet haben, man werde hier statt der Entstellungen, durch welche die protestantischen Dichter und Historiker die geschichtliche Ueberlieferung geschändet hätten, nur die lautere Wahrheit schauen und vernehmen. Dieser, wie Herr Rio glaubt, ursprüngliche Titel des Schauspiels lautet: All is true; er soll durch eine geheimnißvolle Bedeutung vor andern Titeln ausgezeichnet sein und man soll ihn gerade deshalb später unterdrückt haben, damit das protestantenfeindliche Stück nicht durch die Aufschrift gefährlich wirke.

Nun ist es allerdings wahrscheinlich, daß dem Stücke der Titel All is true beigelegt worden. Von Shakespeares Heinrich VIII. erhalten wir zuerst im Jahre 1613 authentische Kunde. Am 29. Juni dieses Jahres entstand im Globetheater

---

[71]) Diese History erschien in Dublin 1631, veröffentlicht von Sir James Ware.

eine Feuersbrunst, über welche wir in Briefen von Thomas
Lorkin (30. Juni 1613) und von Sir Henry Wotton (6. Juli)
und außerdem bei Howes, dem Fortsetzer der Stowschen Chronik,
zuverlässige Nachrichten finden. Wotton erzählt, man habe an
jenem Abende ein neues Stück aufgeführt: All is true, welches
einige Hauptbegebenheiten aus der Regierung Heinrichs VIII.
darstellte; (the king's players had a new play, called All is
True, representing some principal pieces of the Reign of
Henry the Eighth); er redet von der prächtigen Ausstattung
und fährt dann fort: „Now King Henry, making a mask at
the Cardinal Wolsey's house, and certain cannons being
shut off at his entry, some of the paper, or other stuff,
wherewith one of them was stopped, did light on the
thatch" u. s. w. Es ist deutlich, daß hier kein anderes Stück
als das historische Schauspiel unseres Dichters gemeint ist: in der
vierten Scene des ersten Akts besucht der König das Fest, welches
Wolsey in seinem Palaste giebt; er tritt maskirt ein und wird
vorher mit Trommeln und Trompeten, sowie durch Böllerschüsse
begrüßt; die Bühnenanweisung lautet: Drum and trumpets
within; chambers discharged. Von Thomas Lorkin und Howes
wird denn auch dies Stück, welches Wotton als ein neues be=
zeichnet, ausdrücklich Heinrich VIII. genannt.⁷²) Wir haben also
ein unverwerfliches Zeugniß dafür, daß Shakespeares Drama
im Jahre 1613 zuerst aufgeführt worden. Prüfen wir, wie Vers
und Sprache in diesem Drama behandelt sind, und ziehen wir
andere Stücke, deren Entstehung offenbar in die letzte Periode
des Dichters fällt, zur Vergleichung herbei, so führt auch diese
Untersuchung zu dem Ergebniß, daß Heinrich VIII. in die Reihe
der späten Productionen des Dichters gehört, und es wäre

----

⁷²) Thomas Lorkin schreibt: — „while Bourbage his companie were
acting at the Globe the play of Henry VIII and there shooting of
certeyne chambers in way of triumph, the fire catch'd". Man sieht, er
braucht zur Bezeichnung der kleinen Kanonen dasselbe Wort, das sich in
der oben citirten Bühnenweisung findet.

uns also hier vergönnt, mit Sicherheit den Zeitpunct zu be=
stimmen, in welchem ein Shakespearesches Werk zuerst die Breter
beschritt.

Aber die englischen Commentatoren lieben es wohl, Schwierig=
keiten da künstlich herauszudenten, wo ein unbefangener Blick sie
nicht wahrnehmen kann, gleich als ob die wirklich vorhandenen
ihnen nicht schon genug zu schaffen machten. So sträuben sie
sich auch hier, Sir Henry Wottons unzweifelhaftes Zeugniß
seinem ganzen Werthe nach anzuerkennen: das Stück muß, ihrer
Meinung nach, schon zur Zeit der Elisabeth entstanden und im
Jahre 1613 nur von neuem zur Darstellung gekommen sein.
Der Lobrede auf Elisabeth, mit welcher das Stück schließt, sind
aber einige Verse zu Ehren Jakobs I. eingefügt, die nur unter
dessen Regierung gedichtet und gesprochen werden konnten;
die Commentatoren indeß entschließen sich kurz und gut, und
nehmen an, daß diese Verse erst später, wahrscheinlich für die
Aufführung im Jahre 1613 hinzugedichtet worden,[73] — eine
Vermuthung, welcher jede Stütze gebricht, und welcher die ganze,
in innerm Zusammenhange ununterbrochen fortschreitende Rede
auf das nachdrücklichste zu widersprechen scheint.

Umständlich hat Malone[74] die Gründe vorgetragen, die ihn
bestimmen, den Ursprung dieses Dramas so weit zurück zu ver=
legen; sie lassen sich alle in einen Hauptgrund zusammenfassen:
er glaubt, daß Shakespeare, wenn er unter Jakobs Regierung
sein Drama gedichtet hätte, nicht so ausführlich bei dem Lobe
Elisabeths verweilt, ihre Eltern nicht so günstig dargestellt und

---

[73] Collier sucht dieser Schwierigkeit dadurch aus dem Wege zu gehen,
daß er annimmt, das Werk sei zwar lange vor 1613, aber doch erst nach
der Thronbesteigung Jakobs entstanden. Da in den Registern der Buch-
händlergilde am 12. Februar 1604 ein Enterlude of King Henry 8th.
erwähnt wird, so bezieht er diese Erwähnung auf Shakespeares Werk; dies
sei demnach im Winter 1603—4 entstanden und im darauf folgenden
Sommer im Globe zur Aufführung gekommen.

[74] Boswells Shakespeare 2, 389 fgg.

vor allem die Fehler ihres Vaters nicht so nachsichtsvoll in den Schatten gerückt haben würde. Wir glauben hingegen, daß ein Heinrich VIII., wie er hier dargestellt wird, bei Lebzeiten seiner Tochter nicht wohl auf die Bühne hinpaßte und daß die Worte in Cranmers prophetischer Rede:

> She shall be, to the happiness of England,
> An aged princess —

gewiß nie und nimmer vor den Ohren Elisabeths ertönen durften, die noch als hochbetagte Jungfrau für den Ruf und Ruhm ihrer Jugendlichkeit so peinlich und ängstlich besorgt war.

Jene von Malone vorgebrachten Gründe müßten Herrn Rio, wenn er sie kennte, nothwendig verlachenswerth erscheinen, ihm, der in Shakespeare den glühenden Feind Heinrichs und seiner Tochter verehrt und dies Drama als eine Ausgeburt des Hasses bewundert. Aber mögen diese Gründe triftig sein oder nicht, die Folgerungen, die aus ihnen gezogen werden, läßt Herr Rio gelten: auch er nimmt an, daß dies Schauspiel noch zur Zeit der Elisabeth entstanden sei, und zwar gegen 1602, wie er auf S. 205, oder gegen 1603, wie er auf S. 216 behauptet. Er sagt alsdann vollkommen richtig, daß es „in undurchdringlichem Dunkel für uns verborgen bleibt bis zu seiner Aufführung auf dem Globustheater im Jahre 1613" (S. 205). Dies Dunkel ist allerdings so ganz und gar undurchdringlich, daß ein gesundes Auge vor dem Jahre 1613 überhaupt nicht die geringste Spur von der Existenz dieses Schauspiels erspähen kann. Aber es giebt hier noch andere dunkle Dinge. „Ein dritter geheimnißvoller Umstand, der an das Stück sich knüpft, ist sein Name. Der ursprüngliche Titel war nämlich All is true, eine kühne und bedeutungsvolle Ueberschrift, welche dem Stücke eine ganz besondere Stellung giebt. — — — Wenn man die Bedeutung und die Tragweite dieses ursprünglichen Titels gehörig würdigt, so wird man in diesem Stücke nicht mehr einen bloß litterarischen Genuß suchen." Indem Herr Rio diese Worte von sich giebt,

indem er auf S. 235 noch einmal den „kühnen Titel“ hervor=
hebt, merkt er nicht, daß er sich mit seinen eigenen Waffen schlägt.
Diese Waffen, zu stumpf, um andere zu verletzen, werden so un=
geschickt von ihm geführt, daß sie doch wenigstens ihm selbst wehe
thun müssen. Ist nämlich das Schauspiel schon 1602 entstanden,
so kann der Titel All is true in keinem Falle der ursprüngliche
sein. Denn diesen Titel nennt Sir Henry Wotton zuerst im
Jahre 1613 als den eines „neuen Stückes“ (a new play, called
All is true). War nun diese Bezeichnung unrichtig, ist Heinrich VIII.
damals nicht zuerst auf die Bühne gekommen, sondern, nachdem
er mehrere Jahre von den Bretern verschwunden war, nur etwa
in frischer Ausstattung dem Publikum wieder vorgeführt worden,
so ist man gezwungen, anzunehmen, daß auch erst damals das
Stück diesen Titel erhielt, durch den es eben zu einem ganz
neuen gestempelt werden sollte. Und dies nimmt denn auch Malone
folgerichtig an.[75]) —

Das Geheimniß, welches diesen wundersamen Titel um=
schwebte, ist also gelichtet. Mag er doch immerhin der ursprüng=
liche sein! Er gewinnt oder verliert dadurch nichts an seiner
Bedeutung. Von Malone und Farmer konnte Herr Rio lernen,
daß gar manchen Stücken Shakespeares doppelte Titel beigelegt
wurden.[76]) Von uns dagegen kann er die Mittheilung empfangen,
daß Samuel Rowley, ein Zeitgenosse Shakespeares, ebenfalls die
Geschichte Heinrichs VIII. dramatisch behandelt hat, und dieser
gab seinem Stücke einen noch viel mysteriöseren Namen, dessen
Sinn ebenfalls nur ein Rio glücklich zu enthüllen vermag; er
nannte es: When you see me, you know me. Dies Stück,
dessen Namen mit so staunenswerther Kühnheit erfunden worden,

---

[75]) King Henry VIII therefore, after having lain by for some
years unacted, on account of the costliness of the exhibition, might
have been revived in 1613, under the title of All is true, with new
decorations, and a new prologue and epilogue. Boswells Shakespeare
2, 396.

[76]) Boswells Shakespeare 2, 396 und 11, 500.

erschien zuerst 1605 und ward dann 1613 neu aufgelegt. Der Titel All is true, auf den auch einige Worte des Prologs hin= zuweisen scheinen,[77]) zielt vielleicht auf dies Stück Rowleys; er sollte wohl andeuten, daß Shakespeare die Geschichte in würdigerer Form und in engerem Anschluß an die Wahrheit dargestellt habe, als dieser Dichter, dem unter seinen Kunstgenossen kein hervorragender Platz gebührt.

Da nun seine Behauptungen sich gegenseitig vernichten müssen, was bewegt trotzdem Herrn Rio, dem Drama Shakespeares eine so frühe Entstehung anzuweisen? Den Beweggrund werden wir bald deutlich erkennen. Den Zeitraum nämlich, in welchem dies Drama in „undurchdringliche Dunkelheit gehüllt" ist, diesen Zeit= raum, der sich also von 1603 bis 1613 erstrecken würde, kann Herr Rio durchaus nicht entbehren. Denn während dieser Jahre muß durch seine geheimnißvolle Einwirkung das Schauspiel eine ganz unerhörte Veränderung erleiden, und wenn es aus dem Dunkel wieder hervortritt, so ist es durch Frevlerhand jammer= voll entstellt worden, daß jedem treuen Katholiken das Herz bluten muß: es hat nichts weniger als einen ganz neuen fünften Akt erhalten! In diesem wird mit scheußlicher Tücke Elisabeth gelobt und der Erzketzer Cranmer ehrenvoll behandelt. Die Königin Maria Tudor, „jenes Schlachtopfer, gegen welches der puritanische Fanatismus alle Verleumbungen erschöpfte" (S. 211), jenes mildherzige Schlachtopfer hatte dem Cranmer auf dem Scheiterhaufen den gebührenden Lohn für seine Ketzerei ertheilt, und hier in diesem untergeschobenen fünften Akte wird er als ein ganz lobenswerther Mann dargestellt! Und eine solche

---

[77]) Such, as give
Their money out of hope they may believe,
May here find truth too. — —
  for, gentle hearers, know,
To rank our chosen truth with such a show
As fool and fight is — — u. s. w.
To make that only true we now intend.

Sünde, die gleich der That des Königs Claudio zum Himmel
stinkt, solche Schandthat, für welche das Fegefeuer keine reinigen=
den Flammen hat, wagt man dem rechtgläubigen Zögling des
Herrn Rio aufzubürden!

Wirklich will uns der Verfasser den Glauben aufzwingen,
der echte fünfte Akt sei unserm Dichter gleichsam aus den Händen
gewunden und dafür betrügerisch dies elende Machwerk ein=
geschoben worden, dessen verbrecherischen Ursprung seit drittehalb
Jahrhunderten kein Leser, dem die höhere Erleuchtung fehlte, zu
entdecken vermochte. Und wie ist Herr Rio dieser geheimnißvollen
Unthat auf die Spur gekommen? — Es klingt sehr lustig, wenn
er (S. 215) von einer „Entdeckung" spricht, „welche man ge=
macht hat. Mehrere Scenen des fünften Akts sind nämlich nichts
anderes als eine versifizirte Umschreibung von Stellen aus dem
Martyrologium von Fox."⁷⁸) — Diese „Entdeckung" hat Steevens
schon vor vielen, vielen Jahren der Welt vorgelegt. Shakespeare
hat in der ersten und zweiten Scene die Acts and Monuments
of the Christian Martyrs von Fox (1563) ganz ebenso benutzt, wie er
sonst seinen Holinshed zu benutzen pflegte. Die übrigen histori=
schen Stücke boten ihm keine Veranlassung, Fox zu Rathe zu
ziehen; die Geschichte Cranmers indeß, die er in jenen beiden
Scenen behandeln wollte, fand er von Fox gerade so dargestellt
wie er sie brauchen konnte. Da aber die Acts and Monuments
dem Ruhm der protestantischen Märtyrer gewidmet sind, so muß
dies Werk Herrn Rio ganz überaus verächtlich erscheinen. Er
sagt daher: „Und doch hat sonst nirgendwo Shakespeare dieser
Sammlung voll Einfältigkeiten und Betrug die Ehre angethan,
irgend etwas daher zu entnehmen." — Und das soll als ein

---

⁷⁸) Man vergleiche besonders in der ersten Scene die Worte des Königs:
     Now, by my holidame,
     What manner of man are you? u. s. w.
mit der Stelle bei Fox: The king perceiving the mans uprigthness,
joined with such simplicity, said: O Lord, what manner o' man be
you? u. s. w.

Beweis gelten? Weil der Dichter dieses fünften Aktes aus einem vielgelesenen Werke schöpfte, das er offenbar günstiger beurtheilte als Herr Rio, und das ihm für seine Zwecke dienlich war, deshalb muß dieser Dichter ein anderer sein als Shakespeare?

Doch dies nichtigste aller erdenkbaren Argumente wird nicht ferner betont. Der einzige Beweis, der aufzubringen ist, besteht in dieser bündigen Schlußfolgerung: Da der katholische Dichter Shakespeare, den Herr Rio darstellt, den fünften Akt Heinrichs VIII. nicht geschrieben haben darf, so hat er ihn nicht geschrieben. Dieser Folgerung stellen wir eine andere, ebenso bündige, entgegen: Da der wirkliche Shakespeare, der aus seinen Dichtungen zu uns spricht, dem von Herrn Rio dargestellten so ähnlich sieht, wie „Hyperion einem Satyr," so kann nichts von dem was Herr Rio über den seinigen aussagt, den wirklichen treffen, der in seinen Schöpfungen für uns lebendig ist.

Der Verfasser scheint es zu fühlen, in welche verzweifelte Lage ihn seine Behauptungen hineindrängen; um sich zu erleichtern, muß er daher zu seinem schon oft angewandten Hausmittel greifen, er muß, um abermals mit Hamlet zu reden,

unpack his heart with words,
And fall a-cursing, like a very drab,
A scullion!

Während sich sein frommes Herz in einer schmutzigen Flut von Schimpfreden ergießt, entdeckt er den Verruchten, der sich durch die Lobpreisung Elisabeths den Abscheu aller braven Menschen zugezogen hat. Es ist dies kein anderer, als Ben Jonson, „welchem man am Ende diese ganze poetische Tirade, ja selbst den ganzen fünften Akt wird beilegen müssen" (S. 223).[79]) Er ist seiner ganzen Natur nach der rechte Mann für die Aus-

---

[79]) Die überfeinen Kritiker, die in einigen Stellen Heinrichs VIII. bald Jonsons, bald Fletchers Hand zu erkennen wähnten, würden wahrlich erstaunt sein, wenn sie erfahren könnten, zu welchen unglaublichen Folgerungen Herr Rio ihre Hypothesen mißbraucht hat.

führung einer so schwarzen That; denn er ist, wie uns Herr
Rio (S. 224) verkündet, „mit der dreifachen Eigenschaft eines
Mörders, eines Abtrünnigen und eines Polizeispions" geschmückt.
„Wir kennen jetzt," ruft der Verfasser aus, „die sklavische Hand
des Miethlings, der diese unverschämte Apotheose Elisabeths
geschrieben hat. Man findet darin den Duft klassischer Reminiscenzen, worauf sich dieser Dichter so viel einbildete." —
Duft klassischer Reminiscenzen? Den wollen wir doch ebenfalls
einathmen. Wir lesen die schönen Verse noch einmal mit Bedacht, aber ein solcher Duft will nicht aus ihnen emporsteigen.
Wir werden hier vielmehr an die Königin von Saba erinnert,
die, so viel wir wissen, weder Vergil noch Lucan noch Silius
Italicus besungen hat:

> Saba was never
> More covetous of wisdom, and fair virtue,
> Than this pure soul shall be; —

auch die Worte:

> In her days every man shall eat in safety
> Under his own vine, what he plants,

scheinen nicht sowohl an einen klassischen Autor zu mahnen, als
vielmehr direkt aus der Bibel zu stammen,[80]) und wenn überdies
noch von Weinstock und Ceder die Rede ist, so muß uns dies
alles mehr in die Atmosphäre der biblischen, als der griechischen
und römischen Poesie versetzen. Nein, von klassischen Reminiscenzen ist hier nichts zu spüren; in jedem Verse vernehmen
wir die Rede unseres Dichters, der wohl der Königin und ihrem
Nachfolger diese Huldigung darbringen durfte, ohne sich dadurch,
wie Herr Rio befürchtet, „in den Augen seiner Freunde und

---

[80]) Every man dwelt safely under his vine. Book of kings 1, 4.
But they shall sit every man under his vine and under his fig tree,
and none shall make them afraid. Micah 4, 4. — Die biblische
Redensart „sicher unter seinem Weinstock und Feigenbaum leben" ist besonders bei dem Verfasser unseres Simplicissimus beliebt. Siehe Band I,
260. II, 8. 23. in der Ausgabe von Heinrich Kurz.

vor allem in seinen eigenen Augen aufs tiefste zu erniedrigen"
(S. 221). Unzweifelhaft ist es, daß er sich der Gunst beider
Monarchen zu erfreuen hatte. Als Elisabeth starb, forderte
ihn Chettle auf:

> To mourne her death that graced his desert,
> And to his laics opend her royall eare;

aus authentischen Aufzeichnungen wissen wir, daß seine Stücke
am Hofe Jakobs mit Vorliebe gesehen wurden, und die Tradition
erzählt gar von einem Briefe des Königs an den Dichter; in
dem begeisterten Triumphlied endlich, in welchem Ben Jonson
die Größe seines Freundes so würdig gefeiert hat, finden wir
die Verse:

> Sweet Swan of Avon! what a sight it were
> To see thee in our waters yet appeare,
> And make those flights upon the bankes of Thames,
> That so did take Eliza and our James!

Aus vollem Herzen, nicht als schmeichelnder Höfling, sondern
als treuer Sohn seines Volkes hat Shakespeare die Königin
gepriesen, die ruhmwürdig die Geschicke seines Vaterlandes ge=
lenkt[81]): indem er die Reihe seiner vaterländischen Dramen ab=

---

[81]) Und wird Elisabeth etwa nur im fünften Akt gepriesen? Akt 2,
Scene 3 sagt der Lord Chamberlain von Anna Bullen:

> Beauty and honour in her are so mingled,
> That they have caught the king; and who knows yet
> But from this lady may proceed a gem,
> To lighten all this isle?

Und Akt 3, Scene 2 sagt Suffolk:

> She is a gallant creature, and complete
> In mind and feature: I persuade me, from her
> Will fall some blessing to this land, which shall
> In it be memorized.

Sind diese beiden Stellen etwa auch von dem Mörder Ben Jonson
bei nächtlicher Weile heimlich eingeschwärzt worden?

schließt, eröffnet er bedeutungsvoll die beglückende Aussicht auf die glorreiche Herrschaft Elisabeths.

Die Uebersicht über Leben und Meinungen, Thaten und Leiden des katholischen Dichters Shakespeare ist nun beendet. Unsere Leser mögen entscheiden, ob er würdig sei, in die Glaubensgenossenschaft des Herrn Rio aufgenommen zu werden.

Wir haben aus dem vorliegenden Buche nur diejenigen Behauptungen herausgegriffen, die sich auf Thatsachen zu stützen schienen und die daher durch richtige Darstellung dieser Thatsachen zu widerlegen waren. Sollen wir uns nun auch mit dem Unwiderlegbaren einlassen, das heißt, mit dem, was seinem Wesen nach jeder wissenschaftlichen Betrachtung und Beurtheilung sich entzieht, mit den Träumen, den Vermuthungen, den frommen Wünschen des Herrn Rio? Sollen wir ihm widersprechen, wenn er sagt, daß Shakespeare im Hamlet „unter erdichteten Namen ein schmachvolles Kapitel zeitgenössischer Memoiren dramatisiren wollte" (S. 248), daß er in Measure for Measure „die Verherrlichung des ascetischen Ideals überhaupt und der klösterlichen jungfräulichen Reinheit insbesondere zum Hauptzweck habe" (S. 269) oder endlich in den Merry Wives dem Oldcastle, „diesem großen Vorläufer der anglikanischen Reformation, den Gnadenstoß versetzte?" (S. 237). Sollen wir ihn eines Besseren belehren, wenn er mit blöden Sinnen in dem Ajax, wie er sich in Troilus und Cressida im Gespräche mit Agamemnon (2, III) zeigt, ein nachahmungswerthes Muster der Demuth anerkennt? (S. 260). Nein, dies und alles ähnliche mag ungestört seiner eigenen Nichtigkeit überlassen bleiben.

Um uns recht handgreiflich davon zu überzeugen, daß sein Gefühl für Poesie ebenso abgestumpft ist wie sein Sinn für die Wahrheit, bemüht sich Herr Rio ziemlich häufig, einzelne Verse des Dichters ihrem tiefern Gehalt nach zu erläutern und ihren bisher verborgenen Sinn ans Licht zu ziehen. Diese Interpretationsversuche bilden durch ihre abenteuerliche Abgeschmacktheit vielleicht den lustigsten Theil des Buchs; aber eine recht gründliche Heiterkeit ist in der Nähe des Herrn Rio doch nicht zu erlangen; die Rohheit seiner Gesinnung, die sich nirgends verbergen kann, zerstört den Lesern das unschuldige Behagen, mit dem sie sonst wohl seinen peinlichen Anstrengungen zuschauen würden. Ueberall wittert Herr Rio aus des Dichters Worten die Feindschaft gegen Staat und Staatskirche heraus; der Poet darf niemals den geheimen Hauptzweck seines ganzen Thuns aus den Augen verlieren. Wenn er sich der freien Lust des Schaffens am ungehemmtesten zu überlassen scheint, wenn sein Geist sich heiter wiegt auf den Flügeln des Scherzes und uns in eine Welt versetzt, die nur von Schönheit, Witz und Anmuth erfüllt und belebt ist, auch dann giebt er sich seinen Glaubensgenossen immer noch durch einige heimliche Anspielungen zu erkennen, und diese mögen überzeugt sein, daß er den Groll, der ihn innerlich verzehrt, auch auf die lustigsten Höhen der Poesie mit hinaufgetragen hat. Durch diesen geheimen Aus= druck des Hasses ist denn auch Love's labour's lost für den von Herrn Rio „ins Auge gefaßten Gesichtspunct eines der interessantesten Lustspiele Shakespeares" geworden (S. 100). In dem ganzen dramatischen Gewebe dieses Stückes findet Herr Rio „eine Menge feiner, kaum bemerkbarer Fäden eingeflochten, welche sich an den Hauptplan anknüpfen und die Inductionen, welche er daraus zu ziehen sich erlaubt, unverkennbar bestätigen" (S. 102). Der Verfasser läßt nun diese feinen Fäden durch seine Hände laufen. Selbst die Glaubensgenossen des Ver= fassers werden überrascht sein durch die Entdeckung, daß sogar der Vers:

O heresy in fair, fit for those days (4, I),

in dem man bisher nur ein scherzhaftes Wortspiel wahrnahm, nichts anderes ist als einer dieser feinen, kaum bemerkbaren Fäden. — Die Prinzessin neckt dort den Förster, indem sie mit dem Worte fair spielt und scherzend annimmt, er habe sie nicht fair nennen wollen; der Förster erwidert: Yes, madam, fair; sie aber weist das Wort zurück, indem sie sagt, er solle jetzt

nicht gegen seine richtigere Einsicht sie fair nennen, und giebt
ihm Geld für seine Wahrheitsliebe. Darauf der Förster:

> Nothing but fair is that which you inherit.

Die Prinzessin aber läßt den einmal angeschlagenen Ton noch
weiter klingen:

> See, see, my beauty will be saved by merit!
> O heresy in fair, fit for these days!
> A giving hand, though foul, shall have fair praise.

O heresy in fair — der Förster, scherzt die Prinzessin,
hat eine Ketzerei begangen; denn er sagt, sie sei schön, — nicht
weil dies wirklich seine Ueberzeugung ist, sondern nur, weil er
Geld von ihr bekommen hat. Wer mit der Sprache dieses Lust=
spiels vertraut ist, der kann durch dies spielende Hin= und
Widerreden nicht irre geführt werden. Wem aber die Sprache
des Dichters unverstanden geblieben, wer vom Anhauch seines
Geistes nie berührt worden, der mag sich vielleicht zu der Er=
klärung des Herrn Rio verirren (S. 102): „Weiter findet sich
hier eine absichtlich in einen kurzen, etwas dunkeln Vers ein=
gehüllte Klage über das Unglück der Zeit, welche Wahrheit und
Schönheit meistens nur getrennt sehe, so daß auch die Schön=
heit der Frauen häufig durch häretische Gesinnung verunstaltet
werde.[82]) Dieser ästhetische Gesichtspunct war gewiß nicht minder
neu als kühn."

Nach dieser Probe seiner exegetischen Leistungen mag Herr
Rio abtreten. Er sieht die groben Fäden seines Truggewebes
zerrissen vor sich liegen, und auch eine geschicktere Hand als
die seinige wird es nicht versuchen, sie wieder zusammenzuknüpfen.

Ehe wir aber den in frommer Wuth vergeblich ringenden
Verfasser gänzlich aus den Augen verlieren, mag ihm noch ein=

---

[82]) Auch folgende Stellen, in welchen das Wort heresy sich findet,
wagen wir der orthodoxen Interpretationskunst des Verfassers zu empfehlen:
my surfeit and my heresy M. N. D. 2, II. transparent heretics, be burnt
Rom. a. Jul. 1, II. I have read it: it is heresy Tw. Night 1, V.

mal das fratzenhafte Bild vorgehalten werden, zu welchem er
das edle Antlitz des Dichters gern entstellen möchte. Er schildert
uns Shakespeare als einen heimtückisch im Verborgenen schleichenden
Katholiken, der feige seine Gesinnungen versteckt und sie nur den
Eingeweihten in mysteriösen Winken verräth, deren Bedeutung
zweihundertundfünfzig Jahre hindurch weder die Feinde noch
die Genossen seiner vermeintlichen Religion zu ahnen vermochten.
Nicht beherzt genug, um seine Ueberzeugungen zu bekennen und
zu vertreten, viel zu beschränkt, um die Ueberzeugungen der
Gegner zu ehren, hat dieser Dichter sein Leben lang ein haß=
erfülltes Herz im Busen getragen; der heimliche Grimm, der ihn
zu verzehren drohte, hat ihn zu seinen Dichtungen angestachelt.
Da aber diese Dichtungen niemals weder seinen Glaubensbrüdern
etwas genützt, noch seinen giftig gehaßten Feinden Schaden ge=
bracht haben, so ist sein Leben nichtig und zwecklos wie das
des ärmsten Erdensohnes dahingegangen. Und eine solche er=
bärmliche Creatur wagt Herr Rio neben die größten Helden=
geister der Menschheit, wagt er neben Dante und Michel Angelo
zu stellen! Aus den Reihen der Katholiken Englands gingen
Märtyrer hervor, die dieses edlen Namens würdig sind, Männer,
die ohne Scheu mit lauter Stimme Zeugniß ablegten für ihren
Glauben, die für das, was ihnen heilig war, unablässig wirkten
und strebten und großherzig vor Marter und Tod nicht zurück=
wichen. Mit welcher Verachtung würden diese muthvollen Be=
kenner den Rioschen Shakespeare aus ihrer Mitte weisen, wenn
er etwa seine Frechheit so weit treiben sollte, sich verstohlen,
wie es seine Weise ist, unter sie einzuschleichen! Und mit welcher
Verachtung hinwiederum würde der wirkliche Shakespeare die
Katholiken von sich abwehren, die ihn als Bruder zu begrüßen
wünschen, wenn in ihnen allen die Gesinnungen lebendig wären,
die Herr Rio zu seiner eigenen Schmach in seinem Buche hat
darlegen müssen. Wahrlich, seine Mißachtung s o l c h e r Glaubens=
genossen würde er nachdrücklicher und unzweideutiger aus=
sprechen, als er jemals, zum Bedauern aller fanatischen

Anhänger Roms, seine Verehrung der katholischen Kirche aus=
gesprochen hat.

Und wir? Wollen wir Shakespeare etwa zum bewußten
Vorkämpfer des Protestantismus weihen? Das bleibe fern von
uns! Wir erheben uns mit Entschiedenheit gegen alles, was
die Ansicht des Dichters und seiner allumfassenden Werke be=
schränken könnte: wir wollen den Dichter vor allem als Dichter
erkannt wissen. Sollte es denn wirklich den Freunden Shake=
speares so schwer, sollte es ihnen in den Wirren unserer Zeit
gar unmöglich werden, sich mit hellen Sinnen und lauterm
Gemüth seinen Wundergebilden zu·nähern?

Durchdrungen von den ewigen Heilswahrheiten des Christen=
thums hat Shakespeare von den Segnungen, welche der Pro=
testantismus den germanischen Völkern brachte, seinen reichen
Antheil dahingenommen. Wie der Protestantismus die Geschichte
der neueren Zeit beginnt, so eröffnet Shakespeare den kommenden
Geschlechtern eine neue Dichterwelt. Aber wenn er auf die Zu=
kunft hinausweist, so gehört er doch ebenso entschieden der Ver=
gangenheit an; die ganze Erbschaft der Poesie des Mittelalters
fällt ihm zu[83]). So verbindet er die sich scheidenden Jahrhunderte
und seine hohe Gestalt steht da im Wendepuncte der Zeiten.

Bonn am Rhein, im Frühling 1865.

---

[83]) Littré, Histoire de la langue française 2, 6 wagt gar zu
sagen: „Tout l'art de Shakspeare, toute son inspiration émanent du
moyen âge." Auch an anderer Stelle, in dem Aufsatz Nouvelle exégèse
de Shakspeare (Littérature et Histoire S. 125), hebt Littré dessen Ver=
hältniß zum Mittelalter, vielleicht etwas zu einseitig, hervor. Immer
richtiger jedoch, als einen modernen Sittenlehrer aus ihm herauszuklügeln.

Nikolaus Delius'
Ausgabe der Shakespeareschen Werke.
(1870.)

Am 16. Februar 1759 — wir dürfen dieses Datum wohl in dankbarer Erinnerung bewahren — ward den Deutschen das erste würdige Wort über Shakespeare gesagt. Im siebzehnten der „Briefe die neueste Literatur betreffend," der mit dem Datum jenes Tages bezeichnet ist, verkündete Lessing die Größe des eigenartigen und doch dem deutschen Geiste verwandten Shakespeareschen Genius. Schon ein Jahr zuvor war in der „Theatralischen Bibliothek"[1] dem deutschen Leser der begeisterte Lobspruch Drydens auf Shakespeare vorgelegt worden. Der große Dramatiker, hieß es dort, sei vor allen Dichtern der neuern Zeit und vielleicht auch des Alterthums durch das Allumfassende seines Geistes ausgezeichnet. In seinem denkwürdigen Briefe aber trat Lessing selbst vor das vaterländische Publikum, und bekannte ohne Scheu, daß dieser Dichter, mit dessen Namen man damals außerhalb Englands meist nur die Vorstellung einer wilden, durch kein Kunstgesetz gebändigten Kraft und einer ins Barbarische sich verlierenden Rohheit zu verbinden wußte, — daß dieser Dichter ihm größer erscheine als die allbewunderten Musterpoeten Frankreichs, denen man in Deutschland nun schon so lange, halb mühselig halb behaglich, nachzustümpern sich beflissen. Mit der Sicherheit innerer Überzeugung sprach Lessing unver-

---

[1] Im vierten Stück (1758) S. 117. Vergl. The Works of John Dryden, by Walter Scott (London 1808) 15, 350.

hohlen die Hoffnung aus, daß Shakespeares Poesie mit heilsamem
Nachdruck zur Belebung der Geister wirken, die schlummernden
Dichterkräfte erwecken und zu freierer Äußerung anregen werde.

Ungläubig ward damals das Wort des kühnen Reformators
vernommen; es mußte mehrfachem lauten und gedämpften Wider=
spruch begegnen, und doch war es ein für die Zukunft ent=
scheidendes Wort, eine wahre Verheißung.

Deutschland hat sich den großen Dichter des verwandten
Volkes erobert, ihn durch unablässige Geistesarbeit zu dem
seinigen gemacht. Was Lessing verkündete, hat sich vollkommen
bestätigt. Wir gelangten zu der Erkenntniß, daß in allem, was
das Wesentliche der Kunst angeht, Shakespeare den Alten un=
gleich näher stehe als die französische Dichterzunft, die mit hoch=
müthiger Selbstgefälligkeit ihre angebliche Geistesverwandtschaft
mit den Meistern der alten Poesie zur Schau trug und doch
nur das Aeußerliche antiker Kunstformen in dürftiger Nach=
ahmung erfaßte. Und indem man diese Einsicht gewann,
empfand man zugleich, wie der Geist, der in Shakespeares
Werken waltet, dem deutschen Geiste brüderlich entgegenkam.
Deutlich genug erwies sich diese innige Verwandtschaft beider,
als einem jugendlich kräftigen Dichtergeschlechte, das ein neues
Leben in unsere Litteratur einzuführen berufen war, Shakespeare
zum lebendigen, allgültigen Vorbild ward. Seit jener Zeit ist
das Verhältniß des brittischen Dichters zum deutschen Geistes=
leben fest begründet. Betrachtend, forschend, nachbildend hat sich
der Deutsche an Shakespeare auferbaut. Die ungemessene Be=
wunderung, die man für den Dichter nährte, schien sogar ein
unbefangenes Verständniß seiner Werke ersticken zu müssen. Mehr
als ein Jahrzehnt nachdem Lessing seine klaren, kräftigen Sätze
niedergeschrieben, ward Shakespeare als der Dichter verherrlicht,
der sich zum Weltgeist geselle und für dessen Schöpfungen die
Bühne keinen würdigen Raum darbiete. Goethe war es, der
ihn so mit mächtigen Worten pries. Goethe war es auch, der
dann im Einklang mit diesen Worten in seinen letzten Lebens=

jahren die erhebende und niederschlagende Ueberzeugung aus=
sprach[2]), daß Shakespeare wie das Universum, das er darstellt,
unerforschlich bleibe, und daß wir sämtlich, wie wir auch seien,
weder seinem Buchstaben noch seinem Geiste genügen können.

Aber ein solcher Bannspruch konnte den einmal zum For=
schen aufgeregten Aesthetikern keinen Stillstand gebieten; ebenso=
wenig konnte er die Moralisten hemmen in dem eifrigen Be=
mühen, das Universum der Shakespeareschen Dichtungswelt zu
durchspüren, um die Grundsätze, welche sie selbst längst anerkannt
und gepredigt, dort ausfindig zu machen. Diese Untersuchungen
— vielleicht sollte man sie eher Durchsuchungen nennen —
wurden mit der unerschrockenen Gründlichkeit betrieben, welche
der Deutsche in solchem Falle nicht wohl verläugnen kann. Was
mit so emsiger Begier gesucht ward, mußte sich denn endlich
auch finden lassen. Der Kunstphilosoph, zu welcher Schule er
sich auch bekennen, der Politiker, welchem System er auch huldigen
mochte, jeder war erfreut, in Shakespeare sein geistiges Eben=
bild zu begrüßen und zu verherrlichen; und weitblickende Ge=
schichtsbetrachter wie engsinnige Moralitätsverfechter wähnten
diesen wunderbaren Dichtungen kein höheres Lob ertheilen zu
können, als indem sie die treuherzige Versicherung abgaben, daß
die geistigen Ergebnisse, welche sie aus jenen Werken gezogen,
mit den Resultaten ihres eigenen Denkens, ihrer eigenen An=
schauungen und Erfahrungen auf das genaueste zusammenträfen;
sie glaubten, den Geist Shakespeares zu enthüllen, und enthüllten
nur die eigene Weisheit, die sie mit großmüthiger Selbstver=
läugnung dem Dichter geliehen.

So ließ man sich keine Anstrengung verdrießen, wenn es
galt, den Geist Shakespeares einzufangen. Wohlversehen mit
Stangen und Netzen, wie es der spottende Dichter beschreibt, zog
man aus auf die bedenkliche Jagd. Die Stangen waren lang
und aus tüchtigem Material verfertigt, manche sogar recht scharf

---

[2]) Kunst und Alterthum 6,121. Hempelsche Ausgabe 29,749.

zugespitzt; unter den Netzen waren gar viele aus derben Stricken
zusammengedreht, andere schienen wie aus dünnen Sommer=
fädchen gewoben. Wenn nun ungeachtet so ernstlicher Zu=
rüstungen die Jagd nicht immer glücklich ausfiel, wenn jener
widerspänstige Geist, in die verschiedensten Hüllen sich kleidend,
die schon auf seiner Spur zu sein wähnten, in immer neuen
Verwandlungen täuschte und neckte, so ist die Schuld dieses
Mißlingens nicht etwa in der Trägheit oder dem Ungeschick der
Jäger zu suchen; wahrlich, diesen gebrach es weder an thätigem
Eifer noch an Geschicklichkeit; vielmehr sollten wir aus diesen
verfehlten Jagdunternehmungen die Lehre ziehen, daß sich der
Geist einer schrankenlos über der Menschheit schwebenden und
die Gesamtheit alles Menschlichen kühn darstellenden Poesie
mit derartigen Werkzeugen überhaupt nicht fangen und fest=
halten läßt.

Es wäre in der That ein leichtes, den kunstwissenschaftlichen
Forschungen, den psychologischen Zergliederungs= und Deutungs=
versuchen und den moralisirenden Betrachtungen, denen Shake=
speares Werke bei uns preisgegeben worden, eine komische Seite
abzugewinnen. Es wäre ein Leichtes, nachzuweisen, wie solche
Betrachtungen in Spitzfindigkeiten sich verloren, wie solche
Forschungen in leere Grübeleien ausarteten. Aber gerade bei
einem redlichen, ernsten, lange fortgesetzten Bestreben, bei lebhaft
angeregtem Eifer für einen edlen würdigen Zweck erscheinen
solcherlei Ausschreitungen und Fehlgriffe fast als unvermeidlich.
Nie und nimmer sollten wir uns durch den Hinblick auf diese
vom Ziel abirrenden Bemühungen die stolze Freude verkümmern
lassen an dem, was wir thatkräftig für die Erkenntniß des
Shakespeareschen Geistes gewirkt. Wir waren es, die zuerst eine
unbefangene Anschauung, eine uneingeschränkte Empfänglichkeit
dem Dichter entgegenbrachten, der von seinen Landsleuten zwar
hinlänglich geliebt und angestaunt, aber einseitig beurtheilt und
nach den Gesetzen einer auf ihn gar nicht anwendbaren Kunst=
lehre oft genug hart verurtheilt ward. Die weltgeschichtliche

Bedeutung seiner dichterischen Persönlichkeit ist zuerst von den Führern und Meistern unserer Litteratur geahnt, dann eingesehen und ausgesprochen worden. Sie zuerst haben ihn in seiner ganzen Selbständigkeit angeschaut und ihn als den Gesetzgeber in seinem eigenen Reiche verehrend anerkannt. Sobald nun Shakespeare als ein mit sicherm Bewußtsein schaffender und seine Schöpfungen mit tiefsinniger Weisheit ordnender Künstler vor den Deutschen dastand, ließen sich diese nicht mehr genügen an der zerstückelten Betrachtung der einzelnen Herrlichkeiten, die aus seinen Werken so mächtig hervorglänzen; man suchte vielmehr das Wesen des Dichters in seiner deutlich ausgesprochenen Eigenthümlichkeit zu erfassen, in seinen tiefer verborgenen Eigenschaften zu ergründen; und zugleich wandte sich die Betrachtung in das Innere des Kunstwerks, um bis zu dem Puncte vorzudringen, von dem aus die streng geschlossene Einheit des Ganzen sichtbar ward. Diese mit liebevoller Begeisterung gepflegten Forschungen mußten eine anregende Rückwirkung auch auf die Landsleute des Dichters ausüben. Auch sie erkannten die Nothwendigkeit, den beschränkten Kreis zu verlassen, in welchem sich bis dahin die Betrachtung ängstlich bewegt hatte; auch sie versuchten, sich zur Anschauung des ganzen Shakespeare zu erheben. Thöricht wäre es und un= dankbar, wollten wir verkennen oder verkleinern, was die Engländer vor uns und ohne uns mit rastloser Thätigkeit für das Ver= ständniß ihres Dichters geleistet; sie selbst aber müssen ein= gestehen, daß er in seiner ganzen wahren Künstlergröße ihnen zuerst von uns gezeigt worden ist. Die deutsche Kritik war es, die ihm den Herrscherplatz im Reiche der Weltlitteratur anwies, welchen er im Wandel der Zeiten und trotz aller Veränderungen des Kunstgeschmacks unerschütterlich fest behaupten wird.

So strebten wir mit allen Kräften, und nicht erfolglos, dem Geiste Shakespeares zu genügen. Wie aber verhielten wir uns zu seinem Buchstaben?

Auch dieses Verhältniß war für uns ehrenvoll genug. Wir rühmten uns einer Uebersetzung wie sie kein anderes Volk besaß, die mit genialischer Treue das Wort des Dichters wiedergab. Form und Geist des Kunstwerks erschienen hier neugeboren. In dieser Nachbildung kam die Eigenthümlichkeit des Dichters unverhüllt ans Licht, und auch die weniger hervorstechenden Züge des Urbildes wurden sorgsam bewahrt. Wer sich in diese Uebersetzung einlebte, konnte glauben mit dem Dichter selbst zu verkehren und dessen Wort unmittelbar zu vernehmen. Diese Uebersetzung beschwichtigte das Verlangen nach dem Original.

Aber jede Nachbildung eines dichterischen Werkes ist auch eine Umbildung; und sie soll es sein. Der Uebersetzer, wenn er seine Aufgabe im höchsten Sinne faßt, wenn er mehr als eine starre und zugleich kleinlich mühselige Copie liefern will, muß den ausländischen Dichter, den er uns zuführt, auch wirk= lich zu uns geleiten; er muß dafür Sorge tragen, daß der Fremdling uns nicht durch ein allzu auffälliges Aussehen gleich im Anfang abschrecke oder durch harte Unbiegsamkeit in Haltung und Benehmen auf die Dauer zurückstoße. Der Poet muß mehr oder minder sich den Sitten, der Sinnes= und Ausdrucksweise des Volks anbequemen, zu dem er wie in eine neue Heimath an der Hand des Uebersetzers sich bewegen will. Durch Schlegels künstlerische Vermittlung wurden Shakespeares Werke uns an= gehörig; sie wurden aufgenommen in den Kreis unserer nationalen Dichtung, der an ihnen die herrlichste Bereicherung gewonnen hat. In der freudigen Anerkennung ist aber auch das Zu= geständniß enthalten, daß Schlegels Meisterhand jene Werke durch eine leise Umwandlung dem deutschen Sinn angenähert, sie mit deutscher Art und Kunst in eine freundliche Ueberein= stimmung gebracht hat.

Wer darf es dem Freunde der Poesie, der in ihr Genuß und Erhebung sucht, der sich mit der Größe des gewaltig schaffen= den Dichtergeistes vertraut machen will — wer darf es diesem verargen, wenn er, befriedigt durch Schlegels köstliche Arbeit, bei dieser anschauend und genießend verharrt und ein Bedürfniß nach dem Original nicht empfindet? Mißlicher schon steht es um den forschenden und construirenden Kunstphilosophen, der seinen Erörterungen den Schlegelschen Text als einen unfehlbaren zu Grunde legt. Der Uebersetzer Schlegel zeigt sich zwar durchaus als umsichtigen Sprachkenner, und er verfährt mit der Sicherheit des streng gebildeten Philologen. Trotzdem konnte er natürlicherweise vor einzelnen Irrungen und Mißverständnissen nicht behütet bleiben. Wie traurig nun für den Aesthetiker, wenn dieser durch den tückischen Dämon des Zufalls verleitet wird, gerade an eine solche Stelle, die nur den Irrthum des Uebersetzers, aber nicht den Sinn des Originals enthält, seine belehrenden Betrachtungen anzuknüpfen. So hat Schlegel durch das Mißverstehen eines einzigen Wortes in das großartige Heldenbild Percys einen seltsam entstellenden Zug hineingebracht; er legte nämlich dem jugendlichen Heißsporn den Fehler des Stotterns bei. Wenn Percys Wittwe, ihrem Gemahl sehnsüchtig nachtrauernd, mit schwärmerischem Entzücken von diesem „Herrlichen, diesem Wunder eines Mannes" spricht, schildert sie auch mit aller Beredsamkeit des Schmerzes, wie sein ganzes Sein und Thun ein Muster ward für jeden, der nach großem und edlem strebte; ja, fügt sie hinzu, selbst in seinen Mängeln ahmte man den Allbewunderten nach:

Und hastig Sprechen, was sein Fehler war,
Das stand dem Munde jedes Tapfern wohl.

(Heinrich IV. 2, 2, III.)

So überträgt Alexander Schmidt die Verse:

And speaking thick, which nature made his blemish,
Became the accents of the valiant.

Schlegel hatte den Sinn des Wortes to speak thick verkannt; es bezeichnet die heftige bis zur Undeutlichkeit hastige Redeweise des ungestümen, stets zur That drängenden Helden; in der Uebersetzung jedoch las man:

       Und Stottern, was ein Fehler der Natur
       Bei ihm, ward der Accent der Tapfern nun.[8])

Es blieb nun der Einbildungskraft des Lesers überlassen, sich zu vergegenwärtigen, wie etwa ein mit solchem Naturfehler behafteter Heißsporn die langen, in ununterbrochenem Flusse daherströmenden mächtigen Zorn- und Scheltreden vorzubringen vermöge; und dem Aesthetiker fiel die unbehagliche Aufgabe zu, diese üble Eigenschaft des Stotterns mit den übrigen anerkannten Eigenschaften und der so deutlich geschilderten Persönlichkeit des Helden durch scharfsinnige Combinationen in gehörigen Einklang zu bringen.

Indeß solche Flecken lassen sich ja aus einem sonst so vorzüglichen Werke tilgen. Wäre uns aber auch eine Uebersetzung gegönnt, die, frei von jedem Makel, das Bild des Originals in tadelloser Vollkommenheit aufstellte, uns wäre doch damit nur ein Surrogat geboten. Der schöpferische Genius mag selbst aus einer mangelhaften Uebertragung das Wesen des geistesverwandten Dichters ahnend erkennen und, von dessen lebendig fortwirkender Kraft berührt, zu selbständigem Schaffen angeregt werden. Allen aber, die nicht mit diesem Ahnungs- und Anschauungsvermögen des Genius ausgerüstet sind, ist es zur unausweichlichen Nothwendigkeit gemacht, dem Dichter selbst unmittelbar nahe zu

----

[8]) Alexander Schmidts Bemerkung in der neuen Ausgabe des Schlegel-Tieckschen Shakespeare 2, 146. — Komisch genug schreibt d'Alembert im Namen der französischen Akademie an Voltaire, als dieser der gelehrten Körperschaft seine schmähliche Travestie des Shakespeareschen „Julius Cäsar" vorgelegt hatte: „Elle s'en rapporte à vous pour la fidélité de la traduction, n'ayant pas eu d'ailleurs l'original sous les yeux." (8. September 1762.) Aus demselben Grunde, welchen d'Alembert hier so harmlos geltend macht, mögen wohl auch manche unserer Shakespeare-Forscher sich der Schlegelschen Uebersetzung so unbedingt anvertraut haben. Es ist ein wirkliches Glück für diese Studien zu erachten, daß in den allermeisten Fällen jenes Vertrauen so durchaus wohlbegründet war. Für to speak thick konnte Schlegel übrigens eine völlig aufklärende Parallelstelle in Cymbeline 3, II finden.

treten. Nur der Dichter selbst mit seinen eigenen Worten kann uns über sein Wesen untrüglichen Aufschluß und umfassende Auskunft geben. Wer ihn von allen Seiten betrachtend erkennen, in sein Innerstes eindringen und zugleich mit seiner ganzen äußern Erscheinung sich vertraut machen will, der muß sich durch alle Hindernisse hindurch den Zugang zu ihm selbst bahnen. Um den Dichter ganz zu begreifen und innig zu verstehen, müssen wir frei und unbefangen mit ihm auf demselben Boden verkehren, auf welchem er emporgewachsen. Gerade die größten unter den Dichtern der neueren Zeiten, Dante, Shakespeare und Goethe, gerade sie erheben eine solche Forderung am nachdrücklichsten.

Mag man nun auch diese Forderung nicht in ihrer ganzen Strenge anerkannt haben, so war man doch schon zu Anfang dieses Jahrhunderts auf Mittel bedacht, die Kenntniß des englischen Shakespeare zu erleichtern und zu verbreitern. So ward 1797 in Braunschweig eine siebenbändige Ausgabe durch Professor Wagner besorgt; ein Nachdruck der Steevens-Reed'schen Edition ward zu Basel veranstaltet; 1805 veröffentlichte man in Leipzig den Text mit einer Auswahl englischer Noten begleitet[4]); in den nächsten Jahrzehnten folgten mehrere ähnliche Versuche. Aber solche Mittel mußten sich unwirksam erweisen. Der englische Text, ohne erklärende Beihülfe vor den Leser nackt hingestellt oder höchstens durch ein ungenügendes Glossar dürftig ausgestattet, blieb für die meisten ein kostbarer Schatz, an dem sie wohl ihr Auge weiden, dessen unvergleichlichen Werth sie sich aber nicht aneignen konnten. Fügte man nun auch erläuternde Noten hinzu, so waren diese, den umfangreichen englischen Ausgaben entnommen und allein für das Bedürfniß des englischen Lesers berechnet, keineswegs geeignet, dem deutschen Leser, der an den Erklärer ganz andere Fragen und Wünsche richtet, genüge zu thun. Gewissenhafte und arbeitseifrige Freunde Shakespeares

---

[4]) Vgl. Jenaische Allg. Literatur-Ztg. 1805, Nr. 199.

konnten nun allerdings ihre Zuflucht zu den Ausgaben nehmen, in welchen die englischen Commentatoren ihre weiten Vorraths= kammern antiquarischer und litterarhistorischer Gelehrsamkeit angelegt haben. Aber wenn es auch gelang, dieser kostbaren Bände habhaft zu werden, so zeigten sie sich, ungeachtet ihres reichen Inhalts, unergiebig für den, der vor allem einer höhern Anleitung zum Verständniß des Shakespeareschen Wortes be= durfte. Denn wie konnte sich der Anfänger das schwierige Ge= schäft zumuthen, diese massenhaften, buntgemischten Vorräthe für seine Zwecke zu sichten? Hier fand er die einander wider= sprechenden Meinungen der Erklärer der Reihe nach aufgeführt; für welche sollte er sich entscheiden? Er bedurfte eines zu= verlässigen Führers; aber hier boten sich ihm so manche an, die selbst unter einander über die Wahl des richtigen Wortes nicht immer einig waren. Diese Ausgaben waren bestimmt, den ge= samten Ertrag der rastlosen Bemühungen in sich aufzunehmen, die während eines Jahrhunderts von Sprachgelehrten, Kunst= richtern und Litteraturkennern dem Dichter der Nation gewidmet worden. Diese Bestimmung sichert ihnen einen dauernden Werth, welchen der Forscher nie gering anschlagen wird. Der Deutsche jedoch, der erst noch mit redlichem Ernst den Zugang zum Studium Shakespeares suchte, konnte sich einem solchen Sammel= werk gegenüber nicht anders als völlig rathlos fühlen.

Hier mußte ein Deutscher ins Mittel treten. Ein Deutscher mußte seinen Landsleuten der Erklärer Shakespeares werden; nach= dem er sich mit standhafter Neigung in die Sprach= und Gedanken= welt des Dichters ganz eingelebt, mußte er sich der Aufgabe widmen, uns diese Welt unmittelbar zugänglich zu machen; er mußte eine Bearbeitung des Dichters unternehmen, für welche das Bedürfniß des deutschen Lesers die bestimmenden Gesetze gab.

Mit dem edelsten Eifer hat vor nun bald zwei Jahrzehnten Nikolaus Delius diese Aufgabe ergriffen. Im sicheren Gefühl der innigen Vertrautheit mit dem Dichter, von welcher schon damals mehrfache Beweise vorlagen, konnte er sich frohen Muths dieser Arbeit hingeben. Jugendfrische Begeisterung hatte ihn zu diesem Werke angetrieben; die thätige Beharrlichkeit des Mannes ward erfordert, um es in seinem ganzen weiten Umfang mit gleichmäßigem Fleiß auszuführen.

Für die Beharrlichkeit, die den Herausgeber Shakespeares auf seiner langgestreckten Laufbahn nicht ermüden ließ, ist ihm denn auch der schönste Lohn geworden. Das Studium des Dichters hat sich unter uns, seitdem jene große Arbeit vollendet vorliegt, in merklicher Weise gehoben und erweitert. Wenn auch die vielfachen Anregungen, die von einem solchen Werke ausgehen, sich im einzelnen nicht immer deutlich nachweisen lassen, die Wirkung im großen und ganzen bleibt unverkennbar.

Und zwar traf diese Wirkung auf den rechten Punct. Die eigentlich philologische Forschung ward zu regerem Leben geweckt. Indem wir uns gewöhnten, häufiger als es bis dahin geschehen war, die Dichtung Shakespeares in ihrer eigenen Sprache zu vernehmen, richteten wir an uns selbst die Anforderung, uns des ganzen Schatzes dieser Sprache immer sicherer zu bemächtigen. So bildet sich ein inniger unmittelbarer Verkehr mit dem Dichter, und als die schönste Frucht dieses Verkehrs entwickelt sich ein liebevoller Eifer, das Wort Shakespeares ebenso emsig wie seinen Geist zu erforschen.

Diese heilsame Wendung der Studien zu befördern, darauf schien Delius seine Absicht vornehmlich gerichtet zu haben. Will man dem Werke gerecht werden, so muß man es in Rücksicht auf diesen Zweck beurtheilen. Bei dem Entwurf des Ganzen wie bei der Ausführung des Einzelnen ward Delius geleitet durch eine umfassende Erwägung der Bedürfnisse, die dem deut= schen an Shakespeare herantretenden Leser die dringendsten sind. Hierdurch ist die hervorstechende Eigenthümlichkeit dieser Arbeit am einfachsten und sichersten bezeichnet; hierdurch ist zugleich das Maß dessen bestimmt, was in den fest gezogenen Kreis dieser Arbeit gehörte.

Der eigentlich ästhetischen Untersuchung durfte hier kein

Platz verstattet werden; denn der Herausgeber hat nicht die von andern so rühmlich erfüllten Pflichten des Kunstphilosophen, er hat die bescheidene aber ernste Pflicht des Erklärers übernommen. Mit strenger Enthaltsamkeit verzichtet er daher auf den Genuß, die Schöpfungen des Dichters zu zergliedern und bei den Herrlichkeiten derselben ausdeutend und erläuternd zu verweilen. Dagegen bleibt er freilich auch vor der Verlegenheit geschützt, in die so manche der hier aufstoßenden und von unsern Kunstrichtern mit eifrigem Scharfsinn erörterten Fragen ihn unfehlbar versetzen würden; es bleibt ihm erspart, über das Vergehen der Desdemona, über Cordelias Schuld und Ophelias Unschuld und andere Probleme von gleicher Schwierigkeit ebenso mißliche wie unergiebige Untersuchungen anzustellen.

Auf die Bearbeitung und Feststellung des Textes mußte die erste Sorge des Herausgebers gerichtet sein. Der Text der Shakespeareschen Dramen, wie er uns jetzt vorliegt, ist von jeglicher Unbill betroffen worden, die nur immer den festen Bestand eines Schriftwerks gefährden kann. Der Dichter hat, wie es scheint, dem künftigen Schicksal seiner Werke sehr gleichmüthig entgegengesehen. Während sein gelehrter Kunstgenosse Ben Jonson, den das stolze Bewußtsein der Dichterwürde nicht verließ, auf die unverletzte Erhaltung seiner Werke durch eine stattliche Sammlung derselben [5]) bedacht war, so hat Shakespeare dagegen nichts gethan, um die großen Schöpfungen, mit denen er die Bühne füllte, auch in den Kreis der eigentlichen Litteratur einzuführen. Nur von seinen zwei erzählenden Gedichten läßt sich mit Sicherheit behaupten, daß er selbst sie zum Druck befördert hat. Von seinen Schauspielen sind nur achtzehn während seines Lebens in Einzelausgaben erschienen, und zwar zum Theil in solchen, die uns von dem ursprünglichen Werke nur ein schmählich verzerrtes Abbild zeigen; daß aber auch nur ein einziges dieser Dramen mit Bewilligung und unter Aufsicht des

---

[5]) Sie erschien 1616, im Todesjahre Shakespeares.

Dichters gedruckt worden, bleibt unerweislich. Sieben Jahre nach seinem Tode kam endlich eine vollständige Sammlung der Dramen ans Licht, besorgt von zwei Schauspielern derselben Truppe, deren hervorragendes Mitglied Shakespeare gewesen. Ohne Zweifel hegten diese den löblichsten Willen, ihrer Pflicht als Herausgeber Genüge zu thun, und offenbar fehlte es ihnen hierfür nicht an zugänglichen Mitteln; denn konnten sie nicht die ihrer Gesellschaft zugehörigen Manuscripte ihres abgeschiedenen Collegen bei ihrer Arbeit zu Rathe ziehen? Aber, ob sie nun nicht fähig, oder nicht eifrig genug waren, diese Mittel in ausreichender Weise zu nutzen, genug, sie leisteten nicht, was sie verhießen, und es fehlt nur allzu viel, daß sie, wie das Versprechen lautete, einen vollständigen, zuverlässigen und makellosen Text aufgestellt hätten.

Bei so schwankender Grundlage der Ueberlieferung muß sich der Kritiker um so mehr zur Vorsicht und Behutsamkeit gemahnt fühlen, je häufiger an ihn die Versuchung herantritt, die vielfachen Schäden des Textes aus eigener Erfindungskraft zu heilen und die eigenen Vermuthungen dem Dichter auch da zu unterschieben, wo dessen Worte vielleicht ganz unverletzt erhalten sind, und nicht der Aenderung sondern der Erklärung bedürfen.

Delius konnte nicht wohl eine neue Gestaltung des Textes beabsichtigen. Er schließt sich seinen englischen Vorgängern an, aber ohne dadurch der Selbständigkeit seines unbestochenen, ruhig abwägenden Urtheils Eintrag zu thun. Die Engländer selbst sind in der kritischen Behandlung des Dichters erst neuerdings zu einer gesunden Methode gelangt. Denn früher gaben sie sich entweder einer Willkür hin, bei der sie die Achtung vor dem Buchstaben der Ueberlieferung verloren, oder sie ließen, in befremdlichem Gegensatze dazu, diese nothwendige Achtung in einen kleinlichen Aberglauben ausarten: sie wähnten bald nur in den bei Lebzeiten des Dichters gedruckten Einzelausgaben (den Quartos), bald nur in der nach seinem Tode veröffentlichten Gesamtausgabe (der Folio) die echte Quelle des Textes zu finden; während

der unbefangene Forscher früher oder später einsehen muß, daß
allein die methodische Benutzung beider Quellen uns in den
Stand setzt, dem Dichter sein Recht zu erweisen. Man hat von
jener Willkür sich glücklich entwöhnt und von dieser störrigen
Einseitigkeit sich frei gemacht. Delius ist vielleicht strenger als
seine englischen Arbeitsgenossen in der Abweisung der Vorschläge
und angeblichen Verbesserungen, die von neuern Kritikern aus=
gehen. Nur im äußersten Nothfall giebt er die Ueberlieferung
auf, und er gestattet einer Vermuthung nur dann Eingang in den
Text, wenn dieser, in unheilbarer Zerrüttung, eine annehmliche
Erklärung nicht mehr zuläßt. Seine Kritik wird meist durch
dieselben Grundsätze und Einsichten geleitet, vermöge deren er
einst die Fälschungen, die Collier empfahl und beschützte, vom
Text des Dichters abwehren konnte.

Wie die ältesten Ausgaben sich in ihren Verschiedenheiten
unter einander verhalten, das zeigen mit genügender Deutlichkeit
die den Anmerkungen einverleibten, aus dem gesamten Vorrath
sorgfältig gewählten Lesarten. Doch machen diese nur einen
untergeordneten Bestandtheil der Anmerkungen aus, deren wesent=
licher Zweck vielmehr auf die Erklärung geht.

Der Commentar, mit welchem Delius die Worte des Dichters
begleitet, bildet den eigenartigsten Vorzug und bestimmt den
Charakter dieser Ausgabe. Er ist auf solche Leser berechnet, die
sich des Englischen bis zu einem gewissen Grade bemächtigt, aber
die Sprache Shakespeares und seiner Zeitgenossen, in der ja
selbst dem heutigen Engländer so viel fremdartiges und unver=
standenes begegnet, in ihrer Besonderheit noch nicht gefaßt haben.
Der Erklärer giebt daher Acht auf jeden Anstoß, der aus der
Verschiedenheit der ältern und der jetzigen Sprache entstehen
kann. Aus der Grammatik wird nur so viel herbeigezogen, als
zur Deutung der jedesmal vorliegenden Worte unentbehrlich ist.
Bei Angabe und Entwicklung der Gedanken, deren Verständniß
durch die Eigenthümlichkeit der dichterischen Ausdrucksweise er=
schwert wird, hat sich Delius eine prägnante Kürze zum un=

verbrüchlichen Gesetz gemacht. Alles wird vermieden, was den Leser von der Stelle, die er jetzt vor Augen hat, zu weit ab= ziehen, ihn gleichsam aus dem Zusammenhang der Lectüre reißen könnte. Wir haben hier einen Commentar, der sich bescheiden dem Dichter zur Seite hält, nicht mit frei wuchernder Fülle ihn überdeckt oder mit schwerfälligem Citatengang fern von ihm ein= herstolzirt.

Häufig giebt Delius die Worte eines schwierigen Satzes durch zusammenhängende erläuternde Umschreibung wieder, ein Mittel, das, wenn auch an und für sich nicht unstatthaft, doch bedenklich werden kann in den Händen eines Commentators, der einer dunklen Stelle gegenüber seine Rathlosigkeit gern ver= bergen möchte; denn wer weiß nicht, daß oft genug durch solche Paragraphen die Schwierigkeiten, auf die es eigentlich ankommt, nicht sowohl aus dem Wege geräumt, als vielmehr versteckt werden? Delius aber rechtfertigt dieses Erklärungsmittel durch die Art seiner Anwendung; er braucht es so, daß er wirklich dadurch die Dunkelheiten der erläuterungsbedürftigen Stelle gleichmäßig auf= hellt, und zwar weiß er für den Sinn der umschriebenen Sätze meist einen so treffenden und scharf bezeichnenden Ausdruck zu finden, daß wir uns nicht darüber verwundern und es auch nicht schelten dürfen, wenn manche neuere Uebersetzung sich hie und da die Worte des Commentars fast unverändert an= geeignet hat.

Vollkommen angemessen erscheint es dem Zweck dieser Aus= gabe, daß Delius an den Stellen, wo die Deutung zweifelhaft sein kann, nicht immer umständlich die Beweggründe darlegt, die sein Urtheil leiten und seine Auffassung bestimmen; er führt die Discussion nicht vor den Augen des Lesers; er hat das Für und Wider sorgfältig gegen einander abgewogen und stellt ein= fach das Ergebniß hin, das sich ihm als das richtige bewährt. In der Natur der Sache liegt es, daß bei so vielfach gehäuften Schwierigkeiten, über welche die Ansichten der Kritiker sich nicht leicht vereinigen werden, manche von Delius vorgetragene Deutung,

mag er sie nun den Engländern entlehnen oder eigenem Scharf=
sinn verdanken, dem Zweifel unterworfen bleibt und Widerspruch
hervorruft, oder wenigstens nicht die Kraft der Ueberzeugung
mit sich führt. Und ebenso unvermeidlich ist es, daß in eine
Arbeit von so außerordentlichem Umfang auch bei der liebe=
vollsten Aufmerksamkeit einzelne Versehen sich einschleichen, die
der geübtere Leser bald als solche erkennt[6]); das sind kleine leicht
zu tilgende Flecken, die bei wiederholter Durchsicht des Ganzen
schwinden werden.

Ob endlich Delius immer und überall den Bedürfnissen
der Leser genug gethan, oder ob er nicht auch manchmal ihrer
selbständigen Fassungskraft zu wenig zugemuthet hat, wer möchte
darüber entscheidend absprechen! Wer kann hier die schmale
Grenzlinie zwischen dem Zuviel und Zuwenig so scharf vor=
zeichnen! Die Forderungen an einen Commentar müssen ver=
schieden ausfallen, je nach den verschiedenen Bildungsgraden der=
jenigen, die von ihm Belehrung erwarten. Der Commentator soll
noch geboren werden, der, indem er für eine bestimmte Gattung
von Lesern und Lernenden arbeitet, jedem Leser an jedem Orte
genau so viel und nur so viel giebt, als dieser bedarf oder zu
bedürfen wähnt. Hier muß, bei dem Mangel einer allgültigen
Regel, ein glücklicher Tact und ein bis zur Sicherheit aus=
gebildetes Unterscheidungsgefühl für das Nothwendige und Ent=
behrliche dem Commentator zu Hülfe kommen. Diesen Tact,
dieses Gefühl hat Delius sich völlig zu eigen gemacht: er hat
seinen Commentar reichlich ausgestattet, ohne ihn unnöthig zu
überladen.

Mit diesen Erläuterungen, die sich so eng dem Shake=
speareschen Wort anschließen, hat Delius zuerst allen Deutschen
einen einladenden Weg durch die ursprünglichen Schöpfungen
des englischen Dichters gebahnt, und auch diejenigen, die auf

---

[6]) So wird z. B. in der Comedy of Errors die 12. Anmerkung zur
ersten Scene des ersten Akts zu berichtigen sein; die Worte but for me
sind hier gänzlich mißverstanden.

diesem herrlichen Pfade nicht geradezu seiner Führung bedürfen, finden in ihm einen stets förderlich anregenden Weggenossen, von dem sie nicht ohne die lebendigste Dankbarkeit scheiden können.

Doch mit der Feststellung und Erklärung des Textes ist das Geschäft des Herausgebers nicht abgeschlossen. Zur vollständigen Einführung in die Shakespeare'sche Dichterwelt bedarf es einer Uebersicht über die äußere Geschichte der einzelnen Werke, sowie einer mehr oder minder umfangreichen Mittheilung aus den Quellen, in welchen der Poet den rohen aber bildsamen Stoff für seine formende und beseelende Kunst findet.

Auf diese Erfordernisse wird in der Einleitung, die jedem Stücke vorangeht, Bedacht genommen, und zwar in der um= fassendsten Weise. Der erste Druck eines jeden Dramas wird nachgewiesen und das Verhältniß dieses Druckes zu dem jetzt gangbaren Texte bündig dargelegt. Die Zeit der Abfassung oder ersten Aufführung wird durch die vollständig mitgetheilten äußern Zeugnisse bestimmt. Für diesen Zweck kommt uns bald die litterarhistorische Notiz eines gleichzeitigen Schriftstellers zu statten, bald eine gelegentliche Bemerkung in dem glücklicherweise erhaltenen Tagebuch eines für theatralische Genüsse nicht un= empfänglichen Zeitgenossen; ein anderesmal finden wir die er= wünschte Auskunft in dem Bericht über ein Ereigniß, das mit der Darstellung eines Shakespeare'schen Dramas in zufälliger Verbindung steht. So z. B. giebt der erfahrene Litterator Francis Meres im Jahre 1598 eine Liste der Schauspiele, die ihm bis dahin bekannt geworden; wie wissen daher, daß manche Werke, deren Veröffentlichung durch den Druck erst später erfolgte, vor jenem Zeitpuncte schon entstanden waren.[7]) Wenn ein sonst un=

---

[7]) Meres macht folgende Stücke namhaft: die Edelleute von Verona, die Komödie der Irrungen, Verlorene Liebesmühe, Gewonnene Liebesmühe (Ende gut, alles gut?), Sommernachtstraum, Kaufmann von Venedig, König Johann, Richard II., Richard III., Heinrich IV., Titus Andronicus und Romeo und Julia. Von diesen zwölf Stücken sind nur die fünf letzt=

bekannter John Manningham im Februar 1602 die Aufführung
der Komödie „Was ihr wollt“ in seinem Tagebuch anmerkt
und zugleich den Inhalt einiger der hervorstechendsten Scenen
mit Behagen verzeichnet, so dürfen wir daraus wohl den Schluß
ziehen, daß dieses Werk, welches uns in allen seinen Theilen die
höchste Reife des Geistes und der Kunst bewundern läßt, um
jene Zeit noch den Reiz der Neuheit besaß; und wenn Sir
Henry Wotton am 6. Juli 1613 in einem Brief an seinen
Neffen die Feuersbrunst beschreibt, welche am 29. Juni das
Theater des Globus zu Grunde gerichtet, so erfahren wir von
ihm zugleich, daß das neue Stück, welches an jenem Unglückstag mit
vielem Pomp auf die Breter gebracht worden, kein anderes war
als Shakespeares Heinrich VIII. Wo solche äußere Zeugnisse
fehlen, bleiben uns die innern Beweise, die meist von der ver=
schiedenen Behandlungsart der Sprache und des Verses her=
genommen sind; sie reden für den Kenner so überzeugend, daß
sie gleichsam jedem einzelnen Werke den Platz bestimmen, den es
in der chronologisch geordneten Reihenfolge der Shakespeareschen
Dichtungen einzunehmen hat.

Aus den hier vorgelegten Zeugnissen mag man mit leichter
Mühe eine zusammenhängende Anschauung von dem Entwicklungs=
gange der Shakespeareschen Muse gewinnen, soweit dieser mit
Hülfe zuverlässiger Urkunden und durch greifbare Beweise sich
noch erkennen läßt. Zugleich mag man ermessen, inwiefern unsere
Kenntniß reicher und unser Urtheil schärfer und sicherer ge=
worden, seitdem Malone im Jahre 1778 zuerst versuchte[8]) unter
den Werken des Dichters chronologische Ordnung herzustellen.

Neben dieser Gattung von äußern Zeugnissen werden uns
in den Einleitungen nun auch Urkunden anderer Art mitgetheilt,

---

genannten und die Verlorene Liebesmühe vor dem Jahre 1599 im Druck
erschienen. Der Sommernachtstraum und der Kaufmann wurden 1600
gedruckt; die vier übrigen finden sich erst in der Gesamtausgabe von 1623.

[8]) An attempt to ascertain the order in which the plays of
Shakespeare are written.

untrügliche Urkunden, die uns zur fruchtbarsten, wenn auch immerhin beschränkten Einsicht in das geheime Wirken und Bilden des Künstlergeistes verhelfen können. Shakespeare hat aus den Quellen, die ihm zur Benutzung offen lagen, mit vollen Händen geschöpft, nicht bloß den Stoff des Dramas hat er ihnen entnommen, nicht bloß die Handlung in ihren allgemeinen Um= rissen, so wie er sie vorgezeichnet fand, beibehalten; auch die Worte, die seine Gewährsmänner, Historiker und Novellisten, ihm darboten, hat er nicht selten zu seinem Gebrauch verwendet; ja in einigen Fällen hat er selbst dramatische Werke von fremder Hand, wie den König Johann oder die Zähmung einer Widerspenstigen, durch die That künstlerischer Umbildung zu seinem Eigenthum gemacht; und wir sind in den Stand gesetzt, Scene für Scene zu verfolgen, wie er entweder neben seinem Vorgänger einherschreitet oder von dem Pfade desselben auf einen selbstgebahnten Weg ablenkt. Durch diesen engen Anschluß an einen gegebenen, zum Theil schon für künstlerische Zwecke be= arbeiteten Stoff fühlt sich der Genius in der Regung und Ent= faltung seiner Kräfte nicht gehemmt; vielmehr wird seine Freiheit und siegesgewisse Ueberlegenheit vielleicht dann am augenschein= lichsten erzeugt, wenn er diese Freiheit preiszugeben und sich in einer unbedingt treuen Hingebung an sein Vorbild zu gefallen scheint. Wenn Shakespeare im vierten Akt des Macbeth Mal= colm und Macduff ihr erschütterndes Zwiegespräch fast genau mit dem Chronisten Holinshed entlehnten Worten führen läßt, so beeinträchtigt er seine künstlerische Selbständigkeit dadurch so wenig, wie Goethe der seinigen etwas vergiebt, wenn er im Clavigo die keck aufgestutzte Erzählung des abenteuernden Beau= marchais in eine der wirkungsvollsten Scenen umwandelt, die je einem deutschen Dramatiker gelungen sind.

Der eigentliche Schöpfungsakt des Künstlers wird, wie jegliches Werden und Entstehen, nie aus dem Dunkel eines un= zugänglichen, mit weiser Strenge behüteten Geheimnisses her= vortreten. Befriedigen muß es uns schon, wenn nur die formende und umbildende Arbeit, welche der Dichter mit dem von außen ihm zugeführten Stoffe vornimmt, sich unsern Blicken nicht gänzlich entzieht; und als köstlichen Gewinn müssen wir es schon achten, wenn wir uns nur einigermaßen vergegenwärtigen können, wie der schöpferische Gedanke sich dem trägen und trüben Stoff einsenkte, wie er ihn vergeistigend und läuternd durchdrang, um sich rein und anschaulich an ihm zu offenbaren. Alles, was solchen Betrachtungen, die den Dichter bei seiner fortschreitenden Arbeit aufsuchen, förderlich sein mag, muß mit höchster Sorgfalt genutzt werden. Und freilich hat man mit ausbündigem Fleiß aus allen Bereichen der Litteratur alles herbeigezogen, was man im weitesten wie im engsten Sinne Shakespeares „Quellen" nennen könnte. Ob man indeß diesen Quellen schon überall die Belehrung abgewonnen, die sie in der That gewähren können?

Freilich unterläßt man nicht, die vollendete Dichtung vergleichend zusammenzuhalten mit dem Stoffe, den der Dichter aus Chronik und Novelle gezogen oder den er im epischen und dramatischen Gedicht schon kunstlos bearbeitet vorgefunden. Durch eine solche Vergleichung pflegt man die umfassendere Betrachtung eines Shakespeareschen Werkes einzuleiten. Aber hiermit ist nicht genug geschehen. Man sollte auch im Fortgange der Betrachtung ununterbrochen auf den Punct zurückblicken, von dem der schaffende Dichter selbst zuerst ausgegangen. Indem man Handlung und Charaktere zergliedert, sollte man sich stets auch im einzelnen vergegenwärtigen, was der Poet aus seinen Quellen beibehielt, was er unbenutzt zurückließ; man sollte die peinlichste Genauigkeit nicht scheuen, um auch auf die kleinsten Veränderungen einzugehen, denen der Dichter den vorgefundenen Stoff unterworfen hat, und endlich sollte man nicht nur beobachten, wie er diesen Stoff hier mit leichter aber sicherer Hand umbildet, dort gänzlich umschmilzt; wie er hier ihn reicher ausgestaltet, dort ihm die störende Fülle nimmt, ihn verkürzt und zusammendrängt; sondern man müßte es sich zur Pflicht machen, sich auch von den zwingenden Gründen, von der zweckmäßigen Nothwendigkeit dieser Veränderungen Rechenschaft zu geben, und zwar Rechenschaft vom Standpuncte des Dichters aus. Dieses vergleichende Studium führt uns in den Rath, in das Vertrauen des Dichters ein. Wir sind ihm beobachtend zur Seite, wenn er die Masse des Stoffes unter seine Gewalt bringt, wenn er die widrigen Elemente desselben zur Eintracht fügt und einen Organismus aus ihnen hervorruft, in dem ein lebendiger Geist selbständig waltet; wir sehen im einzelnen, durch welche Mittel er dies vollführt, und wie alle diese verschiedenen Mittel im Hinblick auf einen Zweck, dem sie gemeinsam dienen müssen, gewählt sind; dieser Zweck läßt sich nun nicht mehr verkennen, und so gewährt uns gleichsam der Dichter selbst Aufklärung und Aufschluß über die Gedanken, die sein gesamtes Verfahren leitend bestimmen. Dies ist die wahrhaft fruchtbare Art, das Studium der Quellen zu nutzen. Wie ergiebig sie werden kann, das hat noch jüngst C. Hebler in seiner Abhandlung über den Othello[*] an einem rühmlichen und nachahmenswerthen Beispiele gezeigt. Ohne Zweifel kommen wir auf diesem bescheidenen Wege geduldiger Beobachtung der schaffenden Idee des Künstlers näher, als wenn wir ihm zuversichtlich mit fertigen Kategorieen entgegenrücken und nach Maßgabe derselben eine Prüfung mit ihm vornehmen, die er oft nicht zu seiner, wohl aber zu unserer Beschämung gar schlecht besteht.

Wer also den Werth jener Betrachtungsweise — ich möchte sie die praktische nennen — einsieht, und sich angeregt fühlt, sie zu üben, für den hat Delius in der Einleitung zu jedem Drama die Mittel, mit deren Hülfe allein solche Uebung anzustellen ist, bereit gelegt. Aus dem Chronisten Holinshed und dem übersetzten Plutarch, aus Novellen, die bald englischen Ursprungs sind, bald fremden Litteraturen, besonders der italienischen, ursprünglich angehören, aus Reisebeschreibungen und ältern Schauspielen, aus allen diesen verschiedenartigen Quellen werden reichliche

----

[*] Aufsätze über Shakespeare. S. 24—82.

Mittheilungen gegeben. Ferner wird aus Werken anderer Art, die wahrscheinlich dem Dichter vorgelegen, manches ausgehoben, was über die mythologischen Anschauungen, die ihm geläufig sind, Licht verbreiten oder den volksmäßigen Ueberlieferungen in Sitte und Glaube, denen er oft mit so wunderbarem Glück die höchste poetische Würde zu ertheilen wußte, zum bekräftigenden und erläuternden Zeugnisse dienen kann. Gleichermaßen wird nachgewiesen, was Shakespeare oft bei Abfassung einzelner Stellen den Anregungen anderer Autoren verdankte; und so sehen wir z. B. in der Einleitung zum Sturm mehrere Sätze aus Montaigne, acht Verse aus einer Tragödie des Earl of Sterling und die Beschwörungsrede der Medea aus der Uebersetzung der Ovidischen Metamorphosen aufgeführt, von denen allen der Dichter an bedeutsamen Stellen seines zauberreichen Schauspiels einen ebenso unbeschränkten wie glücklichen Gebrauch zu machen verstand.

Wo der Herausgeber in diesen Einleitungen Anlaß und Aufforderung findet, bei dem Streite verschiedener Meinungen über gewisse schwer zu bestimmende Puncte der Kritik und Geschichte mit selbständigen Ansichten hervorzutreten, da bewährt er überall die klare Besonnenheit des Urtheils, die er auch in den andern Theilen dieses Werkes nie verläugnet. Stets beachtet er die scharfgezogene, aber oft genug übersehene Linie, welche das Gewisse und zuverlässig Beglaubigte von dem Möglichen und Wahrscheinlichen sondert. Wenig gelten ihm Vermuthungen, durch welche der Scharfsinn ihrer Urheber bezeugt, die sichere Lösung verwickelter Fragen jedoch nicht befördert wird. Sind die dem Kritiker gestatteten Hülfsmittel nicht ausreichend, um ein schwieriges Problem zur zuverlässigen Entscheidung zu bringen, so begnügt er sich, es in seinem ganzen Umfange darzulegen, indem er die widerstreitenden Meinungen einer parteilosen Prüfung unterzieht und Gründe und Gegenstände gewissenhaft gegen einander abwägt. Zuweilen aber trifft es sich, daß eine dem Anschein nach sehr bedenkliche Schwierig=

keit nicht aus dem wirklichen Sachverhältniß entsprungen,
sondern durch den unglücklich angewandten Scharfsinn über dessen
Kritiken erst geschaffen ist; und in solchem Falle macht Delius
sein entschiedenes Urtheil mit allem Nachdruck geltend. Er hebt
die Gegenstände der Untersuchung aus dem Gewebe von Zweifeln
und Vermuthungen heraus, mit denen die Erfindungslust grübeln=
der Commentatoren sie umsponnen, und führt sie auf den zu=
verlässigen Boden der Ueberlieferung zurück, wo er sie nach den
einfach strengen Gesetzen der historischen Kritik behandelt. Durch
dieses gesunde aufhellende Verfahren gelangt er zu festen, ein=
leuchtenden Ergebnissen. Wie hatte man in der mühseligen
Untersuchung über die Historien von Heinrich VI. die wahre
Sachlage durch verwirrende Spitzfindigkeiten verstellt und ver=
schoben! Die überwiegende Mehrzahl der englischen Kritiker
war einig geworden, den ersten Theil dem Dichter gänzlich ab=
zusprechen; man überredete sich, hier sei nirgends die Hand
Shakespeares wahrzunehmen; auch den zweiten und dritten
Theil sollte er nicht entworfen und ausgeführt, sondern nur
verbessernd überarbeitet haben. Delius hat — theilweise in
Uebereinstimmung mit Charles Knight — die Scheingründe und
Muthmaßungen, die dieser Annahme zur schwachen Stütze
dienten, widerlegt und zurückgewiesen; er hat die Untersuchung
in die richtige Bahn gelenkt und in umständlicher Auseinander=
setzung das gleichmäßige, unbestreitbare Anrecht Shakespeares
an die gesamte Trilogie dargethan.

Leicht ließen sich noch manigfaltige Beispiele anführen,
an denen es deutlich würde, wie umfassende Sachkenntniß, Zweck=
mäßigkeit der Anordnung und wohlbegründete Sicherheit des
Urtheils hier durchaus im erfreulichen Gleichgewicht stehen.
Aber bedarf es neuer Beweise und Zeugnisse? Die Bedeutung
dieses grundlegenden Werkes ist anerkannt; es hat alle Proben
bestanden; es hat sich denen, die es im rechten Sinn nützen, in
anhaltendem Gebrauche vielfältig bewährt. Wenn ich daher die
Eigenschaften desselben hier noch einmal andeutend vorführte, so

war die Absicht weniger darauf gerichtet, die Verdienste, die
man ihm längst zugesteht, von neuem ins Licht zu setzen; viel=
mehr sollte dieser Ueberblick zeigen, inwiefern die Leistung des
Herausgebers geeignet sei, ein wissenschaftlich ernstes Studium
der Shakespeareschen Dichtungen unter uns zu beleben, zu er=
leichtern und zu verbreiten.

Möge nun der Kreis, in dem dieses Werk seiner Bestimmung
gemäß, fruchtbar angewandt wird, sich weiter und weiter aus=
dehnen! Die eigenthümliche Bestimmung aber, durch welche
es sich aus der Unzahl alles dessen, was unter uns zu Shake=
speares Gunsten versucht und geleistet worden, so entschieden
heraushebt, — diese Bestimmung ist keine andere als das Ver=
ständniß des Shakespeareschen Buchstaben bei uns zu begründen.
Und wahrlich hier ist der Buchstabe nicht tödtend; er wird viel=
mehr zur Quelle des reichsten, manigfaltigsten Lebens.

Shakespeare als Kenner des Wahnsinns.
(1871.)

Wenn Shakespeare eine Leidenschaft, einen bestimmten Geisteszustand schildert, so empfangen wir unmittelbar die Ueberzeugung,
daß er hier von dem sichersten Einverständniß mit der nothwendigen Wahrheit der Natur geleitet wird. Eine solche
Schilderung ist durch sich selbst beglaubigt, so wie ein Porträt
von alter Meisterhand, das wir nicht mehr mit dem Urbild vergleichen können, uns in der natürlichen Uebereinstimmung seiner
Züge, durch welche sich das innere Leben offenbart, die Bürgschaft der Aehnlichkeit giebt, ja uns zur unbedingten Anerkennung
dieser Aehnlichkeit nöthigt. Ursprung, Fortgang und Ausbruch
der Leidenschaft, wie Er sie darstellt, scheinen nach ehernen Gesetzen geordnet zu sein. So und nicht anders konnte Othellos
Eifersucht geweckt werden: so und nicht anders mußte sie wachsend
um sich greifen und endlich, seine Natur mit Uebermacht bewältigend, ihn zu der furchtbarsten That hindrängen. Wie in
einem stetig verlaufenden Naturprocesse entwickelt sich Lears
Raserei bis zur schrecklichen Steigerung und sinkt dann, entkräftet und gebrochen, in rührende Wehmuth und kindisch spielenden Aberwitz. Und eine solche Schilderung, die nach den ewig
gültigen Satzungen der Natur entworfen ist, verallgemeinert sich
doch nie zur Darstellung eines blos abgezogenen Begriffs der
Leidenschaft; nein, es ist immer dieser einzelne, durch Geistesanlagen, Lebensstellung, innere und äußere Erfahrungen ganz
individuell geartete Mensch, an dem sie zur Erscheinung kommt;
sie empfängt von ihm die bestimmte Färbung, während sie

wiederum auf ihn bestimmend und umgestaltend zurückwirkt.
In dieser geheimen und doch unverkennbaren Wechselwirkung
und Wechselbeziehung zwischen Charakter und Leidenschaft er=
weist sich Shakespeares Poesie vielleicht am deutlichsten als Tochter
der Wahrheit. Den tiefsten Kenner der Leidenschaft hat man
daher auch in Shakespeare schon zu einer Zeit bewundert, als
man den Künstler in ihm noch nicht entdeckt hatte.

Es kann nun unsere Bewunderung des Dichters nicht er=
höhen, es kann auch unsere Einsicht in das Wesen seiner Kunst
schwerlich um ein Bedeutendes fördern, wenn uns der Arzt, der
Psycholog aus der Fülle ihrer Studien und Erfahrungen mit
bündigen Beweisen darthun, daß die dichterische Schöpfung genau
mit der wissenschaftlich erforschten Wirklichkeit übereinstimmt.
Der Arzt, der Psycholog können uns in diesem Falle nur stück=
weise von dem belehren, wovon wir uns in unmittelbarer, um=
fassender Anschauung schon auf das lebendigste und kräftigste
überzeugt haben. Jedoch reizt das Weltgemälde, das sich aus
Shakespeares Dichtungen zusammenfügt, zu so vielseitiger Be=
trachtung, daß man es wohl der Fachwissenschaft vergönnen mag,
forschend und beobachtend bei ihm zu verweilen und es mit ihrem
Lichte zu beleuchten. Man wird es ihr um so eher vergönnen,
wenn ihre Jünger und Meister sich dem Dichter stets so an=
spruchslos, in so bescheiden liebenswürdiger Weise nähern, wie wir
es von dem Verfasser der unten genannten Schrift[1]) rühmen müssen.

Gestützt auf die manigfachen, reichen Erfahrungen, die
er in pflichtgetreuer Ausübung seines edlen Berufes gewonnen,
nimmt Herr Stark mit dem Charakter des Lear eine ärztliche
Untersuchung vor. Er prüft die dichterische Darstellung an der
so oft von ihm beobachteten Wirklichkeit und findet jene überall
durch diese auf das zuverlässigste bestätigt. Auf diese Prüfung
darf man den Ausspruch gründen, daß hier die Poesie an Wahr=

---

[1]) König Lear. Psychiatrische Shakespeare=Studie von Dr. Karl
Stark, derz. dirig. Arzt der Privatheilanstalt Kannenburg bei Eßlingen.
Stuttgart, H. Lindemann. 1871.

heit mit der Natur gleichsam wetteifert, und daß Shakespeare überall die tiefste Einsicht in die Ursachen der Geistesstörung, den schärfsten Einblick in das Innere der Seelenheilkunde bewährt. Er ist auch hier der Zögling und Vertraute der Natur, der Ausdeuter ihrer Geheimnisse.

Und auch hier hat er das allgemein Gesetzliche mit dem bestimmt Persönlichen, individuell Begrenzten auf das innigste verknüpft und beides sich gegenseitig durchdringen lassen. Der Verfasser zeigt durch umständliche wissenschaftliche Begründung, wie in Lears Charakter alle die Bedingungen enthalten sind, unter denen allein der Wahnsinn sich in dieser Gestalt entwickeln und zu so schauerlicher Macht anwachsen konnte. Goethe wirft einmal die Aeußerung hin, Lear erscheine in den ersten Scenen absurd. Die ärztliche Untersuchung bekräftigt dies Wort, wenn auch in einem etwas andern Sinne, als Goethe es gefaßt wissen wollte.

So mögen denn die Kenner Shakespeares gern an der Hand des Arztes das Wundergebiet dieser Dichtung durchwandern und sich von dem wohlgesinnten, freundlichen Führer für das, was sie bisher nur empfunden und geglaubt, die wissenschaftliche Bestätigung ertheilen lassen. Sollte dieser Führer auch hie und da bei Kleinigkeiten, die für das künstlerische Verständniß der Tragödie unerheblich sind, mit allzu warmer Theilnahme verweilen, so hört man doch immer willig und dankbar auf seine lebhaft vorgetragenen sinnvollen Bemerkungen. Man wird es ihm, der ja keineswegs für einen geschulten Philologen gelten will, auch nicht eben ernstlich verargen, daß er durch die Uebersetzung manchmal verleitet worden, einzelnen Wörtern oder Redeweisen eine Bedeutung beizulegen, die ihnen nach der Absicht des Dichters nicht zukommt. Wenn Lear (2, IV) dem von Regan und Cornwall so schlimm behandelten Kent zuruft: „Erklär' mir's in bescheid'ner Eil', wie hast du die Schmach verdient?" — so glaubt Herr Stark, das Wort bescheiden solle einen Charakterzug des alten Königs andeuten, des Königs, der selbst

in der heftigsten Aufregung seiner hohen Stellung sich bewußt
bleibt und dem Diener einschärft, nicht zu vergessen, mit wem
er rede.   Aber in der Urschrift sagt Lear, with all modest haste,
und modest bedeutet hier, wie meist im Shakespeareschen Sprach=
gebrauch, nichts weiter als geziemend, schicklich; ein tiefer
liegender Sinn ist in dem einfachen Ausdruck nicht zu suchen.
Und ebenso wenig Nachdruck ist auf ein Wortspiel zu legen, das
sich Lear entschlüpfen läßt in jenem grauenvoll tiefsinnigen Ge=
spräch mit Gloster (4, VI), das überall, nach Edgars Wort, Ver=
nunft in Tollheit (reason in madness) zeigt.   Ohne Zweifel
ist der Verfasser in seinem Recht, wenn er (S. 74) behauptet,
daß „Geisteskranke sich oft mit großem Behagen in spitzfindiger
Silbenstecherei ergehen". Aber hier wenigstens hat Shakespeare
nichts dergleichen andeuten wollen.   Bei einem Wortspiel muß
sich der Uebersetzer zu helfen wissen, so gut es sich eben schicken
will; meist kommt es in der fremden Sprache absichtlicher und
schwerer heraus, als im Original; und so auch hier.   Im
Deutschen liest man: „Höhlten sie dir Augen und holten
dir den Beutel?" Im Englischen findet man nur eine jener
häufig wiederkehrenden Spielereien zwischen den verschiedenen
Bedeutungen von case, heavy und light. Ueber solche Wort=
witzeleien wird der Kenner des Originals rasch weglesen; sie er=
langen in der Shakespeareschen Sprache gewissermaßen ein
Heimathsrecht und erheben nur selten den Anspruch auf tiefere
charakteristische Bedeutung.

Obgleich der Verfasser seinem Zwecke gemäß überall nur
darauf ausgeht, Shakespeares tiefe und allseitige Kenntniß ge=
störter Seelenzustände nachzuweisen, so will er uns doch nirgends
zu der Annahme drängen, der Dichter müsse diese Kenntniß sich
mit bewußter Absicht zu eigen gemacht, sie auf dem ernsten Wege
des Studiums, der strengen Beobachtung erworben haben; er
scheint vielmehr die schöpferische Anschauungskraft des Poeten,
die mit der schaffenden Natur im geheimen Bündniß steht und
wirkt, ihrem vollen Umfange nach anzuerkennen.   Doppelt ver=

wunderlich klingt daher der Ausspruch: „Sicher hat Shakespeare Geisteskranke beobachtet" (S. 94). Ist dies „sicher" nicht in ein „möglich" zu ermäßigen? Wer will dem Ahnungsvermögen des Dichters, mit dem er das All umfaßt, die Grenze setzen? Wer will bestimmen, wann und wie die Ahnung sich zur klarsten Anschauung steigern kann? Shakespeare trägt nicht nur, wie Coleridge mit hyperbolischer Bewunderung es ausdrückt, Myriaden Seelen in sich, er ist auch der Allwissende, ihm ist alles ein offenbares Geheimniß. Hat man nicht behauptet, er müsse bei einem Advokaten sich für die juristische Thätigkeit vorbereitet haben, weil er die technischen Ausdrücke der englischen Rechts= sprache mit einer an dem Laien unbegreiflichen Genauigkeit an= wendet? Hat man nicht behauptet, er müsse Italien bereist haben, weil uns der Romeo und die Lustspiele in das italienische Leben hineinzaubern? Der wahre Kenner des Dichters hat für solche Behauptungen nur das Lächeln des Unglaubens. Er weiß, daß Shakespeare an sich und seinen Werken mit dem ganzen Ernst des echten Künstlers gearbeitet hat; er weiß aber auch, daß es vergeblich ist, den Mitteln nachzuspüren, durch welche das Genie zum Erkennen und Bezwingen der Wirklichkeit und ihres unerschöpflichen Inhalts gelangt. Die Welt mit allem, was in ihr sich regt und bewegt, ist das Schatzhaus, das dem Dichter immer offen steht; mit aufgethanem Blick sieht er hier alles und greift heraus, was seine Schöpfungen mit Leben füllen und mit dem reichsten Schmucke zieren kann.

Der allumfassenden Einbildungskraft des dramatischen Dichters, der aus der grenzenlosen Fülle des Daseins schöpft, muß die Einbildungskraft des Schauspielers entgegenkommen. Auch der Schauspieler muß etwas von dem Ahnungs= und Anschauungsvermögen, das den Dichter vor allen Sterblichen auszeichnet, zu seinem Antheil erhalten haben. Auch ihm muß die Gabe verliehen sein, die zerstreuten Elemente der Wirklichkeit in einer höhern Einheit zu sammeln; auch er muß in jenem halb bewußten, halb unbewußten Einvernehmen mit der Natur

stehen, um da, wo auch die genaueste Beobachtung nicht aus=
reichen kann, durch freie That des künstlerischen Geistes die
Wirklichkeit zu ergänzen. Diese Fähigkeit wird er um so
sicherer ausbilden, je hingebender er sich dem Geiste des großen
Dichters unmittelbar anschließt, von diesem Leitung und Belehrung
empfängt und seine Gestaltungskraft nur im Dienste desselben
übt. Denn er ist berufen zu verkörpern, was der Dichter
geschaffen, nicht aber den Stoff der Wirklichkeit, den der Dichter
künstlerisch verklärt und vergeistigt, aus dem Kunstwerk roh
wieder auszuscheiden und die nackte Realität auf die Bühne zu
schleppen. Auch dem großen Schauspieler, wie dem Dichter, ist
die ununterbrochene Beobachtung der Wirklichkeit geboten; seine
Kenntniß der Natur kann nie reich genug sein; ihm werden
aber die manigfaltigen Erscheinungen des wirklichen Daseins,
die sein Blick beherrscht, nur zur Grundlage des künstlerischen
Organismus dienen, den er, gemeinsam mit dem Dichter und
ganz nach dem Willen des Dichters, schaffen muß. Ist zwischen
ihm und dem Poeten noch ein Vermittler nöthig, so wählt er
am besten einen solchen, der ihm als ein Kenner der Poesie und
zugleich der Bühne das Kunstwerk im künstlerischen Sinne
ausbeutet. Der Darsteller des Lear findet z. B. diese erwünschte
Vermittlung in einem köstlichen Aufsatze, den uns Tieck in seinen
dramaturgischen Blättern erhalten hat. Ob aber auch eine
ärztliche Charakterstudie, wie sie Herr Stark uns vorlegt, dem
Schauspieler frommen mag? Wie leicht kann dieser durch solche
Betrachtungen über die Grenzen des Kunstwerkes hinausgeführt
werden, wie leicht kann er in Versuchung gerathen, das
dichterische Gebilde aus der Region künstlerischer Anschauung
auf den platten Boden der Wirklichkeit zurückzuversetzen! Ich
zweifle auch, daß wahrhaftig große Schauspieler, auf die etwas
von der schaffenden Begeisterung des Dichters übergegangen,
jemals solche Studien mit Fleiß und Emsigkeit gepflegt haben.
Als Schröder 1780 in Wien den Lear so erschütternd dar=
stellte und den aufsteigenden Dämon des Wahnsinns mit so

furchtbarer Wahrheit zur Erscheinung brachte, daß die Schau=
spielerin, welche die Goneril gab, sich zur Uebernahme der Rolle
nicht wieder bewegen ließ, da wird er sich wohl nicht
vorher in den Irrenhäusern umgesehen haben. Sollte aber
ein Mime an diesen Stätten der Verzweiflung Vorstudien für
den Lear gründlich betreiben wollen, so möchte es ihm wahr=
scheinlich ergehen wie jenem Darsteller des Königs Johann,
von dessen Leistung mir eine fröhliche Erinnerung geblieben
ist. Der sorgsame Künstler hielt sich vor allem verpflichtet,
die Qualen des Vergiftungstodes recht anschaulich zu versinnlichen.
Er erholte sich Raths bei einem vielfach erfahrenen Arzte und
empfing von diesem die erschöpfendste Belehrung über die
Geberden und Zuckungen, die das peinvolle Hinscheiden der
Vergifteten zu begleiten pflegen. Wirklich geberdete er sich denn
auch in der letzten Scene so naturgemäß, daß er tragische
Furcht und tragisches Mitleid bei seinen Zuschauern völlig erstickte
und sie zur lauten Aeußerung ganz entgegengesetzter Empfindungen
zwang.

Mit so tiefem Kunstverstand hat Shakespeare die Noth=
wendigkeit in dem Wesen Lears begründet, daß wir uns diesen
Charakter und die Tragödie, die sich um ihn bewegt, nicht
denken können ohne diese dunklen Schrecknisse der geistigen Zer=
störung, in welche dann wieder der geheuchelte Wahnwitz Edgars
mit grellen Lichtern hereinspielt. Und doch weiß die Fabel,
wie die Chroniken sie überliefern, nichts von dem Wahnsinn
des für seine eigene Verblendung durch der Töchter Undank so
grausam heimgesuchten Königs. Wie der Chronist Holinshed,
den Shakespeare für seine geschichtlichen Dramen benutzt, die
Begebenheit erzählt, wie der edle Spenser sie im zweiten Buche
der Feenkönigin in trocknem Berichte vorführt, ja wie nach
Shakespeares Zeit Milton in seiner ältern Geschichte Englands
sie in seiner künstlich gegliederten und geschmückten Prosa prag=
matisch darstellt, erscheint sie als eine jener sagenhaften
Anecdoten, die wohl der Phantasie einen bildsamen Stoff bieten,

aber die menschliche Theilnahme weder fesseln noch erregen
können. Nicht anders erscheint sie auch noch in einem ältern
Schauspiel, das dem großen Dramatiker unzweifelhaft bekannt
war, das Tieck sogar ihm selbst als eine frühe Jugendarbeit
hat zuschreiben wollen. Ueber die allzu weiche und zahme Dar=
stellung ist hier und da ein sanfter Reiz des Märchenhaften
verbreitet; die tragische Spitze wird aber abgestumpft und zu=
gleich die Bedeutung der innern Seelenvorgänge auf ein ge=
ringes Maß herabgedrückt, indem alles am Schluß, dem Be=
richte der Chroniken gemäß, sich einer günstigen Wendung zu=
neigt. Die verkannte treu gebliebene Tochter straft durch einen
glücklichen Krieg die schwesterlichen Unholde, und der schwer=
geprüfte Herrscher kann sich seines Daseins noch länger freuen.
Erst Shakespeare hat die Handlung aus der Hülle des Märchens
losgelöst, ihr eine wundersame mythische Großartigkeit mitgetheilt
und ihr den gediegensten menschlich=sittlichen Gehalt zugeführt,
indem er durch eine seiner staunenswürdigsten Schöpferthaten
ihr einen neuen Mittelpunct gab: den Charakter Lears.
Eine Ahnung von der schaffenden Weisheit des Dichters wird
uns aufgehen, wenn wir erkennen, wie durch diesen Charakter
allein die Handlung in strenger Folgerichtigkeit zu der schwindeln=
den Höhe des furchtbar Tragischen emporgehoben wird.

Zum Studium des deutschen und englischen Shakespeare.

(1884.)

Vor geraumer Zeit ward in diesen Blättern (siehe oben S. 109) der bescheidene Wunsch geäußert, bei Darstellung der Shakespeare=schen Historie von Heinrich IV. möchte der „stotternde" Heißsporn auf deutschen Bühnen sich nicht ferner vernehmen lassen. Dieser Wunsch erregte, wie ich von manchen Seiten erfuhr, Verwunderung und Widerspruch. Der stotternde Held hat im Laufe der Jahre Freunde gewonnen, die zum Schutze seiner gefährdeten Existenz bereit sind. Möge man ihm denn auch in Zukunft den Besitz dieser Eigenthümlichkeit gönnen; möge man sich nur auch zu=gleich überzeugen, daß es keineswegs der Dichter ist, der seinem Helden diese seltsame Auszeichnung verliehen hat. Der Heißsporn war das Musterbild, dem die edle Jugend Englands nacheiferte; sein Wesen war ihr wie ein Spiegel, vor dem sie sich schmückte; all sein Thun galt als eine Vorschrift, der man gehorsam folgte. Gang und Gebärde, Haltung und Sprache befliß man sich dem Bewunderten abzulernen; und um dem Vorbilde vollends zu gleichen, hätte die junge Ritterschaft des Königreichs sich künstlich aufs Stottern verlegen müssen?

Nicht doch! Die Zunge Percys regt sich behende und ge=läufig. Gleich, so wie er sich uns zeigt, wird ihm vom Dichter Gelegenheit verschafft, seinen Redefluß in breiter Fülle daherströmen zu lassen. Der König zürnt ihm (1, III), weil er nach der siegreichen Schlacht bei Holmedon die geforderte Herausgabe seiner Gefangenen verweigert hatte. Percy erklärt und entschuldigt sein Verfahren durch die sein eigenes Wesen so

köstlich bezeichnende Schilderung des glatten, geschniegelten Höf-
lings, der jene Forderung ihm überbracht. Einundvierzig Verse
umfaßt diese Rede, in welcher das meisterliche Charakterbild mit
festen Zügen und den frischesten Farben ausgeführt ist. Schlegel
sah sich im harten Wettkampf mit dem Original sogar gezwungen,
die Schilderung noch um einen Vers auszudehnen.

Und läßt Percys ferneres Verhalten irgend eine Hemmung
seiner Sprachorgane vermuthen? Nichts weniger als das! Nachdem der König mit rauher Drohrede ihn verlassen, da verkündet
sich in dem brausend ergossenen Wortstrom erst der ganze Heißsporn. Später freilich, wenn es zur That gekommen, im Beginne des Entscheidungskampfes, sagt er mit Recht, sein Fach
sei nicht das Reden (5, II: I profess not talking). Jetzt aber
ist die ersehnte That ihm noch versagt; das Gefühl des erlittenen
Unrechts stachelt ihn; er sieht mit Ingrimm, wie übel seine dem
fürstlichen Emporkömmling geleisteten Dienste vergolten werden;
gewaltig drängt und treibt ihn die Begier der Rache; und so
muß er der Leidenschaft, die ihn übermeistert, wenigstens in
Worten sich entladen. Vor dem tobenden Ausbruch seines Zornes
müssen Vater und Oheim so gut wie verstummen. Er will
seinen Grimm mit immer wieder von neuem losbrechenden Hohn-
und Scheltreden völlig ersättigen; dann erst lauscht er gespannt
den schlau überdachten Plänen des Politikers Worcester, und sowie sich die Aussicht auf erfolgreiches Handeln ihm eröffnet,
werden Worte nutzlos. Seine Einbildungskraft ist entzündet;
er sieht sich schon inmitten von Schlacht und Kampf; in kurzen
Ausrufen giebt er den Entwürfen des Oheims seine feurige Zu-
stimmung.

Auch im weitern Verlaufe des Schauspiels ist Percy kein
Wortsparer. Er spricht nie, um zu sprechen; aber im Dienste
seiner leicht gereizten Empfindung ist seine Beredsamkeit so schlag-
fertig wie sein Schwert. Auch bei ernsten politischen Verhandlungen scheint ihm seine Zunge keinerlei Hemmniß zu bereiten.
Er neigt dann sogar zu einer gewissen Umständlichkeit. Man

sehe nur, wie breit er in der dritten Scene des vierten Aktes dem königlichen Abgesandten die Gründe darlegt, welche seine Partei zu offener Feindseligkeit gegen den Usurpator treiben!

Wie nun gerieth der herrliche Held ins Stottern? Ein Fehlgriff Schlegels hat dieses Mißgeschick verschuldet.

Im zweiten Theile Heinrichs IV. ist Percy unsern Augen schon entrückt; aber das Bild des Mannes, der auch den sieg= reichen Gegner zu liebevoller Bewunderung gezwungen, bleibt der Erinnerung der Seinen fest eingeprägt. Die dritte Scene des zweiten Aktes scheint fast nur dem Zwecke bestimmt, das Bild in leuchtendem Glanze auch vor unsern Augen noch ein= mal aufsteigen zu lassen. Percys Vater, der alte Northumber= land, glaubt sich dem Kampfe nicht länger entziehen zu dürfen. Einst hatte Percy vergebens nach der Hülfe ausgeschaut, die ihm der Vater zugesagt; dieser, durch ängstlich berechnende Klugheit zurückgehalten, spielte damals den Kranken (crafty-sick) und überließ den Harrenden dem unabwendbaren Verderben. Jetzt, da ihm der Heldensohn geraubt ist, jetzt will er den Geboten der Ehre folgen und sich den Gegnern König Heinrichs offen anschließen. Sein Weib hat ihn vor dem bedenklichen Schritte gewarnt; die Wittwe Percys aber dringt mit leidenschaftlicher Rede auf ihn ein, er solle jetzt nicht nutzlos der Gefahr sich preisgeben, indem er zu spät dem Rufe der Ehre gehorche. Mit herbem Vorwurf mahnt sie ihn an jenen Tag des Unheils, da er des Sohnes Ehre und seine eigene hätte retten sollen. An jenem Tage aber hatte man Percy schmählich allein gelassen, ihn, „den herrlichen, dieses Wunderwerk von Mann!" (him, O won- drous him! O miracle of men!) Von schmerzlicher Begeisterung hingerissen, schildert sie die Gestalt des Mannes, der allen Edlen vorangeleuchtet; jeder Zug seines Wesens tritt klar hervor, und — nun folgt das verhängnißvolle Wort —

„Und Stottern, was ein Fehler der Natur

Bei ihm, ward der Accent der Tapfern nun."

Man lese den Hymnus, den die Trauernde dem Gemahl

nachsendet, im Zusammenhange und überzeuge sich, wie diese Verse den Schwung der Rede plötzlich hemmen und das Heroen=bild entstellen. Sollen wir aber glauben, daß die Entstellung vom Dichter selbst ausgegangen? Shakespeare läßt die Lady sagen:

And speaking thick, which nature made his blemish,
Became the accents of the valiant.

To speak thick ist ein auch in der Sprache des sechzehnten Jahrhunderts nicht eben häufig erscheinender Ausdruck, dem man in der jetzigen Umgangssprache, wie mich ein gründlicher Kenner derselben versichert, nicht mehr begegnet. Was der Dichter jedoch mit diesem Ausdruck bezeichnen will, das ergiebt sich unwider=leglich aus dem Gegensatze, den die folgenden Zeilen andeuten: denn — fährt die Lady fort —

Denn die, so leis' und ruhig sprechen konnten (low and tardily),
Verkehrten ihren Vorzug in Gebrechen,
Ihm gleich zu sein.

Also wird der Heißsporn wohl sehr rasch gesprochen, sich im Reden überstürzt haben, so daß man diese Eigenart oder Un=art wohl als einen Flecken (blemish) bezeichnen konnte. Aber sie bildete einen scharf bezeichnenden Zug seines Wesens; sie durfte nicht übergangen werden, wenn er noch einmal leibhaft unserm geistigen Auge sich darstellen sollte.

Einer der neuern Herausgeber des Dichters, Staunton, der sich in seinen Erklärungen oft einer rühmlichen Kürze be=fleißigt, hegt denn auch kein Bedenken, schlechtweg zu sagen: speaking thick—that is speaking *rapidly*. Der Heißsporn spricht also schnell. Und welche Art zu sprechen könnte ihm besser geziemen?

Aber anstatt uns von den Erklärern Auskunft zu erbitten oder uns bei andern Autoren des sechzehnten Jahrhunderts umzuthun, sollten wir zuvörderst beim Dichter selbst anfragen. Shakespeare ist gleich dem Homer vor allem aus sich selbst zu erklären. Zwar erscheinen auch bei ihm Wörter, welche in dem weiten Umkreise der Werke, die wir als die seinigen bezeugt finden, nur ein mal zur Anwendung kommen. Da mag denn wohl die Erklärung hier und da schwankend bleiben. Viel häufiger jedoch hebt der Dichter selbst die Schwierigkeit, die uns bei Durchforschung seines Textes stutzig macht. Ein ungewöhn= licherer, eigenartig geprägter Ausdruck kann uns an der einen Stelle über seine wahre Bedeutung in Zweifel lassen; er kehrt aber an einer andern wieder, aus welcher der Sinn zweifellos erhellt. So leihen sich die einzelnen Stellen wechselsweise das erwünschte Licht.

Auch für den umstrittenen Ausdruck to speak thick ge= währt Shakespeare selbst die unzweideutige Erklärung. Wir haben sie im Cymbeline zu suchen.

Posthumus, von der verbrecherischen Tücke des Italieners umgarnt, glaubt an die Schuld seines Weibes. Nur mit ihrem Tode kann er den vermeintlichen Bruch der Treue strafen. Der Mordbefehl ergeht an Pisanio, den in allen Wechselfällen des Lebens erprobten Diener. In der zweiten Scene des dritten Aktes tritt dieser zögernd der Herrin entgegen, die er von jeder Befleckung unberührt weiß. Auf Befehl des Posthumus hat er ihr dessen Brief zu überliefern, der bestimmt ist, sie nach Mil= ford=Hafen zu locken, wo er die Mordthat vollbringen soll. Mit Entzücken nimmt Imogen die Worte des Schreibens in sich auf, das ihr ein nahes Wiedersehen des geliebten Mannes trügerisch verheißt. Mit allem Ungestüm überwallender Freude dringt sie heftig und heftiger in den zurückhaltenden Pisanio, er solle ihr flugs die Länge des Weges, der nach Milford=Hafen führt, und die Zeitdauer der Reise angeben:

D'rum, du Treuer,
(Der, so wie ich, sich sehnt, den Herrn zu schau'n:
Sich sehnt, — doch minder — nicht, nicht so, wie ich: —
Dennoch sich sehnt — doch schwächer: — nicht wie ich;
Denn mein's ist endlos, endlos), sprich, und schnell

(Amors Vertrauter müßte des Gehörs
Eingänge rasch, bis zum Ersticken füllen),
Wie weit es ist, dies hochbeglückte Milford.

Dorothea Tieck — denn von ihr stammt die Uebertragung
des schwierigen Werkes, die uns der Schlegel=Tieck'sche Shake=
speare bietet — Dorothea hat die fortreißende Gewalt der Sehn=
sucht, welche in den Worten Imogens glühend athmet, nicht zum
vollen Ausdruck gebracht. Aber die Worte der Bitte, mit welcher
die Arglose den trauervoll dastehenden Diener bestürmt, sind
richtig gefaßt und wiedergegeben. Say and speak thick ruft
sie ihm zu. Sie wird doch nicht etwa verlangen, er solle ihr
die gewünschte Kunde stotternd mittheilen; nein, in ununter=
brochener Folge, dicht an einander geschlossen, sollen die Worte
sich über seine Lippen drängen, damit sie so rasch wie möglich
erfahre, wann und wie sie das Ziel ihrer Sehnsucht erreichen
könne.

Belehrt durch Shakespeares eigenes unanfechtbares Zeugniß,
wissen wir nun, wie Heinrich Percy zu sprechen pflegt. Wozu
noch auf andere Stellen verweisen, in denen thick, bald als
Adjectiv erscheinend, bald adverbialisch gebraucht, die Bedeutungen
dicht und schnell in sich vereinigt oder zwischen beiden gleichsam
in der Mitte schwebt? Wollten wir aber, nach dem Worte des
Dichters, die Sicherheit doppelt sicher machen, so könnten wir
einen der würdigsten Zeitgenossen Shakespeares als Gewährs=
mann herbeirufen, den Uebersetzer Homers, George Chapman.
Sieben Bücher der Ilias hatte dieser noch vor dem Ablaufe des
sechzehnten Jahrhunderts erscheinen lassen[1]); bis zum Jahre 1611
war die Ilias zu Ende geführt, der sich 1616 die vollständige
Odyssee anschließen konnte. Chapman hat die Homerischen Ge=
dichte nicht sowohl übersetzt, als vielmehr auf englischen Boden

---

.   [1]) Es waren aber nicht, wie Bodenstedt im Jahrbuch der deutschen
Shakespeare=Gesellschaft 1865 S. 392 angiebt, die ersten sieben Bücher;
sondern dem ersten und zweiten folgten unmittelbar die fünf spätern, vom
siebenten bis zum elften.

hinübergetragen. Er hat den jonischen Sänger nach englischem Brauch um= und eingekleidet. Der Darstellung des fernen Heldenalters hat er eine durchaus volksmäßige Färbung geliehen, welche dem Sinne der Zeitgenossen Shakespeares zusagen mußte. Als um den Beginn unseres Jahrhunderts die Engländer mit frisch belebter Neigung in die ältere jugendkräftige Periode ihrer Litteratur zurückblickten, mußte auch das lange mißachtete Werk Chapmans in ihrer Schätzung steigen. Männer wie Coleridge und Charles Lamb erklärten es für eines der kostbaren Besitzthümer der nationalen Poesie; und seitdem blieb ihm die Bewunderung aller derer gesichert, welche an dem alterthümlichen Klang einer in freier Fülle hervorsprudelnden, mit sinnlicher Kraft ausgestatteten Sprache ihr Wohlgefallen finden und aus einem übersetzten Homer vor allem den Grundton ungekünstelter Volksdichtung heraushören wollen.[2]) Die Engländer können die Arbeit des Dolmetschens mit dem Verbum to english bezeichnen, ähnlich wie wir von einem Verdeutschen reden; wäre uns eine analoge Wortbildung gestattet, so möchte ich sagen, Chapman habe seinen Homer in jedem Sinne ganz und gar verenglischt.

Will Antenor im dritten Buche der Ilias das Doppelbild des Menelaos und Odysseus in scharfen Zügen entwerfen, so schildert er zuerst, wie die beiden im Stehen und im Sitzen dem Auge sich darstellten. Dann zeigt er sie uns, wie sie als Redner auftraten; aus der Verschiedenheit ihrer Gebärde und Sprechweise läßt er den Gegensatz ihrer Naturen hervorleuchten. Menelaos sprach — wie unser Voß es wiedergiebt —

„nur fliegende Worte voll Inhalts“

ἐπιτροχάδην ἀγόρευεν (3, 213). Chapman sagt in seiner vier=
zehnsilbigen jambischen Zeile:

And when their counsels and their words they wove in one,
                                                     the speech
Of Atreus' son was passing loud, small, fast — —

Im Commentar zum dritten Buche aber fügt er diesen Worten
die Erklärung bei, die neuerdings der besonnene und scharfsinnige
Alexander Dyce wieder in Erinnerung brachte: *velociter,*
properly, *modo eorum qui currunt;* he spake fast or thick.[8])

Shakespeare redet also im Einklang mit dem Sprachgebrauche
seiner Tage, wenn er die Eigenthümlichkeit Percys, rasch und
stürmisch zu reden, durch den Ausdruck speaking thick verdeutlicht.

Vielleicht hat auf manchen Bühnen unseres Vaterlandes
Percy der üblen Gewohnheit des Stotterns schon entsagen
müssen. Wollen jedoch nicht alle Darsteller des Heißsporns
sich bewegen lassen, ihre Rolle dieses seltsamen Schmuckes zu
berauben, so mag solchen Schauspielern auch fernerhin das Ergetzen
unverkümmert bleiben, das sie durch die Anmuth ihres kunstvollen
Stotterns sich selbst bereiten. Die Freunde des Dichters aber, die
ihn nicht in seiner Ursprache vernehmen können, mögen wissen,
daß in der Ausgabe des Schlegel=Tieck'schen Werkes, welche wir
der Shakespeare=Gesellschaft verdanken, jener folgenschwere, wenn
auch leicht verzeihliche Fehler längst getilgt worden. In den beiden
Versen, welche das Unheil verschuldet hatten, war noch ein
anderes kleines Mißverständniß Schlegels zu berichtigen. Der
treffliche Alexander Schmidt gab den Dichterworten ihr volles
Recht, indem er übersetzte:

---

[8]) The Iliads of Homer. Done according to the Greek by George
Chapman. With Introduction and Notes, by Richard Hooper. London
1857. 1,69. 80. H. M. Regel hat vor kurzem im fünften Bande der von
Kölbing herausgegebenen „Englischen Studien“ eine gründlich belehrende
Abhandlung über Chapmans Homer erscheinen lassen. Das Sonett von
Keats dient ihr zum passenden Motto.

„Und hastig Sprechen, was sein Fehler war,
   Das stand dem Munde jedes Tapfern wohl.“ [4]

Hier hat also ein entschuldbares Versehen des Ueberseters, das sich nur auf ein einziges Wort erstreckte, die Gesamt= erscheinung eines edlen Helden entstellen können. Im Romeo treffen wir auf ein anderes Mißverständniß, dem freilich nicht eine ganze Person zum Opfer fällt, das aber doch in einer bedeutsamen Scene den natürlichen Fortgang der Handlung wie der Reden empfindlich stört.

Eben hat Romeo bei grauendem Morgen von dem angetrauten Weibe den schmerzlich ahnungsvollen Abschied genommen (3, V); da muß Julia die jetzt doppelt peinliche Gegenwart der Mutter erdulden und von ihr die Schreckenskunde vernehmen, daß die Vermählung mit dem Grafen Paris von den Eltern beschlossen ist, daß die Verbindung mit ihm alsbald gefeiert werden soll. Entschieden spricht die Tochter ihre Weigerung aus. Der Vater kommt hinzu. Da er Julien in Thränen findet, muß er glauben, ihr Jammer gelte noch immer dem vielbeklagten Tode Tybalts. Er fragt die Gattin, ob sie die frohe Heirathsbotschaft schon verkündet habe:

---

[4] Auch in der vierten Auflage des „Shakespeare“ von Gervinus wird diese Ueberseßung nachträglich mitgetheilt und zwar in einer Note auf S. 391 des ersten Bandes. In derselben Note wird behauptet, Schmidt „führe in der neuen Ausgabe des Schlegel=Tieckschen ‘Shakespeare’ 2, 146 eine völlig aufklärende Parallelstelle in Cymbeline 3, 2 an“. Dem ist nicht so. Der ebenso geistvolle wie gründliche Forscher begnügt sich am angezeigten Orte mit der Bemerkung: „So wunderlich ein stotternder Heiß= sporn dem Unbefangenen erscheinen muß, hat man es doch verstanden, ihn psychologisch zu construiren.“ Uebrigens haben Wieland und Eschenburg ihrem großen Nachfolger den Weg des Irrthums gewiesen, indem sie speaking thick durch „Anstoßen mit der Zunge“ wiedergegeben. Den Kenner des Shakespeareschen Textes braucht man kaum daran zu erinnern, daß in der Quarto von 1600 der Trauerrede der Lady Percy die Verse fehlen, welche jenen verhängnißvollen Ausdruck in sich schließen.

„Nun, wie steht es, Frau?
Hast du ihr unsern Rathschluß hinterbracht?"

Gräfin Capulet:

„Ja, doch sie will es nicht, sie dankt euch sehr.
Wär' doch die Thörin ihrem Grab vermählt!"

So läßt Schlegel in voller Uebereinstimmung mit dem Dichter
die Gräfin antworten. Dann fügt er aber die Weisung hinzu:
will gehen, — als ob die Gräfin Anstalt machte, aus dem
Zimmer zu schreiten; und demgemäß läßt er den Capulet ihr
nachrufen:

„Sacht, nimm mich mit dir, nimm mich mit dir, Frau."

So oft ich bisher die Tragödie dargestellt sah, fand ich auch
die Weisung Schlegels beobachtet. Die Gräfin wendet sich,
nachdem ihr das herzlose Wort entfallen, der Coulisse zu; der
alte Capulet dreht sich nach ihr um; will er zur Verdeutlichung
des scenischen Vorgangs noch ein übriges thun, so faßt er sie
wohl gar beim Aermel, um sie zurückzuhalten.

Aber wie seltsam! Warum sollte die Gräfin den Gemahl,
der eben erst das Zimmer betreten, sogleich ohne weiteres verlassen
wollen? Und warum sollte gar der Graf sie auffordern, ihn
mit sich zu nehmen?

Beide denken auch fürs erste gar nicht ans Fortgehen.
Die Wuth des Grafen muß zuvörderst in langen rohen Schelt=
reden austoben; dann begiebt er sich hinweg, und erst nach
ihm entfernt sich die Gräfin.

In Wahrheit ist jene Absicht der Gräfin, sich früher zu
entfernen, und jener Wunsch Capulets, mitgenommen zu werden,
nur eine Erfindung oder vielmehr ein Nothbehelf des Uebersetzers.
Der Dichter weiß nichts davon. Dieser legt der Gräfin den
unmütterlichen Wunsch in den Mund:

„I would, the fool were married to her grave!"

Und darauf bricht der Vater los:

„Soft, take me with you, take me with you, wife“ —
das heißt: „Erklär mir's deutlich, erklär mir's deutlich! Was?
sie will nicht?"

Wie wahr und einfach erscheint nun alles? Der Zusammen=
hang wie der natürliche Fortschritt des Dialogs ist hergestellt.
Die Gräfin giebt dem Alten kurzen Bericht von dem Wider=
stande der Tochter. Capulet, starrsinnig und jähzornig zugleich,
kann die Möglichkeit, daß sein leibliches Kind seinem Willen
sich widersetze, gar nicht fassen. Ehe er seiner Wuth frei den
Zügel schießen läßt, muß der hartköpfige Vater erst seinem
halb ungläubigen Staunen über die unerhörte Verwegenheit
Ausdruck geben. Treffend hat auch hier Alexander Schmidt
verbessert:

„Sacht, ich versteh' nicht, ich versteh' nicht, Frau."
Schlegel merkte nicht, daß er es hier mit einer bildlichen
Redensart zu thun habe; er blieb beim Wortlaut stehen, und
um seine falsche Uebersetzung zu stützen, fügte er für die
Gräfin die falsche Anweisung hinzu.[5])

Mit dem Romeo hat Schlegel sein Werk eröffnet. Schon
weiß er die Liebestragödie in seiner Sprache reizvoll nachzubilden;
aber in manchen Einzelheiten verräth sich die Unsicherheit des
Künstlers, der seine Kräfte noch nicht in lange fortgesetzter
Uebung allseitig entfalten konnte und deshalb darauf verzichten
muß, seine klar erkannten Grundsätze schon überall zur unbedingten
Geltung zu bringen. Demselben Ausdrucke, an welchem er
dort, ohne dessen Sinn zu ahnen, vorbeigegangen, sollte er im
Verlaufe seiner großen Uebersetzerarbeit noch einmal begegnen.

---

[5]) Im Entwurfe der Uebersetzung fehlt die Anweisung; Karolinens
Abschrift, aus welcher das für den Druck bestimmte Manuscript hervorging,
zeigt dagegen die Worte: „Die Gräfin will gehn". Die falsche Auffassung
findet sich noch in der zweiten Ausgabe des Eschenburgischen Shakespeare,
deren zwölfter Band, Romeo und Julia enthaltend, erst 1806 erschien.
In der Quartausgabe des Originals von 1597 vermißt man jene Worte
Capulets.

Der erste Theil Heinrichs des Vierten giebt uns in einer viel=
umfassenden Scene des zweiten Aktes ein mit satten Farben
ausgeführtes Bild des Treibens, zu dem der Königssohn, wie
es scheint, durch Sir John Falstaff verleitet wird. Nachdem
der heldenhafte Gegner der elf steifleinenen Kerle von seiner
genialischen Lügenkunst die gründlichsten und glänzendsten Beweise
geliefert, läßt sich der Prinz zu einem überlustigen Spiel herbei,
in welchem erst der beleibte Ritter, dann er selbst den König,
seinen Vater, darstellt. Aber das Spiel trägt bittern Ernst
in sich. Als der Prinz die Rolle des Königs übernommen,
ergeht er sich in einer Rede, die strotzend von humoristischer
Kraft in jedem Satze ein Urtheil der Verdammniß über den
fetten Genossen enthält. Falstaffs Name wird nicht ausgesprochen,
aber jedes Wort deutet auf ihn, die Tonne von einem Mann,
den aufgedunsenen Ballen Wassersucht, das ungeheure Faß Sect,
das ehrwürdige Laster, die graue Ruchlosigkeit. Ganz verdutzt
lauscht Falstaff auf diese Charakteristik seines edlen Selbst; er
giebt sich die Miene, als begreife er nicht, auf wen die Schilderung
ziele. „Wen meinen Euer Gnaden?“ fragt er: „I would your
grace would take me with you.“ Wie die Handschrift bezeugt,
schrieb Schlegel hier zuerst: „Ich wollte, Euer Gnaden ließen
mich nachkommen.“ Im Druck aber finden wir die Redensart
klar und richtig wiedergegeben: „Ich wollte, Euer Gnaden machten
sich verständlich.“

Wie kam es, daß Schlegel hier den Fehlgriff mied, dessen
er sich früher schuldig gemacht? Der Grund ist leicht einzusehen.
In der Ausgabe des Dichters, welche dem Uebersetzer zur Hand
war, ging die Historie von Heinrich dem Vierten der Tragödie
von Romeo und Julia voran. Den Worten Falstaffs war die
Erklärung Johnsons beigefügt: „Let me know your meaning.“
Diese Erklärung bei Capulets Worten zu wiederholen, schien
den Herausgebern unnöthig. Den Romeo hatte Schlegel nun
aber um vieles früher als Heinrich den Vierten übertragen.
Dort hatte er sich daher vom Rath der Commentatoren verlassen

gesehen und mußte über den Sinn der Phrase im unklaren bleiben.[6])

Die Irrthümer, denen Schlegel bei seinem kühnen Unternehmen nicht ausweichen konnte, sind meist nicht erheblich genug, um auf Art und Gang der scenischen Darstellung irgend eine wahrnehmbare Wirkung zu äußern. Die beiden Fehler, die hier hervorgehoben worden, greifen tiefer und ziehen störende Folgen nach sich, die man auf allen deutschen Bühnen längst hätte beseitigen sollen.

Auch eine größere Anzahl einzelner Mißgriffe und Versehen, als bisher im Schlegelschen Shakespeare entdeckt worden, vermöchte den dauernden Werth dieser Leistung nicht wesentlich zu schmälern. Längst wurden sie berichtigt.[7]) Und wären sie auch unberichtigt geblieben, wie leicht kann in unsern Tagen ein jeder diese Fehler ausfindig machen und ihre Verbesserung selbst vornehmen, wenn er nur von dem ernsten Willen geleitet ist, den Sinn des Dichters auch im einzelnen Worte zu erfassen, und wenn er gelernt hat, sich der bereitliegenden wissenschaftlichen Hülfsmittel für seine Zwecke zu bemächtigen.

In der That ist während der jüngsten Jahrzehnte die deutsche Wissenschaft auf das förderlichste bestrebt gewesen, den Deutschen zum Studium des Shakespeareschen Urtextes heranzulocken und ihm das Shakespeareschen Sprachgebiet nach allen Richtungen hin zu erschließen. Noch immer ertönt zuweilen die

---

[6]) Massinger, der seine Dramen nur allzu häufig mit Shakespeareschen Bildern und Wendungen auszustatten liebt, sagt im Great Duke of Florence 4, II: Take us with you, Sir. Vgl. meine Entstehungsgeschichte des Schlegelschen Shakespeare. S. 19.

[7]) Es mag zweckdienlich sein, zu bemerken, daß in die von mir besorgte Ausgabe der Schlegel-Tieckschen Uebersetzung, die in den Jahren 1871 bis 1873 bei Georg Reimer erschienen, die Berichtigungen keine Aufnahme finden durften. Dort mußte der ursprüngliche Schlegelsche Text auf Grund der ersten Drucke, sowie nach dem Zeugnisse der von mir durchgesehenen Handschriften, festgehalten oder wiederhergestellt werden.

Klage über das Unvermögen deutscher Gelehrter, die Ergebnisse
der Wissenschaft für die Gebildeten der Nation fruchtbar zu
machen. Eine solche Anklage trifft wahrlich die Männer nicht,
welche ihr Bemühen darauf richteten, die Kenntniß des Shakespeareschen Wortes unter uns zu verbreiten. Nachdem das Bedürfniß erkannt worden, ergriffen sie mit sicherer Wahl die
wirksamsten Mittel, ihm zu begegnen. Sie hielten sich an das
nächste und nothwendigste. Was sie leisteten, war in streng
wissenschaftlichem Sinne entworfen und ausgeführt; es hat auch
der strengen Wissenschaft die heilsamsten Anregungen gewährt;
nutzbar jedoch erwies es sich für alle, welche Verlangen tragen,
an den Dichter heranzutreten, um ihn in seiner eigenen Sprache
zu vernehmen.

Zwei Werke deutscher Wissenschaft sind hier vor allem zu
nennen und zu preisen. Nikolaus Delius gab uns die gesamten
Dichtungen des Briten in einer Bearbeitung, durch welche er die
Scheidewand beiseite schob, die bis dahin dem deutschen Leser die
unmittelbare Annäherung an den fremden und uns doch so innig
vertrauten Meister peinlich erschwert hatte. Er zuerst eröffnete
dem größeren Theile unserer Landsleute die Möglichkeit einer
gründlichen und ersprießlichen Beschäftigung mit dem Urtexte
jener Dramen, an welchen der deutsche Geist sich einst zur Ahnung
einer freieren und reicheren Dichtungswelt erhoben hatte, und
welchen seitdem im Kreise unserer Litteratur ein dauernder
Herrscherplatz gesichert blieb. Schon längst ist in diesen Blättern
dargelegt worden, mit welcher Umsicht, mit welchem glücklichen
Tacte Delius in seiner Ausgabe alles vereinigt hat, was zu
einem gesunden Verständniß des Shakespeareschen Wortes, zu
einer unbefangen geschichtlichen Auffassung der Shakespeareschen
Dichtungsweise anleiten kann.[*] Nicht minder rühmenswerth ist
die Selbstbeschränkung, die er im Gegensatz zu den ältern
englischen Commentatoren, wie zu den neuern deutschen

---

[*] Siehe oben S. 103 fgg.

Aesthetikern bewährt: er will einzig und allein der Pflicht ge=
nügen, Wort und Sinn seines Autors zu erläutern; er hält seine
Ausgabe frei von jedem lastenden oder schmückenden Beiwert,
das die Aufmerksamkeit von dem einen Hauptzweck ablenken
könnte. Dieser Zweck ist denn auch erreicht, die Dichtung
Shakespeares ward uns in ihrer Urgestalt nahegebracht. Delius
hatte ausschließend zu gunsten der Deutschen gearbeitet. Die
Erkenntniß dessen, was sie wünschen mußten und was ihnen
noth that, hatte ihm den Plan seiner Arbeit eingegeben und ihn
bei der Ausführung überall geleitet. Aber dennoch gelangte auch
außerhalb Deutschlands dieses Werk zu Ansehen und Geltung.
Den Engländern konnte das Verdienst des deutschen Heraus=
gebers auf die Dauer nicht verborgen bleiben.

An der Aufgabe, welche Delius nach seiner Weise gelöst
hatte, wollten auch andere alsbald ihre nicht immer zureichenden
Kräfte versuchen. Bald bewegten sie sich in ausgesprochener
Abhängigkeit hinter ihm her, bald wähnten sie in eingebildeter
Ueberlegenheit ihn siegreich aus dem Felde schlagen zu können.
In wahrer, rühmlicher Selbständigkeit trat Alexander Schmidt
hervor. Dieser Mann bedarf keines Führers auf dem Gebiete,
das er selbst nach allen Richtungen forschend durchmessen hat.
Seine Ausgaben des Lear, des Coriolanus, des Julius Cäsar
zeigen uns im Musterbilde die Vereinigung einer methodisch ent=
wickelten Texteskritik mit erschöpfender Worterklärung.

Seit vollen vier Jahrzehnten hat Alexander Schmidt sich
mit edlem Bemühen zu gunsten Shakespeares thätig erwiesen.
Aus dem Jahre 1842 stammen die „sacherklärenden An=
merkungen zu Shakespeares Dramen", die sich der Schlegel=
Tieck'schen Uebersetzung als bescheidener Commentar anschließen
sollten. Schon damals hatte er die Nothwendigkeit eingesehen,
im Bereiche dieser Studien der historischen Betrachtung Bahn
zu machen. Er wollte nicht zweifelhafte Belehrungen über den
künstlerischen, politischen oder sittlichen Gehalt dieser Dramen
ertheilen; er unterließ das unfruchtbare Grübeln über die an=

geblich so schwer zu enthüllenden Absichten des Dichters;[*] er
wollte nur dem deutschen Leser die Anstöße aus dem Wege
räumen, welche diesen auf seinem Lustgange durch das Shake=
spearesche Universum widerwärtig hemmen und aufhalten müssen.
Die geschichtlichen Begebenheiten und Zustände, auf welche der
Dichter einen Theil seiner Darstellungen gründet, wurden in
Erinnerung gebracht; man erhielt Kenntniß von den Quellen,
aus denen er seine, meist schon vor ihm poetisch bearbeiteten
Stoffe gewonnen hatte. Die Erklärung galt ferner allen den
Aeußerungen und Anspielungen, die uns befremdend, abstoßend
oder ganz unverständlich lauten, weil sie nur aus dem Leben
und der Sitte des Shakespeareschen Jahrhunderts zu begreifen
sind. Ueberall ging Schmidt, wie es sich gebührte, bei den
ältern englischen Herausgebern zu Rathe. Sie haben wahrlich
keinen Unglimpf von uns verdient. Als echte Söhne ihrer Zeit
vermochten sie mit befangenem Blick nicht bis zur reinen An=
schauung der Künstlernatur ihres bald abgöttisch verehrten, bald
kleinsinnig geschmähten Lieblings vorzudringen; sie konnten die
Gesetze nicht erfassen, nach denen seine Einbildungskraft schaffend
und gestaltend zu Werke gegangen. Um so erfolgreicher sorgten
sie im einzelnen für sachliches und wörtliches Verständniß. Sie
begründeten eine gewissenhafte Interpretation. In rastloser, mit
hingebender Treue fortgesetzter Arbeit trugen sie schwere Massen
sprachlicher, antiquarischer, litterarhistorischer Gelehrsamkeit herbei.
Ihr Fleiß war häufig von aufhellendem Scharfsinn begleitet.
Von dem, was sie angesammelt, zehrten alle Nachfolgenden.
Jeder, dem Shakespeare werth ist, wird die Namen Theobald,
Steevens, Malone, welche aus der ältern Generation der

---

[*] Ich finde in der Vorrede den für jene Zeit merkenswerthen Satz,
daß „historische Kenntniß die richtige Schätzung und den Genuß am Dichter
wesentlicher fördern würde als rein ästhetische Betrachtungen, die den
Deutschen nur allzu geläufig sind, und in denen die Absonderung dessen,
was die Individualität des Schreibenden hineingetragen hat, oft schwieriger
ist, als das Verständniß des Dichterwerks selbst."

Kritiker und Erklärer hervorleuchten, nicht anders als mit Empfindungen der Dankbarkeit erwähnen. Alexander Schmidt versäumte denn auch nicht, sich der Mißachtung entschieden zu widersetzen, mit welcher man, vornehmlich in den von Tieck beherrschten litterarischen Kreisen Deutschlands, das treufleißige Beginnen dieser Männer unbillig genug zu lohnen pflegte.

Er selbst stellte fortan seinen Studien die Aufgabe, Shakespeares Sprache zu umfassen und zu ergründen. Die Ausdehnung wie die Tiefe dieser Studien erkennt man an dem Werke, das aus ihnen erwuchs.

Noch ehe dies, völlig ausgebildet, hervorgetreten war, hatte sich ihm ein günstiger Anlaß geboten, uns von den Ergebnissen seiner Forschungen verheißungsvolle Proben vorzulegen. Im Jahre 1864 feierte man den dritten Säculartag der Geburt Shakespeares. Die deutschen Freunde des Dichters thaten sich zu einer Gesellschaft zusammen, in welcher die Beziehungen, die den britischen Genius mit unserer Litteratur verknüpfen, ihren dauernden Ausdruck finden sollten. Das Recht, sich mit dem Namen des Dichters zu schmücken, bethätigte sie alsbald, indem sie das Werk unter ihre Obhut nahm, welches dem englischen Meister seine Herrscherstellung im deutschen Bildungskreise gesichert hatte. Schon seit langem übte die Schlegel-Tieck'sche Uebersetzung ihre ununterbrochenen Wirkungen, indem sie den Genuß, die Freude an dem Dichter überallhin verbreitete. Die Gesellschaft erwog, inwiefern sich diese Wirkungen etwa noch steigern ließen. Sie entwarf den Plan einer neuen Ausgabe. Die Stücke, die wir von Schlegels Hand besitzen, sollten eine Aenderung des Wortlauts nur an den Stellen erfahren, wo durch unrichtige Auffassung des Urtextes der echte Sinn verfehlt oder getrübt worden. Dagegen sollten die Arbeiten, welche Tiecks Namen tragen, eine minder schonende Behandlung erdulden oder gar neuen, selbständigen Leistungen den Platz räumen. Erläuternde Beigaben durften keinem Stücke fehlen. Einleitende Abhandlungen sollten den deutschen Leser in den Stand setzen, jedes dieser Dramen als ein ganzes historisch zu betrachten und künstlerisch zu würdigen; erklärende Noten sollten im einzelnen das sachliche Verständniß fördern.

Das Werk begann im Jahre 1867; vier Jahre hernach war es abgeschlossen. Bewährte Kenner und Künstler hatten sich in die Ausführung des Planes getheilt. Unter ihnen zeigt sich neben dem trefflichen Hertzberg, der nun schon von uns geschieden, Alexander Schmidt als der thätigste. Von den siebzehn Stücken, die Schlegel uns geliefert, übernahm er nicht weniger als fünfzehn; aus der Reihe der übrigen Dramen waren ihm sieben zugefallen. Was er an diesen zweiundzwanzig Stücken leistete, mag allen zum Muster dienen, welche sich zur Verbesserung anerkannter Werke der Uebersetzungskunst berufen fühlen. Sein Verfahren erscheint nicht minder behutsam als streng. Wenn er streng die unbedingten Forderungen der Wissenschaft aufrecht erhält, so wahrt er doch behutsam den Kunstcharakter des Stils, welcher der Uebersetzung das eigenartige Gepräge verliehen hat. Ihm bleibt der Gedanke fern, den Künstler Schlegel meistern zu wollen; er enthält sich des fruchtlosen Bestrebens, die Uebersetzung näher an die Urschrift heranzuzwingen, als Schlegel es für nöthig erachtet hatte; unverkümmert wahrt er die schöne Freiheit der Bewegung, welche Schlegel, um Steifheit und allzu ängstliche Gedrungenheit zu meiden, seiner Sprache und seinem behaglicher sich ausbreitenden Verse dem Original gegenüber verstattete. Er läßt eine Aenderung nur dort eintreten, wo ein ungenügendes Verständniß der Shakespeareschen Worte zu offenbarem Fehlgriff verleitet hatte. Er verbessert nur da, wo Schlegel selbst hätte verbessern müssen, wenn dieser in den Vollbesitz der wissenschaftlichen Hülfsmittel gelangt wäre, die uns jetzt erreichbar sind, und wenn er dann in spätern Jahren, aber zu einer Zeit, da seine Kraft noch ungebrochen wirkte, das ganze seiner Arbeit einer prüfenden Musterung unterworfen hätte. Und schließlich ist zu rühmen, daß er ganz im Sinne Schlegels ändert und bessert, ganz im Einklange mit der Ueber=

setzungsmethode, welche dieser in seiner Zeit als die richtigste und zweckmäßigste erkannt und befolgt hatte. Der Wohllaut des Verses wird nicht durch aufgedrungene Härten gestört; der geschmeidige Fluß der Rede, der allerdings zuweilen die Shakespeareiche Eigenthümlichkeit überdeckt, wird durch keine gezwungenen Wendungen unterbrochen. Kaum merkt man die Eingriffe einer fremden Hand.

Wo er nun diese Eingriffe sich erlaubt, da hat er sorgsam sein Verfahren begründet und gerechtfertigt. Und woher sonst kann er die Gründe dieser Rechtfertigung schöpfen, als aus dem Shakespeareschen Sprachgebrauche? Wohl hatte Schlegel an die Sprache seines Dichters ein gewissenhaftes Studium gewendet und dabei die Hülfe nicht verschmäht, welche das ältere Geschlecht der englischen Commentatoren ihm zu leisten vermochte; begünstigt durch seinen empfänglichen Künstlersinn, hatte er Wesen und Gestalt dieser Sprache im großen und ganzen richtig erfaßt. Aber jenes Studium diente nur den Zwecken des Uebersetzungs- künstlers. Zu einer methodisch umfassenden und ergründenden Untersuchung der Sprache konnte dieser sich nicht aufgefordert und durch den damaligen Zustand der Forschung auch keines- wegs ermuthigt fühlen. Freilich weiß er, daß Shakespeares Englisch sich in der Sprache der folgenden Jahrhunderte nicht unverändert erhalten hat; aber nicht immer weiß er, wo im einzelnen dieser Unterschied sich geltend macht. So verfällt seine Auffassung leicht ins Schwanken, wenn ihm ein allbekanntes, im täglichen Gebrauch immer wiederkehrendes Wort begegnet, das heute so lautet wie vor dreihundert Jahren, aber nicht mehr genau denselben Begriff in sich schließt, den Shakespeares Zeit- genossen daran knüpften. Bleiben diese mehr oder minder ent- schiedenen Wandlungen des Begriffs unbeachtet, wird der neue Begriff auch für die ältere Zeit als gültig angenommen, so schwankt die Uebersetzung am Original vorbei oder geräth gänz- lich auf Abwege.

Hier kann nun der spätere Forscher, gestützt auf alles, was

seit Schlegels Tagen die Wissenschaft, sammelnd und sichtend, erarbeitet hat, die Ueberlegenheit seiner Kenntniß darthun, sein geschärftes Auffassungsvermögen bewähren. Diese seine Kenntniß ist eine wahrhaft lebendige; im vieljährigen Zusammenleben mit dem Dichter hat er sie gewonnen und allseitig ausgebildet. Er vermochte sich in ihn hineinzuleben und hineinzuhören. Er erkennt genau, wie Shakespeares Sprache sich mit derjenigen der zeitverwandten Dichter berührt und aus ihr zu erklären ist; er sieht nicht minder deutlich die Gränzlinie, welche diese Sprache von der Ausdrucksweise der spätern Jahrhunderte scheidet. Die feinste Beobachtung richtet er eben auf jene so einfach und verständlich scheinenden Wörter und Wendungen, deren Sinn und Gehalt im Gange der Zeiten einem Wechsel unterworfen war.[10]

---

[10] Man durchmustere beispielsweise in den ersten vier Bänden der bezeichneten Ausgabe die Noten über curious, prodigious, scar, go thy ways, time, curst, unhappiness, circumstance, league, mistrust, to dance, attendance, to cast away, amain, to bear it, doubt, working, duty, grief; oder man studiere die Bemerkungen über den prägnanten Gebrauch des Adjectivs in Zusammenstellungen wie partial slander, hungry prey, wiry concord, und über die Bedeutung des Bindeworts and, da wo es zwei Substantive oder Adjektive auf's engste zu einem Begriff ineinanderfügt. Da mag man lernen auch die leichtesten Färbungen des Ausdrucks zu beachten und in ihrer Wirkung zu beurtheilen. Aus so vielfachen Beispielen sei wenigstens eines herausgegriffen, und zwar aus Heinrich IV. Im Beginne des zweiten Theils dieser Historie (1, I) empfängt Northumberland die Kunde von der Schlacht, in welcher sein Sohn Percy dem Todesgeschick erlegen. Er giebt sich fassungsloser Verzweiflung hin; er ergeht sich in grausen Verwünschungen wider alles, was lebt und der Weltordnung gehorcht; auf sein eigenes Haupt ruft er Verderben herab —

„und es nahe

Die rauhste Stund, die Zeit und Trotz kann bringen,

Dem wüthenden Northumberland zu dräun!"

Zeit und Trotz — so hat Schlegel time and spite wiedergegeben; wörtlich genug wie es scheint. Aber verräth uns nicht schon die Unbestimmtheit des Ausdrucks, daß hier dem Sinn des Dichters nicht sein volles Recht geworden? Schlegel erinnerte sich der Wendung in spite of und ward so zu dem Worte Trotz verleitet; aber spite, wie Schmidt durch hinlängliche

Je tiefer die Beobachtung dringt, um so entschiedener versöhnt sie uns auch mit den befremdlichsten Eigenthümlichkeiten des Shakespeare'schen Ausdrucks; oder vielmehr alles Befremdliche, insofern es eine störende Wirkung äußern könnte, fällt von ihm ab; nur das Große, Wahre und Ergreifende bleibt ihm; seine treffende Schärfe wie seine kraftvolle Klarheit wird durch solche Untersuchungen immer von neuem bezeugt.

So gewähren uns diese Noten, welche allen an Schlegels Arbeiten vorgenommenen Aenderungen begründend zur Seite gehen, fruchtbare Andeutungen über Eigenschaften und Eigenheiten der Sprache Shakespeares, sie erfreuen uns durch belehrende Winke über einzelne Erscheinungen, in welchen der Geist, der diese Sprache durchdringt, besonders anschaulich sich verkörpert. Ueberall hat der Erklärer die entscheidenden Beweisstellen reichlich zur Hand; er schöpft aus dem vollen; man sieht, daß er noch mehr zurückbehält, als er giebt; man sieht, daß er nur erlesene Bestandtheile aus einem großen ganzen heraushebt, über welches er einen klaren, umfassenden Blick gewonnen.

Und wirklich hatten seine Forschungen inzwischen das Sprachgebiet, in welchem Shakespeare waltet, nach allen Richtungen durchmessen. Nichts war dort unbeachtet und unbeleuchtet geblieben. Denn Alexander Schmidt hatte sich nichts geringeres als eine vollständig erschöpfende lexikalische Darstellung der

---

Belegstellen darthut, bedeutet Groll, Haß. Und ferner ist time and spite als ἓν διὰ δυοῖν zu fassen, wie es in der Dichtersprache der Alten so häufig erscheint und auch bei Shakespeare zu reichlicher Anwendung kommt. Schmidt ist daher berechtigt zu der Aenderung:

„und es nahe
Die rauhste Stunde nun der groll'nden Zeit."

Auch in Goethes spätern Dichtungen ist das ἓν διὰ δυοῖν nicht selten anzutreffen. Ich erinnere an „Geschicht' und Zierrath" in der Parabel Gedichte (wo Loepers richtige Erklärung lautet: „als Ein Begriff = der historische Schmuck oder die bunte Kirchengeschichte"), an „Lied und Wendung", „Duft und Garten" im Divan, an „Brust und Enge" in den für Fanny Mendelssohn bestimmten Versen.

Sprache seines Dichters zum Ziele gesetzt. Nur in einer längern
Folge arbeitsreicher Jahre konnte er, alle seine Kräfte aufbietend,
mit langsam stetigem Schritte einem solchen Ziele sich nähern.
Schwer war es, die ausgebreitete Masse dieses Stoffes sammelnd
zu bewältigen; nicht minder schwer, die einzelnen Theile und
Theilchen sondernd zu ordnen und sie dann wieder nach innern
Beziehungen unter einander zu verknüpfen. Dort ward unermüdete
Geduld, hier eine stets wache Umsicht erfordert. Man überdenke
einmal, was es heißen will, eine Präposition wie by oder to,
Verben wie do, make oder take in allen ihren Anwendungen,
in allen leisen Abwandlungen des Begriffs durch den ganzen
Shakespeare auf das strengste zu verfolgen! Thätige Begeisterung, wie sie durch den Hinblick auf ein würdiges Ziel erregt
und unterhalten wird, die zähe Beharrlichkeit, die zu den wesentlichen Charakterzügen des echten Forschers gehört, Scharfsinn
und Ordnungsgeist, sichere Anwendung der philologischen
Methode und ein ebenso sicher ausgebildeter Feinblick in Unterscheidung dessen, was der Redeweise des Dichters gemäß und
was ihr fremd ist — alle diese Eigenschaften, Fähigkeiten und
Stimmungen mußten zusammen und in einander greifen, mußten
in gedeihlicher Wechselwirkung sich gegenseitig fördern und
stärken, wenn ein Werk, wie das Shakespeare-Lexikon, entstehen
und von der Hand e i n e s Mannes die Vollendung erhalten sollte.

In den Jahren 1874 und 1875 empfingen wir die beiden
gewichtigen Bände dieses Wörterbuchs.[11]) Sie dürfen als ein
Denkmal jenes Fleißes gelten, dem man das ehrende Beiwort
des deutschen zu geben pflegt; sie bilden ein Schatzhaus der
Shakespeareschen Sprache, das offen steht für jeden, der sich die
Mittel zum wissenschaftlichen Verständniß des Dichters er-
werben will.

Freilich waren für das Studium Shakespeares schon seit

<hr>

[11]) Berlin bei G. Reimer. Der englische Titel lautet: Shakespeare-
Lexicon. A complete dictionary of all the english words, phrases and
constructions in the works of the poet. By Dr. Alexander Schmidt.

langer Zeit lexikalische Hülfsmittel in Bereitschaft. Seitdem der
Text des Dichters Gegenstand einer mehr oder minder strengen
kritischen Sorgfalt geworden, hatte man es für unerläßlich er=
achtet, ihm erklärende Verzeichnisse solcher Wörter und Rede=
formen beizugeben, die einem englischen Leser des 18. Jahrhunderts
veraltet waren oder ihm fremdartig und anstößig lauten mußten.
Zuerst boten derartige Listen nur einen kümmerlichen Nothbehelf.
Das Glossar am Schlusse der Ausgabe von 1747, welche Popes
und Warburtons Namen trägt, mag als Beispiel dieser frühern
Versuche dienen.[12]) Aber solche bescheidene Anfänge konnten als=
bald um so weniger genügen, je angelegentlicher man sich befließ,
jene Dichtungen der Vergangenheit einem lebendigen Verständniß
immer näher zu bringen. Mit der Zahl der Editionen mußte
auch der Umfang der Glossare wachsen und ihr Gehalt zunehmen.
Besonders eifrig ging man in diesem Jahrhundert zu Werke. Eine
vollständige Concordanz ward geliefert. Bei uns ließ Delius
seiner Ausgabe ein knapp zusammengefaßtes Lexikon vorangehen,
das nur dem nächsten Bedürfniß entgegenkommen sollte und
seinen Nutzen bewährte. Was Swynfen Jervis 1868 in seinem
Dictionary of the language of Shakespeare mit unzulänglichen
Kräften leistete, konnte weder den Anfänger zufrieden stellen,
noch dem Kundigen zu weiterer Förderung gereichen. Um so
dankbarer mochte man sich des Glossars erfreuen, mit welchem
Alexander Dyce um jene Zeit seine Ausgabe Shakespeares krönte.
Der vielerfahrene Kritiker überblickte die gesamte Poesie, die
dem Zeitalter der Elisabeth und ihrer beiden Nachfolger ent=
sprossen war. Im Verlaufe seiner Arbeiten, denen so manche
Dramatiker jener Epoche ihre Wiederherstellung verdanken, mußte
er auch in abgelegenere Regionen gerathen, in welchen für
Shakespeares dunkle Wörter, für dessen Wortspiele und An=
spielungen, für wunderliche Bilder und Gleichnisse nicht selten

---

[12]) A Glossary, explaining the obsolete and difficult Words in
the Plays of Shakespeare. Es füllt die letzten Seiten des achten Bandes.

ein überraschender Aufschluß, eine treffende Deutung sich finden
ließ. So war er denn im Stande, seinem Glossar durch lehr=
reiche Sacherklärungen, durch stattliche Notizen philologischen
Inhalts einen ganz eigenartigen Werth zu verleihen.

Der Bedeutung unbeschadet, die solchen und ähnlichen
Arbeiten zukommt,[18] darf man aber doch nicht übersehen, was
ihnen fehlte und fehlen mußte. Ihnen fehlte die erschöpfende
Vollständigkeit, die hier schlechterdings erfordert wird, wenn so=
wohl der Lexikograph selbst, wie diejenigen, die sich Raths bei
ihm erholen, vor Irrthum und Unsicherheit bewahrt bleiben
sollen. Auf eine völlig umfassende Darlegung des Sprachschatzes,
wie er beim Dichter zur Verwendung kommt, war es ja in diesen
Werken auch gar nicht abgesehen. Nur das Auffällige, Absonder=
liche, Dunkle ward herausgehoben; nur was dem geltenden
Sprachgebrauch zuwider schien, ward bemerkt und erläutert. An
welchem Unterscheidungszeichen aber ließ sich das erklärungs=
bedürftige Wort unter der Menge der übrigen mit voller Be=
stimmtheit erkennen? Willkür bei der Auswahl blieb hier un=
vermeidlich. Der Lernende konnte demzufolge nicht voraus
wissen, in welchem einzelnen Falle das Glossar ihm einen Finger=
zeig gewähren würde: und oft genug blieb es ihm einen solchen
schuldig. Dem nach selbständiger Einsicht strebenden Forscher
konnte die lückenhafte Anschauung, zu der ihm diese Wörter=
sammlungen verhalfen, unmöglich Genüge thun. Denn gerade
ihm muß daran gelegen sein, die Sprache des Dichters als ein
lebendiges ganzes zu erfassen, zu dessen Ausgestaltung alle
Theile gleichberechtigt mitwirken. In dem Bilde, das er von
dieser Sprache sich schaffen will, darf auch ein anscheinend gering=

---

[18] Wie etwa dem Werke von Robert Nares: A Glossary, or col-
lection of words, phrases, names, and allusions to customs, proverbs etc.
which have been thought to require illustration, in the works of
english authors, particularly Shakespeare and his contemporaries.
Dieses Glossar, zuerst 1822 erschienen, wird jetzt in der Ausgabe von
Halliwell und Wright benützt.

fügiger Zug nicht vernachlässigt oder übergangen werden. Für den, der hier nach wissenschaftlicher Erkenntniß trachtet, besteht kein Unterschied zwischen Wichtigem und Unwichtigem, zwischen dem Verständlichen und Räthselhaften. Der Gebrauch der ein= fachsten Partikel ist nicht minder Gegenstand seiner scharfen Aufmerksamkeit als irgend eine jener vermummten Wortfiguren, denen, wie dem berufenen Ullorxa oder arm-gaunt [14]) auch die sinnreichsten Erklärer einen Sinn abzufoltern vergebens sich mühen.

Durch unbedingte Vollständigkeit also empfiehlt sich uns Schmidts Lexikon sogleich vor allen früheren Werken, die ähn= lichem Zwecke dienen. Die lyrischen und epischen Dichtungen sind hier eben so gründlich ausgebeutet, wie die als Shakespeares Eigenthum anerkannten sechsunddreißig Dramen, denen der Perikles sich beigesellt. Jedes Wort und jedes Wörtchen hat hier die gleiche Beachtung gefunden. Jedes Verbum wird in allen Formen und Flexionen vorgeführt, in denen es der Dichter auftreten läßt. Wie bunt zuweilen der Wechsel dieser Formen sich darstellt, mag der Artikel to strike lehren (S. 1136). Imperfectum und Particip erscheinen hier in so vielfachen Bildungen, daß die flüssige Beweglichkeit einer Sprache, die sich noch gefällig unter die Hand des Dichters schmiegt, uns gleich= sam unmittelbar vors Auge gebracht wird.

Sind die Formen verzeichnet, so folgt die Erklärung. Sie wird in englischer Sprache gegeben. Der Landsmann des Dichters mag also das Werk ohne weitere Vermittlung nützen; der Deutsche aber darf sich dadurch nicht beeinträchtigt fühlen. Denn wer beim Gebrauch dieses Wörterbuchs die englische Abfassung als ein Hemmniß empfinden sollte, der möchte wohl überhaupt zum Studium Shakespeares noch nicht herangereift sein.

Zweck und Anlage des ganzen Werkes bedingen, daß es

---

[14]) Jenes im Timon von Athen 3, IV, 112; dieses in Antonius und Cleopatra 1, V, 48.

seinen Schwerpunct in der sprachlichen Erklärung finde. Hier
vornehmlich war es geboten, eine allseitig genügende Vollständigkeit
anzustreben. Alle Bedeutungen, in denen der Dichter ein Wort
anwendet oder die er ihm aufprägt, werden in wohlgeordneter
Reihe vorgeführt und gesondert; mit der gleichen Sorgfalt werden
die Verbindungen dargelegt, die ein Wort mit andern Wörtern
eingeht, sowie alle Beziehungen, in die es zu bestimmten Rede=
formen tritt, unter deren Einflusse der ursprüngliche Begriff eine
mehr oder minder entschiedene Wandlung erfährt. Dem Lexiko=
graphen muß es ferner angelegen sein, einen jeden umfassenderen
Artikel dergestalt zu ordnen, daß die Uebergänge deutlich werden,
die von einer Begriffsbestimmung zur andern leiten. An=
schaulich müssen wir erkennen, wie aus dem ersten einfachen
Begriff die ferneren Bedeutungen sich abzweigen. So wird das
Leben der Wörter vor uns ausgebreitet, wie es innerhalb der
Gränzen der Shakespeareschen Werke sich vielgestaltig entfaltet.
Dieses also begränzte Leben mögen wir vergleichen mit jenem
weiten und freien, zu welchem das Wort im unbegränzbaren
Gesamtgebiete der Sprache gelangt ist. Dann lernen wir an
der Fülle bestimmter Beispiele, wie der Dichter in und mit der
Sprache schaltet, wie weit er sie beherrscht, und wo diese aus=
gedehnte Herrschaft ihre nothwendige Gränze findet. Wir er=
fahren, ob der Dichter das einzelne Wort anwendet, so wie es
von der Sprache ihm dargeboten wird, oder aber die Bedeutung
desselben vertieft, es mit einem reicheren Gehalt ausgestattet und
einer vielseitigeren Anwendung fähig gemacht hat. Das eigen=
thümliche Sprachvermögen, die schaffende Sprachkraft des Dichters
offenbart sich nicht nur da, wo er durch das Ungewöhnliche uns
überrascht, durch das Neue und Seltsame unser Staunen weckt.
Manchmal können gerade die alltäglichen Wörter, die dem redenden
Menschen als ein fortwährend benutztes Gemeingut gelten, uns
jenes Verhältniß des Autors zum Sprachgeiste am einleuchtendsten
darstellen. Wie ergiebig wird in diesem Sinne die Uebersicht
der bekanntesten Verben, der Propositionen und Artikel! Wer

dieses Lexikon in wahrhaft wissenschaftlichem Sinne nutzen will,
darf nicht versäumen, eben den unscheinbaren Wörtern und
Wörtchen, wie by, to, the, an oder to beat, to make, to do,
to take, eindringende Aufmerksamkeit zuzuwenden.

Wie gründlich aber auch die Erklärung alle Bedeutungen
eines Wortes erschöpft, es würde ihr an überzeugender Kraft
gebrechen, wenn sie nicht überall auf reichlich mitgetheilte Beispiele
sich stützte. Und zwar genügt es nicht, auf die Stellen zu ver=
weisen, welche die gegebene Erklärung bestätigen sollen; sie selbst
müssen in unverkürztem Wortlaute vorgelegt werden. Vollkommen
beglaubigt wird das Citat aber erst durch genaue Angabe des
Ortes, wo der prüfende Leser es auffinden und, damit es seine
richtige Beleuchtung erhalte, es in den Zusammenhang der Dichter=
rede wieder einfügen kann. Unbelegte Citate verurtheilt Jacob
Grimm als „unordentlich zusammengeraffte, unbeglaubigte, un=
beeidete Zeugen".

Alexander Schmidt hat nicht genug daran, jeden Artikel
seines Lexikons mit den erforderlichen Belegen zu versehen. Er
geht auch hier auf Vollständigkeit aus. Er begleitet jedes Wort
mit einer lückenlosen Sammlung aller Belegstellen, die durch den
ganzen Umkreis der Werke des Dichters verstreut sind. So wird
uns nicht nur der gesamte Sprachschatz überliefert, wir lernen
auch schon bei der ersten flüchtigen Betrachtung, welche Stücke
dieses köstlichen Vorraths Shakespeare am liebsten benutzt; diese
unterscheiden wir ohne weiteres von solchen, die er seltener zum
Gebrauche heranzieht; und wenn sich bei Wörtern, wie coagulate,
divineness, palmy, nur eine einzige Belegstelle findet, so können
wir sicher sein, daß er in der That auch nur ein einzig Mal
nach jenen Ausdrücken gegriffen. Demgemäß leistet das Wörter=
buch bis zu einem gewissen Grade auch den Dienst einer
Concordanz.

Das echte Wörterbuch wird zum Lesebuch. Indem es die
drängende Formenfülle der Sprache in sich aufnimmt, erhält es
gleichsam Antheil an dem Lebensgeiste, der sich wirkend in jenen

Formen kundgiebt; es fesselt selbst mit dem Reize des Lebens. So mögen auch diese beiden gehaltschweren Bände den Leser festhalten, selbst wenn er sie ohne das Bedürfniß augenblicklicher Belehrung aufschlägt. Scheint uns hier doch überall die Stimme des Dichters mit ihren eigensten Lauten anzusprechen. Mit Lust vertieft man sich in jene ausgedehnteren Artikel, welche ein vielgebrauchtes Wort in allen manigfaltigen Anwendungen vorführen. Da öffnen sich Ausblicke nach allen Regionen der Dichtersprache. Während die Sätze in langer, wohlgeordneter Reihenfolge an uns vorüberziehen, leihen sie sich wechselweise die nöthigen Erläuterungen. Ein Satz mag auf den ersten Blick dunkel erscheinen, — er empfängt sein Licht, sobald andere ähnlich gebildete Sätze ihm unmittelbar zur Seite gestellt werden. Da fühlt man sich gelockt, verwandte Redensarten unter einander zu vergleichen; man geht einem besonders treffenden Ausdrucke nach, um zu erkunden, in welchen Dramen vorzugsweise und in welchen Scenen dieser Dramen er sich findet; man merkt darauf, ob gewisse Wörter und Wendungen, wiewohl sie der Tragödie oder der Komödie sich besonders zu eignen scheinen, dennoch in beiden Dichtungsbereichen dieselbe Geltung erlangen; man beobachtet, wie durch leichte Wandlungen des Tons und der Färbung das schlichte Wort von der einen Bedeutung zur andern hinübergeleitet wird und in manigfachen Verbindungen immer neuen Begriffen sich anbequemt.[16]) Wohin auch unsre Aufmerksamkeit sich lenkt, überall gewahrt man die Lebensspuren einer frei und doch gesetzlich entfalteten Dichtersprache, deren jugendliche Fülle wie aus unerschöpften Tiefen aufquillt.

Noch immer hört man hie und da von der Willkür, von der aller Ordnung spottenden Ausgelassenheit, von der ungebändigten Wildheit der Shakespeareschen Sprache reden. Wegen dieser vermeinten Eigenschaften wird sie bald unverständig ge-

---

[16]) Beispielsweise sei auf die vielumfassenden Artikel Hand und Way hingedeutet.

tadelt, bald nicht minder unverständig gepriesen. Besonders sind es Franzosen, die derartige Vorstellungen von der Zuchtlosigkeit des Dichters noch bis in die jüngsten Jahrzehnte fortgeschleppt haben.[16]) Und ihnen sind sie auch am ersten zu verzeihen. Denn die eigene Sprache, die freilich auch ihre Kühnheit besitzt, bietet ihnen doch zu der sinnlichen Gewalt Shakespeares kein er= läuterndes Gegenbild. Uns Deutschen käme eine solche Ent= schuldigung nicht zu gute.[17]) Wer aber noch an den Trug= bildern jener Vorstellungen hängen sollte, der kann sich unter der Führung unseres Lexikographen auf immer von ihnen los= machen. Denn dieses Lexikon gewährt uns die Anleitung und die Mittel zu einem Studium, welches in das Mark der Shakespeareschen Sprache bringt und uns zur Erkenntniß ihrer gesetzmäßigen Bildung führt. Wir überzeugen uns, daß auch hier Gesetz und Freiheit Hand in Hand gehen und daß aus ihrem Bunde die unverwüstliche Kraft erwächst. Mag man immerhin einige Sätze ausnehmen, in denen entweder durch die eigensinnige Originalität des Dichters der Sprache etwas gewaltthätige Zu= muthungen gestellt werden, oder grell sich durchkreuzende Ge= dankenblitze den Leser blenden und verwirren. Und auch über diese Sätze urtheile man erst, wenn man sich durch scharfe Prüfung des überlieferten Textes versichert hat, daß sie un=

---

[16]) Hat doch selbst noch Taine sich zu folgender Charakteristik der Shakespeareschen Sprache verleiten lassen: „Contrastes heurtés, exagérations furieuses, apostrophes, exclamations, tout le délire de l'ode, renversement d'idées, accumulation d'images, l'horrible et le divin assemblés dans la même ligne, il semble qu'il n'écrive jamais une parole sans crier." (Histoire de la littérature anglaise 2, 96 der ersten Ausgabe.)

[17]) Wir lesen im Faust:

> „Und dein Herz,
> Aus Aschenruh'
> Zu Flammenqualen
> Wieder aufgeschaffen,
> Bebt auf!"

Hat Shakespeare etwas kühneres?

verfälscht in ihrer ursprünglichen Fassung erhalten worden. Von
dem ganzen der Shakespeareschen Sprache gilt gewiß das Dichterwort:

Regel wird alles und alles wird Wahl und alles Bedeutung.

Freilich verschmäht der Dramatiker die gleichförmige abgezirkelte
Schönheit der Sprache, wie er es verschmäht, aus seinen Menschen
„leblose moralische Normalpuppen“ [18]) zu machen.

Indem das Lexikon den Wortschatz vor uns ausbreitet und
gleichsam die Thatsachen der Sprache verzeichnet, scheint es uns
blos bei den einzelnen Wörtern festhalten zu wollen. Aber unwillkürlich werden wir durch das Wort in das innerste der
Dichtungen selbst versetzt. Da gewahren wir eine farbenreiche
oder mit epigrammatischer Spitze versehene Zeile aus den epischen
Gedichten; ein lyrischer Ton klingt aus den Sonetten; gleich
darauf trifft uns ein geistreiches Scherzwort aus einem der
Lustspiele; dann fesselt uns ein gewichtiger Weisheitsspruch, einer
von den vielen, welche in den Historien die einzelnen Auftritte
des wirrevollen politischen Lebens begleiten und beleuchten; und
endlich ergreift uns ein Ausdruck lodernder Leidenschaft, der aus
den Tiefen der Tragödie hervorbricht. Die einzelnen Sätze und
Verse mahnen an die Scenen, welchen sie entstammen; der Inhalt dieser Scenen belebt sich in der Erinnerung des Lesers;
das dramatische Bild steigt vor seiner Einbildungskraft in
wachsender Deutlichkeit auf; die Fülle der Handlungen und
Gestalten scheint sich aus den Worten ihm entgegenzudrängen;
und wenn der Geistesblick über diese Welt hinschweift, bewährt
sich aufs neue der Ausruf, zu dem einst Goethe hingerissen
ward, als eine Reihe von bildlichen Darstellungen Shakespearescher
Scenen ihm vor Augen lag: „Da wird man erst gewahr, wie

---

[18]) Das treffende Wort stammt von Solger; er braucht es in seiner
gedankenreichen, allzu sehr vergessenen Recension der Schlegelschen Vorlesungen über dramatische Kunst und Litteratur. Nachgelassene Schriften
2, 564.

unendlich reich und groß Shakespeare ist! Da ist doch kein
Motiv des Menschenlebens, das er nicht dargestellt und aus=
gesprochen hätte! Und alles mit welcher Leichtigkeit und Frei=
heit!" Er scheint zu zweifeln, ob es je gelingen könne, einen
solchen Schöpfergeist mit Worten auszudrücken; den Erklärungs=
versuch, mit dem er selbst sich an den Hamlet herangewagt,
nennt er ein „Herumtupfen"; es entfährt ihm das Geständniß:
„Man kann über Shakespeare gar nicht reden, es ist alles unzu=
länglich." Welch ein Glück, daß unsere wortweisen Erklärer sich
durch solche Abmahnung nicht entmuthigen ließen, sondern mit
unverdrossener Betriebsamkeit bis auf den heutigen Tag ihr Rede=
geschäft fortführen!

Bei Aufzeichnung der Belegstellen läßt Alexander Schmidt
die Dramen, welchen dieselben entnommen sind, in der nämlichen
Ordnung nach einander folgen, die einst von den ersten Heraus=
gebern im Jahre 1623 beliebt worden. Diese Ordnung ist
freilich keineswegs mustergültig. Als die Schauspieler John
Heminge und Henry Condell sieben Jahre nach dem Tode ihres
großen Cameraden [19]) dessen Werke in einem gewichtigen Folio=
bande zusammenstellten, richtete sich ihr löbliches Beginnen nur
auf den einen Zweck, diese kostbarsten Besitzthümer der englischen
Bühne vor dem Untergang zu sichern. Denn nur etwa die
Hälfte der Gesamtzahl jener Dramen war bis dahin, und zum
Theil in schmählich verstümmelten Drucken, den Lesern vor
Augen gekommen. Aus den sechsunddreißig Stücken, die ihnen
mit Recht als Erzeugnisse des Dichters galten, bildeten sie die
drei schon auf dem Titelblatte der Folio besonders heraus=
gehobenen Gruppen der Komödien, Historien und Tragödien.
Die mittlere Gruppe der Historien ordneten sie nach der Zeit=
folge der in ihnen behandelten geschichtlichen Ereignisse. In den
beiden andern Abtheilungen wurden die einzelnen Stücke nach

---

[19]) Shakespeare nennt sie in seinem Testamente neben dem großen
Richard Burbage; alle drei bezeichnet er als „my Fellowes", und vermacht
jedem 26 s. 8 d., um sich Ringe zu kaufen.

Willkür und Zufall hierhin und dorthin geschoben. Am wenigsten
war man darauf bedacht, eine nach chronologischer Richtschnur
bestimmte Ordnung einzuführen, so daß die natürliche Folge der
Dichtungen uns den werdenden und den zur Vollendung fort=
schreitenden Künstler gezeigt hätte. Ja, zu einer grundfalschen
Vorstellung von dem Entwicklungsgange seiner Kunst werden
wir verleitet, wenn wir gleich an der Spitze der ganzen Samm=
lung dem „Sturm" begegnen, dem Werke, mit dem der Dichter
vielleicht seine Thätigkeit abschloß und das auf alle Fälle der
letzten Epoche derselben angehört.

Wollte man sich nicht mit einem unfruchtbaren Anstaunen
der Größe des Dichters begnügen, wollte man seine menschlich=
künstlerische Eigenart ergründen, so muß man zuvörderst einen
anschaulichen Begriff von dem Werden und dem allmählichen
Wachsthum seiner Kunst erlangen. Wir mußten lernen, den
Dichter auf seinem Gange zur höchsten Ausbildung durch seine
Werke hindurch zu begleiten; es mußte gelingen, diese Werke
nach der Zeitfolge ihrer Entstehung zu ordnen. Darauf hat
denn auch die Wissenschaft beharrlich ihr Augenmerk gerichtet.
Wir dürfen jetzt von einer geschichtlichen Erkenntniß der Shake=
speareschen Kunst reden. Aeußere Zeugnisse und scharf beob=
achtete innere Merkzeichen treffen zusammen, uns in dieser Er=
kenntniß zu fördern. Genau wissen wir die Stücke anzugeben,
welche bis zum Jahre 1598 die Breter beschritten und ihrem
Urheber schon damals den Ruhm der höchsten Meisterschaft im
ernsten wie im heitern Drama eingetragen hatten.[20]) Auch
für manche später entstandene Schauspiele, wie den Cäsar,
Hamlet, Lear, Troilus und Heinrich VIII., läßt sich die Zeit
der Abfassung mit ziemlicher Sicherheit schon aus äußern

---

[20]) Dem kundigen Litterator Francis Meres galt er um jene Zeit
schon als the most excellent in both kinds for the stage. Man konnte
also schon damals den Grundton des Lobes vernehmen, das ein Viertel=
jahrhundert später Ben Jonson und hernach der jugendliche Milton so be=
geistert anstimmen sollten.

Gründen bestimmen. Somit ist für die Untersuchung ein fester Ausgangspunct gewonnen und ihr die fernere Richtung gewiesen.

Wäre nun aber auch jede andere Kunde verstummt, so müßten uns doch die Werke selbst vernehmliches Zeugniß ablegen. Und zwar ein Zeugniß doppelter Art: es würde sich aus dem Inhalt wie aus der Form ergeben. Die einzelnen Dramen, zu verschiedener Zeit entsprungen, sind auch verschieden nach dem Maße ihres Werthes und ihrer geistigen Bedeutung. Werke, in denen tiefer tragischer Gehalt sich mit umfassender Ansicht von Welt und Leben, erschöpfende Gründlichkeit der Charakterzeichnung sich mit überwältigender Macht der Darstellung part, Werke wie Lear, Macbeth, Antonius und Cleopatra wird man, auch wenn kein chronologischer Fingerzeig auf die richtige Spur hilft, gewiß nur den reifen Mannesjahren des Dichters zuschreiben. Komödien wie die beiden Veroneser, die Irrungen, die Zähmung einer Widerspänstigen, der grausige Titus Andronicus, oder auch die historische Trilogie von Heinrich dem Sechsten deuten dagegen ebenso bestimmt auf die Werdezeit des Künstlers.

Doch nicht immer treten diese geistigen Unterschiede so scharf hervor. Der Forscher, der gewissenhaft nur auf Grund deutlicher Erkenntniß seine chronologischen Bestimmungen treffen will, muß dann nach greifbaren Merkmalen suchen; und wo sonst ließen diese sich finden als in den wechselnden Eigenthümlichkeiten des Stils, in der verschiedenartigen Behandlung von Sprache, Vers und Reim?

Auf den ersten Blick zwar gewährt der Stil der Shakespeareschen Dramen den Eindruck der Gleichmäßigkeit. In ihnen allen herrscht der nämliche Vers; in den meisten derselben theilt er die Herrschaft mit der Prosa, die sich bald nur bescheiden hervorwagt, bald den breitesten Raum einnimmt; in frühern wie in spätern Werken giebt uns der Dichter einzelne lyrische Klänge zu hören, und in den Tragödien nicht minder als in Historien und Komödien benutzt er den Reim. Dieser muß das

Zwiegespräch und den Monolog abrunden, oder, reichlicher an=
gewandt, die dichterische Darstellung erhöhen und schmücken, dem
Ausdruck eine lebhafte Färbung verleihen oder eine eigenartige
Beleuchtung über ganze Scenen verbreiten.

Aber bei aller Familienähnlichkeit, die sich in der gesamten
Physiognomie dieser Dramen nicht verläugnet, wie viele ab=
weichende Züge werden dennoch im einzelnen sichtbar! Die
Aehnlichkeit erstarrt nicht zur todten Gleichförmigkeit; die über=
all sich behauptende Grundform ist etwas lebendiges, das einer
vielfältigen Um= und Fortbildung fähig erscheint.

So stellt sich der Vers in manigfach wechselnden Gestalten
dar. In den Werken der Jugendzeit erscheint er regelrecht ge=
bildet; aus der nur selten unterbrochenen Folge unbetonter und
betonter Silben geht der Charakter der jambischen Versart rein
und streng hervor. Stark einschneidende Cäsuren werden ver=
mieden; Vers und Satz schmiegen sich harmonisch an einander:
mit dem Schluß des Verses ist auch der Schluß des Satzes
gegeben; die logisch=grammatische Gliederung des Satzes stimmt
zu dem Gefüge des Verses. Da nun die einzelnen Zeilen der
poetischen Rede selbständig in sich abgerundet erscheinen, so ist
ihnen auch der männliche Ausgang angemessen. Häufig genug
tritt noch der Reim hinzu, der in Werken wie Sommernachts=
traum, Komödie der Irrungen, Verlorene Liebesmühe, durch
ganze Scenen ungehemmt sich ausbreitet. Oft glaubt man
über Verse eines lyrischen Gedichtes hinzugleiten, das an roma=
nische Vorbilder sich lehnt. Wie aber, rasch und mächtig, die
Dichtung Shakespeares in die Höhe und in die Tiefe wächst,
wie der Strom des dramatischen Lebens immer voller einher=
rauscht, da wird der Vers in diese fluthende Bewegung mit
hineingezogen. Und welche Wandlungen sind ihm nun beschieden!
Indem das Gleichmaß seines metrischen Ganges gebrochen wird,
muß er den unaufhörlich wechselnden Bedürfnissen des dra=
matischen Wortes sich fügen. Er läßt sich scharfe Einschnitte
gefallen, gleich als ob durch den Stoß und Drang der Leiden=

schaft seine Glieder auseinandergesprengt würden; er läßt sich
mit schweren Silben anfüllen, damit er die Wucht des Gedankens
ertrage. Der Reim weicht zurück; auch ohne seine Hülfe er=
blühen im Wechselgespräche die lyrischen Reize da, wo der
Dichter sie ausstreuen muß. Wenn im Sommernachtstraum
die Liebespaare sich den Ergüssen der Klage und Freude über=
lassen, so scheint der Reim unvermeidlich. Florizel und Perdita,
Miranda und Ferdinand brauchen ihn nicht. Zu dem germa=
nischen Kunstgepräge, das den spätern und spätesten Werken
immer deutlicher aufgedrückt wird, paßt die immer freiere Be=
handlung des Verses. Die weiblichen Endungen finden sich
häufig und häufiger ein. Wenn früher ein gewichtiges Wort
am Schluß des Fünffüßlers dem Leser einen Ruhepunct gestattete
oder gebot, so schließt nun der Vers gar oft mit einem unter=
geordneten Verbindungswörtchen, das uns ohne Aufenthalt
zwangsweise zur folgenden Zeile vorwärtsdrängt. Denn im
Gegensatz zu dem frühern Bestreben, die metrische Zeile als
ein ganzes in sich abzuschließen, sie als selbständiges Redeglied
hinzustellen, scheint der Dichter jetzt vielmehr beflissen, jede
äußere Schranke zwischen den einzelnen Versen hinwegzuräumen.
Bald müssen sie, gleich Theilen eines prosaischen Satzes, eng zu=
sammengreifen; bald, wie im mächtigen rhythmischen Schwunge
dahingetragen, strömen sie ineinander. Lesen wir vergleichend
Abschnitte aus den frühern und aus den spätern Werken!
Stellen wir die beiden Veroneser neben das Wintermärchen, die
Komödie der Irrungen neben den Sturm, Richard den Dritten
neben Antonius und Cleopatra! Ist es wirklich ein und der=
selbe Vers, der hier überall wiederkehrt? Ist es dieselbe Künstler=
hand, welche ihn so verschiedenartig formte? Auch hier liegt
der Manigfaltigkeit die Einheit und der freien Bewegung das
Gesetz zum Grunde. Hat man sich hineingehört in die Ver=
schiedenheiten der Shakespeareschen Kunstweise, dann ist es kaum
möglich, die Belehrungen mißzuverstehen, welche sie uns über
die Zeitfolge der Dramen ertheilen. Musik und Malerei bieten

uns in ihren Meistern ähnliche Erscheinungen. Ein Rafaelisches Bild, ein Quartett Beethovens verräth dem Eingeweihten alsbald durch deutlich erkennbare Merkzeichen des Stils, in welcher Lebensepoche der Künstler es geschaffen.

Wer die hier gegebenen Andeutungen erwägt, dem mag vielleicht die Frage sich aufbrängen: Konnte nicht der Verfasser des Wörterbuches, gestützt auf jene innern und äußern Zeugnisse eine chronologische Ordnung der Dramen festsetzen, nach welcher die Belegstellen in jedem Artikel einander folgten? Würden wir nicht durch das einfache Mittel einer solchen Anordnung in den Stand gesetzt, uns Rechenschaft zu geben von der Stellung und Bedeutung, welche in jeder Periode der Shakespeareschen Thätigkeit jedem Worte, jeder Redewendung im ganzen der Shakespeareschen Sprache zukommt? Würden auf diese Weise nicht die Artikel des Wörterbuches die Grundlage liefern zu einer Geschichte, die noch ungeschrieben ist, zu einer Entwicklungs- und Bildungsgeschichte der Sprache Shakespeares?

Alexander Schmidt verzichtet auf solche Vortheile, und nicht ohne stichhaltige Gründe. Jede Anordnung, die er selbst gewählt, würde ihm den Vorwurf der Willkür, des eigenmächtigen Verfahrens zugezogen haben. Freilich schließen sich die Dramen nach äußern und innern Kennzeichen zu bestimmten Gruppen zusammen; aber innerhalb der Gruppe jedem einzelnen Werke seinen Platz nach der Zeit seiner Entstehung anzuweisen, das ist uns da, wo glaubhafte geschichtliche Zeugnisse fehlen, keineswegs vergönnt. Daß Romeo und Macbeth nicht demselben Lebensalter des Dichters entsprungen sind, daß dem schottischen Königsmörder das italienische Liebespaar um eine lange Zeitstrecke vorangehen mußte, das erkennen wir, auch ohne daß irgend ein Document uns darüber belehrt. Aber welcher Scharfsinn wäre hinreichend, um bis zu völliger Sicherheit auszumitteln, ob unter den Jugendwerken die Komödie der Irrungen oder die Zähmung einer Widerspänstigen das ältere sei? Und wer möchte sich anheischig machen, zwischen manchen der spätesten

Dichtungen, wie etwa dem Wintermärchen und dem Cymbeline, das Zeitverhältniß so überzeugend festzusetzen, daß jeder Forscher sich zur Beistimmung gezwungen fühlte? Mag man den Inhalt nach allen erdenklichen Maßstäben prüfen, mag man noch so ängstlich die Form untersuchen, weder Form noch Inhalt gewähren hier einen unbedingt zuverlässigen Entscheidungsgrund. Dem persönlichen Empfinden und Ermessen bleibt immer ein beträchtlicher Spielraum vorbehalten. Seien wir daher zufrieden, in unserem Lexikon der althergebrachten Ordnung wieder zu begegnen! Für den nächsten Gebrauch erweist sie sich als die bequemste; und sie hindert nicht beim Verfolgen weiterer wissenschaftlicher Zwecke. Wer, wie Alexander Schmidt, die Pflichten des Lexikographen so einsichtig und so gründlich erfüllt, der hat auf alle Fälle dem künftigen Geschichtschreiber der Sprache mit Erfolg vorgearbeitet.

Dieselbe einsichtsvolle Enthaltsamkeit, die er hier bewährt, hat er auch in Mittheilung der Lesarten bewiesen. Wer je sich mit der Kritik des Shakespeareschen Textes befaßte, der gedenkt nicht ohne Grauen der Vermuthungen und Verbesserungen, welche scharenweise den fruchtbaren Köpfen der Kritiker entsprungen sind, und nun so manche schwierige Stelle dieser Dramen wie in dicken Haufen umlagern. Kühnlich muß man sich durch sie hindurchschlagen, will man zum echten Worte des Dichters vordringen. Alexander Schmidt weiß diese störenden Massen seinem Werke fern zu halten. Er ist zu sehr wirklicher Kenner, um den Einfällen jener Halbkenner, welche der Kitzel der Verbesserungssucht zu stechen pflegt, irgend welchen Werth beizumessen. Das Leben der Shakespeareschen Sprache ist ihm so klar aufgegangen, daß keine vermeintliche Schönheit, mit welcher sinnreiche Kritiker sie ausstatten wollen, ihn blenden kann. Er haftet nicht engsinnig oder abergläubisch an den überlieferten Buchstaben, bloß weil sie überliefert sind; aber er trachtet, das Dichterwort zu verstehen, es aus dem Sinne des Dichters heraus zu begreifen, bevor er mit scheinbarer Ver-

besserung es antastet. Und selbst das offenbar verderbte Wort
läßt er lieber manchmal unberührt, als daß er es mit den Heil=
mitteln behandelte, welche die fürsorglichen Kritiker stets bereit
halten. Denn die unzählbaren Mißgriffe der kritischen Groß=
und Kleinmeister beweisen mit schreckender Deutlichkeit, wie selten
es gelingt, die Gedanken des dichterischen Genius nach= oder
mitzudenken. Wenn aber Schmidt solcher Weise sein Buch von
müßigem Beiwerk entlastet, so entzieht er uns doch nirgends
das Nothwendige, dessen wir zur tiefern Einsicht in den Zu=
stand des Textes bedürfen. Er verzeichnet die Varianten, die
aus den alten Drucken stammen, welche uns, beim völligen
Mangel handschriftlicher Grundlagen, als die einzigen Textes=
quellen gelten müssen; er giebt die von der alten Ueberliefe=
rung abweichenden Lesarten an, welche seit langem in den meisten
neuern Ausgaben einen mehr oder minder rechtmäßigen Platz
behaupten.

Wie weit ein Lexikon dieser Art sich auf die Erläuterung
schwieriger Stellen einlassen soll, darüber kann nur der Tact
des Bearbeiters entscheiden. Und hier hat er mit bewunderns=
werther Sicherheit entschieden. Wo dem Lernenden eine Schwierig=
keit, dem Forschenden ein Bedenken aufstößt, da giebt das
Lexikon einen kurzen, aber ganz bestimmten Wink; die Beleg=
stellen erscheinen im Geleite des bündigsten Commentars.[21]
Welcher Reichthum ausgiebiger Belehrung hier mit leichter Hand,
gleichsam nur nebenher, gespendet wird, das erfährt man erst
durch langjährige Benutzung des Buches. Von dem falschen
Ehrgeiz, alles erklären zu wollen, läßt sich der Verfasser weis=

---

[21] Wollte man durch Citate dieses Lob erhärten, so müßte man fast
die sämmtlichen Artikel in Reih und Glied citiren. Beispielsweise nenne
ich breed (verbum), creation, flowery, plummet, slander (subst.), putter-
out, substance in Troilus und Cressida 1, III, 324. Wie fein sind die
Bemerkungen zu Let be auf S. 84. Wie umsichtig der Autor verschiedene
Möglichkeiten erwägt, mag durch die Behandlung des Verbums to baste
bezeugt werden.

lich nicht berücken. Wie manche suchen für die hoffnungslos dunkeln Räthsel, welche der Shakespearesche Text in seiner jetzigen Gestalt uns aufgiebt, eine Scheinlösung zu erzwingen mit allen Gewaltmitteln einer Erklärungskunst, die auch dem Ungeheuerlichsten sich befreundet. Alexander Schmidt dagegen deutet geflissentlich auf das Seltsame und Befremd= liche, auf das Unerklärte und Unerklärbare. Peculiar passage, singular passage, obscure passage, unintelligible passage — das sind die Mahn= und Warnungszeichen, die uns zur Vorsicht stimmen, zu immer erneutem Nachdenken auf= rufen sollen.

Unser Autor hatte sich mit der Absicht getragen, dem Lexikon zu Shakespeares Werken eine Grammatik der Shake= speareschen Sprache beizufügen. Er entsagte der Ausführung, weil er in Abbotts Shakespearian Grammar und in Sydney Walkers „kritischer Untersuchung des Shakespeareschen Textes" ungefähr dasjenige geleistet fand, was er selbst zu leisten sich vorgesetzt. Doch läßt er es sich nicht nehmen, uns durch einen grammatischen Anhang zu entschädigen. Er benutzt denselben dazu, manche seiner Deutungen und Auffassungen, die er im Lexikon selbst nicht ausführlicher rechtfertigen konnte, durch syste= matische Darlegung seiner Gründe, wie durch Sammlung der beweisenden Stellen gegen Widerspruch und Zweifel zu sichern. Durch Beobachtungen, die in das innere des Sprachgefüges bringen, werden tieferliegende Eigenheiten der Shakespeareschen Rede aus Licht gezogen und als berechtigt nachgewiesen. Wie manche Sätze und Ausdrucksformen erscheinen nun erst in der richtigen scharfen Beleuchtung! Kostbar vor allem sind die hier gesammelten Belehrungen über den verschiedenartigen Gehalt und Einfluß des Adjektivs und über die wechselnde Betonung der zweisilbigen Adjektive und Participien.

So hat hier abermals ein Deutscher sich dem Dichter des stammverwandten Volkes in rühmlichen Dienst gegeben. Von des Dichters Landsleuten ward ihm denn auch der wohlerworbene

Ruhm nicht vorenthalten.[22]) Alexander Schmidt hat für Shake=
speare vollbracht, was noch für keinen unserer heimischen Großen
vollbracht worden. Kaum beginnt man die Sprachschätze zu
sichten und wissenschaftlich zu ordnen, welche die Meister des
deutschen Wortes während der jüngsten drei Jahrhunderte auf=
gehäuft. Auf ein treffliches Wörterbuch zu Luthers deutschen
Schriften, an das Ph. Dietz opfermuthig seine Kraft gesetzt,
können wir nur mit Beschämung blicken: seit dem Jahre 1872
stockt es beim Buchstaben H.

Wahrhaft wissenschaftliche Besitzthümer sind Gemeingut,
welcher Nation sie auch angehören mögen. Keiner sollte man
sie daher beneiden. Doch ist es dem Deutschen vielleicht erlaubt,
eine leichte Anwandlung von Neid zu spüren, wenn er jene in
gediegener wissenschaftlicher Pracht glänzenden Ausgaben durch=
mustert, durch welche die Franzosen ihren Classikern die würdigsten
Denkmäler errichtet haben und immer von neuem errichten.
Wie auch im politischen, socialen und litterarischen Leben Frank=
reichs die herrschenden Stimmungen wechseln mögen, niemals
ermattet der wissenschaftliche Eifer im Dienste der Autoren,
welche dem nationalen Schriftthum die Ausbildung gegeben und
in ihren Werken die Eigenart des Volksgeistes ausgeprägt haben.
Nicht nur den größten wird diese thätige Verehrung gewidmet;
ein Anrecht auf sie hat jeder, der im litterarischen Ehren=
rath der Nation einmal Sitz und Stimme gewonnen oder
in irgend einem, auch noch so abgelegenen Bezirke des weiten
Litteraturreiches ein denkwürdiges Werk aufgestellt hat, welches

---

[22]) Ich gedenke hier nur des Zeugnisses, das William Aldis Wright,
unter den thätigen Forschern einer der ersten, gewissermaßen im Namen
der englischen Fachgenossen ausgestellt hat. Am Schlusse der Vorrede zu
seiner Ausgabe von As you like it (1877) nennt er Schmidts Werk als
ein solches, which marks an era in Shakespeare - literature. Er fügt
hinzu: My own obligations to it are too numerous to record, for I
have used it constantly and always with advantage. It is a book
which every real student of Shakespeare should have at hand.

als Muster seiner Gattung ein verdientes Ansehen behauptet.
In der Sammlung der Grands Ecrivains de la France,
welche im Auftrage der Hachetteschen Buchhandlung Ad. Regnier
leitet, werden die Werke eines jeden Schriftstellers, dem dieser
Ruhmestitel zukommt, mit Grammatik und Lexikon ausgestattet.
Was den mächtigen Bildnern und Herrschern der Sprache, einem
Pascal und Corneille, einem Molière, Racine und La Fontaine
gebührt, das wird auch den Meistern, die über ein begränztes
Reich gebieten, mit der nämlichen Willfährigkeit dargebracht.
Auch ein La Bruyère, ein La Rochefoucauld, darf seiner
Grammatik, seines Lexikons nicht entbehren.   Forderte selbst der
Werth dieser Arbeiten keine unbedingte Anerkennung, schon der
Gedanke, aus dem sie hervorgingen, bleibt erhebend; er müßte
jede Nation, die werth ist, sich einer eigenen Sprache und
Litteratur zu erfreuen, zur Nacheiferung anspornen. Wann wird
die Sammlung der Grands Ecrivains de la France ihr deutsches
Gegenstück erhalten?

Mit verdoppeltem Dankgefühl müßten wir uns an dem
Werke des deutschen Arbeiters, das uns zu diesem Ausblick in
die Fremde Anlaß gab, fort und fort belehren, wenn wir es
als Vorläufer und Vorbild ähnlicher wissenschaftlicher Thaten
betrachten dürften, die zum Heile der vaterländischen Litteratur
unternommen würden.   Und wo ließe ein tüchtigeres Vorbild sich
finden?   Das Buch Alexander Schmidts mahnt uns an die
großen Leistungen des Königsberger Philologenkreises, dem der
Verfasser wohl auch nicht fern stand.   Es weht etwas darin
vom Geist und der Methode Lobecks.

Nun wirkt es schon seit vollen zehn Jahren. Möchte es
seine fernere Wirkung immer entschiedener dadurch erweisen, daß
es unsere Landsleute ermuthigt, durch die gedrängten Reihen
der Erklärer und Uebersetzer hindurch den Weg zum Dichter
selbst zu suchen, sich unmittelbar ihm selbst eng und immer
enger zu befreunden.

Noch immer ist bei unsern Gebildeten die Neigung tief

eingewurzelt, die verhängnißvolle Neigung, weniger auf den
dichterischen Schöpfer als auf diejenigen zu hören, die sich zu
Ausdeutern seiner Schöpfungen aufwerfen. Wir dürfen nicht
hoffen, diesen Hang jemals gänzlich ausgerottet zu sehen; aber
ein solches Werk, wie wir es von Alexander Schmidt erhalten
haben, vermag ihm wenigstens erfolgreich entgegenzuarbeiten.

Wie viel haben nicht schon unsere eigenen Poeten unter
so manchen ihrer Erklärer zu leiden! Anstatt die Rolle des
bescheidenen Führers zu übernehmen und nur auf den Pfad
hinzuweisen, der zur reinern Anschauung des Kunstwerkes leiten
kann, pflanzen sich die aufdringlichen Commentatoren mit der
ganzen Breite ihrer Persönlichkeit vor den harmlos ihnen ver=
trauenden Leser hin; sie verdecken ihm den Blick auf den Autor,
den sie angeblich erläutern; das Bild, das sie von diesem zu
Stande bringen und das der gewissenhafte Leser als ein echtes
gläubig hinnimmt, ist, genau besehen, das kümmerliche Abbild
des eigenen sogenannten Geistes. Das Verderben wächst aber
noch, wenn der also erläuterte Dichter durch sein Zeitalter uns
entrückt, durch seine Sprache von uns getrennt ist. Da kann
der unbefugte Dolmetsch noch viel zuversichtlicher auftreten. Da
übt er ungestörter sein Geschäft, den in freier Kraft über Welt
und Menschheit schwebenden Dichter in die Enge des eigenen
Meinens und Wähnens hinein zu drücken und zu pressen. Da
wird der Poet aus seiner geschichtlichen Stellung herausgerissen,
damit er den verworrenen Leidenschaften des Tages zum Sprecher
diene; oder es wird an den Werken so lange und so erbarmungs=
los gezerrt und geschnitten, bis man das Leben, das sie durch=
glüht, aus ihnen herausgetrieben und den Dichter mit der
„empfänglichen leichtbeweglichen Seele" zu einem hochmüthigen
Wächter einer kleinmüthigen Moralität erniedrigt hat, die er,
in seiner kraftvollen Sittlichkeit, hätte verlachen müssen.

„Freunde, wir habens erlebt!" — und vor allem an Shake=
speare haben wirs erlebt und erleben es fortwährend. Soll
man mit Ingrimm oder mit lächelndem Hohn auf die Reihe

der Metamorphosen zurückblicken, die er unter den Händen der
Deuter schmählich erdulden mußte? Die Jünger der ver=
schiedenen Philosophenschulen haben ihn zu ihresgleichen gemacht;
die Führer litterarischer und politischer Parteien haben in ihm
ihren Vorgänger begrüßt; die abwechselnd herrschenden Welt=
anschauungen wurden ihm angedichtet; jedes beliebige Dogma
ward ihm aufgeheftet; er wird vom Hader der Confessionen
umlärmt, und schließlich wird ihm gar das wohlerworbene Recht
auf seine eigene Persönlichkeit abgestritten.

Aber alles, was wider ihn verbrochen worden, gereicht
nur zur Beschämung derer, die es verübt. Von ihm selbst
prallt es ab; seine Werke bleiben in angeborner Herrlichkeit
unverletzt bestehen. Er selbst redet aus diesen Werken mit einer
überwältigenden Deutlichkeit, vor welcher alle künstlich erzeugten
Nebel fliehen, mit denen philosophische und politische, moralische
und religiöse Deutungskünstler ihn bis zu völliger Unkenntlich=
keit umhüllen möchten. Er gönnt sein Wort allen, die in seiner
eigenen Sprache ihn zu hören bereit sind. Er gewährt den
sichersten Schutz gegen die Spitzfindigkeiten seiner Erklärer.
Denn wer auf ihn hört und unverwandt auf seine leuchtende
Gestalt hinblickt, vor dessen Auge zerflattern in ein wesenloses
Nichts alle die Gespinnste, die aus den Hirnen deutscher und
nichtdeutscher Grübler mühselig herausgesponnen worden.

Fühlte man sich jedoch auch gegen die Gefahren der hier
angedeuteten Verirrungen vollkommen gesichert, so müßte man
dennoch, um nur den Dichter als Dichter zu genießen, ihn in
der Sprache seiner Zeit und seines Volkes vernehmen, ihn ver=
nehmen in den Lauten, in denen die Dichterseele ursprünglich
sich offenbarte.

Wer möchte unserm Volke die Freude an seinem deutschen
Shakespeare verkümmern! Nicht nur Schlegels geist= und kunst=
volle Nachdichtung soll uns, nachdem sie die zunächst ihr ge=
stellte Aufgabe längst erfüllt hat, auch ferner mit ihren unver=
tilgbaren Reizen anziehen; der peinlichen Genauigkeit, mit welcher

die Voſſiſche Ueberſetzung jeden Zug des Urbildes derb nach=
zeichnen will, bleibe gleichfalls das gebührende Lob;[28]) wie eng
man ſich an Shakeſpeares Vers und Sprache anſchließen kann,
ohne die Selbſtändigkeit der deutſchen Rede zu opfern, das be=
weiſt unter den Neueren und Neueſten vornehmlich der ruhm=
würdige Ueberſetzer Byrons und Arioſtos, Otto Gildemeiſter.
Niemals aber wird der Künſtler erſtehen, der uns im Deutſchen
einen ganzen Shakeſpeare giebt. In keiner andern als in
ſeiner eigenen gottverliehenen Sprache, auch nicht in der deutſchen,
vermag der Schöpfer des Lear den innern Reichthum ſeiner
Dichternatur auseinanderzufalten. Jede Ueberſetzung bietet nur
einen bald mehr bald weniger umfaſſenden Auszug. Der
Grund, der zu einem ſolchen Verfahren zwingt und es zugleich
rechtfertigt, iſt nicht bloß im Unterſchiede der Sprachen zu
ſuchen. Der Unterſchied der Zeitalter kommt hier nicht minder
in Betracht. Wer weiß, ob ſelbſt das Engliſch unſrer Tage
einem Shakeſpeare den vollen unbeengten Ausbruck ſeines dich=
teriſchen Weſens geſtattete? In unſren Sprachen herrſcht die
verſtandesmäßige Ordnung; der echte Dichter weiß, wie ſchwer
es iſt, ſie zu Werkzeugen der poetiſchen Kunſt umzuformen. In
Shakeſpeares Sprache waltet mit unbeſchränktem Herrſcherrecht
die ſinnlich anſchauende und ſinnlich bildende Phantaſie.

Haben wir auch durch die Hülle der Ueberſetzung hindurch
Macht und Glanz des Shakeſpeareſchen Wortes geahnt, ſo
werden wir doch wie durch eine überraſchende Offenbarung be=
glückt, wenn dieſes Wort ſelbſt in unverhüllter Majeſtät er=

***

[28]) Der große Friedrich Diez konnte ſich nicht genug thun in Be=
wunderung des Voſſiſchen Shakeſpeare; ſein faſt unmäßig lobendes Urtheil
iſt zu leſen auf S. 28 ſeiner „kleineren Arbeiten und Recenſionen", heraus=
gegeben von H. Breymann, München 1883. Wie Voß ſeine Aufgabe faßte,
wie er beſonders auf die „rhythmiſche Ausbildung der Verſe" ſein Augen=
merk richtete, darüber äußert ſich der alte Meiſter ſelbſt bei Klingemann,
Kunſt und Natur. Blätter aus meinem Reiſetagebuche. Braunſchweig
1823. 1, 84—86.

scheint. Die Bilder, an die sich unser Auge schon längst ge=
wöhnt, leuchten nun erst in ihren wirklichen Farben. Die un=
erschöpflich wechselnden Empfindungen scheinen jetzt erst ganz
die Kraft erlangt zu haben, die unser Herz bezwingt. Alles
erscheint hier neu, nicht bloß der Laut der Worte. Jetzt erst
erfahren wir, wie Hamlet spricht, wenn er, mit furchtbar er=
regtem Gemüth, von allen Schauern der Phantasie geschüttelt,
den erstarrten Blick auf die Schattengestalt des racheheischenden
Vaters heftet; jetzt erst erfahren wir, wie Lear in der Gewitter=
nacht den entfesselt auf ihn einstürmenden Elementen entgegen=
rast. Jetzt erst hören wir sie wirklich, die Töne, mit denen
Julia in südlich lauer Mondnacht vor dem lauschenden Geliebten
das Geheimniß ihres Herzens flüsternd verräth; jetzt erst er=
klingen uns die rührend weichen Laute, in denen Viola ihre
schüchterne Liebe verbirgt und bekennt, oder in denen Perdita
holdselig und sinnvoll tändelt, wenn sie, die kindliche Königin
aller Anmuth, die bedeutungsreichen Blumen vertheilt.

Unergründet, gleich dem Ursprung der Sprache selbst, ist
das Gesetz, nach welchem des Menschen Gedanken und Gefühle
sich mit den sinnlich wahrnehmbaren Lauten der verschiedenen
Sprachen verbinden. In der einfachsten menschlichen Rede voll=
zieht sich dieses Wunder, es ist alltäglich geworden, wir achten
seiner nicht. Nur wenn der Dichter die beseelte Rede anhebt,
scheint sich das Wunder neu zu erzeugen.

Je selbständiger der Poet schafft, um so fester schlingt er
auch das Band zwischen Geist und Wort, oder vielmehr es
schlingt sich von selbst. Wie durch das Ganze des Kunstwerkes
ein vollkommener Einklang zwischen dem geistigen Gehalt und
der Form waltet, so fügt sich auch das einzelne Wort dem ein=
zelnen Gedanken an, beide scheinen nach einem mächtig wirkenden
Gesetze der innern Verwandtschaft für einander bestimmt, un=
lösbar vereinigen sie sich, und so wird auch hier eine fest be=
gründete Gemeinschaft zwischen Ausdruck und Inhalt aufgerichtet.
In derselben Weise stimmt das gesamte Wesen der Sprache,

in welcher das Wesen eines Volkes sich abbildet, zu der geistigen
Persönlichkeit eines großen Dichters, der das Leben seines
Volkes ausspricht und darstellt. Nur diese Sprache und keine
andere konnte diesem Dichter den naturgemäßen Grund und
Boden für seine Schöpfungen, die einzig natürlichen Ausdrucks=
mittel für alle Regungen des Geistes und Gemüths darbieten.
Der Dichter bedurfte dieser Sprache, die für ihn bereitet worden;
und die Sprache wiederum harrte des Dichters, der durch die
Eigenthümlichkeit seines Genius berufen war, ihr Gebiet zu er=
weitern, ihr eine erhöhte Kraft mitzutheilen und die bis dahin
verborgen strömenden Quellen ihres Reichthums kühn ans Licht
herauf zu lenken. Auch hier haben wir ein geheimnißvoll wal=
tendes Gesetz der Nothwendigkeit zu verehren. Und gerade in
Shakespeares Dichtungen ist jene wundersame Einheit von Geist
und Wort unerschütterlich fest und tief eingewurzelt.

In einer entscheidungsvollen Zeit, da der unterdrückte
deutsche Kunstgeist nach Befreiung rang, ist ihm Shakespeare
als ein überaus gewaltiger Helfer erschienen. Nicht den Dichter,
der seitdem uns angehört, dürfen wir verklagen, wenn seine
Werke, verkehrt oder einseitig aufgefaßt, so manchen Strebenden
in die Irre gelockt haben. Er gelte uns fort und fort als
einer der ersten unter den heilbringenden Kunstdämonen! Nicht
fester können wir uns seines Beistandes versichern und zugleich
auf keine würdigere Art unsern Dank ihm darbringen, als wenn
wir Sorge dafür tragen, daß er in seiner wahren Gestalt uns
nahe bleibe, in seiner wahren Gestalt uns immer vertrauter
werde.

*   *   *

Es sei gestattet, hier einige Sätze, welche in die vorstehende
Abhandlung keinen Eingang finden konnten, als heitern Epilog
folgen zu lassen. Sollte der Inhalt der eben mitgetheilten Be=
trachtungen manche Leser allzu ernst gestimmt oder durch seine
Trockenheit gar verstimmt haben, so wird dieser Epilog nicht
verfehlen, die Stirnen zu entrunzeln. Freilich durften die

possenhaftesten Auswüchse eines schalen Fastnachtsstückes nur mit flüchtigen Strichen gezeichnet werden.

Who was the author of Shakespeare's plays? — Dieser Frage wird schon in dem sogenannten Sterne'schen Koran gedacht, der 1770 ans Licht getreten. Aus dem zweiten Bande dieser Sammlung hat Goethe eine Reihe von Sätzen übertragen, die jetzt seinen Maximen und Reflexionen eingefügt sind; seit dem Jahre 1829 waren sie im 23. Bande der Ausgabe letzter Hand zu lesen. Und da konnte der Deutsche denn erfahren, daß ein sehr schönes Frauenzimmer einmal mit möglichst süßem Lächeln gefragt habe, wer denn der Autor von Shakespeares Schauspielen gewesen sei. Neuerdings ist diese Frage und zwar nicht mit süßem Lächeln, sondern im bittersten Ernste, mehrfach wiederholt worden von Frauenzimmern, denen man das Prädicat very pretty ohne Zögern zugestehen mag. Aber ihre bereitwillig vorausgesetzte Schönheit darf uns nicht verlocken, der Antwort beizupflichten, welche sie auf jene Frage unbedenklich ertheilen, und welche von einigen männlichen Forschungsgenossen mit liebenswürdigem Enthusiasmus nachgesprochen worden.

Man sollte sich, bei ernsthafter Erwägung der menschlichen Schwächen, über keinerlei Wahnwitz verwundern, der aus solcher Thorheit wie aus einem Fruchtknoten hervorschießt. Aber dennoch wird ein heimliches Mitgefühl rege, wenn sich uns in einem frischen Beispiele vor Augen stellt, wie das zähe Haften an solchem Wahn eine völlige Verdunkelung oder Entartung des geistigen Sehvermögens unvermeidlich nach sich zieht. So hat vor etwa drei Jahren eine aus Philadelphia gebürtige, aber in San Francisco wohnhafte Dame, Mrs. Catharine F. Ashmead Windle, der neugegründeten englischen Shakespeare-Gesellschaft in einer besonderen Schrift die Entdeckung mitgetheilt, daß dem Lord Verulam unzweifelhaft (undoubted authorship) die Abfassung der Shakespeare'schen Werke zuzusprechen sei. Selbständig, nur unter Leitung ihres eigenen Geistes (entirely of myself) war die scharfsinnige Dame zu dieser Offenbarung gelangt. In ihrem Gewissen fühlte sie sich gedrungen, vor ihrem Abscheiden aus diesem irdischen Dasein dem Menschengeschlechte eine solche Wahrheit feierlich ans Herz zu legen. Eine urkundliche Bestätigung dieser Wahrheit bietet ihr der Cymbeline. Denn dies aus der Historie ins Märchen hinüberspielende Drama hat Bacon benutzt, um sein geheimes Verhältniß zu den geliebten Werken, als deren Urheber er sich nicht bekennen darf, in dichterischer Verhüllung darzulegen. Mrs. Windle war nach Verlauf der Jahrhunderte ausersehen, die Hülle mit geweihter Hand hinwegzuheben.

Posthumus nimmt Abschied von Imogen mit den Worten:

Gattin, Königin,
Geliebte, weine nicht, damit ich mich
Nicht größerer Zärtlichkeit verdächtige
Als für den Mann ziemt.

My queen! my mistress!
O lady, weep no more! lest I give cause
To be suspected of more tenderness
Than doth become a man!

Der Profane vernimmt in diesen Worten Schmerzenstöne des Liebenden, der zum Scheiden gezwungen, die Geliebte beschwichtigt, damit ihr Kummer ihn nicht übermanne. Was vernimmt aber die eingeweihte Mrs. Windle mit aufgeschlossenem Ohr? Sie hört nicht den trauernden Posthumus sprechen, sondern den philosophischen Geheimdichter Bacon. Dieser ruft: „O meine Dramen! Laßt mich nicht allzu viel Kummer" — — doch so etwas muß in der Frische der Ursprache genossen werden. Bacon sagt also unter der Maske des Posthumus: „O my dramas! Let me not show too much grief in your pages for this our separation of name, lest the world should realize the pathos of that necessitated divorce which well nigh unmans me as I write." — Der alte Belarius nennt sich bekanntlich Morgan; er bedeutet also unzweifelhaft my Organ, nämlich das Novum

Organum des Philosophen. Wenn Cymbeline gegen den Schluß des Stückes dem Belarius zuruft:

Du bist mein Bruder, ewig sollst Du's sein.

Thou art my brother; so we'll hold thee ever,

so erläutert unsere Dolmetscherin: „The Novum Organum is here declared „brother" to Britain's fame by its omnipotent and omniscient author — a declaration which Britain would do well to bear in mind." Wenn die zwei Personen, in welche sich der menschliche und der philosophische Bacon theilt — — — doch nein, kein ferneres Beispiel! Bedlam, have done! Wahn=witz, hör' auf!

II.

Zur klassischen Zeit der deutschen Litteratur.

Ueber den Charakter der Emilia Galotti.

(Brief an eine Freundin.)

(1864.)

Ich fühle mich angeregt, Ihnen etwas von den Betrachtungen mitzutheilen, die ein erneuertes Studium der Emilia Galotti hervorgerufen hat. Ergreifen Sie diese Gelegenheit, sich auch mit dem Werk wieder bekannt zu machen, welches, wenn ich nicht irre, Ihnen stets nur geringe Sympathien abgewonnen hat. Wie wäre das auch anders möglich? Was es verletzendes hat für ein reines Gefühl und eine unbestochene Empfindung liegt obenauf; der einzige Kunstverstand aber, der dieses wunderbare Ganze erfüllt, beseelt und gestaltet, und dessen genaue Erkenntniß hier ganz eigentlich den höhern Genuß an dem Werke bedingt, dieser Kunstverstand will bis in die innersten Tiefen hinein verfolgt und ergründet sein.

Lessing nennt die Emilia in einem Brief an seinen Bruder „eine modernisirte, von allem Staatsinteresse befreite Virginia"[1]. Von diesem Punct ist auszugehen, wenn man das Problematische in Emiliens Charakter begreifen und erklären will. Zuvörderst läßt sich fragen: ist eine solche Virginia, „modernisirt, befreit von allem Staatsinteresse", überhaupt denkbar? „Modernisirt", also aus dem weiten, offenen Bereich des antifen Lebens in die bedrückende Enge unseres Hof= und Gesellschaftslebens hinübergeführt; „von allem Staatsinteresse befreit", also

---

[1] Vgl. Lessings Briefe an Nicolai 21. Januar 1758 und an den Herzog von Braunschweig, Lessings Werke 12, 410 (Maltzahn).

nicht das erregte, unter schmähliche Gewaltherrschaft gebeugte
und nach Befreiung ringende Volk im Hintergrunde; — also
kein Vater, der, als Glied dieses Volks sich fühlend, von glühender
Vaterlands= und Freiheitsliebe erfüllt, in dem Verfolger seiner
unschuldvollen Tochter zugleich den aller Gesetze spottenden
Thrannen haßt und verabscheut, der durch die natürlichsten,
zwingendsten und edelsten Antriebe — denn es galt, die Tochter
von der unvermeidlichen Sklaverei und der ebenso unvermeidlichen
Schande zu retten — zu der scheinbar unnatürlichsten That
unwiderstehlich hingerissen wird, und der durch diese, alle Ge=
müther entflammende That zugleich das Zeichen zum Sturz des
Thrannen giebt, und so zum Urheber der lang erharrten Freiheit
seines Volkes wird. Aber nichts, nichts von alle dem, — was
bleibt dann noch von der Virginia übrig?

Aber was frage ich auch! Der Dichter hat uns diese
modernisirte, unpolitische Virginia ja doch hingestellt. Und aller=
dings bleibt noch etwas von der Virginia übrig, etwas, das so=
gar in gewissem Betracht die Hauptsache ist und bleibt. Der
Vater ermordet die Tochter, um sie vor der Schande zu retten.
Also die Katastrophe bleibt die nämliche, aber die Verhältnisse,
unter denen sie herbeigeführt wird und sich begiebt, die Motive,
welche die Handlungen der Personen bestimmen, werden um=
gewandelt; das Ziel bleibt, aber es muß ein ganz neuer Weg
gebahnt werden, der zu diesem Ziele leitet; mit einem Worte:
denselben Wirkungen dort und hier sollen hier ganz andere Ur=
sachen zum Grunde liegen.

Es fragt sich nun, wohin werden diese ganz andern be=
stimmenden Ursachen verlegt? In die äußern umgebenden
Verhältnisse, oder in den Charakter der handelnden Personen,
vor allem der Hauptperson? In die äußern umgebenden Ver=
hältnisse: — sobald der Autor mit seinem Stoff den Boden
der antiken Welt verließ, mußten diese an ihrer Bedeutsamkeit,
an ihrer zwingenden Gewalt die beträchtlichste Einbuße erleiden.
Wo kein Decemvir ist, der in diesem Augenblick die freigeborene

Römerin als Sklavin wegzuschleppen befiehlt, damit sie seinen
Lüsten schutzlos preisgegeben sei, da ist auch die That des Vaters
unmöglich, weil sie ihm nicht durch die unabwendbare Gewalt
der Umstände aufgedrungen und so gewissermaßen unvermeidlich
gemacht wird. Man fühlt alsbald, eine solche That kann nur
in jenen römischen Verhältnissen zu einer menschlichen That
werden; um nicht vor ihr, als vor einer unerklärlichen, in
staunendem Abscheu zurückzuschaudern, um sie begreiflich oder
gar bewundernswerth zu finden, muß man sich die patriotischen
Tugenden des Römers, seinen starren Republikanismus, seine
feststehenden Begriffe von Freiheit und Sklaverei so lebhaft wie
möglich ins Gedächtniß rufen. Wo sollte der Autor, da er
seine Handlung einmal aus jenen großen Zuständen und Um=
gebungen herausgehoben, und ihr engere Grenzen, so zu sagen,
einen engeren Horizont gegeben hatte, wo sollte er in der Be=
schränktheit, in der Zahmheit des modernen Lebens, wo alle
jene Impulse entweder gar nicht oder nicht mit so überwiegender
Kraft wirksam sind, Zustände und Verhältnisse, Bedingungen
und Motive finden, die mit überzeugender Nothwendigkeit den
tragischen Ausgang hätten herbeiführen können? Also nicht
aus den äußeren Verhältnissen, nicht aus einem über den
Handelnden großartig waltenden Schicksal durften jene be=
stimmenden Ursachen abgeleitet werden; der Dichter mußte sie
vielmehr in den Charakter der handelnden Personen selbst legen,
und vornehmlich in den Charakter Emiliens.

Der Charakter Emiliens — auf diesem Punct, dem schwächsten
Punct seines Werks, mußte der Autor mit der größten Umsicht
und Behutsamkeit alle seine Kräfte versammeln, hier mußte er
sie zugleich mit der größten Sicherheit und Kühnheit wirken
lassen; durch die Behandlung dieses Charakters mußte sein
Unterfangen, die mächtige Staatsaction in ein modernes Charakter=
stück zu verwandeln, gerechtfertigt werden und sein Unternehmen
gelingen oder verfehlt erscheinen; in diesem Charakter endlich
mußte er einen Ersatz liefern für alles, was seiner Handlung

dadurch verloren gegangen, daß er sie von „allen Staatsinteressen befreit" hatte.

Wie ist es ihm nun mit diesem Charakter gelungen, von dem so viel abhängt, in dem Lessing so viel leisten mußte?

Man mache hier nicht etwa, verführt durch Lessings Aeuße=rung an den Bruder vom 10. Februar 1772 [2]), den Einwand: Emilia ist ja gar nicht die Hauptperson und auf ihren Charakter, der nur in die schließliche Entwicklung des Ganzen wirksam eingreift, kann demnach auch nicht so gar viel ankommen. Man halte diesen Einwand zurück! Mag in der Structur des Dramas, wie es Lessing geschrieben, Emilia noch so sehr zurück=treten, immer bleibt sie, sobald man die Handlung, und be=sonders die Katastrophe für sich betrachtet, die wahre Haupt=person, auf die sich alles bezieht, und deren Geschick auf alle mächtig einwirkt. Also: wie ist es dem Autor mit diesem Charakter gelungen?

Ich habe in der Katastrophe des Trauerspiels immer einen unwiderleglichen Beweis dafür gefunden, daß Lessing berechtigt und befugt war, am Schluß der Dramaturgie in jenen bekannten kühnen (gewöhnlich sagt man: bescheidenen) Worten sich den Namen eines Dichters abzusprechen. Denn in der That, kein ganzer wahrer Dichter hätte sich je so rücksichtslos gegen die Reinheit der jungfräulichen Natur, gegen die Wahrheit jung=fräulicher Empfindung versündigen können. Es hilft nichts, man mag der Emilia die Richtigkeit ihres bündigen Raisonnements noch so entschieden zugeben, immer ist man geneigt, die Worte des guten Claudius, des Wandsbecker Boten, nachzusprechen: „Ein Ding hab' ich nicht recht in Kopf bringen können, wie nämlich die Emilia so zu sagen bei der Leiche ihres Appiani

---

[2]) Die Worte lauten: „Weil das Stück Emilia heißt, ist es darum mein Vorsatz gewesen, Emilien zu dem hervorstechendsten oder auch nur zu einem hervorstechenden Charakter zu machen? Ganz und gar nicht. Die Alten nannten ihre Stücke wohl gar nach Personen, die gar nicht aufs Theater kamen."

an ihre Verführung durch einen andern Mann und an ihr warmes Blut denken konnte. Mich dünkt, ich hätt' an ihrer Stelle nackt durch 'n Heer der wollüstigsten Teufel gehen wollen, und keiner hätt' es wagen sollen, mich anzurühren." — Gewiß hat er Recht, der gute Claudius. Und wir folgern aus seinen einfachen Worten, daß derjenige, der auf diese Weise, der all= gemein gültigen Wahrheit ursprünglicher Empfindungen zum Trotz, das Widersprechende zusammenpaaren und Gegensätze, die sich einander nothwendig aufheben, gewaltsam vereinigen und neben einander gelten lassen will, daß derjenige der Poet nicht ist, dessen Ohr „den Einklang der Natur vernimmt". Denn ein solcher wird, selbst da, wo er das Ungeheuerlichste wagt, von der unverfälschbaren Wahrheit der Dinge als dem mütter= lichen Grund und Boden seiner Dichtung ausgehen; er wird es und er muß es; denn aus seinem Munde redet, in seinen Schöpfungen waltet die über alle Beschränkungen der Wirk= lichkeit stolz hinausschreitende Wahrheit der Natur.

So gerecht aber auch das verdammende Urtheil ist, dennoch — wer mag es leugnen? — bleibt eben der Charakter der Emilia eins der beredtesten Zeugnisse für Lessings dichterisches Vermögen. Prüfen Sie den sechsten Auftritt des zweiten Akts, erwägen Sie, wie er in den Bau des Ganzen eingefügt ist, wie der Eindruck, den er schon allein für sich hervorbringt, durch die vorbereitenden Scenen zwischen Claudia und Odoardo ver= stärkt wird, wie die Wirkungen, die von ihm ausgehen, im Ver= lauf des Dramas immer furchtbarer anwachsen und endlich die schreckenvolle Entscheidung herbeizwingen; erwägen Sie vor allem, wie Emilia sich in dieser Scene zeigt, wie sie sich gegen= über dem Unerwarteten, das auf sie heranbringt, zu „nehmen" weiß, — ich bin überzeugt, Sie werden nach diesen Prüfungen und Erwägungen mit bewußterer und entschiedenerer Bewun= derung auf den Autor blicken; Sie werden versucht sein, das Wort: ich bin kein Dichter, für den paradoxen Ausspruch eines kühn überlegenen und seiner Ueberlegenheit kühn vertrauen=

den Geistes zu halten, der mit dem Mißverstand der Verehrer
und der Kurzsichtigkeit der Tadler seinen zürnenden Spott treibt.
Wie konnte es aber geschehen, fragen Sie, daß Lessing in der
Behandlung desselben Charakters, in dem er seine künstlerischen
Fähigkeiten so entschieden zeigt, zugleich so augenscheinlich gegen
das höchste, auch für ihn höchste Gesetz der Wahrheit verstößt?
— Ich frage umgekehrt: wie konnte es anders geschehen? wenn
nämlich Emilia ihm für die Oekonomie des ganzen dasjenige
wirklich leisten sollte, was sie nothwendig leisten mußte, falls
der Autor das Drama überhaupt zu dem vorher bestimmten
Schlusse führen wollte.

Eine antike Virginia müßte der einfachste, unzweideutigste
Charakter sein, der sich nur denken läßt, nur Reinheit, nur Un=
schuld; sie müßte nur, wie Odoardo sich einmal ausdrückt, „es
werth sein, was der Vater für sie thun will." Je einfacher,
ich möchte sagen, je unbedeutender ihr Wesen bleibt, um so
wirksamer für die Tragödie; denn die unwiderstehlich zwingende
Macht der Verhältnisse vollbringt hier alles, und wie mächtig
muß es uns ergreifen, daß gerade ein so einfaches, in Unschuld
und Reinheit befangenes Wesen, indem es der Tyrannei zum
Opfer fällt, durch seinen Tod dem unterdrückten Volke das
Zeichen zur Erhebung giebt! Und diese durch sie hervorgerufene
Erhebung — möchte der Dichter sie nun noch darstellen, oder
nur am Schlusse der Tragödie auf sie hinausdeuten — muß
auch die Virginia vor unserer Einbildungskraft erheben; das
einfache Mädchen lebt durch seinen Tod mächtig wirkend fort,
und ihr Name wird das begeisternde Losungswort für alle, die
nun unwillig das Joch der Gewaltherrschaft abschütteln.

So steht es mit der antiken Virginia. Aber die „moderni=
sirte", deren Geschick mit keiner staatsumwälzenden Begeben=
heit verflochten ist, deren Tod eine Familienbegebenheit bleibt,
und die mit ihrem Tode in Wahrheit ganz und gar stirbt?
Denn, wenn auch wirklich, wofür nur geringe Wahrscheinlichkeit
vorhanden ist, Odoardos Prophezeihung sich erfüllen und Emiliens

Gestalt an der Hand des „blutigen Bräutigams" dem leicht vergessenden Prinzen in Träumen quälend erscheinen sollte, was wäre das für ein wenig beneidenswerthes Fortleben!

Also mit der modernisirten Virginia steht es anders, die Beweggründe zu ihrem Tode, wenn dieser nicht ganz ohne Ursache erfolgen soll, müssen in ihrem eigenen Wesen enthalten sein; sie muß sich der zwingenden Kraft dieser Beweggründe deutlich bewußt werden, ja, sie muß sich nicht scheuen, sie im äußersten Fall bestimmt auszusprechen. Ihr Charakter konnte also nicht in der ungestörten Einheit und Einfachheit beharren; verschiedene Elemente mußten sich in ihm mischen.

Diese Forderungen begriff Lessings Verstand, und mit allen Kräften seines Verstandes war er thätig, ihnen vor seinem Verstande vollkommen Genüge zu leisten.

Sie lächeln? Verstand! Verstand! und wiederum Verstand! Das wäre auch eine Poesie, deren Geschöpfe nur vor dem Tribunal des Verstandes ihr Dasein zu rechtfertigen wissen! — Ganz wohl; nur vergessen Sie nicht, daß es Lessings Verstand ist, der, wie er die Forderung aufstellte, so auch das Urtheil spricht, ob sie erfüllt sei; denn hätte er sie nicht für wirklich erfüllt gehalten, so wäre Emilia Galotti wohl niemals aus Licht getreten. Lessings Verstand, der doch wohl etwas tiefer blickt, noch etwas mehr vermag, als der Verstand anderer, auch der begabtesten Sterblichen, — ist es nicht jener höchste dichterische Verstand, der in Uebereinstimmung mit der Natur wirkt, so ist es doch ein Kunstverstand, der auch eine gewisse Unfehlbarkeit für sich in Anspruch nehmen darf.

Fasse ich nun jene Forderungen scharf ins Auge und prüfe im Hinblick auf sie die einzelnen Züge, welche Emiliens Charakter zusammensetzen, so erklärt sich alles Zweideutige wie von selbst, und die Nothwendigkeit gerade des Verletzenden und Unwahren, was diesem Charakter anhaftet, wird einleuchtend.

Emilia ist ein liebenswürdiges, edel geartetes Wesen, geweckten Geistes, lebhafter Phantasie, voll anmuthiger Munterkeit. Vor allem aber zeichnet sie sich durch die Tugenden aus, die Lessing, wie er seinem aufklärungssüchtigen Bruder, dem Emilia durch ihre Frömmigkeit „etwas verächtlich" erschien, ausdrücklich sagt, an einem unverheiratheten Mädchen als die höchsten schätzte: Frömmigkeit und Gehorsam. Unter der strengen, aber liebevollen Zucht des Vaters wuchs sie in ihren Kinderjahren auf, und dieser hat ihr den Keim seiner stoischen Tugend, die, wie sich am Schluß zeigt, mit christlicher Frömmigkeit wenig gemein hat, frühzeitig einzupflanzen gewußt. Aber auch die sorglosere Betrachtungsweise der Mutter, ihre leichtere, den höchsten sittlichen Forderungen nicht immer so streng zugewendete Sinnesart ist nicht ohne Einfluß auf sie geblieben; und dieser Einfluß mußte sogar überwiegend werden, als Claudia den widerwillig nachgebenden Gatten, dem ihre weltlichere Gesinnung Argwohn erregte, dennoch von der Nothwendigkeit, der Tochter eine „Stadterziehung" zu geben, überredet hatte und ihm in seine ländliche Zurückgezogenheit nicht gefolgt war.

Mit großer Weisheit hat Lessing seiner Emilia gerade diese Eltern gegeben, und so das Mädchen durch die Umgebung, in der es aufwuchs, zu charakterisiren gewußt. In diesem Puncte verfährt Lessing mit dem geheimnißvollen Tact, der sonst nur großen Dichtern eigen ist, etwa wie Shakespeare seiner Julia gerade diese Amme beigiebt, deren leichtfertige Reden wohl nicht ganz ungehört am Ohr des heranblühenden Mädchens vorbeigeschlüpft sind. Leicht ist es wahrzunehmen, wie die Geistes- und Sinnesart der Eltern in Emilien, verschieden modificirt, sich wiederfindet, und schön ist es, zu verfolgen, wie das Mädchen, in dem Maße als ihr Geschick sich drohender gestaltet und die sittlichen Anforderungen ernster an sie herantreten, von der Seite der Mutter weg dem Vater in die Arme geführt wird, als dessen würdige Tochter sie sich zuletzt bewährt.

Ihren Gehorsam zeigt Emilia, indem sie einwilligt, Appianis Gattin zu werden, denn nicht die Liebe, die allbezwingende, hat sie ihm verbunden. Sie ehrt ihn, sie schätzt ihn, sie hat ihn auch in gewissem Sinne lieben gelernt; sie sieht der Verbindung mit ihm heiter, in frohem Gleichmuth entgegen, aber alles dies nur, weil der Strahl der Leidenschaft ihr Herz noch nicht berührt hat. Daher auch später, als das Mißgeschick hereinbricht, äußert sich ihre Bekümmerniß um die Mutter eigentlich lebhafter als die Sorge um den Bräutigam; auch hernach kann sein Tod ihr keine Schmerzensklage entlocken, und als der Vater die Frage stellt: „Was nennst du: alles verloren? Daß der Graf todt ist?" antwortete sie scharf und schneidend: „Und warum er todt ist! warum!" — Man wird gestehen, daß sehnsuchtsvolle Liebe, welcher soeben der Tod alle blühenden Hoffnungen geknickt hat, in andern Tönen klagen würde. Mit größerer Zärtlichkeit als die Braut redet von Appiani der alte Odoardo, dem freilich der junge Mann, der den Entschluß gefaßt hatte, fern von den Verlockungen und Zerstreuungen des Hofes „in seinen väterlichen Thälern sich selbst zu leben," ganz als ein Mann nach seinem Herzen erscheinen mußte. Und wiederum, wenn man in Appianis Wesen prüfend hineinblickt, möchte man fast vermuthen, daß er dieses „Mißbündniß" mehr um des künftigen Schwiegervaters als um der künftigen Gattin willen eingeht. So hat wohl hier mehr der Schwiegervater den Eidam und der Eidam den Schwiegervater, als der Bräutigam die Braut und die Braut den Bräutigam gewählt.

Emiliens Gemüthsleben, dessen ruhiges Gleichmaß durch ihre Verlobung nicht verändert worden, erfährt die erste Störung an jenem verhängnißvollen Abend, da der Prinz im Hause der Grimaldi — sie selbst nennt es später mit übertriebenem Ausdruck „das Haus der Freude" — sie zuerst sieht, sich mit ihr lange unterhält, und, was Claudia mit dem scharfen Auge mütterlicher Eitelkeit alsbald bemerkt, von ihrer Schönheit, ihrer Munterkeit und ihrem Witze ganz bezaubert wird. Schon früher mag — die Mutter wird sie nicht immer allzu ängstlich davor geschützt haben — manches Lüftchen, das aus den schwülen

Regionen des Hoflebens herwehte, an Emilien herangekommen
ſein; jetzt aber fühlt ſie ſich auf einmal ganz in die gefährliche
Atmoſphäre verſetzt. Und nicht gering iſt die Gefahr, die ſich
ihr bereitet.

Der Prinz iſt es eben überdrüſſig, „der tollen Orſina
ſchimpfliche Feſſeln" länger zu tragen; die Eigenſchaften, die
Marinelli an Emilien ſpöttelnd rühmt: „ein wenig Larve, aber
mit vielem Prunk von Tugend und Gefühl und Witz," dieſe
Eigenſchaften, die der Prinz an der zu trübſinniger Schwärmerei
geneigten Orſina zu vermiſſen angefangen, wirken unmittelbar
auf ihn, und er muß nun gleich alle Kräfte ſeines Weſens in
Bewegung ſetzen, um derjenigen, die ihm das Glück einer neuen
Liebe zu empfinden giebt, wiederum liebenswerth zu erſcheinen.
Dieſes kann ihm nicht allzu ſchwer werden. Leſſing hat dafür
geſorgt, daß wir uns von der Liebenswürdigkeit des Prinzen
keinen zu geringen Begriff bilden. Seine Schwäche flößt uns
Geringſchätzung, ſein mattherziger und doch wieder ſo lebhafter
Wunſch, die Früchte des Böſen zu genießen, ohne das Böſe
ſelbſt zu begehen, flößt uns Verachtung ein; aber in dieſe
Geringſchätzung, in dieſe Verachtung miſcht ſich eine gewiſſe
Theilnahme, die wir ſeinen Empfindungen, ſeinen Geſinnungen,
ſo ſelten dieſe auch zu Thaten werden mögen, dennoch nicht
verſagen können. Ein Prinz, in dem eine Orſina nicht bloß
den Prinzen, ſondern den Mann „in gutem Ernſte" liebt, kann
auch nicht eben ein Prinz von der gewöhnlichſten Art ſein. Er
zeigt ſich uns als einen wohlwollenden Beſchützer, wenn auch
nicht eben verſtändigen Freund der Kunſt; er iſt ein Knecht
ſeiner Begierden, aber er würde ſich ſelbſt eine böſe Abſicht nie
einzugeſtehen wagen, und mit kluger Berechnung zu einem
ſchändlichen Zweck etwas Schändliches zu unternehmen, wäre
ganz wider ſeine Natur. Er weiß edle Männer, ſelbſt wenn
ſie ihm feindlich gegenübertreten, zu ſchätzen und wünſcht, ihnen
durch die That ſeine Hochachtung zu bezeigen. Er iſt den ſanf-
teren Regungen der Theilnahme, des Mitleids zugänglich und

er wird ein Todesurtheil gewiß nur dann „recht gern" unter=
schreiben, wenn die Sorge um den drohenden Verlust einer Ge=
liebten irgend eine Rücksicht auf seine Fürstenpflichten nicht auf=
kommen läßt. Kurz, sein Wesen ist immer noch so beschaffen,
daß ein junges unverdorbenes Mädchen, das seinem Charakter
ja doch nicht gleich auf den Grund sehen kann, ihn wohl mit
günstigen Augen betrachten darf. Und in den Künsten der
feinen Welt, in der Sprache der Galanterie, die Claudia (2, 7)
so vortrefflich schildert, und in welche er noch den überzeugenden
Ausdruck wahrer Empfindung zu legen weiß, in diesen Künsten,
in dieser Sprache ist er so bewandert, wie nur je ein Prinz
zum Verderben der Unschuld es gewesen.

Nur in einer Scene (3, 5) kann Lessing ihn diese Sprache
führen lassen; aber die Worte, mit denen er hier die verwirrte
und unentschlossene Emilia zu beschwichtigen sucht, lassen uns
seine, in diesem Puncte zur Meisterschaft gediehene probehaltige
Kunst in ihrem ganzen Umfange, in ihrer ganzen gefährlichen
Macht erkennen. Wie sanft, wie geschmeidig, wie einschmeichelnd,
und doch wie feurig beredt fließt die Rede von seinen Lippen!
Wie bedeutsam wird jede, scheinbar unwillkürliche Wendung!
wie ausdrucksvoll jede Unterbrechung, jedes Innehalten! Die
Worte wagen die zurückgedrängte Gluth der Leidenschaft nur
ahnen zu lassen, und so muß das verhaltene Wort noch ein=
bringlicher reden als das ausgesprochene. Aus derselben Ton=
art, wenn auch mit gemäßigterem Ausdruck, wird er schon an
jenem Abend im Hause der Grimaldi zu ihr gesprochen haben.
Und Emilia, mit welchen Empfindungen vernahm sie diese
Sprache, lauschte sie diesen herzberückenden Worten?

Wenn schon die Mutter über die Gnade, welche der Prinz
in so reichem Maße der Tochter erzeigt, in ein stilles Entzücken
geräth, sollte da die Tochter selbst gegen so viel Huld und
Schmeichelei unempfänglich bleiben? Konnte sie es bleiben?
Solche Worte, wie sie jetzt ihr Ohr berühren und gleich einem
süßen Gift in alle ihre Sinne eindringen, solche Worte hat sie

aus dem Munde ihres Appiani wohl nie gehört. Ihre Seele, in welcher bis dahin kein Streit widersprechender Empfindungen sich geregt, wird zuerst von einem, noch weiß sie nicht von welchem schmerzlichen Kampfe bewegt. Drangvolle Wünsche kündigen sich an, und verhüllte Leidenschaften geben sich zu erkennen. Mit angstvoller Scheu, mit bänglichem Zagen wirft sie einen Blick in die vor kurzem noch verdeckten Tiefen ihres Innern; und dieser Blick lehrt sie, was sie sich selbst kaum bekennen darf, daß es Verlockungen giebt, gegen die sie nicht unangreifbar gesichert ist, denen sie vielleicht auf die Dauer nicht widerstehen würde. Wie, wenn sie gar fürchten müßte, daß einst ihre eigene Sehnsucht, ihr eigenes Verlangen mit solchen Verlockungen in ein gefährliches Bündniß gegen ihre bis dahin unverletzte Seelenreinheit treten könnte?

Und wenn sie wieder in das bunte manigfaltig bewegte Treiben des Hoflebens hineinblickt, wenn sie ihn, dem dieses ganze Treiben gehorcht, bereit sieht, ihr sein Herz und seine Macht zu Füßen zu legen, wenn sie sich gestehen muß, daß sie leicht dahin gelangen könnte, an der Hand dieses Mannes jene ganze schimmernde Welt des Hofes zu beherrschen — wer weiß, ob ihr dann nicht die Aussicht, an der Seite des Grafen, in den Thälern von Piemont, fern von dem Strome der großen Welt in stiller Zufriedenheit ein einfaches Glück zu genießen, — denn „sich selbst zu leben“ ist ja der Wunsch und Entschluß ihres künftigen Gatten — wer weiß, ob dann nicht diese Aussicht ihrem von so unerwartetem Glanz geblendeten Auge weniger reizend erscheinen mag.

Emilia selbst muß es ihrem Vater im fünften Akte kund thun, wie an jenem Abend ihr Gemüth verwirrt worden, wie es nach jenem Abend verwirrt und erregt geblieben. Zwar giebt sie dem Gemälde, das sie hier von dem Zustand ihres Innern entwirft, absichtlich grellere Farben, aber der Grundton dieses Gemäldes ist unzweifelhaft der richtige. Nur die strengen Uebungen der Religion, zu denen das fromme Mädchen seine

Zuflucht nahm, konnten allmählich die Erregung ihrer Sinne beschwichtigen; allmählich stellt sich die so ernstlich gestörte Eintracht ihrer Empfindungen wieder her; sie darf sich sagen, daß sie noch nichts von ihrer Unschuld, von ihrer Reinheit eingebüßt; denn, daß ihre Reinheit schon getrübt worden in dem Augenblick, da sie zu fürchten begonnen, sie könnte einst getrübt werden, dies einsehen, dies nur ahnen konnte freilich das Mädchen nicht, für welches das eigene Innere noch so viele räthselhafte Tiefen hat. Und so bleibt von allem, was sie an jenem Abend berauscht und sie aus den gewohnten Kreisen ihres Gemüthslebens gerissen, kaum noch die leiseste Nachwirkung übrig; ungehemmt walten in ihrem Innern die heitern bräutlichen Empfindungen, denen sie sich im frohen Gefühl des wiedergewonnenen Seelenfriedens vielleicht mit gesteigerter Innigkeit überläßt. Der Hochzeitstag ist herangekommen, und gewiß hätte er für sie ein heiteres zufriedenes Leben eröffnet; da muß sie, eben an der Schwelle dieses neuen Lebens, noch einmal den Versuchungen und Verlockungen sich gegenüber sehen, vor denen sie ihre Seele nur mit Hülfe der Religion im ernsten Kampfe geborgen hatte. „In der nähern Gegenwart des Ewigen", eben da ihre Andacht am brünstigsten hätte sein sollen, muß sie abermals die Sprache des Prinzen hören, die gefährliche, die sinnverwirrende Sprache, aus der jetzt die heiße Leidenschaft athmet; sie hört ihn seufzen und klagen, ihn von Schönheit und Liebe reden; diese Sprache übt wieder ihre berückende Macht, wieder will in ihrer Seele der kaum gestillte Tumult sich erheben, und sie muß das Wiederauflodern kaum gedämpfter Gluthen fürchten. Nach dem ersten Blick, mit dem sie den Prinzen erkannt, war sie ihrer nicht mächtig genug, ihm in einem zweiten Blick „alle die Verachtung zu bezeigen, die er verdient" (2, 6); was sie ihm antwortet, muß ganz inhaltlos sein; denn der Prinz glaubt später (3, 3), er habe ihr „mit allen Schmeicheleien und Betheuerungen kein Wort auspressen können"; aber was sie auch sagen oder verschweigen mochte, sie fühlt, daß sie die Herrschaft über ihr Gemüth verloren, sie fühlt sich, wie sie es gleich darauf der Mutter andeutet, als eine „Mitschuldige fremden Lasters", wenn auch als eine Mitschuldige „wider Willen".

Darum sind ihre Sinne in so gewaltsamer Erregung, als sie, von treibender Angst gejagt, der Mutter in die Arme stürzt. In dieser Scene wird mit der vollkommensten künstlerischen Feinheit die schließliche Entwicklung andeutend vorbereitet; aber freilich läßt erst die Entwicklung selbst jede dieser Andeutungen in ihrem wahren Lichte erscheinen. Und könnten wir noch Zweifel hegen über die wirkliche Ursache dieser übermächtigen Bewegung, welche Emiliens ganzes Wesen aus seinen Fugen zu heben scheint, so müßte das verrätherische „Ihn selbst!" vollends jeden Zweifel vernichten.

Hat uns der Dichter indeß nicht selbst einen Fingerzeig gegeben, der uns jene Bewegung zu erklären dienen kann, und zwar viel einfacher zu erklären als es eben versucht worden? Er läßt Claudia (4, 8) von Emilien sagen: „Sie ist die Furcht= samste und Entschlossenste unseres Geschlechts; ihrer ersten Ein= drücke nie mächtig, aber nach der geringsten Ueberlegung in alles sich findend, in alles gefaßt." Warum sollte die stürmische Er= regtheit, in der Emilia aus der Kirche heimkehrt, ihre Unfähig= keit, sich, selbst in den Armen der Mutter, gleich zu fassen und zu beruhigen, warum sollten sie nicht eine natürliche Folge der Ueberraschung sein, welche die unerwartete Nähe des Prinzen und sein leidenschaftliches Benehmen nothwendig bewirkten? Freilich, so mag Claudia urtheilen. Aber darf Claudias Ur= theil auch das unsrige bestimmen? Hat sie wirklich ganz Emiliens Gemüth durchschaut? Hat sie wahrgenommen, welch ein Kampf in diesem Gemüthe vorgegangen? Hat sie das Gefährliche dieses Kampfes eingesehen?

Sie hat nichts davon wahrgenommen, nichts davon ein= gesehen. Ganz unbefangen erzählt sie ihrem Gemahl gelegent= lich von der Abendgesellschaft im Hause der Grimaldi; sie kann nicht begreifen, warum dieser, sobald er die Begegnung mit dem Prinzen erfährt, Verdacht schöpft und in Wuth geräth; und selbst da, als ihr Emilia den Auftritt in der Kirche berichtet, selbst da noch regt sich in ihr keine Ahnung der wirklichen Gefahr: sie ist nur froh darüber, daß der Vater nichts von diesem Bericht vernommen. Der Blick der guten Claudia reicht eben nicht weit, und das Leben der vornehmen Welt, das Treiben des Hofes sieht sie auch mit etwas weniger ungünstigen Augen an als ihr Gemahl. Allerdings verkennt Marinelli sie und thut ihr in seiner verruchten Gesinnung ein grausames Unrecht, wenn er vermuthet, es könne ihr schmeicheln, „so etwas von einer Schwiegermutter eines Prinzen zu sein" (3, 5), und sie beweist ihm auch alsbald, wie sehr er sich verrechnet hat, wenn es ihm je beigekommen, auf ihre Mitwirkung zu seinen Plänen zählen zu wollen. Aber trotz alledem muß man gestehen, daß sie sich ihrer Tochter gegenüber nicht ganz als die würdige Gattin Odoardos zeigt, ja, daß sie Emiliens Gemüth, ihren offenen Sinn, ihre wahrhaft sittliche Aufrichtigkeit nur unvollkommen zu schätzen vermag. Emilia will den Grafen von dem Auftritt in der Kirche unterrichtet wissen; sie will dies nicht nur, es kommt ihr durchaus natürlich vor, dies zu wollen, sie kann gar nicht anders, als dies wollen. „Aber, nicht wahr, meine Mutter? der Graf muß das wissen. Ihm muß ich es sagen."

Dies ist einer der schönsten und rührendsten Züge, mit denen Lessing den Charakter seiner Heldin ausgestattet und in denen er selbst seine künstlerische Empfindung, sein dichterisches Zartgefühl so schön bewährt und so überzeugend offenbart hat. Aber auch seine dichterische Kühnheit zeigt sich hier. Denn die edle Unbefangenheit, aus welcher jene Worte hervorgehen, wirkt dadurch noch rührender, daß sie in einem scheinbaren Gegensatz steht zu den Empfindungen, deren verderbliche Macht Emilia an sich erfahren hatte und eben jetzt wieder erfuhr. Dieser Gegensatz lehrt uns, daß, wenn auch die Ruhe ihres Innern gestört ist, so doch die Lauterkeit ihres Wesens in Wahrheit ungetrübt geblieben. „Ich dächte doch, ich behielte lieber vor ihm nichts auf dem Herzen“, in diesen Worten spiegelt sich die Rein= heit ihres Gemüths, das sich noch keiner wirklichen Schuld be= wußt sein kann. Und was erwidert die Mutter auf die Aeuße= rung dieses zarten Bedenkens?

Sie nennt es „Schwachheit, verliebte Schwachheit;“ sie räth ihr dringend an, dem Grafen den Vorfall zu verschweigen, und sucht ihr die Nothwendigkeit dieses Verschweigens durch ein Raisonnement darzuthun, das wir nur mit ungläubiger Ver= wunderung aus dem Munde der Gattin Odoardos vernehmen können, und das wir stets mit Mißfallen vernehmen würden, auch wenn die Mutter, die mit solchen Gründen das besorgte Gewissen ihrer Tochter zu beunruhigen strebt, nicht eben die Gattin eines Mannes wie Odoardo wäre. Emilia kann sogar kaum das genügende Verständniß für den eigentlichen Gehalt dieses Raisonnements haben, denn sie weiß noch nichts von dieser Weltklugheit, die sich mit den unbedingten Forderungen einer strengen Sittlichkeit so bequem abzufinden versteht. Und wenn die Mutter hier die zartsinnige Tochter nicht begreift, so vermag sie auch später, als sie Emilien im Lustschlosse des Prinzen wiederfindet, ihr Gemüth nicht zu ergründen. Sie rühmt ihre Ruhe, ihre Fassung, ihre gemessene Haltung dem Prinzen gegenüber; aber man merkt es den Worten an, sie ahnt nicht, welche Stürme das Gemüth der Jungfrau durch= schüttern, und welche Entschlüsse sich hier vorbereiten. Darf es uns daher Wunder nehmen, wenn Odoardo seiner Gattin nicht rücksichtslos zu vertrauen scheint, wenn er ihren Scharfblick nur mäßig schätzt, wenn er keine ungewöhnliche Charaktergröße von ihr erwartet; denn wie sorgsam weiß er sie entfernt zu halten aus dem engern Rath, in welchem er, vereint mit seiner Tochter, die endliche Entscheidung treffen will. — Alles stimmt also zu= sammen, um uns zu überzeugen, daß wir tiefer in Emiliens Wesen geblickt haben als Claudia; was Claudia urtheilt und denkt, darf demnach unser Urtheil nicht leiten.

Ist es nun noch nöthig, dem Autor bis zur letzten Ent=
wicklung rechtfertigend und erläuternd zu folgen? Er hat diese
Entwicklung so leise und so sicher, so kühn und so bedächtig
vorbereitet, daß, mag sie uns auch immer noch so unerträglich
verletzen, sie doch mit einer Art von unwiderstehlich überzeugen=
der Nothwendigkeit erfolgt; und daß Lessing diese Nothwendig=
keit deutlich zu machen gewußt hat, das ist keiner von den
geringsten unter den Siegen, die sein überwältigender Verstand
über widerstrebende Stoffe davongetragen.

Nachdem das Entsetzliche, Unerhörte sich begeben, nachdem
der Mann, an dessen Seite sich Emilia vor den Bewerbungen
des Prinzen und vor den Regungen ihrer eigenen Seele sicher
halten durfte, ihr durch Meuchelmord entrissen worden, nachdem
er, wie sie so bedeutsam, mit so furchtbar schmerzlichem Nach=
druck sagt, „darum“ gestorben, sieht sich Emilia wiederum, und
zwar schutzloser als vorher, den Verlockungen preisgegeben, deren
Gefahr sie, in Erinnerung an den Tumult, der schon vordem
in ihrer Seele sich erhoben, vielleicht überschätzen mag, denen
sie jedoch, wie ihr Bewußtsein ihr abermals nur zu deutlich ver=
räth, nicht das unerschütterliche Gefühl einer unbezwinglichen
Sicherheit entgegenstellen kann. Will sie sich vor sich selbst
retten — und wie darf sie anders wollen? — so muß sie das
äußerste, das letzte ins Auge fassen; und mit sicherem Ent=
schlusse muß sie dieses äußerste, letzte ergreifen, als sie im
Zwiegespräch mit ihrem Vater vernimmt, daß sie „in den
Händen ihres Räubers“ bleiben soll. Wir wissen es nun, was
die dreimal wiederholten Worte zu bedeuten haben: „Ich allein
in seinen Händen?“ Mit seltener Kunst ist dieses schauervolle
Zwiegespräch eingeleitet, mit ebenso seltener Kunst ist es bis zu
seinem schrecklichen Ende fortgeführt.

Vater und Tochter müssen sich zuerst einander aushorchen.
Er konnte eben noch einen Augenblick zweifeln, „ob sie es werth
sei, was er für sie thun will“; er muß also die Gewißheit er=
langen, daß sie es wirklich werth ist. Und ebenso muß auch

Emilia der Gesinnungen des Vaters, die sie freilich bei ihm vor=
aussetzen darf, dennoch erst vollkommen gewiß werden. „Ruhig“,
denn sie ist ja in ihrem Innern zu den äußersten Entschlüssen
bereit, tritt sie dem „unruhigen“ Vater entgegen. Aber wie
bald weicht diese scheinbare Ruhe von ihr, als sie erfährt, mit
welchen Mitteln der Prinz sie zu bezwingen gedenkt! Und nun
hat der Vater, dem über die Gesinnung der Tochter kein Zweifel
mehr bleiben kann, seine Ruhe wiedergefunden. In scharfen,
überraschenden Wendungen, in spitzen Worten, in denen die
Leidenschaft wie zusammengepreßt erscheint, verständigen sie sich
mit einander. Und da der Vater immer noch zögert, die Tochter
durch den Todesstoß zu retten, da muß sie wohl endlich, um
den Tod von ihm zu erzwingen, die schlimmsten Worte sprechen,
in denen sie die Gefahr bekennt, die ihrer Unschuld droht. Wir
werden uns mit diesen Worten nie versöhnen können; aber wir
haben jetzt wenigstens erkannt, daß sie gesprochen werden mußten.
Und zwar muß Emilia selbst sie sprechen. Denn nur, wenn
Emilia selbst sie spricht, wirken sie das, was sie wirken sollen,
ohne daß dadurch das reine Bild des Mädchens in unserer Vor=
stellung getrübt würde. Man denke sich nur, daß der Vater,
oder wer sonst, eine ähnliche Besorgniß äußerte, und man wird
sogleich empfinden, wie Emiliens ganzes Wesen dadurch entstellt
und befleckt würde.

Alles, was ich gesagt, fasse ich in den Satz zusammen:
Könnten wir mit Gewißheit voraussehen, daß Emilia den Ver=
lockungen des Prinzen unterliegen wird, so wäre ihr Schicksal
kein würdiger Gegenstand einer Tragödie; könnte hingegen
Emilia, in untrüglichem Selbstbewußtsein, ihre Unschuld, wie
über alle Gewalt, so auch über alle Verführung in jedem Fall
erhaben glauben, so wäre überhaupt keine Tragödie möglich.

So weit über den Charakter der Emilia Galotti. Und
meinen Sie nicht, daß Lessing vor unserm Verstand, und, darf
ich wohl hinzusetzen, vor seinem eigenen Verstand gerechtfertigt
ist? Gewiß hat er es sich recht sauer werden lassen, diesem

seinem Verstand ein volles Genüge zu thun. In drei ver=
schiedenen Epochen seines Lebens, im Jahre 1758 zu Leipzig,
im Jahre 1767 zu Hamburg und endlich im Jahre 1772 zu Wolfen=
büttel, hat er an dieser Emilia Galotti gearbeitet und ich denke,
wir können immerhin zufrieden sein, daß er von der antiken
Virginia seine Hand abgezogen, und uns in diesem „Ding von
einer Tragödie"[3]) eine modernisirte gegeben hat.

Ich habe, während ich schrieb, alles zu vergessen gesucht,
was ich jemals über Emilia Galotti gelesen, von Engels ver=
ständigen Briefen an bis herab zu den widerwärtigen Lob=
preisungen, mit welchen der neueste Biograph Lessings[4]) diesem
„das Rauchfaß um den Kopf schmeißt", wohl ohne zu bedenken,
daß Lessing sich diese Procedur gelegentlich sehr entschieden ver=
beten hat.[5]) Ich habe alles dies zu vergessen gesucht; denn
wenn es gut ist, alle diese schönen Dinge gelesen zu haben, so
ist es doch oft auch ebenso gut und besser, sie aus dem Ge=
dächtniß zu verbannen, und schwierigen Problemen in frischer
Selbstständigkeit gegenüberzutreten.

Und so hätte ich mich denn der Zahl derer angeschlossen,
über die Friedrich Schlegel schon vor mehr als sechzig Jahren
seinen Spott äußerte, der Zahl derer, die sich bemühten, einzelne
Charaktere in den Lessingschen Dramen sorgfältig und umständ=
lich zu zergliedern. Aber wir wissen auch, daß der junge
Friedrich Schlegel oft gespottet hat, wo er lieber hätte schweigen
sollen, und warum sollte er hier gerade mit Recht gespottet
haben? Und in der That, wer von uns fühlte sich nicht
stets wieder angeregt und ermuntert, dem Verstande Lessings,
diesem innerhalb seiner Sphäre schöpferischen Verstande, auf
seinen bald gerade hinlaufenden, bald in vielfältigen Krümmungen
sich hinschlängelnden Bahnen zu folgen? In dem, was Sophokles
und Shakespeare, Cervantes und Goethe geschaffen, lebt ein ge=

---

[3]) Brief an den Bruder 10. Februar 1772.
[4]) Adolf Stahr.
[5]) Siehe den 51. der Briefe antiquarischen Inhalts.

heimes, für den Verstand unfaßbares Leben, von dem Worte
nie das genügende aussagen werden; und wenn wir auch nie
aufhören können und dürfen, diese Schöpfungen wie eine zweite,
nach eigenen Gesetzen gebildete Welt, zu durchforschen, so wird
doch alles Sprechen und Schreiben über solche Dichterwerke
immer nur, wie Wilhelm von Humboldt einmal in weiser Resig=
nation sagte, „ein Herumgehen um das Unaussprechliche bleiben".
Was aber der Dichter Lessing geschaffen, das mit unserm Ver=
stande zu fassen, wird uns wohl nicht mißlingen, wenn unser
Verstand nur recht deutlich und recht scharf zu sehen gelernt
hat; wir dürfen es auch wohl wagen, das Geheimniß dieser
Schöpfungen mit Worten auszusprechen, und ich hoffe nicht,
daß Sie mir entgegnen werden, was so ausgesprochen werden
könne, verdiene gar nicht ausgesprochen zu werden. Und wenn
Goethe Recht hat mit seinem schönen Spruch, daß es die Eigen=
schaft des Geistes sei, den Geist ewig anzuregen, welcher Geist
könnte diese Wirkung entschiedener und heilsamer üben, als der
Geist Lessings, der, wie er selbst nur in rastloser Bewegung, in
ewig fruchtbarer Thätigkeit sich gefiel, so auch unsern Geist un=
abläfsig zu rüstigem Thun, zu kräftigem Schaffen aufruft und
anspannt?

Zur Erinnerung
an Gotthold Ephraim Lessing.
(1870.)

Was Lessing in Bezug auf Leibniz wünschte, wünschen wir alle in Bezug auf Lessing selbst: keine Zeile sollte er umsonst geschrieben haben. Denn jeder Zeile ist etwas von dem Reize seiner Persönlichkeit mitgetheilt, in jedem seiner Sätze athmet sein Geist. Wenn irgend einer unserer Großen die emsige Mühe lohnt, die man auch auf den bescheidensten Theil ihres Nachlasses wendet, so ist er es; und willkommen sei uns alles, wodurch auch nur der kleinste, unscheinbarste Zug in seinem Bilde deutlicher ausgeprägt oder schärfer beleuchtet wird.

Wenn Goethe die umfangreiche Sammlung der Lessingschen Werke überschaute, so gedachte er mit Gefühlen der Dankbarkeit des Herausgebers, der mit brüderlicher Pietät das alles so sorgfältig zusammengebracht und geordnet[1]); in allen Deutschen

---

[1]) Die Worte, in welchen Goethe das Gefühl aussprach, werden auch manchem nähern Freunde des Dichters nicht bekannt oder nicht erinnerlich sein; sie mögen daher aus „Kunst und Alterthum" (4, 1, 174) hier mitgetheilt werden: „Mehr als einmal während meiner Lebenszeit stellte ich mir die dreißig niedlichen Bände der Lessingischen Werke vor Augen, bedauerte den Trefflichen, daß er nur die Ausgabe des ersten erlebt, und freute mich des treuergebenen Bruders, der seine Anhänglichkeit an den Abgeschiedenen nicht deutlicher aussprechen konnte, als daß er, selbstthätiger Literator, die hinter-lassenen Werke, Schriften, auch die kleineren Erzeugnisse, und was sonst das Andenken des einzigen Mannes vollständig zu erhalten geschickt war, uner-müdet sammelte und unausgesetzt zum Druck beförderte." Diese Worte klingen wie ein Widerruf des grausamen Xenions, in welchem Karl Lessing

die dieses Namens würdig sind, regen sich ähnliche Gefühle gegen jeden, der seinen Theil dazu beiträgt, daß auch das geringste, was von dem „einzigen Mann" ausging oder ihn betrifft, vor der Vergessenheit bewahrt bleibe, und auf diese Dankbarkeit hat der Herausgeber der vorliegenden Schrift[2]) einen wohlbegründeten Anspruch.

Was er mittheilt, ist meist den zu Wolfenbüttel angesammelten handschriftlichen Vorräthen entnommen; er begnügt sich — und das ist bei Documenten dieser Art durchaus zu billigen — uns die Schriftstücke in sorgfältigem Abdruck und schicklicher Ordnung vorzulegen: nur hie und da fügt er in der Anmerkung ein erläuterndes Wort hinzu.

Sechsundzwanzig Briefe und Briefchen an Eschenburg bilden eine wünschenswerthe Ergänzung der zuerst 1794 im siebenundzwanzigsten Theile der Schriften erschienenen Sammlung, die dann in der letzten Gesamtausgabe noch um etwa zwei Dutzend Stücke vermehrt worden. Es sind Billets, wie man sie aus nächster Nähe, aus Wolfenbüttel nach Braunschweig, an einen Freund richtet, mit dem man in ununterbrochenem wissenschaftlichen und gesellschaftlichen Verkehr steht. Eschenburgs Thätigkeit war die eines mit anständiger Sorgfalt arbeitenden Compilators; sein Geist reichte über den Kreis der damals gangbaren ästhetischen Begriffe nicht hinaus. Lessing behandelte mit einer gewissen Herzlichkeit den Mann, der mit wahrhafter Ergebenheit bewundernd an ihm hing, der überdies durch eine liebenswürdige Persönlichkeit sich empfahl und sich in seinen Lebensverhältnissen

---

mit dem ungerechtesten Spotte beschuldigt ward, die modernden Gebeine des Bruders nicht in Frieden ruhen zu lassen. Diese Worte könnten auch die Verehrung bezeugen, mit welcher Goethe in jungen und alten Jahren auf Lessing blickte, wenn uns nicht aus allen Perioden des Goetheschen Lebens zahlreiche Zeugnisse für die Innigkeit und Unwandelbarkeit dieser Verehrung zu Gebote ständen.

[2]) Briefe und Actenstücke herausgegeben von Dr. O. v. Heinemann. Leipzig. S. Hirzel.

eine durchaus würdige Stellung zu geben wußte. Der Ton in diesen Briefen ist unbefangen, sogar traulich. Man bespricht sich über die kleinen Ereignisse des Tages, man theilt einander kleine Aufträge mit; Lessings Neigung zum Glücksspiel des Lotto kommt auch hier zum Vorschein (S. 12); und da sich selbst in diesen flüchtigen Aeußerungen zeigt, daß ökonomische Bedrängnisse ihn selten ganz frei ließen (S. 18), so bedauern wir es doppelt, daß die Terne und die Quaterne, die er sich „positiv versprach", ihm auch diesmal ihren kleinen Segen verweigerten.

Natürlich wird auch über litterarische Dinge verhandelt. Eschenburg empfängt aus der Wolfenbüttelschen Bibliothek seltene Werke, deren er zu seiner Uebersetzung des Shakespeare benöthigt ist; Lessing verlangt nach eben erschienenen Büchern und äußert sich in zwei Briefen (S. 8 und 9) über den philosophischen Nachlaß des jungen Jerusalem, den er hernach (1776) mit jener merkwürdigen Vorrede herausgab, in welcher er den Goetheschen Werther mit einigen ernsten Seitenblicken streift. Nur im Vorbeigehen sei hier bemerkt, daß mit den auf S. 7 genannten Quatre Poétiques ein Werk von Batteux gemeint ist (Les Quatre Poétiques, Aristote, Horace, Vida, Boileau. Paris 1771) und daß wir unter der ebendaselbst erwähnten Schrift über den Roman Chr. F. von Blankenburgs „Versuch über den Roman" zu verstehen haben, der 1774 (Leipzig und Liegnitz) ans Licht trat.

Auch in diesen mit laufender Feder flüchtig hingeworfenen Briefzeilen erkennt man das eigenthümlich Deftige — das niedersächsische Wort ist hier am Platze — wodurch Lessings Stil nach dem Lutherschen einzig dasteht. In einem Briefe vom 29. December 1779 lesen wir: „Ich befinde mich seit einigen Tagen recht sehr übel. Es soll zwar nur ein Flußfieber sein. Aber ich habe den Henker davon, wie die Dinge heißen, die uns das Leben so unangenehm machen!"

Die auf Seite 25—47 vorgelegten Schriftstücke zeigen uns Lessing in seiner amtlichen Thätigkeit als Bibliothekar, und zwar in seinem Verhältniß zum herzoglich braunschweigischen

Hofe. Er hat für Uebersendung der Bücher zu sorgen, die bei
Hofe verlangt werden; er giebt als kunstgelehrter Antiquar
über eine vom Herzog angekaufte Bronze ein ausführliches Gut=
achten ab; er überreicht dem Herzog die Schrift „vom Alter der
Oelmalerei“ und spricht dabei über den Werth des Manuscripts,
das ihm zu dieser Arbeit den Anlaß gegeben; er berichtet über
die Doubletten der Bibliothek, und gleich nach dem ersten Winter
seines Wolfenbüttelschen Aufenthalts überrascht er seinen Fürsten
durch Darbietung einer beträchtlichen Anzahl kostbarer Zeich=
nungen und Kupferstiche, die, wie es scheint, von den frühern
Verwaltern der Bibliothek ungeordnet und unbeachtet geblieben
waren. Auch hier überall bewegt sich Lessing sicher und zwang=
los. Wenn er auch, seitdem er sich endlich zur Annahme des
Amtes entschlossen, den Grundsatz festhielt, den er bald nach
dem Antritt dieses Amtes gegen seinen Vater ausgesprochen
hatte, sich nämlich „von allem, was Hof heißt, so viel möglich
zu entfernen“ (Brief vom 27. Juli 1770) — wenn er auch,
sage ich, diesem Grundsatz unverbrüchlich treu blieb, so war er
doch, als erfahrener Weltmann, darauf bedacht, im Verkehr mit
dem fürstlichen Kreise keine der herkömmlichen Formen zu ver=
nachlässigen. Ohne gegen höfischen Brauch anzustoßen, weiß er
auch gegenüber den durchleuchtigen Personen, als deren „unter=
thänigsten Knecht“ er, dem damals geltenden Stile gemäß, sich
bezeichnet, seine freie Haltung unverändert zu bewahren. Er
gehört nicht zu den zweifelhaften Freien, die sich in der
mürrischen Entfernung von der vornehmen Welt oder in dem
ausgesprochenen Gegensatz zu ihr vielleicht nur deshalb so ge=
fallen, weil sie sich in ihrem eigenen Innern nicht hinlänglich
sicher fühlen, ihre Freiheit, auf welche sie so heftig pochen, in
der Nähe jenes gefährlichen Kreises unangetastet behaupten zu
können.

Das Bedeutsamste und Anziehendste, was der Herausgeber
uns zu bieten hat, sind unstreitig die auf S. 51—90 mit=
getheilten Actenstücke. Indem wir sie durchmustern, versetzen

wir uns unmittelbar in die Zeit, welche als die wichtigste in
Lessings letztem Lebensabschnitt gelten muß — in die Zeit, da
der unerschrockene Kritiker durch die Herausgabe der Fragmente
des Ungenannten und seine eigenen rasch auf einander folgen=
den Streitschriften die gesamte theologische Genossenschaft in
lärmende Bewegung versetzt und endlich auch die weltliche Macht
wider sich aufgerufen hatte. Ueber die bedenklichen Mißhellig=
keiten, in welche Lessing mit dem Hofe gerieth, über die Maß=
regeln, die man gegen den Verbreiter und Verfasser so ärger=
licher Schriften ergreifen zu müssen glaubte, über die Art end=
lich, wie Lessing diesen Maßregeln theils sich unterwarf, theils
sie unwirksam zu machen suchte, — über alles das lag uns bis=
her nur ein Bericht Karl Lessings vor. Allerdings erweist er
sich im ganzen als zuverlässig, aber es ist erfreulich, daß wir
uns ferner mit ihm nicht zu begnügen brauchen.

Lessing durfte sich in der That rühmen, an seinem Fürsten
einen „gnädigen Herrn" gefunden zu haben. Um seinem Biblio=
thekar ein Zeichen des Vertrauens zu geben, hatte Herzog
Karl durch eigenhändige Resolution vom 13. Februar 1772 die
Beschränkung der Censur für ihn aufgehoben. Allerdings ward
diese Censurfreiheit nur zu Gunsten der „Beiträge" gewährt, die
Lessing gerade damals aus den Schätzen der Wolfenbüttelschen
Bibliothek zu veröffentlichen sich anschickte. Jedoch man nahm
es mit dem Wortlaute des fürstlichen Rescriptes nicht allzu
genau. Der Vergünstigung, die nur für den einen Fall ge=
stattet war, bediente man sich in allen Fällen, und Lessing galt
in Braunschweig für völlig censurfrei.

Diese Freiheit blieb ihm denn auch unverkürzt, bis um die
Mitte des Jahres 1778 die Streitigkeiten, welche durch Be=
kanntmachung der Fragmente hervorgerufen worden, den höchsten
Grad der Heftigkeit erreicht hatten. Im dritten Stück der „Bei=
träge" (1774) war das Fragment „von Duldung der Deisten"
erschienen; das vierte Stück (1777) hatte nichts als weitere und
umfangreichere Mittheilungen aus den Papieren des Ungenannten

gebracht, denen der Herausgeber seine scharf gefaßten Gegen=
sätze anschloß. Nun regten sich die Widersacher, von denen
manche, da sie die Person des geheimnißvollen Ungenannten
nicht treffen konnten, ihre Angriffe gegen die Person dessen
richteten, der die verhaßten Papiere aus dem Dunkel gezogen,
und den man für ihren Inhalt verantwortlich machen wollte,
so entschieden und nachdrücklich er auch den Verdacht von sich
abwehrte, den böswilligen und hämischen Verdacht, als sei er
mit dem, was gegen die Religion hier vorgebracht worden, ein=
verstanden, und als billige er sowohl im allgemeinen die An=
schauungen als im einzelnen die Beweisführungen des Un=
genannten. So gereizt, brach Lessing mit seiner Kraft unauf=
haltsam hervor und, von frischer Luft des Kampfes angefeuert,
entsandte er jene mächtigen und unwiderstehlichen Streitschriften,
in denen unsere Heldensprache die Töne wiederfand, die seit den
Tagen Luthers nicht mehr erklungen waren. Gedrängt hinter
einander folgten in kurzer Frist die Schriften gegen Schumann,
gegen den „Nachbar" Räß, und mit der „Parabel" begann die
Polemik gegen Goeze, die mit dem ganzen Aufgebot der viel=
seitigsten schriftstellerischen Kunst rastlos durchgeführt ward. Und
während noch ein Anti=Goeze dem andern rüstig auf dem Fuß
nachrückte, ließ der Bibliothekar — dies ward besonders übel
vermerkt — den Ungenannten abermals hervortreten und zwar
mit einem Fragment, welches durch seinen verletzenden Inhalt
die früher in den „Beiträgen" mitgetheilten Proben noch zu
überbieten schien.

Das war des Aergernisses zu viel, und dem mußte gesteuert
werden. Höheren Ortes äußerte man einigen Unmuth über die
Waisenhausbuchhandlung, welcher alles, was Lessing herausgab,
als einträglicher Verlagsartikel willkommen war. Aber der Vor=
steher der Handlung, Professor Remer,³) weiß (in dem Schreiben

---

³) Remer bemerkt am 28. Mai (S. 53): „Wenn Herr Lessing das
schreiben darf, was er S. 10 dieses 6. Bogens schreibt, so hoffe ich ent=

vom 28. Mai und 2. Juli 1778) jede Verantwortlichkeit ge=
ſchickt von ſich abzulehnen. Hatte man nicht Leſſing ſo lange
unbehindert gewähren, ihm ſo manches bedenkliche Wort in ſeinen
Schriften ungeahndet hingehen laſſen? Wenn die Regierung
ihm in ſeiner litterariſchen Thätigkeit ganz und gar keine Be=
ſchränkung auflegte, was brauchte der Verleger, der nur auf
den Vortheil ſeiner Handlung zu ſehen hatte, den cenſurfreien
Schriftſteller, der für jedes ſeiner Werke ſelbſt einſtehen mußte,
ſo ängſtlich zu überwachen? Und mochte man auch annehmen,
daß Leſſing im Grunde den Meinungen ſeines Ungenannten zu=
gethan war, ſo konnte man doch würdige und viel geltende Theo=
logen nennen, die an der Herausgabe der Fragmente keinen
Anſtoß genommen hatten.

Aber dieſe Vorſtellungen fruchteten nichts. Am 6. Juli
erging ein ernſtlicher Cabinetsbefehl an den Vorſteher der Buch=
handlung (S. 56 bis 57). Da Leſſing die Cenſurfreiheit nur
für ſeine „Beiträge“ erhalten hatte, und zwar, wie das Reſcript
vom 13. Februar 1772 beſagte, nur aus dem Grunde, weil
„man von ihm verſichert war, daß er nichts werde drucken
laſſen, was die Religion und Sitten beleidigen könnte,“ ſo ward
dem Profeſſor Remer nun eingeſchärft, fortan nichts aus den
Händen des Bibliothekars zum Druck anzunehmen, was nicht
zuvor von dem fürſtlichen Miniſterium durchgeſehen und approbirt
worden. Zugleich ward befohlen, den Verkauf ſowohl der

ſchuldigt zu ſein, daß ich es angenommen habe.“ Man könnte glauben,
daß er ſich hier auf eine Stelle in der Schrift „vom Zwecke Jeſu“ oder in
einem der früher erſchienenen Beiträge bezieht. Aber nein! Mit dem
6. Bogen meint er den 6. Anti=Goeze; und wer dieſen von der Mitte an
durchlieſt, wird die Aeußerungen Remers vollkommen begreiflich finden.
Jeder Anti=Goeze füllt im Originaldruck gerade einen Bogen, worauf
Leſſing am Schluſſe der zweiten Nummer ſelbſt ironiſch hinweiſt. Uebrigens
ergiebt ſich auch aus dieſem Briefe Remers, daß Guhrauer (Leſſings Leben
2, 2, 184) im Rechte war, wenn er den Druck des Fragments „vom Zwecke
Jeſu“ ſchon in das Frühjahr 1778 verlegte.

Fragmente als aller im Gefolge derselben erschienenen Schriften
ohne weiteres einzustellen.

Der Befehl war hart. Remer suchte eine Milderung desselben
wenigstens zu gunsten der eigenen Schriften Lessings zu er=
wirken (S. 63); daß aber jene Maßregel nur für gerecht und
billig gelten konnte, davon mußte der Herzog sich überzeugen,
wenn er von der am 9. Juli ihm vorgelegten Eingabe des
fürstlichen Consistoriums Kenntniß nahm, in welcher mit be=
weglichen Worten das neue Fragment als eine verderbliche Aus=
geburt des schlimmsten Religionshasses geschildert ward.

Nun war für Lessing die Zeit zu reden gekommen. Am
11. Juli verantwortet er sich vor dem Herzog in einem Briefe,
der, nebst dem spätern Schreiben vom 20. Juli, das eigentliche
Hauptstück des vorliegenden Buches ausmacht. Mit einer glück=
lichen Wendung richtet Lessing seine Vertheidigung, die einem
entschlossenen Angriffe sehr ähnlich sieht, nicht gegen den Herzog,
sondern gegen den Concipienten des herzoglichen Rescripts. Ver=
trauensvoll will er seinem Fürsten den wahren Sachverhalt dar=
legen, über welchen dieser wohl nur einseitige Berichte empfangen.
Vor allem weist er nach, wie grundlos die Beschuldigung sei,
daß er sich mit der ihm vergönnten Censurfreiheit einen Miß=
brauch erlaubt habe. Daß ihm diese Freiheit überhaupt nur
für einen bestimmten Fall ertheilt worden, läßt er weislich
unberührt; er besteht vielmehr zu seiner Rechtfertigung darauf,
daß er in seinen eigenen Schriften für seine eigene Person nie=
mals etwas vorgebracht oder gelehrt habe, was gegen die an=
erkannte Religion verstoße; er sagt — und im Hinblick auf
den Berengarius und die Abhandlung von den ewigen Strafen
durfte er dies sagen — daß „er sich stets als den orthodoxesten
Vertheidiger der Lutherschen Lehre erwiesen habe.“ Mit welchem
Recht könne man ihn also feindseliger Gesinnungen gegen die
Religion bezichtigen? Aber freilich, das habe er nicht gewußt,
daß man ihm auch verwehren wolle, was von jeher, und zwar
zum besten der Religion erlaubt gewesen, nämlich die Einwürfe

der Zweifler, die Ansichten der Ungläubigen bekannt zu machen. „Ich selbst," schreibt er, „würde auch eher mein ganzes Unternehmen mit den Beiträgen gänzlich aufgegeben, als mich einer so unchristlichen Einschränkung, die Ew. Durchlaucht so wenig ähnlich sieht, haben unterwerfen wollen." Soll er daher von der Handschrift des Ungenannten ferner keinen öffentlichen Gebrauch machen, so kann er sich diesem Verbote nur mit Bedauern fügen. Das Verbot jedoch, das auch seine eigenen Schriften treffen soll, vermag er nicht ohne weiteres als gültig anzuerkennen. Denn in diesen Schriften vertheidigt er sich gegen einen Mann, der ihn durch wüthenden Angriff zum Kampfe gezwungen, und dieser Mann streite nicht sowohl für die Religion, als vielmehr nur für seine Religion, von welcher sich die überwiegende Mehrzahl der Gottesgelehrten losgesagt habe. Lessing glaubt sich demnach zu der Bitte berechtigt: das fürstliche Verbot möge nicht auf seine eigenen Schriften ausgedehnt und ihm nach wie vor gestattet werden, die Anti-Goezischen Blätter ohne Censur drucken zu lassen.

Diesem Gesuche ward keine Folge gegeben. Der Magistrat der Stadt Braunschweig und der Senat der Universität Helmstädt erhielten am 13. Juli den Befehl, die noch vorhandenen Exemplare des neuen Fragments „vom Zwecke Jesu" den Buchhändlern abzufordern und den weitern Verkauf desselben zu untersagen. Ein an Lessing selbst gerichteter Cabinetsbefehl von dem nämlichen Tage bestätigte die Verfügung, die am 6. an die Waisenhausbuchhandlung ergangen war, und forderte außerdem ihn mit scharfen Worten auf, die Handschrift des Ungenannten, integraliter, binnen acht Tagen einzuschicken und auch das Original der Urkunde, in welcher ihm die Censurfreiheit zugesichert worden, zurückzuliefern.

Lessing zeigte sich bereit, diesem Befehl „ohne Anstand und Murren" nachzukommen; aber indem er das Manuscript und die zurückgeforderte Urkunde dem Herzog am 20. überreichte, verfehlte er nicht, in seinen Brief ein tadelndes Wort gegen das unbedachtsame Verfahren des Consistoriums einfließen zu lassen und ziemlich unverhohlen anzudeuten, daß er, falls man entschlossen wäre, das gegen seine Schriften gerichtete Verbot aufrecht zu erhalten, seinerseits sich gezwungen sehen würde, sie an einem andern Ort in Druck zu geben.

Die Confiscation der Fragmente zu hintertreiben versuchte also Lessing keineswegs; er gestand den Freunden sogar, daß sie ihn belustige, daß er sie recht gern geschehen lasse; aber in seiner Thätigkeit als Verfasser wollte er keine Beschränkung dulden; „über diesen Punct," schrieb er mit fast gleichlautenden Worten an den Bruder Karl und an Elise Reimarus, „über diesen Punct beiße ich mich noch trefflich herum." (Sämmtliche Schriften 12, 506 und 507.) Die beiden Briefe an den Herzog bieten hinreichende Belege dieser kräftigen Aeußerung.

Daß er denn auch nicht gewillt war, in diesem Puncte nachzugeben, bewies er alsbald durch die That: er ließ die „nöthige Antwort auf eine sehr unnöthige Frage" durch Vermittlung des Bruders in Berlin zum Druck befördern. Am 23. Juli hatte er diesen Aufsatz, mit dem gewissermaßen eine neue Folge von Anti=Goezen beginnen sollte, nach Berlin gesandt; und am 3. August empfing er eine neue Resolution. Für das Unterfangen, das Consistorium der Unbedachtsamkeit zu beschuldigen, ward ihm ein ernstlicher Verweis ertheilt; im übrigen wurden die früher schon erlassenen Verbote wiederholt, mit der hinzugefügten Bemerkung, daß ihm auch nicht gestattet sei, die in Braunschweig confiscirten Schriften an andern Orten drucken zu lassen.

Was die letztere Clausel zu bedeuten habe, darüber erbat sich Lessing Aufschluß in einem abermaligen Schreiben an den Herzog vom 8. August. Und diesem Briefe legte er den inzwischen zu Berlin gedruckten Bogen der „nöthigen Antwort" bei. Er hatte also schon diesem Verbote, das ihm so unerwartet gekommen, zuwider gehandelt, und er verhehlte nicht, daß er gesonnen sei, in Berlin ein „mehreres drucken zu lassen". Den ihm ertheilten Verweis nahm er zwar an, wie es sich gebührte; er sprach ihm aber zugleich jede ernstliche Bedeutung ab und schob ihn ganz eigentlich beiseite, indem er ihn als völlig un= verdient bezeichnete. Dem Befehle, der im Namen seines Fürsten ihm verkündet wird, kann er den äußern Gehorsam nicht ver= sagen; aber — und hier giebt sich die echte Lessingsche Sinnes= weise kund — er kann nicht zugleich gezwungen werden, die innere Freiheit, die Selbständigkeit seines Urtheils aufzuopfern. „Wenn Ew. Durchlaucht," fügt er hinzu, „auf die Anzeigungen des Consistorii resolviren, so ist meine Pflicht zu gehorchen, und das thu' ich: aber zugleich die Klugheit und Billigkeit der Anzeigungen des Consistorii in allen Stücken anzuerkennen, das kann zu meiner Pflicht unmöglich mitgerechnet werden."

Und hiermit war die Angelegenheit eigentlich zum Abschluß gediehen. Das Geheimraths=Collegium fand zwar die Vorstellung des Hofraths Lessing „fast durchaus in so unschicklichen terminis abgefasset, daß derselbe deßhalb einen nachdrücklichen Verweis wohl verdient hätte"; aber man enthielt sich doch weiterer Schritte und ließ es einfach bei den schon getroffenen Verfügungen bewenden. Lessing aber beharrte bei dem Entschlusse, dem er in seinem letzten Schreiben an den Herzog Ausdruck gegeben hatte; während der ihm noch vergönnten, leider nur allzu kurzen Lebensfrist wählte er für seine Schriften den Druckort, der ihm gelegen war, und dem Fortgange seiner litterarischen Thätigkeit ward durch keine ferneren Cabinetsbefehle Einhalt geboten.

Vielleicht müssen wir es den Herren des Consistoriums noch Dank wissen, daß sie unserm Lessing solche Verwicklungen bereitet haben. Denn diese Verwicklungen, von denen sich doch auch ernstliche Folgen besorgen ließen — in einem Brief an Elise Reimarus deutet er sogar auf die Möglichkeit seines Ab= schieds — diese Verwicklungen eben waren es, die ihm, wenn wir seinen eigenen Worten Glauben schenken, den Gedanken an ein Werk nahe legten, das er schon früher im Geiste gehegt, für das aber jetzt erst die rechte Stunde gekommen war. Nachdem

Lessing am 8. August seinen letzten Brief an den Herzog ge=
richtet hatte, begannen die Ideen des „Nathan“ ihn in Anspruch
zu nehmen; am 11. meldet er dem Bruder, daß er in der ver=
gangenen Nacht den „närrischen Einfall“ gehabt, das Schauspiel
jetzt auszuführen. So eröffnet sich uns am Schlusse dieser
ernsten und vielbewegten polemischen Spiele ein Blick auf das
friedselige Werk, welches den ganzen Reichthum der Lessingschen
Weltanschauung, die gehaltvollsten Ergebnisse seines Denkens in
sich aufnahm, und das auf dem weiten Felde unserer Bildungs=
geschichte als ein unverrückbarer Markstein feststeht.

Wie bedenklich nun auch immerhin der geschilderte Zusammen=
stoß mit dem Hofe zu werden drohte oder zum Theil schon
geworden war, so müssen wir doch jetzt, bei unbefangenem Ueber=
blick der Verhältnisse, einsehen, daß er Lessings Stellung nicht
ernstlich gefährdete. Wenigstens trat an diesen die Gefahr nicht
unmittelbar heran, sie zeigte sich ihm eben nur aus der Ferne.
Während des Kampfes blieb ihm daher auch das Gefühl der
Sicherheit; es spricht sich mehrfach aus in den längst bekannten
Briefen, die mit den hier beleuchteten Documenten gleichzeitig
sind und, mit diesen zusammengehalten, ein ziemlich vollständiges
Bild jener drangvollen Tage liefern. Allerdings entsprang dieses
Gefühl aus dem Bewußtsein geistiger Ueberlegenheit, die ihn
beim Verfechten seiner Sache vor jeder Niederlage bewahren
mußte; es verließ ihn nicht, weil sein Gewissen ihn von jedem
Vorwurf freisprach; dieses Gefühl stützte sich aber auch auf die
Ueberzeugung, daß die beiden fürstlichen Personen, deren Ge=
sinnungen doch schließlich den Ausgang des Kampfes bestimmen
mußten, sich nie zu den letzten und äußersten Schritten gegen
ihn würden bewegen lassen. Dem alten Herzog Karl hatte man
in seiner Schwachheit beizukommen gewußt; die Schritte, die man
ihm als nothwendig vorstellte, ließ er mehr geschehen, als daß
er selbst mit entschiedenem Willen sie befohlen hätte. Der Erb=
prinz Karl Wilhelm Ferdinand war abwesend. Wer weiß, ob in
seiner Gegenwart die fürstlichen Räthe auch nur die Maßregeln

gewagt hätten, mit denen sie jetzt in der That den kühnen Bibliothekar zu bedrängen suchten? Obgleich der Prinz sich beständig auf der Seite der Altgläubigen hielt, so konnte Lessing doch im Falle der Gefahr auf sein thätiges Wohlwollen rechnen. Nachdem er die Regierung angetreten, hatte Ferdinand denn auch wirklich Gelegenheit, dieses Wohlwollen auf unverkennbare Weise darzuthun. Im November 1780, zu einer Zeit, da für die braunschweigische Regierung die ganze Streitigkeit längst abgethan war, gewann es den Anschein, als sollten die Verhandlungen vom Juli und August 1778 ein überraschendes Nachspiel, und zwar von Regensburg aus, erhalten. Dort machte man Miene, Lessing als einen zweiten Bahrdt zur Verantwortung zu ziehen. Sobald der Herzog durch seinen Gesandten Kunde von einer derartigen Absicht empfing, trat er mit entscheidendem Worte zum Schutze des Mannes ein, von dessen Bedeutung er offenbar keine unwürdige Vorstellung hegte, und den er mit Stolz zu den seinigen zählte. Die Handlungsweise des Fürsten erhellt deutlich aus den hier vorgelegten Actenstücken, die vollkommen bestätigen, was wir bisher nur aus einem Briefe Lessings an Elise Reimarus (vom 28. November 1780) erfahren konnten; sie bekräftigen zugleich die Worte, in denen Lessing das Wesen des Herzogs schildert, und zwar zu einer Zeit schildert, da er, seinem eigenen Geständnisse nach, „ein wenig ärgerlich" auf ihn geworden war: „er ist doch immer ein edler Mann, der keinen kleinen Streich an sich kommen läßt; und ein ehrgeiziger Mann, der sich von keinem vorschreiben läßt, und der einen Schutz, der ihm Ehre machen kann, lieber aufdringt, als sich abbetteln läßt." Dem Herzog Karl Wilhelm-Ferdinand hat Deutschland es zu verdanken, daß ihm die Schmach erspart geblieben, Lessing unter dem Druck öffentlicher Verfolgung zu erblicken.

Das eigenthümliche Verhältniß, das wir zwischen Lessing und dem braunschweigischen Hofe hier wahrnehmen, kann uns an die ähnliche Lage erinnern, in welcher sich, etwa zwanzig Jahre hernach, dem weimarischen Hofe gegenüber Fichte befand, als er

sich unter die Anklage des Atheismus gestellt sah. In beiden
Fällen war man höchsten Orts zwar entschlossen, das Aergerniß,
möchte es nun gegeben oder genommen sein, zu unterdrücken;
man war jedoch keineswegs geneigt, die Angeklagten und Ver=
dächtigten preiszugeben oder ihnen den fürstlichen Schutz zu ent=
ziehen. Aber wie charakteristisch unterscheidet sich Fichtes un=
ruhiges Verhalten von dem maßvollen Verfahren Lessings!
Jener, der großartigen Energie seines Wesens gemäß, dringt
ungestüm vorwärts und vereitelt so die wohlwollenden Absichten
der Regierung; er bringt den Sturm, den diese zu beschwichtigen
und vor dem sie ihn zu schützen wünschte, erst recht zum Aus=
bruch. Lessing hingegen beharrt fest und unbeugsam auf seinem
Recht; er widersetzt sich jeder angedrohten Beschränkung seiner
Thätigkeit, er wahrt nachdrücklich die Freiheit seiner Ueberzeugung.
Aber es kommt ihm nicht in den Sinn, durch ein auffälliges,
herausforderndes Verfahren die Behörden zum äußersten zu
reizen oder zu zwingen; die Leidenschaft trübt sein Urtheil nicht;
er erkennt, wie die Verhältnisse in Wahrheit beschaffen sind und
gegen einander wirken, und wir freuen uns der wohlabgemessenen
Haltung, die er, unbeschadet seiner Manneswürde, durchweg
behauptet.

So hat der Zwist mit der braunschweigischen Regierung
nur die schöne Folge gehabt, Lessings Charakter von neuem zu
bewähren. Für eine künftige Sammlung der Lessingschen Briefe
aber werden die drei, hier zuerst in genauem Wortlaut ver=
öffentlichten Documente nicht nur eine Bereicherung, sondern
auch eine wahre Zierde sein. In ihrer einfachen Form zeigen
oder vielmehr verbergen sie die gewandteste Dialektik, und zu=
gleich nimmt man in ihnen Spuren von der Erregung des
Gefühls wahr, die den großen Autor während des Schreibens
zu überkommen scheint. Diese Briefe bezeugen gleichsam aufs
neue alle die Eigenschaften, durch welche Lessings Wesen vor=
nehmlich das Gepräge des Männlichen erhält.

Was der Herausgeber in der zweiten Hälfte des Buches

gesammelt hat, dient zur Kenntniß der Zustände und Kreise, in
welchen Lessing seine letzten Lebensjahre verbrachte. Unterrichtend
in vielfacher Beziehung sind auch die Briefe der Freunde, die
uns mancherlei Beiträge zur Litterargeschichte der Lessingschen
Schriften liefern. Eschenburg zeigt sich redlich besorgt für alles,
was auf die Publication des Nachlasses Bezug hat; wenn er
aber (S. 176) von Nicolovius aufgefordert wird, Lessings Leben
zu schreiben, so sind wir es wohl zufrieden, daß er, zu seinem
und Lessings Glück, die biographische Feder ruhen ließ. Gleim
zeigt auch hier für Lessings Andenken denselben freundschaftlichen
Enthusiasmus, den er so oft an geringere verschwendete; Karl
Lessing scheint seit dem Hingang des großen Bruders an breiter
Schwatzhaftigkeit nichts verloren und an Präcision des Aus=
drucks nichts gewonnen zu haben. Auch Nicolai erscheint in
voller Figur; um zu zeigen, wie selbständig und unabhängig
er sich neben „seinem Freunde Lessing“ fühlt, richtet er (S. 160)
seinen Tadel sogar gegen die im Laokoon entwickelten Grund=
sätze.[4]) Alles, was wir hier finden, ist dankenswerth. Man
sollte niemals mit der Mittheilung solcher anscheinenden Kleinig=
keiten geizen. Der Litterarhistoriker wird auch das kleinste am
gehörigen Orte zu gebrauchen wissen: ihm kann gelegentlich die
geringste Notiz zum Fingerzeig werden, die ihn bei einer wichtigen
Untersuchung auf den Weg weist.

---

[4]) Zu einer ähnlichen Kritik versteigt er sich auch in einer Note zu
Lessings Brief vom 26. März 1769, der einen wichtigen Nachtrag zum
Laokoon bildet. Man muß aber dies Specimen Nicolaischer Kritik in den
alten Ausgaben der Briefe aufsuchen; Lachmann hat es (12, 225) mit gutem
Grunde weggelassen. Und doch muß man auch diese kleinen Ungebührlich=
keiten kennen, wenn man über Lessings Verhältniß zu den berliner Freunden
völlig ins klare kommen will. Uebrigens ist Nicolai im Irrthum, wenn
er S. 164 Riedel als Verfasser der scurrilischen Briefe angiebt. So viel
ich weiß, hat Meusel sie geschrieben. In dem englischen Brief auf S. 112
Z. 5 v. o. ist wohl obscured statt observed zu lesen; wenigstens würde
dieses letztere nur eine sehr gezwungene Erklärung zulassen; und ebenso
wird in Lessings Brief S. 74 Z. 8 v. u. statt „mir“ nur zu lesen sein.

Dieses Buch, welches sich so bescheiden ankündigt und so vieles giebt, trägt auf seinem Titelblatt die Worte, in welchen Lessing bekennt, niemals etwas geschrieben zu haben, was nicht alle Welt lesen könnte. In demselben Sinne dürfte man zum Motto hier die Worte wählen, mit denen Herder das Erscheinen der nachgelassenen Schriften Lessings begrüßt hat: „Es zeigt einen sehr hellen Kopf, einen sehr festen reinen Charakter an, daß jeder Aufsatz, beinahe jede Zeile von ihm gedruckt werden konnte."

Mit jedem neuen Aufschluß, den wir über Lessing erhalten, wächst sein Charakterbild vor unsern Augen. Gelegen kommt dieses Buch gerade in dieser Zeit, da wir alles, was jemals Großes aus unserm Volke entsprungen, mit verdoppelter Liebe umfassen sollten, in dieser Zeit, da wir noch inniger als bisher das Verdienst des Einzigen empfinden müssen, der, ein volles Jahrhundert ehe die Herrlichkeit Deutschlands neu über uns aufging, der Flamme des deutschen Geistes Luft machte, daß sie, welterleuchtend, mit unauslöschbarer Kraft emporloderte.

Zimmermanns „Merck",
ein Beispiel dilettantischer Bücherfabrik.
(1871.)

Beim ersten Aufschlagen dieses stattlichen Bandes[1]) fallen die Gänsefüße, welche fast jede Seite desselben überlaufen, sehr angenehm ins Auge. Diese verheißungsvollen Zeichen scheinen Mittheilungen aus bisher unzugänglichen Quellen anzukündigen. Allerdings wäre es Pflicht des Verfassers gewesen, das neu gewonnene Material gesichtet und verarbeitet in seine Darstellung aufzunehmen, anstatt es in großen rohen Massen sorglos vor dem Leser hinzuschütten. Dürfen wir uns indeß hier einen erheblichen Zuwachs unserer Kenntniß versprechen, so mögen wir uns immerhin mit der ungeschlachten Form, in welcher die Belehrung geboten wird, nachsichtig versöhnen. Dies wäre ja wahrlich nicht der erste Schriftsteller, der seinem Buche nur durch das, was nicht von ihm herrührt, einigen Werth zu geben vermocht hätte.

Aber diese nachsichtsvolle Stimmung wird verscheucht, sobald man die seitenlangen Sätze, die von jenen anlockenden Zeichen eingeschlossen sind, schärfer durchblickt. Diese Sätze sind uns ja längst geläufig; man hat sie oft genug an verschiedenen Orten wieder und wieder gelesen. Und wirklich haben dem Verfasser, wie er im Vorworte eingestehen muß, keine handschriftlichen

---

[1]) Johann Heinrich Merck, seine Umgebung und Zeit. Von Dr. Georg Zimmermann, Professor an der Universität Gießen. Frankfurt a. M. J. D. Sauerländer. 1871.

Quellen sich aufgethan; seine Quelle floß ihm — in den drei wohl bekannten und oft schon ausgenutzten Bänden, in welchen Wagner die aus dem Merckschen Freundeskreise stammenden Briefe zusammengestellt hat.

Eine ganz andere Bedeutung gewinnen also nun die über die ganze Länge und Breite des Buches so keck daherwandelnden Gänsefüße. Sie bedeuten, daß der Verfasser aus drei Octav=bänden verschiedenen Umfangs, die seit Jahrzehnten für einen mäßigen Preis jedem zugänglich waren, einen sehr umfangreichen Octavband verfertigt hat, den er mit seinem Namen zu schmücken für gut befunden.

Bei Herstellung dieses Bandes beobachtete er ein Verfahren, das sich ihm als einfach und bequem empfehlen mußte. Es läßt sich überaus leicht charakterisiren. Blicken wir z. B. auf Seite 274. Wir finden sie besetzt mit kleinen Stellen aus ver=schiedenen Briefen Karl Augusts, die auch noch die obere Hälfte der folgenden Seite einnehmen. Dann beginnt die Abschrift eines „interessanten Urtheils", welches Karl August über Joseph II. fällte;[2] dieser Urtheilsspruch hat vor allem den wünschens=werthen Vorzug, sehr ausführlich abgefaßt zu sein; denn er füllt mehr als eine ganze Seite. Hierauf eilt die ruhelose Feder zu Briefen Wielands, die ein Bild der Herzogin Amalia entwerfen sollen, und stürzt sich gleich hernach in ungestillter Gier auf die Briefe der Herzogin selbst, denen sie Worte von Einsiedel und Wachsmuth zum Geleite giebt. Somit ist sie raschen Schrittes in die Mitte der Seite 283 gelangt. Hier macht sie einen Ab=satz, spricht ganz würdevoll: „Verfolgen wir nun die späteren Beziehungen zwischen Goethe und Merck", — und ohne eine Spur von Erschöpfung blicken zu lassen, beginnt sie von neuem ihre Thätigkeit, deren Werth wir jetzt zu schätzen wissen.

Wie aus dieser Charakteristik der Zimmermannschen

---

[2] Für den französischen Schnitzer, der sich hier findet, ist weder der Herzog noch Wagner, sondern der letzte Copist verantwortlich zu machen.

Compositionsweise erhellt, ist der Verfasser so bescheidentlich ge=
sinnt, daß er die bedeutenden Personen, die er verworren durch=
einander sprechen läßt, nur selten durch eigene Rede zu unter=
brechen wagt. Und dabei weiß er es so gewandt einzurichten,
daß wir ihm ob dieser Schweigsamkeit niemals grollen dürfen.
Denn wenn er z. B. auf S. 23 sich zu dem Versuch selbständiger
Rede erhebt und uns mittheilen möchte, daß Merck in seinem
Amte keine Befriedigung gefunden und es nur deshalb einiger=
maßen geschätzt habe, weil es ihm hinreichende Muße zu viel=
seitiger Thätigkeit und zur Pflege seiner verschiedenen wissen=
schaftlichen Neigungen gewährte, so wird dies mit schüchternem
Lallen folgendermaßen angedeutet: „Er betrachtete es eben als
Einnahmequelle, und als Lichtseite desselben erschien ihm außer=
dem der geringe Zwang, den es ihm auferlegte, die nicht große
Zeit, die es ihn kostete.“ — Wer so spricht, dem verzeiht man
gern, wenn er schweigt.

Und in der That hatte hier auch der Verfasser nirgends
etwas zu sagen. Keine bisher unbekannte Thatsache weiß er
beizubringen; keines der vielfachen Probleme, die uns im Leben
und Wesen seines Helden aufstoßen, weiß er zu lösen; die Zeit,
in welcher sich Mercks Charakter festsetzte und seine Sinnes=
und Denkweise die für immer entscheidende Wendung nahm, sie
bleibt uns eben so dunkel, wie die spätere Lebensperiode, in
welcher der vielfach Geprüfte sich dem Andrang peinigender Ver=
hältnisse endlich nur durch Selbstmord zu entziehen vermochte.
Dies Buch von 587 Seiten hat unsere Kenntniß auch nicht mit dem
allerbescheidensten Beitrag vermehrt. Wir wissen von Merck gerade
so viel, als wir vorher gewußt.

Und dies so viel ist, genau besehen, nur wenig. Wir
kennen zahlreiche Briefe an Merck; wir kennen zahlreiche Aus=
sprüche bedeutender Persönlichkeiten über Merck; wir kennen die
Arbeiten, mit denen er bald als scharfer Kritiker in die litterarische
Entwicklung kräftig eingriff, bald als aufmerksamer Forscher die
Pflege der Naturwissenschaften förderte; wir lesen auch die Werke

und Werkchen, in denen er ſeinem Trieb zu ſelbſtändiger Dar=
ſtellung zu genügen ſuchte; wir überblicken endlich die fernern
und innigern, die dauernden und vorübergehenden Verhältniſſe,
in denen er zu ſo manchen hervorragenden Zeitgenoſſen geſtanden.
Kurz, wir wiſſen gerade genug, um ein litterariſches Charakter=
bild des Kritikers zu entwerfen, um ſeine geſellſchaftliche Stellung
zu zeichnen und ſeine Einwirkung auf die Beſtrebungen zu
ſchildern, die damals für Wiſſenſchaft und Kunſt eine neue
Epoche heraufführten. Solche Schilderungen ſind denn auch
ſchon zu verſchiedenen Malen verſucht und befriedigend aus=
geführt worden.

Unzureichend aber erweiſt ſich unſere Kenntniß, ſobald wir
uns anſchicken, eine eigentlich ergründende Biographie Mercks
zu liefern. Da zeigt ſichs alsbald, daß wir zwar viel über ihn,
ſehr viel durch ihn erfahren, daß aber kein Weg der Forſchung
uns bis an ihn ſelbſt unmittelbar heranführt, ſo daß ſeine
Geſtalt in allen ihren Theilen deutlich und ſcharf beleuchtet vor
uns ſtände. Was von ſeinen eigenen Briefen bisher zur öffent=
lichen Kunde gelangt iſt, wirft nur auf einzelne Lebensmomente
ein helleres Licht. Die Periode des Werdens bleibt unſerer
Wahrnehmung entzogen. Was hatte die Natur in ihn gelegt,
und was hatte er im Verkehr mit der Welt, im Kampfe mit
dem Leben gewonnen und ſelbſtändig ſich angeeignet? Wie haben
innere und äußere Erfahrungen die angeborene Eigenart ſeines
Weſens beſtimmt und umgeſtimmt? Unter welchen Einflüſſen
gedieh ſein Geiſt zur Reife, und warum blieb es der vielſeitigen
Thätigkeit dieſes Geiſtes verſagt, ſich in mächtigen, dauernden
Wirkungen zu äußern? Wie iſt neben einer ſo voll ausgebildeten
Urtheilskraft die Willensſchwäche zu erklären, die, mit einer
treibenden Unruhe des Gemüths verbunden, ihn einem düſtern
Verhängniß entgegenſchwanken und endlich haltlos verſinken ließ?
— Auf alle dieſe Fragen fehlt uns die deutliche Antwort. Keine
der vielfachen Aeußerungen, die uns von Mercks Zeitverwandten
erhalten ſind, kann ſie uns geben; denn dieſe ſtehen unter

einander in einem so lebhaften, oft so schneidenden Widerspruche, daß wir von der Musterung solcher Zeugnisse rathlos zurückkehren. Fast möchte man zweifeln, ob es auch derselbe Mann sei, über den hier Wieland, dort Goethe, dort F. H. Jacobi in den verschiedensten Tönen sprechen, der den Beinamen Mephistopheles erhält und dem Sophie von La Roche sich empfindungsvoll mittheilt. Nur mit Hülfe einer unmittelbaren lebendigen Einsicht in das Wesen Mercks möchte es gelingen, die Verschiedenheit dieser Aeußerungen, wo nicht auszugleichen, doch erklärlich zu machen und so jedem dieser Zeugnisse den ihm gebührenden Werth beizumessen. So lange wir also auf die bisher benutzten Quellen angewiesen bleiben, kann eine neue umständliche Arbeit über Merck nicht eben ergiebig ausfallen; sicherlich konnte sie niemanden anlocken, der sich in seinem Gewissen verbunden erachtete, die Welt — so viel wenigstens an ihm liegt — vor unnützen Büchern zu bewahren. Nichts desto weniger durfte ein Autor, den sorgfältige und anhaltende Studien in das innerste der litterarischen Zustände jener Zeit eingeführt hatten und der sich mit der Gabe anschaulicher Darstellung ausgerüstet fühlte — nichts desto weniger durfte ein solcher wagen, den bereit liegenden und in so mancher Hinsicht werth- und gehaltvollen Stoff noch einmal zu formen und ein Gesamtbild daraus zu gestalten, in dessen Mittelpuncte die bedeutende Gestalt Mercks ihre ganze Anziehungskraft bewährt hätte. Man denke sich, was ein solches Bild unter der künstlerisch ordnenden, lebensvoll gestaltenden Meisterhand eines Strauß geworden wäre! Herr Zimmermann aber hat von dieser Darstellungsgabe, ohne welche jede Lebensbeschreibung leblos bleibt, auch nicht den kümmerlichsten Antheil empfangen. Ohne die Nothwendigkeit einer übersichtlichen oder gar künstlerischen Anordnung auch nur zu ahnen, hat er Auszüge aus Briefen, Auszüge aus Büchern, Auszüge aus dem Deutschen Merkur und der Allgemeinen deutschen Bibliothek und endlich auch seine eigenen Aufsätze chaotisch durcheinandergewirrt.

Eigene Aufsätze — ja, auch solche hat Herr Zimmermann
seinem Buche einverleibt. Und zwar aus triftigen Gründen.
Prüfte er die drei Bände der Wagnerschen Briefsammlung —
ich meine nicht in Absicht auf ihren Inhalt, sondern auf ihren
Umfang — so mußte er mit Bedauern wahrnehmen, daß nur
dem ersten Theile das Anrecht auf den Titel eines „starken
Octavbandes" gebührte; die beiden folgenden mußten ihn durch
ihr schmächtigeres Ansehen bedenklich machen. Der Zweifel
mußte ihm aufsteigen, ob selbst e r mit seiner nie zagenden
Hand diesen drei ungleich beleibten Bänden jene 587 Seiten
abgewinnen würde, aus denen sein Buch bestehen sollte. Nicht
lange jedoch blieb er rathlos. Hatte er nicht schon früher seine
schriftstellerische Kunst geübt? Er hatte ja eine Abhandlung über
den Goetheschen Werther nicht sowohl veröffentlicht, als vielmehr
in der Gruft des Herrigschen Archivs beigesetzt; warum sollte
er sie nicht von dort hervorholen, wo sie, anderm Staube zu=
gesellt, einer unentrinnbaren Vergessenheit entgegenmoderte? Und
warum sollte dem, ebenfalls schon im Dunkel irgend einer Zeit=
schrift geborgenen Aufsatze über Sophie La Roche nicht die
gleiche Gunst widerfahren? Indem er solchen Arbeiten verstattete,
sich seinen übrigen Abschriften einzufügen, ward die nöthige An=
schwellung des Buches bewirkt. Niemand darf läugnen, daß sie
eines solchen Platzes durchaus würdig sind; in ihnen finden wir
dieselben Grundsätze befolgt, die den Autor durch sein ganzes
Werk hindurch geleitet haben. Uns Söhnen des neunzehnten
Jahrhunderts, denen der Hang zu geschichtlicher Betrachtung
innewohnt und denen das bewegte Werden anziehender erscheint
als das ruhende Sein, uns sind diese ältern Aufsätze schon
deshalb werthvoll, weil uns der Autor durch sie den Einblick
in die allmählich fortschreitende Ausbildung seiner Methode ge=
währt: sie zeigen uns, daß schon in frühern Jahren der Ver=
fasser den natürlichen Trieb zu dieser Darstellungsweise empfand,
die nun in dem vorliegenden Buche zur steilen Höhe der Vollendung
emporgeführt worden. Mit schöner Unparteilichkeit nebeneinander=

gestellt finden sich auch in diesen Abhandlungen Auszüge aus Goethe und Lessing, aus Nicolai und Dünzer und aus — warum sollte der Verfasser wählerisch sein! — aus Ludmilla Assing. Auch hier begegnen wir nicht blos Citaten, sondern Citaten von Citaten. So wird auf S. 205 der bekannte Brief Rehbergs citirt, der eine so nachdrückliche Schilderung von den Wirkungen giebt, mit welchen der Werther bei seinem ersten Hervortreten die damals heranwachsende Jugend überwältigte. Diesen Brief hat Tieck am Schlusse seiner Einleitung zu den Lenzischen Werken mitgetheilt und ihn hernach samt dieser Einleitung in seine Kritischen Schriften (2, 298) herübergenommen. Aber weder dort noch hier hatte Herr Zimmermann diesen Brief gefunden: Herr Dünzer war seine Quelle; und offenbar ahnte er nicht, wer der Briefsteller gewesen, als er das jener breiten Quelle entschöpfte Citat mit den Worten einführte: „Und ein Freund Tiecks schreibt.“ — So hat denn Herr Zimmermann in den ältern wie in den neuern Bestandtheilen seines Werkes den Spruch Lichtenbergs: „Bücher werden aus Büchern ge= schrieben“ durch ein ganz unwiderlegbares Beispiel mit schauer= licher Deutlichkeit illustrirt.

Lohnt es nun der Mühe, zu untersuchen, ob Herrn Zimmer= manns Feder genau oder ungenau abgeschrieben hat? Lohnt es der Mühe, ihm und seinen etwaigen Lesern zu bemerken, daß er ein Bild in Lavaters Physiognomik, in welchem schon längst mit Bestimmtheit Meier von Knonau erkannt worden, uns hier von neuem für ein Porträt Mercks ausgeben will? Mit solcher Probe seines Forscherfleißes krönt Herr Zimmermann die letzte Seite des Buches, dessen erste niemals geschrieben werden durfte.

Und für ein solches Buch fand sich nicht blos ein Ver= fasser, sondern auch ein mit Recht hoch angesehener Verleger, ja sogar mancher Lobredner, der es als schätzenswerthen Beitrag zur Geschichte unserer bedeutsamsten Litteraturperiode pries.

Soll denn unsere Litteraturgeschichte fort und fort der Tummelplatz eines wüsten Dilettantismus bleiben? Wie lange hat das Studium unserer nationalen Litteratur unter der Schmach gelitten, daß sich zu Pflegern desselben Männer aufwarfen, die in keinem andern Gebiete, auf dem eine hergebrachte wissenschaftliche Zucht herrschte, sich ungestraft hätten zeigen dürfen! Wer wollte es den Meistern unserer klassischen Philologie verargen, wenn sie die Geringschätzung, die solchen Pflegern gebührte, zuweilen auf das Studium selbst übertrugen?

Immer deutlicher erkennt man, daß in dem von wissenschaftlicher Strenge getragenen, von jeder willkürlichen Tendenz befreiten, wahrhaft geschichtlichen Studium unserer großen Litteratur ein herrliches Bildungselement enthalten ist, das wir mit noch ganz anderm Erfolge als bisher für die Nation fruchtbar zu machen berufen sind. Aber die Früchte, die wir hier mit Recht erwarten, sie können nicht reifen, so lange noch die Meister hohler Rednerkunst und die Adepten der Buchmacherei sich auf diesem Studiengebiete ohne Scheu verbreiten dürfen. In diesem ganzen, rein und heilig zu haltenden Gebiete, in dem die kostbarsten Geistesschätze unseres Volkes vereinigt sind, vor allem aber auch in den Theilen des Gebietes, die den weitesten Kreisen der Nation zugänglich sein sollen, muß endlich die streng richtende Wissenschaft ihr Regiment antreten und den federfertigen, arbeitsscheuen und arbeitsunfähigen Dilettantismus in die Winkel zurückscheuchen, aus denen er nie sich hätte hervorwagen dürfen.

Wenn irgendwo Unerbittlichkeit gerechtfertigt, ja geboten ist, so ist sie h i e r geboten. — Wie hart und abstoßend verfährt man oft gegen die jugendlichen lyrischen Gemüther, die so sehnlich wünschen, den Erguß ihres Innern vor den Augen des Publikums hinströmen zu lassen. Aber diese Leidens- und Thatgenossen des schüchternen Bellmans, was können sie nicht alles zu ihrer Entschuldigung geltend machen! Sie dürfen nicht schweigen. Sie werden überwältigt vom mächtigen Sehnsuchtsdrange, in Tönen, die ihnen lieblich klingen, ihr Herzensleben zu verhauchen; ein innerer Zwang treibt sie, das Feuer ihrer Empfindung frei auflodern zu lassen, um in den Busen der Mitmenschen, die hoffentlich auch ihre Leser werden, ähnliche Gluthen zu entzünden. Und dann, sie haben doch — wer will es bezweifeln? — Gefühle, zuweilen auch etwas, das in gehöriger Ferne einem Gedanken ähnlich sieht; sie sind doch in gewissem Sinne thätig: sie müssen eine Strophe äußerlich abrunden, sie müssen Titel für die Ausbrüche ihrer Leidenschaft finden, sie müssen sich nach wohlklingenden Reimen umsehen. Was aber thut ein Zimmermann? Zu den Büchern, die ihm zu seinem Buche verholfen haben, liefert er etwas, das einem unbrauchbaren Inhaltsverzeichnisse ähnelt. Und welche Entschuldigung kann er zu seinen Gunsten anführen? Will er uns etwa bereden, ein sehnsuchtsvoller Abschriftsdrang habe ihn überwältigt?

Nur einen Entschuldigungsgrund kann ich für ihn ausfindig machen. Er mochte sich zu der Methode, die er so rücksichtslos befolgt, einigermaßen berechtigt glauben, weil sie wirklich nur dem Grade nach sich von derjenigen unterscheidet, die jetzt von manchen Verfassern cultur- und litterarhistorischer Werke mit harmlosem Selbstgefühl angewandt wird. Gerade unsere neueste Litteratur weist treffliche Muster auf, an denen wir lernen mögen, wie man den geschichtlichen Stoff in der ausgiebigsten Weise benutzen und zugleich künstlerisch bewältigen muß, ehe man zu der Darstellung schreitet, in die sich die Stoffmasse nicht mehr hineindrängen darf. Aber diese Kunst scheint für viele, die sich Litterarhistoriker nennen, noch unentdeckt. Sie verzichten auf jede Einheit und Selbständigkeit der Darstellung. Sie glauben eine Zeit, ein Kunstwerk darzustellen, wenn sie Aeußerungen aus jener Zeit sammeln, wenn sie Bruchstücke aus jenem Kunstwerke, begleitet mit ihren eigenen Zwischenbemerkungen, aneinanderreihen. Sie geben meist nur den allbekannten Stoff, an dem nun erst die Kunst der Darstellung sich bethätigen müßte. Ein solcher Litterarhistoriker scheint nicht zu ahnen, daß große Kunstepochen, gewaltige Dichterwerke erst eine selbständige Wiedergeburt in seinem Geiste erfahren müssen, ehe er zur Schilderung derselben würdig und befähigt wird. Erfüllt der Litterarhistoriker

ſeinen Beruf, wenn er eine Sammlung bekannter ſchöner Dichter=
ſtellen und geiſtreicher treffender Ausſprüche anlegt? Manches
namhafte Buch eines namhaften Schriftſtellers würde traurig
ins Dünne zuſammenſchwinden, wenn man ihm alle die Prunk=
gewande abnähme, die ihm unſere großen Autoren aus ihrem
unerſchöpflichen Vorrathe haben borgen müſſen. Wie leicht iſt
es, durch ſolchen Glanz und Schimmer das Auge des Leſers zu
blenden! Dieſer bleibt den Schriftſtellern dankbar, die ihm ſo
viel Schönes, an dem er ſich mühelos unterhalten mag, dar=
gereicht haben. Was kümmert es ihm, wie und woher ſie das
koſtbare Gut zu flüchtigem Gebrauch erworben!

Herr Zimmermann freilich ſollte wohl ſo leicht niemanden
blenden; denn er kennt auch nicht einen der manigfachen Kunſt=
griffe, mit denen ein gewandterer Bücherſchreiber fremde Geiſtes=
ſchätze zu ſeinem eigenen Nutzen glücklich zu verwenden weiß.
Die Unſitte erſcheint bei ihm in ihrer augenfälligſten Ausartung.
Und nur dadurch, daß ſie bei ihm ſo grob und offen zu Tage
liegt, nur dadurch läßt es ſich rechtfertigen, daß wir von dieſer,
jedes ſelbſtändigen Werthes baren Compilation unſere Leſer
auf einige Augenblicke unterhalten haben. Dies Buch mußte in
unſerer Anſchauung erſt ſeines individuellen Charakters ent=
kleidet und zum typiſchen Muſterbilde ſeiner Gattung erhoben
werden, wenn es würdig erſcheinen ſollte, in dieſen Blättern
eine Erwähnung zu finden. Nicht ohne Selbſtüberwindung
begiebt man ſich in die litterariſchen Niederungen, in welche uns
das Buch hinableitet; wir wollen aber nicht bereuen, dort einige
Zeit verweilt zu haben, wenn die Aeußerungen, zu welchen dieſer
unerfreuliche Aufenthalt den Anlaß gab, eine heilſame Zag=
haftigkeit unter allen denen verbreiten, die, von dem Beiſpiel
des Herrn Zimmermann und ſeiner Genoſſen ermuntert, ſich
etwa zur rüſtigen Nachfolge anſchicken ſollten.

So wenig wie aus der Welt die Sünde, ſo wenig iſt aus
der Wiſſenſchaft der Dilettantismus dauernd zu bannen. Den=
noch, in dieſen Tagen des neu erſtehenden deutſchen Reiches, in

denen jeder gute Vorsatz neu erstarken müßte, sollte jeder, dem die Wissenschaft kein leichtfertiges Spiel ist, sich selbst von neuem das Gelöbniß thun, diesen Erbfeind der Wissenschaft und Wahrheit unerschrocken zu bekriegen. In diesen Blättern wenigstens soll der Dilettantismus, mag er sich nun geschickt durch das Getümmel des litterarischen Marktes verhüllt hindurch=zuschleichen suchen, oder, wie in dem Buche des Herrn Zimmer=mann, unbefangen und unbekleidet, offen einhertreten — in diesen Blättern soll er nie Schonung für seine Blöße, nie Beschönigung für seine Dreistigkeit finden.

Die Triumvirn in Goethes römischen Elegien.

An Otto Jahn.

(1865.)

Aus dem weiten Kreis, in dem Ihre Forschungen, Hoch=
verehrter, sich so fruchtbar und sicher bewegen, ist auch die
neuere deutsche Litteratur nicht ausgeschlossen. Ihre Liebe für
den größten unserer Dichter haben Sie wirksam an den Tag ge=
geben. Das edel vollendete Gedicht, in welchem Goethes deutsche
Poesie unter dem Anhauch der griechischen Muse sich verklärt,
die Iphigenie, hat Sie zu einer lehrreichen, tief eindringenden
Betrachtung angeregt; das Jubeljahr 1849 haben Sie thätig
gefeiert durch ein reich ausgestattetes Werk, welches über einen
bedeutsamen Abschnitt in der Jugendgeschichte des Dichters eine
erfreuliche Klarheit verbreitet. Wer des Glückes genießt, Ihnen
nahe zu stehen, weiß zur Genüge, daß Sie dieser Anhänglichkeit
an Goethe seitdem nicht entsagt haben; stets sind Sie bereit, den
Studien, die ihm gewidmet werden, Ihre Förderung zu gönnen
und alles, auch das geringste, was zur Erklärung seiner Werke,
zur Aufhellung seines Lebens geschieht, kann, wenn es nur im
rechten Sinne geschieht, Ihrer wohlwollenden Aufmerksam=
keit, Ihrer Billigung gewiß sein.

So werden Sie denn auch den folgenden Zeilen einen
freundlichen Blick nicht wohl versagen: sie sollen nur einen
Vers, eigentlich nur ein Wort, in den Römischen Elegien er=
läutern, und können Ihnen freilich nichts neues bringen.

Ungeschrieben könnten diese Zeilen bleiben, wenn Goethe

seine Absicht ausgeführt und den Elegien, wie den im Musen=
Almanach für 1796 erschienenen Epigrammen, die kurzen Noten
hätte folgen lassen, die er in dem Brief an Schiller vom
17. August 1795 versprach. Schon vorher (17. Mai 1795)
als Schiller einige Stellen in der sechsten Elegie angestrichen,
hatte Goethe geäußert: „Man versteht sie nicht, das ist wohl
wahr; aber man braucht ja auch Noten zu einem alten nicht
allein, sondern auch zu einem benachbarten Schriftsteller". Er
sah demnach schon damals ein, daß nicht blos die „alten lieben
Todten" Erklärung nöthig haben, sondern daß auch die Neuen ohne
Dolmetsch nicht so „blank zu verstehen" sind, und von dieser
richtigen Einsicht geleitet, nannte er unter den Beiträgen, die er
für die Horen verhieß, „Noten zu den Elegien und Epigrammen";
im Octoberheft sollten sie erscheinen.

Aber sei es nun, daß er, in ahnungsvollem Mitgefühl für
die Verfasser künftiger Erläuterungsschriften, deren nützliche Be=
mühungen er nicht im voraus grausam ersticken mochte, solcher
löblichen Absicht untreu ward, oder sei es, daß er in jener Zeit,
da die Productionskraft noch so frisch und lebendig war, sich
zur Rolle eines Commentators seiner eigenen Dichtungen nicht
gern bequemte, — genug, die Noten zu den Elegien wurden,
trotz der ausdrücklichen Verheißung, nicht aufs Papier gebracht,
und Goethe sah also auch in diesem Fall, wie Jean Paul[1])
später einmal scherzend bemerkt, „seine Mitwelt für eine Nach=
welt an, um deren künftige Unwissenheit sich ein Unsterblicher
nicht zu kümmern braucht."

Das Dunkel dieser künftigen Unwissenheit, die für uns zu
einer gegenwärtigen geworden ist, ruht denn nun auf dem letzten
Distichon der fünften Elegie:

---

[1]) In der Vorrede zu E. T. A. Hoffmanns Phantasiestücken in
Callots Manier. Sämmtl. Werke 44, 38. (Die Vorrede ist nicht von
Jean Paul selbst, sondern von seinem Freunde Otto verfaßt. G. W.)

Amor schüret die Lamp' indeß und denket der Zeiten,[2]
Da er den nämlichen Dienst seinen Triumvirn gethan.

Triumvirn! — Soll man hier an jene römischen Macht=
haber denken, die sich zur Herrschaft über das Weltreich ver=
banden? Freilich scheinen ihre Gestalten sich in den Rahmen
des Gedichts nicht recht passend hineinzufügen. Und welchen
Triumvirat hatte wohl der Dichter im Sinn? Den ersten,
welchen im Jahr 694 (60 v. Chr.) Pompejus mit Cäsar und
Crassus schloß, oder den zweiten, der zwischen Octavian, Anto=
nius und Lepidus 711 (43) gestiftet ward? Eine bedenkliche
Frage! — Oder wollte er, ohne genauere Unterscheidung, auf
die beiden politischen Bündnisse zugleich hindeuten? Dieser letzten
Meinung scheint sich J. D. Fuß zuzuneigen, welcher im Jahre
1837 zu Lüttich (Leodii) eine stattliche Sammlung Poemata
latina herausgab, in welcher auch viele berühmte Gedichte
deutscher Poeten mit lateinischem Sprachgewand bekleidet er=
schienen. Dieser würdige Mann und gelehrte Verskünstler
überträgt auf S. 29 das citirte Distichon in folgender Weise:

At taedam custodit Amor, meminitque dierum,
Fecit idem Crassis quum Lepidisque suis.

Man sieht, der billig denkende Uebersetzer wollte keinem der
beiden Triumvirate die Ehre mißgönnen, von dem Dichter hier
erwähnt zu werden; er nennt daher mit schöner Unparteilichkeit
ein Mitglied des ersten und des zweiten.

Die lateinischen Verse klingen ergetzlich genug, beruhen
aber leider auf einem Irrthum, wie nicht minder die Para=
phrase, worin Heinrich Düntzer in seiner Schrift über Goethes
lyrische Gedichte (Elberfeld 1858) den Inhalt dieser Elegie für
gebildete Leser erläutert hat.

Ohne Zweifel haben manche Leser von Geist und Bildung
die „Triumvirn Amors" von jeher im richtigen Sinne gedeutet.

---

[2] Der Vers lautete in den Horen:
Amor schüret indeß die Lampe und denket der Zeiten.

So war, wie ich mich wohl erinnere, dem verewigten Loebell der Sinn dieser Anspielung klar genug; auch ward in einer Dissertation über den Propertius, die vor wenigen Jahren erschienen ist, auf die richtige Auslegung hingewiesen. Mir aber ging das Verständniß der Dichterworte zuerst vor etwa acht Jahren plötzlich auf, als ich in den Aufzeichnungen aus den Gesprächen des großen Joseph Scaliger, die den Freunden der philologischen Litteratur unter dem Titel Scaligerana wohl bekannt sind, folgende Sätze fand:

Catullus observantissimus vel morosissimus observator puritatis latinae linguae. Tibullus tersissimus ac nitidissimus poeta fuit. Propertius castigatissimus auctor et facundissimus, a me emendatus est. Hi tres dicti sunt triumviri amoris.

An die Stelle der vergänglichen Weltherrscher treten also die unvergänglichen Herrscher im Reiche der Poesie. Die römischen Lyriker Catullus, Tibullus, Propertius sind die Triumvirn Amors.

Ich wünschte zu wissen, wer die zierliche Benennung zuerst aufgebracht hat. Die Frage jedoch, wie Goethe zur Kenntniß dieses Ausdrucks gekommen, wäre gewiß eine müßige. In den Lobgedichten, die den ältern Gesamtausgaben der drei Lyriker herkömmlicher Weise vorgedruckt sind, wird oft genug auf diesen Ausdruck, als auf einen allbekannten angespielt. Wie leicht konnte der Dichter ihn hier bemerkt oder ihn im Gespräch mit Herder, Wieland, Knebel, dem Uebersetzer des Properz, gelegentlich vernommen haben! Goethe war zu keiner Zeit der philologischen Lectüre entfremdet; als Riemer ihm noch nicht allerlei Curiosa zutragen konnte, wußte er selbst sie wohl ausfindig zu machen und zu verwerthen.

Für den denkenden Leser bedarf es keines fernern Beweises, daß Goethe mit dem Worte „Triumvirn“ auf die römischen Lyriker hingedeutet hat. Eine Stelle aus dem „zweiten römischen Aufenthalt“ soll daher nur darthun, wie geläufig ihm der Aus=

druck gewesen. Er berichtet (A. l. H. 29, 220—225) über seine
Aufnahme in die Gesellschaft der Arkadier; er schildert die Ent=
stehung, die Zwecke und die Thätigkeit dieser Gesellschaft. „Zwar
hatten die werthen Schäfer, im Freien auf grünem Rasen sich
lagernd, der Natur hiedurch näher zu kommen gedacht, in
welchem Falle wohl Liebe und Leidenschaft ein menschlich Herz
zu überschleichen pflegt; nun aber bestand die Gesellschaft aus
geistlichen Herren und sonstigen würdigen Personen, die sich
mit dem Amor jener Römischen Triumvirn nicht einlassen durften,
den sie deßhalb ausdrücklich beseitigten.“ Hier werden, wie aus
dem folgenden Satz hervorgeht, den der sinnlichen Liebe zu=
gewandten römischen Lyrikern die Italiener Dante und Petrarca
gegenübergestellt, als Vertreter einer reinern Lyrik von geistiger
Richtung.

Daß die gebildeten Zeitgenossen des Dichters seine Anspielung
ohne Mühe gefaßt haben, mögen uns die Brüder Schlegel be=
weisen. August Wilhelm sagt in dem Aufsatz über die Elegien:[3]
„Wenn die Schatten jener unsterblichen Triumvirn unter den
Sängern der Liebe in das verlassene Leben zurückkehrten“ u. s. w.
(er nennt nachher Properz, Tibull, Ovid); und in Friedrichs
vortrefflicher Anzeige der Werke Goethes in der Cottaschen Aus=
gabe von 1806[4] lesen wir: „Der größte Unterschied dürfte sein,
daß in den römischen Elegien, wo man am bestimmtesten an die
Triumvirn der alten Elegien erinnert wird“ u. s. w.

So ist uns denn das Distichon, welches die fünfte Elegie
schließt, deutlich geworden. Jeder mißtönende Anklang ist ent=
fernt, und wir erkennen zugleich, wie dieser Schlußvers in leiser
Beziehung steht zu dem Anfang des Gedichts, und so das Ganze
vollendend abrundet. Denn nicht umsonst preist es der Dichter
in den ersten Versen, daß ihm, dem froh Begeisterten, Ver=

---

[3]) Charakteristiken und Kritiken, 2, 199.
[4]) Zuerst in den Heidelberger Jahrbüchern, dann aufgenommen in
die sämmtlichen Werke (1846) Bd. 8 S. 116—154.

gangenheit und Gegenwart jetzt deutlicher und anziehender werden, daß er auf classischem Boden die Werke der Alten durchblättere.

Mit geschäftiger Hand, täglich mit neuem Genuß.

Diesem stets erneuten Genuß, den die Muster der classischen Vorwelt darreichen, gesellt sich in holder Gegenwart der ruhige Genuß befriedigter Liebe, und dieser leitet wieder den Dichter, dem sich jeder Augenblick des reichen Daseins zu einem schönen Ganzen gestaltet, unmerklich zur Kunst hinüber. So fließen Leben und Kunst in einander, und am Schlusse wird das Gedicht geweiht durch die leise Erinnerung an die Poeten des Alterthums, mit deren lautem Preis es begonnen hatte.

In gerechtem Selbstgefühl durfte Goethe es wagen, die Gestalten der römischen Triumvirn aus der classischen Vorwelt mit freundlichem Zauberspruch heranzurufen. Bereitwillig sind sie seinem Ruf gefolgt; traulich begrüßten sie den späten Kunstgenossen, der sich so unerwartet zu ihnen fand und ließen es sich wohlgefallen in seiner Nähe. Und er durfte sich dieser erhebenden Gesellschaft um so unbefangener hingeben, je fester ihm in diesem Verkehr seine Selbständigkeit gesichert blieb. Keinem von ihnen war er gleich, vor keinem stand er zurück, und keinem hat er sich in dienender Nachahmung angeschlossen. Zwar nannte ihn Schiller, bald nachdem die Elegien herausgegeben worden, den „deutschen Properz",[5]) und er selbst beginnt die Elegie Hermann und Dorothea[6]) mit der Hinweisung auf diesen Dichter, der ihn begeistert habe. Im Ernst wird jedoch weder Schiller noch er selbst geglaubt haben, daß in diesen Gedichten der alte Römer wieder auferstanden sei. Dieser so wenig wie einer seiner Kunstverwandten ist hier nachgeahmt worden. Wir finden hier weder ausschließlich die leidenschaftlich vordringende Kraft, den kecken Witz des Catullus, noch die schmelzende Weichheit des

___

⁵) Horen 1795. Zwölftes Stück. S. 44.

⁶) Er theilte sie Schillern am 7. Dec. 1796 mit; am 26. Dec. ward sie an Fr. Aug. Wolf und um dieselbe Zeit an Körner gesandt. Vgl. Körner an Schiller 15. Dec. 1796.

Tibull, weder den glänzenden, oft so lieblichen und stets ge=
wandten Redefluß des Ovid, noch die gelehrte Fülle und den
starken mächtig gedrungenen Ausdruck des Properz, und es ist
wahrlich eine verkehrt angewandte Mühe, aus den Elegien dieses
letztern die Stellen ängstlich zusammenzuklauben, deren Nach=
bildung der Dichter etwa versucht haben mag. Goethe ist auch
hier ganz nur er selbst, der deutsche Dichter; er hat niemals
der Fremde angehört, ist stets nur seinem eigenen Genius unter=
than gewesen; er hat auch hier, wie es sein großer Freund ihm
bezeugte, sein Individuum rein und voll ausgesprochen.⁷) Wie
hier die Weltstadt mit ihrer vergangenen Herrlichkeit majestätisch
ernst hereinblickt in die genußvolle Gegenwart, so schweben die
lichten Schatten der alten Dichter leichten Flugs durch diese
Verse. In zarten fernen Anklängen werden die Tonweisen dieser
Dichter vernommen; aber selbständig, in eigenthümlicher Kraft
und Größe, steht der deutsche Poet der römischen Elegien neben
den Triumvirn Amors.

---

⁷) Schiller an Goethe 20. Febr. 1802: „Ich habe dieser Tage Ihre
Elegien und Idyllen wieder gelesen, und kann Ihnen nicht ausdrücken, wie
frisch und innig und lebendig mich dieser echte poetische Genius bewegt und
ergriffen hat. Ich weiß nichts darüber, selbst in Ihren eigenen Werken;
reiner und voller haben Sie Ihr Individuum und die Welt nicht aus=
gesprochen.“

Zu Burkhardts klassischen Findlingen.
(1875.)

Seit geraumer Zeit beschenkt uns C. A. H. Burkhardt mit gehalt- und umfangreichen Mittheilungen, die zumeist aus dem schriftlichen Nachlasse des Kanzlers von Müller stammend über Personen und Verhältnisse des Weimarischen Litteraturkreises vielfach ein erwünschtes Licht verbreiten und uns über manches einzelne jener Zustände erfreuliche Aufklärung bieten. Mit Recht bezeichnet der hochgeschätzte Archivar die Schriftstücke, die er uns hier vorlegt, als „klassische Findlinge.“ Im neuesten Hefte der Grenzboten [1]) werden uns abermals einige solcher willkommenen Gaben gereicht. Wir erhalten zwei Briefe Goethes von beträchtlicher Ausdehnung, beide dem Jahre 1812 angehörig; wir erhalten ferner einige Documente, die uns des genaueren belehren, wie Schillers Erhebung in des heiligen römischen Reichs Adelstand vorbereitet und vollzogen ward.

Bei sorgfältigem Beschauen dieser Findlinge mindert sich jedoch die Freude, die der erste Anblick hervorrief. Von dem, was Burkhardt gefunden, ist ein Theil schon längst ans Licht gebracht; über das neue aber, das er uns spendet, regen sich bedenkliche Zweifel.

Der erste der beiden Goetheschen Briefe (vom 31. März 1812) ist an Caroline Pichler gerichtet; der zweite (vom 30. August 1812) beschäftigt sich mit dieser in breiter Fülle sich ergießenden Schriftstellerin und einer ihrer ansehnlichsten

---

[1]) Die Grenzboten 1875, Nr. 13.

Productionen, dem Agathokles [2]). Durch eine mütterliche Freundin,
Frau von Vließ, war Caroline — so berichtet sie selbst in den
Denkwürdigkeiten aus ihrem Leben 2, 209 — angeregt worden,
die Autographensammlung Goethes durch einige schätzbare Stücke
zu bereichern; im ersten jener Briefe entrichtet Goethe seinen
Dank. Burkhardt läßt sich durch eine ungenaue Erinnerung
täuschen, wenn er meint, die Baronin von Eskeles, Schwägerin
der Frau Pichler, habe diese bestimmt, sich der Liebhaberei
Goethes gefällig zu erweisen. Die Baronin Eskeles war ferner
nicht, wie Burkhardt schreibt, Schwägerin der Frau Pichler; sie
stand vielmehr zu der Frau von Vließ in einem solchen ver=
wandtschaftlichen Verhältnisse. Und aus diesen unsicheren An=
gaben entspringt nun ein weiterer Irrthum, der in dem folgenden,
etwas undeutlich gefaßten Satze versteckt liegt: „Freundlicher
war der zweite Brief Goethes an die Baronin Eskeles, die,
unterdeß verstorben, sich eingehender mit dem Agathokles der
Caroline Pichler beschäftigte.“ — Mit nichten! Der zweite, in
Karlsbad geschriebene Brief ist keineswegs an die Baronin
Eskeles, sondern an Frau v. Vließ gerichtet; und nicht die
Baronin Eskeles war „unterdeß verstorben“, sondern Frau
v. Vließ war schon abgeschieden, als Goethes Brief in Wien
anlangte; er ward deshalb der Schwägerin der Verblichenen, der
Baronin Eskeles, zugestellt, aus deren Händen Frau Pichler
ihn empfing.

So wären denn die Beziehungen zwischen diesen drei Damen
ins klare gebracht. Der erfahrene Archivar wird gewiß nicht
ohne Lächeln auf diese nun glücklich geschlichteten Wirrnisse hin=

---

[2]) „So weit die deutsche Zunge reicht, wird wohl keine Frau, kein
Mädchen Ansprüche auf die Ehre höherer Bildung wagen, wenn ihnen
„Agathokles“ und die „Frauenwürde“ fremd geblieben sind.“ Diesen Aus=
spruch eines „geachteten Kritikers“ konnte die Verlagsanstalt citiren, als sie
im Jahre 1844 die dreiundfünfzigbändige Sammlung der Pichlerschen
Werke anpries. Die rüstige Verfasserin war am 9. Juli 1843 aus dem
Leben geschieden.

schauen. Wie leicht können sich bei rascher Arbeit solche harm=
lose Irrthümer einschleichen! Ernster und dringender ist die
Frage: Kann der Brief vom 31. März, den Burkhardt uns
vorlegt, derselbe sein, den Caroline Pichler empfing und den sie
in ihren Denkwürdigkeiten durch die Beiwörter „sehr höflich,
aber diplomatisch steif und umsichtig" charakterisirt? Auf den
mitgetheilten Brief, in dem sich eine gutmüthige Ironie un=
bewunden ausspricht, scheint diese Bezeichnung kaum zu passen.
Immerhin mochte jedoch Caroline in jenen ironischen Wendungen
eine abwehrende Steifheit wahrnehmen. Aus innern Gründen
— das ist sicher — ließe sich jene Frage nicht entscheidend be=
antworten. Auch mir wäre es unmöglich, eine solche Antwort
zu ertheilen, wenn nicht Hirzel, da ich eben in Leipzig weile,
mir aus seinen handschriftlichen Schätzen den echten Brief Goethes
wohlwollend darreichte. Daß er denselben besitzt, hat er schon
seit längerer Zeit den frommen Gliedern der stillen Gemeinde
verrathen, die er durch Mittheilung des Neuesten Verzeichnisses
einer Goethe=Bibliothek begünstigte. So sagt denn auch Burkhardt,
der Brief befinde sich in etwas anderer Fassung in dem Besitz
von S. Hirzel. Aber wie! Goethe wird doch nicht seinen
Brief in zwei verschiedenen Fassungen der Wiener Schriftstellerin
übersandt haben? Von diesen beiden Formen kann doch nur
eine für echt und beglaubigt gelten.

Um alle Zweifel zu lösen — hier ist der Brief, den Goethe
mit eigenhändiger Unterschrift geziert und mit eigenhändiger
Abresse versehen hat:

Ich darf meinen lebhaften Dank nicht aufschieben für
Ihre freundliche Zuschrift und für die gefällige Art, womit
Sie meinen Wünschen in Absicht auf eine Lieblings=
sammlung, dem unmittelbaren Andenken würdiger Menschen
gewidmet, so thätig entgegenkommen. Auch Ihr lieber Brief
soll als solches Document, zwar wie die übrigen alphabetisch,
aber doch mit besonderer Neigung eingeschaltet werden.

Wenn von der eignen Hand des vortrefflichen Mozart

sich Ihren emsigen Bemühungen keine Zeile darboth, so wird mir das Uebrige desto lieber, und ich werde um desto eifriger sammeln, weil uns dieses Beyspiel zeigt, wie gerade das Nächste und Eigenthümlichste des Menschen sobald nach seinem Scheiden verschwindet und von seinem Zustande, wie von seinen Verdiensten nur ein Allgemeines, gleichsam Körperloses übrig bleibt.

Diese Betrachtungen führen uns dahin, daß wir uns desto mehr an diejenigen verdienten Personen halten, mit denen uns das gute Glück in irgend ein lebendiges Ver= hältniß hat bringen wollen. Seyn Sie versichert, daß ich zu wiederholten malen an Ihren Productionen Theil ge= nommen, ja ich will nur gestehen, daß ich einigemal in Versuchung gerathen bin, Ihnen über Sich selbst und Ihre lieben Deutschen Schwestern in Apoll ein heiteres Wort zu sagen, doch gehen solche gute Vorsätze bey mir gar oft in Rauch auf.

Desto dauerhafter ist die hohe Achtung und zarte Neigung für Charakter und Verdienst mit der ich mich auch diesmal Ihnen zum schönsten empfehle.

Mit wiederholten Wünschen für

Ihr Wohlergehen   Goethe.

Weimar, den 31sten März 1812.

Der Frau Caroline von Pichler

Gnaden

nach Wien.

Dieser Brief, dessen Anfang in Hirzels Neuestem Verzeichniß S. 216 abgedruckt worden, ist unzweifelhaft derselbe, der durch Frau v. Vließ in Carolinens Hand gelangte. Und das von Burkhardt mitgetheilte Schriftstück? — Leider hat es dem ge= ehrten Finder nicht beliebt, uns die äußere Beschaffenheit seines Fundes genauer anzuzeigen; ich muß mich daher mit der Ver= muthung begnügen, daß wir hier den ausführlichern Entwurf des Briefes vor uns haben, den Goethe hernach ins enge zog, und ihm dadurch, vielleicht unabsichtlich, jene steifere Haltung gab, durch welche der weibliche Autor, gewöhnt an die reichlichen Lobesergüsse der Freunde und Freundinnen, sich einigermaßen verletzt fühlte.

Aber nicht einmal eine Vermuthung ist uns über die Beschaffenheit des zweiten Briefes gestattet, über den sich Caroline in ihren Denkwürdigkeiten, wie Burkhardt sagt, „kurz verbreitet". Zwar wird ein philologischer Blick im Texte manches Schadhafte wahrnehmen, und kein aufmerksamer Leser kann an dem Satze, der oben auf S. 483 schließt, ohne Anstoß vorübergehen. Dennoch muß uns dieser Brief, so wie er hier vorliegt, willkommen sein. In heiterer Stunde niedergeschrieben, spricht er behaglich den Eindruck aus, den Goethe von einer der hervorragendsten Leistungen seiner österreichischen Schwester in Apoll empfangen. Kann uns auch der Pichlersche Agathokles eine ernstliche Theilnahme nicht mehr abgewinnen, so mögen doch Goethes kritische Aeußerungen eine gewisse Neugier nach dem fast verschollenen Buche wachrufen. Wenigstens muß man den Roman zur Hand haben, um Anmuth und Gehalt dieser Aeußerungen ganz zu schätzen. Goethes Lob ist aufrichtig gemeint, wenn ihm auch die Beimischung ironischer Würze nicht gänzlich fehlt.

Auch hier behauptet Goethe das Recht seiner Individualität, die wohlbegründete Freiheit seiner Anschauungen. Warum er sein Verhältniß zu seiner „heidnischen Sippschaft" hier so nachdrücklich betont, das wird erst deutlich, wenn man erfährt, daß der Agathokles seinen Ursprung ganz eigentlich der Lectüre des großen Gibbonschen Werkes verdankt. Der ergreifenden Darstellung vom Verfall und Untergang des römischen Reiches entnahm Caroline die gesamte historische Unterlage ihres in Briefen abgefaßten Romans. Aber den Meinungen, die der englische, französisch geschulte Historiker über Entstehung und Wesen des Christenthums vorträgt, widersetzte sie sich aus voller Ueberzeugung. Ihr Roman sollte darthun, — so belehrt sie uns selbst über ihre Absichten in der Vorrede zur zweiten Auflage — „daß die Dazwischenkunft des Christenthums eine Anstalt der Vorsicht zum Troste und zur Beglückung der leidenden Menschheit, von segenreichen Folgen für Cultur und Menschen= werth, und endlich seine Verbreitung in der Natur, den Ver= hältnissen, und dem Stande der damaligen Bildung oder Ver= bildung des Menschengeschlechts tief gegründet und nothwendig war." Goethe nimmt nun hier, in Scherz und Ernst, Partei für das untergehende Heidenthum, das er glimpflicher behandelt wünschte. Auf ähnliche Weise hatte er in kecken Jugendjahren, wenn er der edelfrommen Klettenberg erbauliche Missionsberichte vorlas, sich auf Seite der wilden Völkerschaften gestellt, denen man die Heilsbotschaft des Christenthums gewaltsam beibringen wollte.

Als ich beim ersten flüchtigen Ueberblick des Briefes an die Stelle kam, wo Goethe seinen „Großoheim Hadrian und s e i n e Seelchen" erwähnt, witterte ich alsbald einen Fehler. Was sollen hier die Seelchen im Plural? Goethes Ausdruck erhält nur dann einen Sinn, wenn man annimmt, er wolle auf die Verse hindeuten, mit denen der sterbende Hadrian s e i n e Seele ansprach, und die in neuerer Poesie so vielfache Nachahmungen gefunden und die Widerlegung christlicher Dichter herausgefordert haben. Aelius Spartianus in seinem Leben Hadrians (25, 9) berichtet: Et moriens hos versus fecisse dicitur:

> Animula, vagula, blandula,
> Hospes, comesque corporis,
> Quae nunc abibis in loca
> Pallidula, rigida, nudula,
> Nec ut soles dabis iocos.

Ein Blick in den Roman überzeugte mich, daß Goethe in der That nur diese Anspielung im Sinne haben konnte. Im neunten Briefe des ersten Bandes schreibt Agathokles an Phocion (S. 74 der Ausgabe von 1820): „Es ist gar zu traurig, welche düstere

entnervende Vorstellungen von unserm Fortwähren im Hades
sich die meisten, selbst vernünftigen Menschen machen. Wenn
Hadrian sein Seelchen bleich und nackt in unbekannte Orte hin=
wandelnd denkt, wo kein Scherz, keine Freude mehr ist," u. s. w.
Und um keinen Zweifel übrig zu lassen, giebt die Verfasserin,
die sich, wie man sieht, mit Erfolg in das Studium des römischen
Alterthums versenkt hat, in einer gelehrten Anmerkung die eben
citirten Verse nach ihrem vollen Wortlaut.

Da ich einmal das lästige Geschäft der Berichtigung über
mich genommen, so mag hier auch noch einer der ältern Find=
linge von einem häßlichen Flecken gereinigt werden. Ein werth=
voller Brief Goethes an Voß vom 6. December 1796, den
Burkhardt im Jahre 1873 den Grenzboten (No. 42) zum Druck
übergab, enthält einige Andeutungen über Hermann und Dorothea
und die Elegie, welche dies Epos ankündigen sollte. Da lesen
wir den Satz: „Ich werde nicht verschweigen, wie viel ich bey
dieser Arbeit unserm Volk und Ihnen schuldig bin." Unserm
Volke und Ihnen? — Gewiß war Goethe seinem Volke viel
schuldig geworden. Aus der Tiefe des deutschen Volksgemüthes
waren die köstlichsten seiner Lieder entsprungen; auf dem Boden
des deutschen Volkslebens waren manche seiner größten Dichtungen,
war vor allen Hermann und Dorothea erwachsen:

Deutschen selber führ' ich euch zu, in die stillere Wohnung,
    Wo sich, nah der Natur, menschlich der Mensch noch erzieht.

Aber sicherlich wollte Goethe hier nicht auf unser Volk,
sondern auf einen großen Mann unseres Volkes hindeuten, der
mit Voß die Ehre theilt, den Dichter auf die Bahn des reinen
Epos hingelenkt zu haben. Und wem sonst gebührt diese An=
erkennung, als dem großen Ahnherrn unserer Philologie, dem
Schöpfer der homerischen Kritik, Friedrich August Wolf? Was
der Dichter des Hermann dem mächtigen Philologen schuldete,
sprach er dankbar aus in dem Distichon:

Erst die Gesundheit des Mannes, der, endlich vom Namen

Homeros

Kühn uns befreiend, uns auch ruft in die vollere Bahn.

In der Einleitung zu den Briefen Goethes an Wolf habe ich den geschichtlichen Commentar dieses. Dichterwortes zu geben versucht.

Vermögen wir nun auch in dem Briefpaar vom Jahre 1812 keine völlig zuverlässigen Documente zu erblicken, so wird uns doch in ihm etwas Unbekanntes geboten, das zu eingehender Betrachtung auffordert.

An dem zweiten der diesmaligen Findlinge jedoch gewahren wir gar zu wohl bekannte Züge. Von den hier abgedruckten, auf Schillers Standeserhöhung bezüglichen Schriftstücken sind die werthvollsten längst, und zwar in reinerer Gestalt, als sie hier erscheinen, den Freunden Goethes und Schillers zugänglich ge= worden. Durchblättern wir Otto Jahns vorzügliche, vielleicht nie nach ihrem ganzen Werth geschätzte Ausgabe der Briefe Goethes an Voigt, so finden wir im Anhange S. 467—470 nicht weniger als fünf, Schillers Adelung betreffende Documente zusammengestellt; wir finden dort die von Voigt entworfene, vom Dichter selbst durchgesehene Lebensskizze Schillers, in welcher dessen Verdienst um Kaiser und Reich angegeben und nach Gebühr gepriesen wird; wir finden Carl Augusts Schreiben vom 16. November 1802, ferner Schillers Dankesworte vom 18. Juli und 17. November, und endlich, in authentischer Form, das Gedicht, mit welchem Voigt den Neugeadelten be= grüßte.

Kein Vorwurf treffe hier den vielthätigen und vielverdienten Archivar, der, seinen eigentlichen ernsten Aufgaben treu sich widmend, vielleicht nur wenige Nebenstunden diesen anlockenden Studien gönnen darf. Auf Anlaß eines solchen Vorkommnisses mag jedoch hier der natürliche Wunsch kräftig ausgesprochen werden, daß man bei Bekanntmachung handschriftlicher Documente etwas zögernder zu Werke gehe. Wir müssen doch wohl erst mit einiger Umsicht untersuchen, ob das vermeintlich unedirte Schriftstück, das dem Liebhaber angenehm überraschend ins Auge leuchtet, dem weiterblickenden Kenner nicht schon längst bekannt und vertraut sei.

Man durchmustere Zeitschriften, litterarhistorische Archive, neue Ausgaben unsrer nationalen Klassiker! Wie oft stößt man hier auf angeblich unbekannte Briefe oder sonstige Acten= stücke zur Geschichte unsrer Litteratur, die schon längst, und nicht selten in vollkommenerer Gestalt, den Studiengenossen öffentlich mitgetheilt worden! Wie oft wird man hier Zeuge des vergeblichen Bemühens, mit dem eine längst durchgeführte und zu sicheren Ergebnissen gediehene Untersuchung von neuem angestellt wird! So erhielten die Leser des Archivs für Litteraturgeschichte vor einiger Zeit das Concept eines Lessing= schen Briefes an Ernestine Reiske: dieser Brief sollte als un= bekannt gelten; das Original war aber schon vor einigen Jahren vollständig, mit meinen ausführlichen Erläuterungen versehen, an die Oeffentlichkeit gelangt. Und ebenso hat ein Mitarbeiter an der Hempelschen Ausgabe der Werke Goethes sich die unnöthige Mühe aufgeladen, noch einmal den umständ= lichen Nachweis zu liefern, daß die Rede des jungen Dichters zum Shakespearetag nicht während des Straßburger Aufenthaltes verfaßt sei. Dem emsig arbeitenden Manne war unbekannt ge= blieben, daß ich durch eine Bemerkung, die Otto Jahn 1866 in seine biographischen Aufsätze hinübernahm, auf das über= zeugendste dargethan hatte, die Rede könne nur für den Shakespearetag bestimmt gewesen sein, den Goethe kurz nach seiner Rückkehr in die Vaterstadt feierte, nämlich den 14. October 1771. Wie manigfache Beispiele ähnlicher Versehen und Ver= säumnisse ließen sich hier anhäufen!

Das Studium unsrer großen vaterländischen Litteratur ist in einem schönen Aufblühen, in einem vielleicht allzu schleunigen Wachsthume begriffen. Möge es vor der vordringlichen Ge=

schäftigkeit der Unberufenen verschont, von der Vielthuerei der
Kleinkrämer ungefährdet bleiben! Dies Studium muß der gerechten Mißachtung ernster Forscher unrettbar verfallen, wenn
nicht jeder, der zu fernerer Ausbildung desselben mitwirken will,
sich die strengsten Forderungen philologisch-historischer Wissenschaft gegenwärtig erhält.

Schillers Malteser.

(1866.)

In den Maltesern hatte Schiller sich einen Boden geschaffen,
auf dem nur er, er allein, mit Sicherheit, ohne zu straucheln,
einherschreiten konnte, und auf dem jeder andere den schmählichsten
Fall erleiden müßte. In Schillers Wesen waren die Fähigkeiten
des tiefen und kühnen Denkers mit den Eigenschaften des an=
schauenden und schöpferisch bildenden Dichters in einer wunder=
baren Harmonie verschmolzen; die mildeste Menschlichkeit, die
zarteste Empfindung erfüllte und leitete ihn und beseelte seine
Worte; aber mit dieser Milde und Zartheit war auf das innigste
der unbeugsame Heldensinn verbunden, der im unerschütterlichen
Gehorsam gegen das sittliche Pflichtgebot die sittliche Freiheit
des Menschen kämpfend und duldend bethätigt. Bei ihm ging
der Gedanke in die lebendigste Anschauung über; die freie Ent=
faltung aller schönen und sanften Gefühle ward durch die ganze
Strenge des sittlichen Heroismus eher befördert als gestört: und
nur ein solcher Geist konnte den Plan zu den Maltesern ent=
werfen, nur ein solcher Geist konnte hoffen, diesen Plan würdig
auszuführen.

Dieser Plan entstand in einer Zeit, da der Dichter noch
mit voller Seele seinen philosophischen Studien anhing und seine
ganze Geistesrichtung noch durch sie bestimmt wurde. Wenn er
sich aus dem Gebiete der Ideen in die Fülle des sinnlich=poetischen
Lebens versetzen wollte, so mußte er gleichsam noch den ganzen

Gehalt jener Ideen unverkümmert mit hinübernehmen; er mußte
einen Stoff ergreifen, in dem jene Ideen sich wie durch einen
natürlichen Vorgang verkörperten, an dem sie ihre erhebende,
läuternde Kraft bewähren konnten. Wie er dies auf dem Gebiete der didaktischen Lyrik vollbracht hat, zeigen uns die Gedichte, durch welche er sich in dieser Zeit den Uebergang bahnte
aus der Welt des freien Gedankens in das enger umgränzte
Reich der darstellenden Kunst. Man kann den „Spaziergang"
und „Ideal und Leben" als die Führer dieses herrlichen
lyrischen Reigens betrachten; der tragische Reigen sollte durch
die Malteser angeführt werden.

Noch war Schiller mit der Ausarbeitung der Briefe über
die ästhetische Erziehung beschäftigt, noch war die köstlichste
Frucht seines Denkens, der Aufsatz über naive und sentimentalische
Dichtung, nicht zur Reife gediehen, als er mit Zuversicht die
Hoffnung aussprach, die Maltesertragödie bald vollendet zu sehen.
Im October 1794 glaubte er, das Werk würde gegen Ende des
Winters fertig vorliegen. Diese Aussicht ward vereitelt. Die
Philosophie gab ihn noch nicht so bald frei und wußte ihn mit
neuen Reizen zu fesseln, nachdem sie den eigenthümlichen Bund
mit der Lyrik eingegangen war. Und als er sich endlich mit
Entschiedenheit dem Drama zuwandte, mußte der Stoff des
Wallenstein, der freilich noch wie eine ungeheure, ungestaltete
Masse vor ihm lag, das Uebergewicht behaupten. Immer dennoch
tauchten Lust und Neigung zu den Maltesern wieder auf. Sie
konnten ihn von neuem wieder anlocken, als er in der Be-
wältigung des Wallenstein schon ansehnlich vorgeschritten war
(an Goethe 18. Nov. 1796); wenn er ermüdet von der mächtigen
Anstrengung dieser Arbeit ausruhte, fand er Erholung bei den
Maltesern (8. Decbr. 1797); es erfreute ihn, in seinem Geiste
dieses Drama auszubilden, dessen Fabel, im Gegensatz zu der
des Wallenstein, so einfach war, und das daher eine durchaus
einfach-strenge Behandlung nach dem Vorbilde der griechischen
Tragödie zu fordern schien. Gegen Ende des Jahres 1799 gab

sich die langgehegte Vorliebe abermals kund; er brachte um jene Zeit die ältern Pläne und Entwürfe in eine übersichtlichere Ordnung; und endlich meldete sich noch einmal im Jahre 1803 die lebhafte Neigung, den so vielfach durchdachten Stoff unverzüglich zu bearbeiten. Eben war die Braut von Messina zum Abschluß gebracht; der Dichter glaubte sich hier der Form der griechischen Tragödie bemächtigt zu haben; er glaubte, es werde ihm daher um so entschiedener gelingen, die Malteser mit wahrhaft antikem Geiste zu erfüllen und sie zu strenger Würde und idealer Hoheit emporzuheben.

Die beharrliche Vorliebe, welche Schiller diesem Stoffe schenkte, hat nichts auffallendes. Der Grund dieser Vorliebe muß uns deutlich werden, sobald wir uns vergegenwärtigen, in welchem Sinne er die Ereignisse, wie sie ihm Vertots Geschichte des Malteserordens überlieferte, für die Tragödie fruchtbar machen wollte, sobald wir die Mittel erkannt haben, durch welche er die wichtige Handlung von innen heraus zu beleben gedachte. Und diese Erkenntniß ist uns nicht versagt. Wir entbehren das vollendete Werk; aber der Plan ist uns aufbewahrt; er hat durch Körner längst schon den verdienten Platz unter Schillers Werken erhalten. Später sind aus dem Nachlasse des Dichters auch die ältern Aufzeichnungen und die aus verschiedenen Zeiten stammenden Entwürfe ans Licht gezogen worden[1]), so daß uns für unsere Einsicht in die Anlage des Ganzen nichts wesentliches mangelt. Was Schiller wollte, ergiebt sich aus diesen Aufzeichnungen wenigstens ebenso deutlich, als es aus dem vollendeten Werke hervortreten würde. Wir vernehmen hier, wie der Dichter mit sich selbst zu Rathe geht; er beleuchtet mit unermüdeter Geduld den Gegenstand von allen Seiten; er bestimmt mit der größten Schärfe die Ideen, die ihn bei der Behandlung leiten sollen; er

---

[1]) Das Wichtigste findet man zusammengestellt in Hoffmeisters Nachlese zu Schillers Werken 3, 5—23, das vollständige Material jetzt am besten bei Kettner, Schillers dramatischer Nachlaß 2, 1—63.

ſetzt immer von neuem an, um ſowohl das Ganze wie jeden
einzelnen Theil erſt vor ſeinem Verſtande ins klare zu bringen,
ehe er die eigentlich dichteriſche Thätigkeit beginnen läßt. Auch
in dieſen Selbſtgeſprächen, die, mit flüchtiger Feder auf dem
Papiere feſtgehalten wurden, in dieſen bedächtigen Erwägungen
und ſcharfen Beſtimmungen, in dieſem kühnen Entwerfen und
ausharrenden Denken, — überall finden wir hier den ganzen
Schiller wieder.

Ganz ausſchließlich auf die Macht der ſittlichen Idee ſollte
die Tragödie von den Malteſern begründet werden. Soliman
hat Heer und Flotte gegen die Inſel entſandt; er will dieſes
Bollwerk der chriſtlichen Herrſchaft zerſtört ſehen; er will dem
Orden, der es vertheidigt, den unvermeidlichen Untergang bereiten. In dieſem Vertheidigungskampfe iſt der Orden, wie es
ſcheint, auf ſeine eigene Kraft allein angewieſen; wenigſtens
zögert Spanien, die verſprochene und durchaus nothwendige Hülfe
zu leiſten.

Aber nicht aus dem Widerſtande, den die bedrohten Ordens-
ritter einer furchtbaren Uebermacht entgegenſetzen, ſollte das
tragiſche Intereſſe hervorgehen: der äußere Kampf wird vornehmlich dadurch bedeutend, daß er einen lange gährenden
Kampf im Innern des Ordens zum Ausbruch und zur Ent-
ſcheidung bringt. Der Orden iſt längſt dem Geiſte abtrünnig
geworden, in dem er einſt geſtiftet wurde und durch den allein
er fortbeſtehen kann. Er hat ſeiner Gelübde ſowohl wie ſeines
erhabenen Zweckes vergeſſen; irdiſche Beſtrebungen haben die
einzelnen Ritter dem Berufe entfremdet, dem ſie gewidmet ſind;
die Bande des Gehorſams ſind gelöſt, eine weltliche Geſinnung
beherrſcht die Geiſter, und die Ordensbrüder, die jeden Augenblick bereit ſein ſollten, in geſchloſſener Schar einträchtig für den
Glauben zu kämpfen, ſind unter einander durch ſchnöde Leiden-
ſchaften entzweit und in feindliche Parteien geſpalten. Von außen
wälzt ſich die Gefahr an ſie heran, gerade zu der Zeit, da ſie
am wenigſten tüchtig erſcheinen, ſie abzuwehren. Zwar der

Muth ist in ihrer Brust nicht erloschen; noch immer können sie der Schrecken feindlicher Heere sein; aber die Tapferkeit, die sie zeigen, ist nicht durch die Weihe der Religion geläutert. Selbst wenn es ihnen gelänge, die Macht der Ungläubigen zurück- zuschlagen, so wäre dadurch der Fortbestand des Ordens doch nicht gesichert; denn er droht, sich in sich selbst aufzureiben; und möchte er auch äußerlich fortdauern, er würde doch nur als ein trügerisches Scheinbild seiner selbst dastehen: der Geist, der ihn beleben soll, ist aus ihm gewichen.

Im Drange dieser Doppelgefahr zeigt sich der Retter. An der Spitze der verweltlichten Streiter Christi steht der Groß- meister La Valette. Er ist unberührt geblieben von der An- steckung, die den gesamten Orden ergriffen hat; unverrückt bleibt sein Sinn auf die hohen Zwecke gerichtet, für die zu kämpfen und sich aufzuopfern der Orden durch die heiligsten Gelöbnisse verpflichtet ist. Die ruhige Hoheit des Herrschers, die Tapferkeit des Ritters und die Demuth des Christen, das strengste Pflicht- gefühl und eine daraus entspringende unbeugsame Entschlossen- heit, kalte Ueberlegung neben der wärmsten Begeisterung, milde Menschlichkeit neben dem glühendsten Glaubenseifer — diese Eigenschaften, deren seltene Vereinigung an ihm zu bewundern ist, machen ihn werth des hohen und gefährlichen Platzes, auf den er gestellt worden. In ihm lebt der Ordensgeist in seiner ursprünglichen Reinheit; er ist der edelste, er ist der liebens- würdigste Vertreter dieses Geistes.

Und dieser wahrhaft christliche Held unternimmt es, den von seiner Bahn so weit abgekommenen Orden zu seiner Be- stimmung zurückzuführen. Vor allem muß er das fast erstorbene Gefühl dieser Bestimmung wieder erwecken. Einem Geiste ge- wöhnlicher Art würde für ein solches Unternehmen der Augen- blick so ungünstig wie möglich erscheinen. Von außen bricht unwiderstehlich das Verderben herein; der Orden muß den letzten, verzweifelten Kampf für sein Dasein wagen: und diesen Moment erwählt der Großmeister, eine innere Wiederherstellung

des Ordens zu bewirken und ihm alle die christlich=ritterlichen
Tugenden wiederzugeben, deren Wurzeln, wie es scheint, in den
Gemüthern ausgerottet sind? — Aber gerade diese anscheinende
Ungunst der Verhältnisse weiß der überschauende und ein=
bringende Geist La Valettes seinen hohen Absichten dienstbar zu
machen. Die äußere Gefahr wird ihm ein Mittel zur Vernichtung
der schädlichen Elemente, die im Innern des Ordens um sich
gegriffen haben. Der mächtige Wille des Meisters bezwingt die
leidenschaftliche Willkür der Ritter; seine lautere Weisheit erhellt
ihren Sinn. Er bringt den gewaltsam Widerstrebenden die
Ueberzeugung auf, daß jeder von ihnen erst wieder vollkommen
Herr über sich selbst werden muß, ehe er im heiligen Kampfe
gegen die Ungläubigen würdig mitstreiten kann; die Ritter müssen
erst sich selbst besiegen, mit williger Demuth das Joch des Ge=
horsams auf sich nehmen, wenn sie des Sieges über den Feind
sicher sein wollen. Der Großmeister sieht sein Werk gelingen.
Die strengen Tugenden, die aus dem Kreise des Ordens verbannt
waren, werden wieder in ihre Rechte eingesetzt. Der Ritter er=
kennt wieder die hohe Aufgabe seines Daseins; er wird erwärmt
von der reinen Flamme religiöser und sittlicher Begeisterung;
er sieht der Pflicht ins Angesicht und erfüllt mit freier Neigung
ihr Gebot. Der Widerstreit zwischen Leidenschaft und Gesetz ist
geschlichtet; die sittliche Nothwendigkeit hat gesiegt. — Wie nun,
unter dem Andrange von Noth und Verderben, diese Herstellung
im Innern des Ordens sich vollzieht, wie dieser Kampf zwischen
Pflicht und Neigung gekämpft und wie er entschieden wird, das
war es, was Schiller in seiner Tragödie zur Anschauung bringen
wollte. Ein bewundernswürdiger Entwurf! Bewundernswürdig
auch dann noch, wenn man bei tieferer Einsicht bekennen muß,
daß die dramatische Ausführung desselben den bedenklichsten
Schwierigkeiten unterliegt, denen selbst ein Schillerscher Geist
vielleicht nicht überall gewachsen war.

In Schillers Werken ist es vielfach bezeugt, wie gern seine
Einbildungskraft bei den ritterlichen Genossenschaften verweilte,

in welchen die strenge Entsagung des klösterlichen Lebens mit
den thatkräftigen Tugenden des Krieges sich verbindet. Man
kennt den gehaltreichen Aufsatz, mit welchem er Vertots
Geschichte des Malteserordens in Deutschland einführte; man
erinnert sich des Epigramms, in welchem die Brüder der Schlacht
gepriesen werden, die zugleich am Krankenbette die niedrige Pflicht
christlicher Milde vollbringen[2]); und allen ist die Gestalt des
Jünglings gegenwärtig, der heldenmüthig den Drachen über=
wältigt, aber hernach den härteren Kampf bestehen und den
eigenen Willen bändigen muß. Schillers Geist war stets auf
die höchsten sittlichen Forderungen gerichtet; und mit diesen
Forderungen schienen die Gesetze verwandt, welche über dem
mönchisch=ritterlichen Staate walteten. Ueber die wichtigsten
Angelegenheiten der sittlichen Menschheit sollte daher in dieser
Tragödie gleichsam verhandelt werden, und besonders war der
Chor dazu ausersehen, als begeisterter Sprecher für Religion,
Pflicht und Gesetz, in seinen Worten das Bild der edelsten
Menschheit aufzustellen, die reinsten Gefühle wachzurufen und
die Geister zu den höchsten Anschauungen hinaufzutragen.

Der Charakter des Erhabenen mußte durchaus in diesem
Werke vorherrschend sein. Daß der Mensch durch rücksichtslose
Hingebung an seine höchste Pflicht, durch Selbstaufopferung
und Selbstüberwindung sich über jede Schranke des Irdischen
siegreich hinausschwinge, daß es in seiner Macht stehe, sich

---

[2]) In die wenigen Zeilen dieses Epigramms, das im Musen=Almanach
für 1796 erschien, ist der Inhalt jenes 1792 geschriebenen Aufsatzes
kunstvoll zusammengedrängt; ja, die hervorragenden Tugenden des Ordens
werden hier wie dort fast mit den nämlichen Worten bezeichnet. Siehe
Schillers Werke 11, 314. — Wie Schiller als Philosoph über den schwärme=
rischen Ordensgeist dachte, der mit einseitig leidenschaftlichem Eifer ein be=
stimmtes Ideal der Vollkommenheit zu verwirklichen trachtet, ist in der
Abhandlung über Anmuth und Würde (11, 366) mit scharfen Worten an=
gedeutet. In welches Verhältniß zu den praktischen Gesetzen der Moral
dieser Ordensgeist gerathen muß, hatte Schiller schon früher in den Briefen
über Don Carlos an dem Beispiele des Marquis Posa gezeigt. 10, 353.

der Herrschaft der sinnlichen Natur zu entziehen, zur unbeschränkten Freiheit des Geistes vorzudringen und sich den Zugang zu einem Reiche höherer Wesen zu bahnen, indem er alles austilgt, was ihm von irdischer Leidenschaft und Begierde anhaftet, daß er durch die Kraft seines sittlichen Willens jeden Widerstand, der von außen droht, überwinden, jeden Angriff auf seine Selbständigkeit zurückschlagen könne, — diese erhabene und erhebende Wahrheit sollte aus jedem Theile des Schauspiels hervorleuchten. — Der Großmeister besteht darauf, und zwar mit gutem Grunde, daß das Fort St. Elmo mit unnachgiebiger Hartnäckigkeit bis aufs äußerste vertheidigt werde; die Ritter, denen die Pflicht dieser Vertheidigung zufällt, sind einem unvermeidlichen Untergange preisgegeben; denn unmöglich ist es, das Fort gegen die Uebermacht der Türken auf die Dauer zu behaupten. Schon sind die Wälle zerstört; schutzlos müßten die Ritter sich dem Feinde gegenüberstellen. Man widersetzt sich dem Ansinnen des Meisters mit Ungestüm. Aber La Valette beharrt auf seiner Forderung; die Rettung des Ordens erheischt ein solches Opfer. Man wirft ihm entgegen: „Wir sind Menschen.“ — „Ihr sollt mehr sein“, ist die Antwort des Großmeisters. In diesem mächtigen Worte ist der Grundton des ganzen Werkes angegeben. Die zur Vertheidigung auserlesenen Ritter gehen mit freiem Heldenwillen in den Tod. Und wie in dieser Tragödie überall die Macht der Idee gefeiert wird, so zeigt sich am Schlusse derselben auch nur die Idee des Sieges. Das Fort ist erstürmt, die Vertheidiger sind bis auf den letzten Mann gefallen. Aber wie der Heldentod des Leonidas und seiner Genossen die Bürgschaft gab, daß Hellas nicht unter das Joch der Barbaren sinken werde, so eröffnet sich auch durch den Tod der Vertheidiger von St. Elmo die sichere Hoffnung auf den endlichen Sieg über die Ungläubigen. Denn der echte Geist des Ordens ist wieder auferstanden, stark und unüberwindlich . . . .

Ein alter Aufsatz Friedrich Schlegels.
(1882.)

Im vierten Bande seiner sämmtlichen Werke (Wien 1822) hat Friedrich Schlegel neun Aufsätze zusammengestellt, welche meist auf die Anfänge seiner litterarischen Thätigkeit zurückweisen. Sie sind unter einander verbunden durch den allen gemeinsamen Bezug auf das classische Alterthum; ihre Bestimmung ist, zu einer tieferen Einsicht in die weltgeschichtliche Entwicklung der Griechen und Römer anzuleiten.

Entstanden sind diese Aufsätze zwischen Schlegels zweiundzwanzigstem und sechsundzwanzigstem Lebensjahre (1794—98); sie erscheinen als Vorläufer und Begleiter der zwei größern Arbeiten, denen er sich damals widmete, der Schrift „Ueber das Studium der griechischen Poesie" (1797) und der „Geschichte der Poesie der Griechen und Römer" (1798), die nach einem vielverheißenden Anfange nur allzu bald für immer abbrach.

In jenen Aufsätzen geringeren Umfangs äußern sich Friedrichs Anschauungen mindestens ebenso deutlich wie in diesen umfassenderen Werken, deren erstgenanntes durch seine gewagten Sätze, die zur Parodie herauszufordern schienen, dem überwältigenden Witze der Schillerschen Xenien verfiel. Jene kleineren Abhandlungen zählen daher zu den wichtigsten Zeugnissen für die Vorgeschichte und die erste Periode der Romantik.

Mit wohlberechtigter Neigung durfte Schlegel auf diese jugendlichsten seiner Arbeiten zurückblicken, welche die in den größeren Schriften niedergelegten kühneren Ansichten vorbereitet, erläutert und begründet hatten. Man begreift, daß er diesen

Erstlingen in der Sammlung seiner Werke einen hervorragenden Platz einräumte und sie zu einem Ganzen zusammenstellte. Aus diesem sollte man erkennen, wie früh schon der Jünger Platons und Winckelmanns darnach getrachtet, sich die Welt des Alterthums in ihrer Wirklichkeit zu vergegenwärtigen. Und in der That gewahrt man hier wenigstens das Bestreben,[1]) „das Alterthum nach seiner eigenen Idee ganz so aufzufassen, wie es wirklich gewesen ist".

Es genügt dem jugendlichen Forscher nicht, sich mit dem Geiste vertraut zu machen, der aus den künstlerischen Thaten, aus den wissenschaftlichen Leistungen der Alten uns anspricht. Sein Wunsch und Sinn reicht weiter. Er will, durch den Nebelglanz der Tradition hindurchblickend, eine deutliche An= schauung von den Zuständen gewinnen, die den Griechen und Römer im täglichen Leben, in Staat und Gesellschaft, in Haus und Familie umgaben. In den Erscheinungen, die er hier beobachtet, will er das Walten derselben Geistesart erkennen, die sich in der Litteratur, in Kunst und Wissenschaft ver= kündigt. Er möchte mit seinem Blicke das gesamte Dasein der Alten umspannen und die Wechselwirkung zwischen äußerem und innerem, geistigem und sinnlichem Leben wahrnehmen. Er will die antike Welt der neueren als ein Ganzes gegenüberstellen, in welchem sich alles besondere natürlich und gesetzmäßig zusammenschließt. Ueberall will er — so lautet die später von ihm aufgestellte Formel — in der Kunst der Griechen das Schöne, in dem Leben der Römer das Große als herrschendes Princip nachweisen.

So begegnet uns denn in jenem vierten Bande der Werke eine Reihe von Abhandlungen, die nur ihren Titeln nach weit auseinanderzustehen scheinen, durch Gehalt und Zweck unter sich verbunden sind. Neben Aufsätzen über die Schulen der griechischen Poesie, über den künstlerischen Werth der alten

---

[1]) Vorrede zum vierten Bande der Werke, S. VII.

griechiſchen Komödie und über die alte Elegie finden wir eine
ziemlich haltloſe Unterſuchung über die Gränzen des Schönen;
der Ueberſetzung und Beurtheilung der dem Lyſias zugeſchriebenen
epitaphiſchen Rede und der von Dionyſios entworfenen Charakteriſtik
des Iſokrates folgt die „welthiſtoriſche Vergleichung“ zwiſchen
Cäſar und Alexander, welcher einſt Schiller den erbetenen Platz
in ſeinen „Horen“ klüglich verſagt hatte. Und mitten zwiſchen
dieſen Arbeiten erſcheint ein Paar ganz nahe verwandter Auf=
ſätze, der Betrachtung der griechiſchen Frauennatur gewidmet.
Der eine ſoll uns über die Darſtellung der weiblichen Charaktere
in den griechiſchen Dichtern belehren; der zweite, der, nach
Schlegels eigner Angabe, zur „Sittengeſchichte des weiblichen
Geſchlechts im griechiſchen Alterthum“ einen Beitrag liefert,
handelt über Diotima. Als dieſer im ſiebenten und achten
Hefte der Berliniſchen Monatsſchrift 1795 erſchienen war,
empfahl ihn Auguſt Wilhelm der Aufmerſamkeit Schillers als
das Reiſſte, was ſein Bruder bis dahin habe drucken laſſen.
Friedrich ſelbſt will der Schrift, indem er ſie an Schiller ſendet,
freilich nur ein karges Lob gönnen.²) Für jeden, der das
Alterthum in voller Deutlichkeit anſchauen wolle, habe der hier
behandelte Gegenſtand wohl ſeinen Werth; die Behandlung ſelbſt
aber ſei allzu weit entfernt von der ſchönen Form, die hier er=
reichbar geweſen, in der Ausführung bemerke man Lücken und
die Anordnung erſcheine nicht fehlerfrei.

Mit dieſer Selbſtkritik war es wohl nicht ſo ernſt gemeint.
Wenigſtens hinderte ſie den Autor nicht, die von ſeinem Tadel
ſo hart betroffene Schrift dem deutſchen Leſer alsbald wieder
vorzuführen. Sie erſchien im Gefolge der hiſtoriſch=kritiſchen
Betrachtung „Ueber das Studium der griechiſchen Poeſie,“ welche
den erſten Band der „Griechen und Römer“ zum großen Theil
ausfüllt. Als Anhang iſt der Aufſatz „Ueber die Darſtellung

---

²) Friedrich an Schiller, 12. December 1795. Preußiſche Jahrbücher
IX. 2, 225.

der Weiblichkeit in den griechischen Dichtern" beigegeben, der dann im vierten Bande der Werke unter leicht verändertem Titel wieder zum Vorschein kommt.

Von den bisher genannten jugendlichen Aufsätzen lassen sich in fast allen Fällen die ersten Drucke nachweisen. Hier aber dient die Kenntniß des ersten Druckes nicht bloß zur Befriedigung der Neugier des Bibliographen; sie bildet vielmehr eine unentbehrliche Grundlage für die Einsicht in die Entwicklungsgeschichte des Schlegelschen Geistes. Denn mit allen Erzeugnissen, die der ersten Periode seiner Thätigkeit entstammen, mußte der alternde Friedrich eine Umarbeitung vornehmen, durch welche ihnen eine scheinbare Uebereinstimmung mit den Anschauungen, die ihn nun ausschließend beherrschten, oft gewaltsam angezwungen ward; dann erst konnte er sie der Aufnahme in die Sammlung seiner Schriften würdig erachten.

So wie sie in der spätern Fassung erscheinen, können diese Aufsätze daher nicht als unverfälschte Zeugnisse für Charakter und Sinnesweise des jungen Schriftstellers gelten, der bald als Häuptling der romantischen Schar die neue Doctrin verkünden sollte. Ernste Forscher, wie Koberstein und Haym, waren demnach überall beflissen, auf die erste Form zurückzugehen. Nur in einem Falle mußten sie darauf verzichten. Der Ort, wo die Betrachtung über die weiblichen Charaktere in der griechischen Poesie zuerst erschienen, ließ sich nicht ausfindig machen. Zwar besitzen wir ja einen Druck aus dem Jahre 1797; aber nach Schlegels eigner Angabe hatte auch dieser Aufsatz gleich den übrigen seinen ersten Platz in einer Zeitschrift gefunden.[3] Es lohnte sich doch der Mühe, dieser ersten Spur nachzugehen. Aber wohin sollte man sich wenden? Weder in der „Berlinischen Monatsschrift," noch im „Merkur" oder im „Attischen Museum" konnte man sich Raths erholen.

Gewissenhaft, wie immer, bekennt denn auch der treffliche

---

[3] Vgl. die Inhaltsangabe vor dem vierten Bande der Werke, S. 10.

Koberstein, er sei hier rathlos; fragweise deutet er auf den Jahrgang 1795 der Berlinischen Monatsschrift, der ihm nicht zur Hand war, in welchem er aber den ersten Druck vermuthete (2, 1864). Haym vermochte in dem Haupt= und Grundwerk über die romantische Schule (S. 184) eine bestimmte Auskunft ebenso= wenig zu ertheilen; die Vermuthung seines Vorgängers jedoch konnte er bestimmt zurückweisen. Es darf daher wundernehmen, daß der Herausgeber des Kobersteinschen Werkes drei Jahre nach dem Erscheinen des ihm wohlbekannten Haymschen Buches jene Vermuthung mit unveränderten Worten treulich wiederholt.[4]) Und hatte nicht überdies Haym in seinen reichhaltigen Er= gänzungen und Berichtigungen einen bestimmten Fingerzeig gegeben? Er bemerkt (S. 907): aus einem Briefe Friedrichs an Wilhelm vom 17. August 1795 erhelle, jener Aufsatz sei zuerst im September und October des „Damen=Journals“ vom Jahre 1794 gedruckt. Aber nach diesem Journal spähte Haym vergebens, und so blieb die gewonnene Notiz fürs erste fruchtlos. Mir war eine zu Halle erschienene „Monatsschrift für Damen“ einmal in die Hände gekommen; ich erinnerte mich jedoch, daß sie einem frühern Jahrzehnt angehörte.

Vor kurzem erhielt man einen neuen Wink. Man verdankte ihn dem Briefwechsel zwischen Novalis und der Schlegelschen Familie.[5]) In einem Schreiben an Friedrich, das offenbar in

---

[4]) Koberstein bekennt auch, nicht zu wissen, wann und wo die beiden Sonette Friedrichs auf Camoëns und Calderon zuerst gedruckt worden (3, 23, 47); sein Herausgeber findet sich hier gleichfalls mit ihm in Ueber= einstimmung (4, 745). Doch war der Fundort nicht so gar abgelegen. Man brauchte sich nur nach dem bekannten Dichter=Garten zu wenden, den ein Bruder von Novalis, versteckt unter dem Pseudonym Rostorf, 1807 erscheinen ließ. Dort trifft man S. 18 und 19 die beiden Sonette, wohl die besten, die Friedrich je seinem widerspenstigen Dichtergenius abgerungen. In der letzten Zeile des Sonetts auf „Calderone“ findet sich eine kleine Variante.

[5]) Novalis' Briefwechsel mit Friedrich und August Wilhelm, Charlotte und Caroline Schlegel. Herausgegeben von Dr. J. M. Raich, Mainz 1880 S. 14.

den Schluß des Jahres 1794 fällt, berichtet Novalis: „Dein Aufsatz in der Monatsschrift fürs weibliche Geschlecht ist erst jetzt herausgekommen." Dazu liefert eine Note des Herausgebers den Nachweis, daß in Leipzig 1794 und 1795 eine „Monatsschrift für Damen" erschienen ist. Er vermuthet, sie enthalte den ersten Druck des Aufsatzes über die Darstellung der Weiblichkeit. Aber er kann es nur vermuthen. Denn das Journal war nicht zu entdecken. Sogar in den beiden großen Bibliotheken Leipzigs fehlte die Monatsschrift.

Wollte man weiter suchen, so mußte man vor allem den Titel in genauem Wortlaute kennen. Friedrich spricht von einem Damen-Journal, Novalis von einer Monatsschrift fürs weibliche Geschlecht. Welcher Name ist der richtige? Darüber sollte ich etwa im Beginne des vorigen Jahres belehrt werden. Ich blätterte in einem Buche, in das man nicht blicken kann, ohne eine kleine Belehrung davonzutragen. Es ist der Briefwechsel zwischen Schiller und Cotta, in dessen erschöpfender Bearbeitung Wilhelm Vollmer ein dauerndes Muster für alle Leistungen ähnlicher Art aufgestellt hat. Indem ich mir einige Thatsachen, auf die äußere Geschichte der „Horen" bezüglich, wieder vergegenwärtigen wollte, stieß ich auf Cottas Brief vom 21. Mai 1795, der folgende Nachschrift zeigt (S. 90):

„Schlegel hat von seiner göttlichen Comödie einen Theil in der Leipziger Monatsschrift für Damen abdruken lassen, ich habe diß wegen der Horen nicht gerne gesehen, der Beitrag oder vielmehr die Horen verlieren etwas von ihrem Werth, wenn ein gleicher in einem sehr unbedeutenden Journal stehet."

Der Schlegel, über dessen Verfahren Cotta sich hier beschwert, ist natürlich August Wilhelm, und unter seiner „göttlichen Comödie" ist die mit Erläuterungen begleitete Nachdichtung Dantes zu verstehen, die dem ersten Jahrgang der „Horen" zum ernsten Schmucke gereichte.

Und das Journal, das hier so geringschätzig erwähnt wird? Mußte es nicht dasselbe sein, dem Wilhelms jüngerer Bruder seinen Beitrag gegönnt hatte? Ferner durfte man annehmen, der Buchhändler habe, genauer als die Schriftsteller, den wirklichen Titel des Journals genannt. Uebrigens schien auch Vollmer, wie seine Note merken ließ, dasselbe nur aus bibliographischen Verzeichnissen zu kennen.

Nun wandte ich mich mit der Aussicht auf bessern Erfolg abermals an die Münchener Hof- und Staatsbibliothek, von deren Schätzen der Suchende so selten unbefriedigt hinweggeht. Alsbald lagen mir vor Augen die vierundzwanzig Hefte der „Leipziger Monatsschrift für Damen".⁶) Im Aprilheft 1795 findet sich das Fragment aus Dantes göttlicher Komödie, das Cotta so ungern dort erblickte.⁷) Friedrichs Aufsatz aber ist schon im ersten Jahrgang (1794) enthalten und zwar in den Heften vom October und November; der Titel lautet hier: „Ueber die weiblichen Charaktere in den griechischen Dichtern."

Das äußere Ansehen wie der innere Gehalt der Zeitschrift scheinen die Mißachtung einigermaßen zu rechtfertigen, mit der Cotta von der Höhe seiner Unternehmungen auf sie herabsah. Sie ist ein Schößling jener Weiber- und Kinder-Litteratur, deren überwuchernde Fülle den Protest der Xenien hervorlockte:

Immer für Weiber und Kinder! Ich dächte man schriebe
für Männer,
Und überließ dem Mann Sorge für Frau und für Kind.⁸)

------

⁶) Leipzig bei Voß und Compagnie. 1794, 1795 je zwölf Monatsstücke. Acht Bändchen.

⁷) Die Büßungswelt. 28. Gesang. S. 69. Böcking hat diesem Bruchstück im dritten Bande seiner Ausgabe Schlegels S. 353 den gebührenden Platz angewiesen. Er hatte aber nicht den Druck in der Monatsschrift, sondern die Handschrift des Uebersetzers vor sich. Dies ergiebt sich aus dem Inhaltsverzeichnisse zum dritten Bande und wird überdies durch einige Varianten bezeugt, die sich sowohl in der kurzen prosaischen Einleitung als in den Versen selbst (14, 17, 73) bemerkbar machen.

⁸) Xenion 150, das zusammen mit dem vorhergehenden betitelt ist: „Schriften für Damen und Kinder." Vgl. Xenien-Manuscript S. 133 (und jetzt Schriften der Goethe-Gesellschaft 8, 40. 156).

Als Herausgeber erscheint Ernst Müller. Für den Lese=
geschmack der mittlern Klassen hatte er schon manches annehm=
bare Product zubereitet.⁹) Er durfte sich wohl einige Gunst
von seinen bildungslustigen Landsmänninnen versprechen. Mit
würdiger Feierlichkeit begiebt er sich ans Werk. „Im Gefühl
der innigsten Achtung, die das weibliche Geschlecht verdient,“
tritt er mit seinen Genossen vor Deutschlands Töchtern auf,
denen er monatlich einige Stunden der Muße nützlich und
angenehm auszufüllen hofft. Vielfach, und zwar nicht ohne
Grund, klage man, das weibliche Geschlecht lese zu viel. Bei
der jetzigen Ausbildung des häuslichen und gesellschaftlichen
Lebens sei jedoch eine wohlgeordnete Lectüre dem Frauenzimmer
unentbehrlich. „Ueberdem“, bemerkt empfindungsvoll dieser Bildner
des weiblichen Geistes, „überdem sind die Weiber Menschen.“
Ernst Müller will daher ihnen ebensowohl als den größten
Philosophen die Pflicht und das Recht zusprechen, über den
Zweck ihres Daseins, über Ursache und Wirkung, über Welt
und Vorsehung, über Gegenwart und Zukunft nachzudenken.
Bei dieser ernsten Beschäftigung sollen „lichtvolle Schriften“ sie
leiten. Und den Verfassern dieser Monatsschrift liegt es am
Herzen, ihren deutschen Schwestern zu einer solchen wohl=
geordneten Lectüre zu verhelfen. Dem einen Theile der Damen
wollen sie ersetzen, was beim frühern Unterrichte versäumt
worden; einem andern wünschen sie gewisse, frühzeitig ein=
geprägte, aber unter den rauschenden Freuden und Zerstreuungen
der Mädchenjahre wieder entfallene Wahrheiten in heilsame
Erinnerung zu bringen. Gleich nach dieser salbungsvollen Ein=

⁹) Seit 1789 hatte er eine bedenkliche Fruchtbarkeit entwickelt. Wir
besitzen aus seiner Feder romantische Gemälde der Vorwelt; ein Bilderbuch
für die nachdenkende Jugend; einen historischen Beitrag zur sittlichen
Charakteristik des Menschen unter dem Namen Fernando; Kollmar und
Klaire, eine vaterländische Geschichte; eine Bibliothek der grauen Vorwelt,
und manches andere, das schon durch seinen Namen die litterarische Region
verräth, der es angehört. (Vgl. Goedeke, Grundriß 2. Aufl. 5, 517.)

leitung, die von so warmer Theilnahme an der Geistesbildung der Damen zeugt, tritt W. G. Becker mit einem Tractat über weibliche Bestimmung hervor. Ein Gedicht über den Werth des Weibes, ein Gespräch über Talente und Bestimmung des Weibes, ein Fragment über die weiblichen Gottheiten drücken dem ersten Hefte durchweg einen femininen Charakter auf. Dieser wird auch in den folgenden Heften nicht verwischt. Sie bringen eine Zuschrift an die Mütter, eine anti= quarische Vorlesung über die Augenbrauen der Grazien, einen Bericht über die Frauenzimmer=Arbeiten im sächsischen Erzgebirge, Betrachtungen über die Schwatzhaftigkeit der Frauenzimmer, aus= führliche Bemerkungen über die Ehe und eine gründliche Er= örterung des Unterschiedes zwischen schön und hübsch.

Gelegentlich wird ein Aufsatz aus Mösers „Patriotischen Phantasien" eingerückt. An Erzählungen ist kein Mangel, lyrische Gedichte fehlen nicht; W. Fink liefert dramatische Scenen aus der Geschichte Virginiens, Schröer eine dialogisierte „Ge= schichte vergangener Zeit", genannt der Mädchenraub.

In den letzten Stücken des ersten Jahrganges scheint sich der Ton etwas heben zu wollen. Mit Friedrich Schlegels Auf= satz beginnt das Octoberstück; im November findet sich eine Charakteristik Robespierres, im December eine Ode Klopstocks aus den jüngst erschienenen grammatischen Gesprächen. Ernst Müller waltete nicht mehr als Leiter der Monatsschrift; ersetzt hatte ihn W. G. Becker, der für sein „Taschenbuch zum geselligen Vergnügen", sowie hernach für seine „Erholungen", die an= gesehensten Schriftsteller in Contribution zu setzen wußte.[10] So hatte er denn auch hier eine stattliche Schar von Mit= arbeitern um sich versammelt. Unter Beihülfe von Männern wie Weiße, Tiedge, Kretschmann, Manso, Langbein, Martyni=

---

[10] Die beiden genannten periodischen Schriften entgingen dem Spotte der Xenien nicht. Später hat Schiller selbst es nicht verschmäht, das Taschenbuch mit einigen köstlichen Gaben auszustatten. (Vgl. Schnorrs „Archiv für Litteraturgeschichte" 4, 275.)

Laguna, Würde suchte er dem Jahrgang 1795 einen bedeutsameren Gehalt zu verleihen. Aber der Monatsschrift war kein längerer Bestand vergönnt. Durch den Zweck, dem sie ausschließend dienen sollte, fühlte sich der Herausgeber in der Wahl der Aufsätze allzusehr beschränkt. Im December des genannten Jahres nimmt er von den Damen würdig und gemessen Abschied, indem er zugleich eine neue „Vierteljahrsschrift für Stunden der Erholung" ankündigt.

Das Leipziger Damen-Journal, dessen Geschicke sich so rasch erfüllten, fordert fast zu einer Vergleichung mit den Haus- und Familienschriften auf, die sich in unserer Zeit so reichlich hervorthaten und zuweilen ihre Wirkungen über die ganze Oberfläche des litterarischen Tageslebens verbreitet haben. Das Bestreben des weiblichen Geschlechts, sich in die Regionen höherer Bildung emporzuheben, findet gerade jetzt großmüthige Unterstützung; es wird gebilligt selbst von denen, die nicht zugeben mögen, daß in frühern Menschenaltern die Frau der wahren Bildung ermangelt und die Pflichten ihrer Stellung in Haus und Gesellschaft verkannt oder ungenügend erfüllt habe. Wäre es daher gerade jetzt nicht lockend, an einzelnen Beispielen prüfend nachzuweisen, durch welche Mittel wohlgesinnte Männer einst die litterarische Bildung unserer Urgroßmütter zu fördern dachten?

Doch ich muß dieser Versuchung aus dem Wege gehen und mich noch für einen Augenblick dem Aufsatze zuwenden, dessen erste Form nun endlich wieder ans Licht gebracht worden.

Die Leipziger Monatsschrift für Damen besitzt, wie sich nun erwiesen, ein gegründetes Anrecht auf den Ruhm, Schlegel in den Kreis der deutschen Schriftsteller zuerst eingeführt zu haben. Er selbst giebt an, seine litterarische Laufbahn habe mit der Abhandlung von den Schulen der griechischen Poesie 1794 begonnen.[11]) Die „Berlinische Monatsschrift" brachte dieselbe

---

[11]) Sämmtliche Werke 4, 5.

im November,[12]) aber schon einen Monat zuvor war er im Leipziger Journal aufgetreten.

Die älteste Gestalt des Versuches über die weiblichen Charaktere zeigt nicht nur beträchtliche Abweichungen von der Form, welche ihm schließlich bei der Aufnahme in die sämmtlichen Werke ertheilt worden; es stellt sich jetzt heraus, daß Schlegel schon für den zweiten Druck (im Anhang zu den 1797 veröffentlichten „Griechen und Römern") tiefer eingreifende Veränderungen vorgenommen. Wir können die kleine Schrift durch drei verschiedene Bearbeitungen verfolgen. Eine genaue, alle Einzelheiten umfassende Vergleichung muß der kritischen Ausgabe der Werke Friedrichs, die wir von der nächsten Zukunft erwarten, vorbehalten bleiben. Hier deute ich nur auf einige umfangreichere Stellen, die dem ersten Drucke eigenthümlich sind und in der Folge beseitigt wurden.

Schon ist der Zusammenhang zwischen den beiden Aufsätzen über Diotima und über die weiblichen Charaktere hervorgehoben worden.[13]) Dort zeichnet Schlegel die Stellung und Bedeutung, welche die Frau im griechischen Leben einnahm; er zeichnet Bildung und Charakter der Bürgerin wie der Hetäre; er vergleicht attische und dorische Sitte. Hier entwirft er das dichterische Gegenbild; er führt die verschiedenen Epochen der griechischen Poesie und die verschiedenen Dichtungsformen an uns vorüber, um darzulegen, wie in einer jeden der schaffende Volksgeist oder der Geist der einzelnen, ihr Zeitalter vertretenden Künstler das Wesen des weiblichen Charakters erfaßt und in

---

12) Ist dies der selbe Aufsatz, den Schiller, wie er an Körner meldet, dem Herausgeber der „Berlinischen Monatsschrift" überlassen (19. December 1794), oder bezieht sich Schillers Aeußerung auf die im December erschienene Abhandlung vom ästhetischen Werth der griechischen Komödie? (Auf diese letztere, wie wir jetzt wissen. Siehe Walzels Note in Friedrich Schlegels Briefen an seinen Bruder August Wilhelm S. 187.)

13) Schlegel selbst hebt ihn hervor: Griechen und Römer S. 304, Werke 4, 132.

sinnlicher Darstellung ausgeprägt hat. Die Homerischen Gesänge, die attische Tragödie, sowie die alte und neuere Komödie liefern ihm die Züge zu diesen verschiedenen Bildern der dichterisch angeschauten Frauennatur.

In der „Monatsschrift für Damen" bereitet Schlegel sich den Weg zu seiner Darstellung durch eine Reihe von Vor=bemerkungen, die zum Theil dem Kreise der Leserinnen gelten, vor dem er hier auftritt. Er empfiehlt die Beschäftigung mit dem Geiste andrer Nationen und andrer Zeitalter als das sicherste Mittel, die Denkart wie den Geschmack von Einseitigkeit zu befreien, so daß man sich zu einem rein menschlichen Gefühle erhebt und zu einem ebenso geläuterten wie umfassenden Ur=theile gelangt. Aus dem Conflict der Meinungen wird alsdann für den Menschen die bleibende Wahrheit hervortreten und das echte Gute und Schöne, das unveränderlich besteht, sich ihm offenbaren.

Man sieht, der philosophisch gestimmte Autor scheut sich nicht, weit auszuholen; aber mit einem kühnen Sprunge versetzt er sich alsbald in die Nähe seines Gegenstandes. Er führt aus, daß sich jener von ihm angedeutete große Zweck eines philo=sophischen Studiums der Geschichte auch auf einem leichtern Wege vorbereiten lasse. Eine „zum anständigen Vergnügen" bestimmte Lectüre würde hier schon förderlich eingreifen. Man kenne ja den Reiz treuer Sittengemälde, die, ohne ins Schwer=fällige zu gerathen, dennoch belehren. „Die Lectüre des weib=lichen Geschlechts" lautet es wörtlich, „kann hiervon keine Aus=nahme machen, wenn es anders auch seine Bestimmung ist, frei und richtig zu denken, besonders über sich selbst und seine nächsten und wichtigsten Verhältnisse." In einer für Damen bestimmten Sammlung dürfen daher, wie der Verfasser darlegt, Sitten=gemälde des weiblichen Geschlechts wohl einen Platz finden. Ist man nur bei der Wahl der Stoffe mehr auf das schöne und bedeutende als auf das neue und seltene bedacht, so darf man den Kreis der weiblichen Lectüre gar wohl über die herkömm=

lichen Grenzen hinaus erweitern.[14]) Und wo bietet sich ein anziehenderer Stoff für solche Schilderungen als im griechischen Alterthum? Bevor er aber darstellt, wie das Weib in der hellenischen Poesie erscheint, muß Schlegel die Damen erst in der Kürze über jenes Volk und dessen Dichtung belehren. Er sagt ihnen also, die Bildung der Griechen sei durchaus einfach gewesen, ihr Geist habe sich ganz frei aus eigener Natur entwickelt und vollendet, ihre Geschichte sei die Geschichte der menschlichen Natur. Die Poesie aber, die bei ihnen einheimisch gewesen, erscheine als ein Theil ihres Charakters selbst, als wichtiges Werkzeug ihrer Bildung und als scharfer Abdruck der öffentlichen Sitten. Von der treuesten Nachahmung der Natur sei sie ausgegangen, um ihre Richtung auf die Schönheit zu nehmen, welche sie erreichte, aber nicht bewahren konnte.

Nachdem diese einleitende Verständigung mit seinen Leserinnen erfolgt ist, kann Schlegel ihnen seine Mittheilungen aus dem Reiche der griechischen Poesie vorlegen: er wendet

---

[14]) Mancher Leser wird mit diesen Aeußerungen nicht ungern Wielands, ungefähr gleichzeitige, Ansichten über weibliche Bildung zusammenhalten; dieselben sind dargelegt in der Vorrede zum ersten, 1786 erschienenen Bande der von Reinhold herausgegebenen „Damen-Bibliothek". Sie finden ihre Ergänzung in der vom „Teutschen Merkur" gebrachten Anzeige des „Historischen Calenders für Damen für das Jahr 1791", in dem Schiller von seiner Geschichte des dreißigjährigen Krieges das erste und zweite Buch mittheilte. Gruber hat das wesentliche aus beiden Aufsätzen unter dem Titel „Weibliche Bildung" zusammengestellt in seiner Ausgabe Wielands 49, 100—118. In der Anzeige des Calenders betont Wieland die Nothwendigkeit, bei „Germaniens Töchtern" Vaterlandsliebe und vaterländischen Sinn durch eine wohlgewählte historische Lectüre zu wecken und zu pflegen. Zugleich beklagt er, daß, dank dem täglich zunehmenden Luxus und der täglich abnehmenden Möglichkeit, seinen Forderungen im häuslichen Stande genug zu thun, das Heirathen immer schwerer und seltener werde. So ward vor 91 Jahren geklagt. Wieland läßt in diesen Aufsätzen manches Wort fallen, das noch für den heutigen Tag seine Gültigkeit hat und den theilnehmenden Beobachter unsrer gesellschaftlichen Zustände zu vergleichenden Betrachtungen anregen mag.

sich zum heroischen Zeitalter und zu den Homerischen Dichtungen, mit deren Betrachtung der Aufsatz in den spätern Drucken beginnt.

An die Musterung der Homerischen Frauencharaktere reihen sich ausführlichere Andeutungen über das Zeitalter, in welchem die lyrische Dichtung zur Vollkommenheit gedieh, und jene Griechen, die früher „wenig mehr als liebenswürdige Wilde" gewesen, sich mit erwachten Geisteskräften Geschicklichkeiten, Kenntnisse, Bildung aller Art eroberten. Die Entwicklung des Staatslebens ward von der gesellschaftlichen Civilisation begleitet. In allem, was diesem Zeitalter eigenthümlich angehört, offenbart sich unserm Autor „mächtige Bildung und freundliche Hoheit". Er gedenkt des Pindar und der „göttlichen" Sappho, die aus einer „großen Anzahl berühmter Dichterinnen" hervorragt. Indem er den Heldenkampf gegen die persische Uebermacht erwähnt, preist er die Athenienser als ein Volk, „dem an tiefer Reizbarkeit und Wirksamkeit aller menschlichen Kräfte kein anderes gleichgekommen ist." Der errungene Sieg steigerte ihre Freiheitsliebe und Thätigkeit zum „erhabensten Ehrgeiz". In ernstem Enthusiasmus, gewaltsamem Streben und harter Größe verkündigte sich ihre Geistesart. Vor seiner eignen plötzlichen Größe schien der Mensch zu erschrecken. Aus dem Geiste eines solchen Volkes mußte die tragische Kunst geboren werden.

Diese gesamten Erörterungen werden uns nur in der Monatsschrift geboten (S. 18—20). Manche der hier vor= getragenen Sätze wurden bald in der „Diotima" gründlicher ausgeführt; manche andere mochte der Verfasser selbst alsbald belächeln. Sie verschwanden daher aus den folgenden Drucken. An ihre Stelle tritt (Griechen und Römer S. 340, Werke 4, 75) ein kurzer Ausspruch über die lyrische Kunst, und sofort wird die Betrachtung auf die Tragödie hinübergelenkt, die uns das griechische Schönheitsideal des weiblichen Charakters erkennen läßt.

Was er den Damen über Aeschylus und Sophokles mit=
theilt, blieb hernach im großen und ganzen unverändert.[15]
Im folgenden jedoch ward die Darstellung abermals um ein
beträchtliches verkürzt. Denn ursprünglich hatte Schlegel, bevor
er zu Euripides überging, von der Größe und Einzigkeit der
Sophokleischen Kunst eine umfassende Schilderung zu geben
versucht. Er blickt auf den vollendeten Meister der attischen
Tragödie mit jener unbedingten Bewunderung, die er auch
sonst in seinen gleichzeitigen Schriften so nachdrücklich bezeugte,
und zu welcher er sich treulich bekannte bis ans Ende seiner
Tage, nachdem er von so manchen Gegenständen seiner jugend=
lichen Verehrung sich hatte lossagen müssen. Folgende Sätze
seien hier aus fast neunzigjähriger Vergessenheit wieder hervor=
gezogen:

„Das poetische Ideal des weiblichen Charakters hat bei
den Griechen im Sophokles seine Vollkommenheit erreicht.
Seine Werke sind überhaupt der Standpunct, von welchem man

---

[15] In den beiden ersten Drucken schließt die Charakteristik der Dejanira
mit den Worten: „Ihr rührendes Mitleid mit der Jole, welches bald schreck=
lich auf sie selbst zurückkehren soll, und ihr Tod, welcher den tiefsten Schmerz
mit der höchsten Wonne vereinigt, gehört zu dem, was nur dem Sophokles
eigen ist“ — und in den Werken 4, 7 fg. finden wir den Zusatz: „was
nur dem Sophokles eigenthümlich ist und sich in diesem Maße von sittlicher
Schönheit unter allen alten Dichtern nur bei ihm findet“. — In der stark
ausgesprochenen Neigung zu den Trachinierinnen, die sich der Gunst der
Philologen nur in geringem Maße zu erfreuen pflegen, trifft Schlegel mit
Schiller zusammen. Dieser berichtet an Goethe am 4. April 1797, er habe
soeben die Trachinierinnen mit besonders großem Wohlgefallen gelesen, und
ergeht sich dann lobpreisend über den Charakter der Dejanira. Schiller
empfing aus einer mangelhaften Uebersetzung des Werkes nur den Eindruck
des großartigen Ganzen, wie der Dichter es in scharfen Umrissen hingestellt
hatte; für ihn waren die Anstöße nicht vorhanden, auf die der philologische
Forscher geräth, wenn er das einzelne wissenschaftlich erfassen und durch=
dringen will. Zu Schiller und Schlegel gesellt sich als Dritter W. Süvern,
der in seinem Buche über den Wallenstein (1800) das vielfach angefochtene
Drama mit auszeichnender Vorliebe behandelt.

alle übrigen poetiſchen Werke der Griechen betrachten muß; der
Werth, der Charakter eines griechiſchen Dichters iſt, könnte man
ſagen, nichts anders als ſein Verhältniß zum Sophokles. In
dieſem Mittelpuncte vereinigt ſich alles, was einzeln über alle
übrigen Producte der griechiſchen Muſe zerſtreut iſt. Bei dem
Sophokles muß man allemal ſtehen bleiben, um zu beſtimmen,
wie weit griechiſche Poeſie überhaupt oder in einem einzelnen
Stücke gekommen iſt, und wie ſie ſich zu unſrer Poeſie ver=
hält." (S. 103.)

So gelangt Schlegel zu dem Hauptthema, das ſeinen
litterarhiſtoriſchen Studien damals die Richtung gab, zu der
Erwägung der innern Gegenſätze, die den verſchiedenen Charakter
der alten und der neuern Poeſie bedingen. Sinkt dieſe jetzt
häufig zu einer bloß angenehmen Kunſt herab oder dient auch
gelegentlich einem philoſophiſchen Zwecke, ſo behauptet jene ſich
als reine Kunſt des Schönen. Keine andere Forderung als die
der Schönheit braucht ſie anzuerkennen; dieſer Forderung aber,
die ſich auf das Ganze und auf die einzelnen Theile gleichmäßig
erſtreckt, muß ſie auch vollſtändig Genüge leiſten. Nachdem
der Autor die Charakter=Schönheit als „Erſcheinung der Charakter=
Güte" erklärt hat, ſucht er darzuthun, die Güte oder Vollkommen=
heit des Charakters habe drei Theile: Reichthum, Harmonie und
Vollendung. Zeige ein Charakter die Vereinigung dieſer drei
Theile und werde derſelbe zugleich vollkommen dargeſtellt, ſo
entſtehe das höchſte Schöne des Charakters. Dieſer Grad aber
ſei im Sophokles erreicht worden, und zwar ſowohl in männ=
lichen als in weiblichen Charakteren.[18])

Dieſen etwas verworrenen Deductionen, aus denen aber
echte Schlegelſche Grundgedanken hervorſcheinen, folgen Be=
merkungen über das äußerſte Ziel der ſchönen Kunſt, die ſich

---

[18]) Man vergleiche den Abſchnitt über Sophokles in den Griechen
und Römern (S. 144—153) und den Schluß der erſten Vorleſung über
Geſchichte der alten und neuen Litteratur (Werke 1, 43—45), wo Sophokles
als „Dichter der Harmonie" gefeiert wird.

keineswegs immer mit vollkommen treuer Copie der Natur be=
gnügen dürfe. Auch sie wurden in den spätern Drucken bis
auf die letzte Spur getilgt. Wie mag aber die Leserin vor
neunzig Jahren sich in diesem Schlegelschen Gedankenkreise
zurechtgefunden haben?

In der geistvollen Schilderung des Euripideischen Künstler=
charakters gewahrt man keine wesentlichen Abweichungen unter
den verschiedenen Drucken.[17]) Dagegen wurden die Betrachtungen
über die neuere Komödie, die den Aufsatz schließen, sehr ins
Enge gezogen. In der Monatsschrift hatte ihnen Schlegel einen
weitern Spielraum gegönnt und sich über Bildung und gesell=
schaftliche Stellung der Hetären umständlicher ausgelassen.

Unzweifelhaft gebührt der Abhandlung, deren Inhalt hier
flüchtig skizziert worden, unter den Jugendarbeiten Schlegels
nur ein bescheidener Platz. Gerade neben dem vielfach an=
regenden Aufsatze über Diotima[18]) erscheint sie nur kärglich
ausgestattet, obgleich man zugestehen wird, daß sie in der ersten
Form ein reicheres und volleres Ansehen zeigt. In dem Kreise

---

[17]) Bei Erwähnung der weiberfeindlichen Gesinnungen des Dichters
(„Griechen und Römer" S. 353 unten) hatte Schlegel zuerst folgende Be=
merkung eingeschaltet: „Diese Eigenthümlichkeit wäre an sich sehr unbedeutend,
aber daß überhaupt die schöne Kunst in Euripides sich so etwas erlaubte,
das ist äußerst charakteristisch und in der ganzen Geschichte der griechischen
Poesie beinahe einzig; denn in dieser ist sonst nichts zufällig und individuell.
Der Grund dieses Fehlers liegt in dem Ideal und Charakter des Dichters;
denn natürlich machte ihn allgemeine Gesetzlosigkeit auch gegen seine persön=
lichen Eigenthümlichkeiten nachgiebiger." — — Es bieten sich mancherlei
interessante Vergleichspuncte zwischen den frühzeitigen Andeutungen, die
Friedrich hier über die Kunstweise des Euripides giebt, und dem scharfen
Urtheil, mit dem August Wilhelm etwa vierzehn Jahre später in den
dramaturgischen Vorlesungen den Dichter des Hippolytos fast in die Geistes=
region eines Kotzebue herabzudrücken sich bemühte.

[18]) An der Diotima hatte auch Wilhelm von Humboldt Freude,
dessen Aufsätze in Schillers „Horen" einen gewissermaßen verwandten
Gegenstand behandelten. (Brief an Körner, 23. November 1795; Ansichten
über Aesthetik und Litteratur, S. 52.)

jener jugendlichen Versuche dürfte sie sicherlich nicht fehlen. Schon durch die Wahl des Stoffes bezeugt Schlegel auch hier seinen frischen selbständigen Blick. Er that daher Recht, daß er diese anscheinend so geringfügige Arbeit seinen Werken später einverleibte, von denen er doch so manche weit gehaltvollere und glänzendere Leistung seiner frühern und frühesten Jahre un= erbittlich ausschloß.[19]) Auf alle Fälle hatten die Damen, denen zu Nutz und Frommen sie einst geschrieben worden, guten Grund, sich zu freuen, daß ein Führer wie Friedrich Schlegel, dessen lebendige Einsicht mit jugendlicher Kunstbegeisterung gepaart war, es nicht verschmähte, ihren Geist zur Betrachtung des Alterthums anzuleiten.

War es aber nöthig, ja auch nur statthaft, wird man fragen, für diese Schrift Schlegels, deren erste Form wieder aufgespürt worden, die Aufmerksamkeit des Lesers so lange in Anspruch zu nehmen? — Es geschah, damit auch aus diesem Beispiele deutlich erhelle, daß Friedrichs Arbeiten aus der ersten Epoche seines Wirkens nur in ihrer ursprünglichen Gestalt als unver= fälschte Zeugnisse für die Entwicklungsgeschichte seines Geistes gelten dürfen. Er selbst aber war beflissen, diese Zeugnisse den Nachlebenden aus den Augen zu rücken.

Einem jeden Schriftsteller, der sich vor der Mitwelt in voller Selbständigkeit gezeigt hat und bei der Nachwelt fort= zuleben wünscht, ist das Glück zu gönnen, daß er vor dem Schlusse der Laufbahn in einer Sammlung seiner Werke selbst die Summe seiner Thätigkeit ziehe. Eine solche Sammlung

---

[19]) Natürlich mußte auch hier, wie in allen Arbeiten jener frühern Jahre, für den spätern Druck der einzelne Wortlaut häufig umgebildet werden. Von der Niobe des Aeschylus ward vermuthet, der Dichter habe in ihr ein Bild göttlichen Uebermuthes entworfen; — schon 1797 war der Ausdruck gemildert; statt des „göttlichen“ finden wir hier nur einen „er= habenen“ Uebermuth. Von der Antigone hieß es in den ersten Drucken: „Ihr Charakter ist die Göttlichkeit.“ Das wird in den Werken (4, 79) ängstlich umschrieben: „Ihr Charakter ist der einer Heldin von götter= gleicher Güte.“

wird ein geistiges Abbild des Autors, in dem er sich selbst mit Behagen erblickt und erkennt.

Lessing, Herder, Schiller haben auf dieses Glück verzichten müssen. Wenn Goethe in spätern Jahren die stattliche Bände=reihe der Lessingschen Schriften überschaute, so bedauerte er den trefflichen, der eines solchen Anblicks nicht mehr froh geworden, und dankte im stillen dem überlebenden Bruder und den Freunden des Hingeschiedenen, die sorgfältig zu erhalten ge=trachtet, was der einzige Mann selbst nicht mehr hatte sammeln können.

Nicht immer jedoch befriedigt eine Ausgabe letzter Hand die Forderungen des Litterarhistorikers. Dieser will überall in das Geheimniß des geistigen Werdens eindringen, so weit wie es sterblichen Augen sich erschließen kann. Er will daher auch den Schriftsteller als einen werdenden anschauen und erfassen. Aus den Schriften selbst will er das Gesetz erforschen, nach dem die Ausbildung ihres Urhebers sich vollzog, er will diesen durch alle Wandlungen seines Geistes hindurch begleiten, und die Schriften sollen sich dabei als die zuverlässigsten Führer bewähren. Kurz, den wissenschaftlichen Zwecken des Litterar=historikers entspricht nur eine solche Ausgabe, in der die Schriften zugleich als Urkunden für die Geschichte des Autors behandelt werden.

Der Autor indeß wird meist zu einem durchaus andern Verfahren geneigt sein. Er will in dem Ganzen seiner Schriften die Einheit und Ganzheit seines Wesens zur Anschauung bringen und den Zusammenhang wie die Folgerichtigkeit seiner Be=strebungen darthun. Seinem Wunsche gemäß soll die Gesamtheit seiner Leistungen deutlich machen, nicht wie er ward, sondern was er geworden. Ihm liegt daran, daß jedes Auge das Ziel erkenne, zu dem er gelangt ist und an dem er ausruht. Er fühlt nicht die Verpflichtung, zum Frommen künftiger Forscher auch die Pfade nachzuweisen, die ihn dorthin geleitet. Als die Forderung erhoben ward, Goethe möge seine Werke in chrono=

logischer Folge vorlegen, erklärte sich dieser mit Entschiedenheit gegen ein derartiges Ansinnen; er berief sich darauf, daß die Mehrzahl der Leser die Schrift und nicht den Schriftsteller verlange.[20]) Und wer möchte denn einen Autor, der für sich und das seinige die verständnißvolle Theilnahme der Mit- und Nachlebenden fordert, wer möchte ihm das Verfügungsrecht über seine Arbeiten bestreiten oder beschränken? Er darf, ja er muß sich verstatten, die Vorstellung, die er von sich und seinem Thun im Geiste trägt, auch durch die Art, wie er endgültig seine Schriften ordnet und behandelt, zum bestimmtesten Ausdruck zu bringen. Er wird Erzeugnisse, die durch weite Zeitstrecken von einander abstanden, nach innern Bezügen in eine ununterbrochene Reihenfolge bringen; er wird manches, was ihm auf einer frühern Stufe seiner Ausbildung gelungen, nach Grundsätzen, die er sich später auf einem höhern Standpuncte angeeignet, verbessern oder von innen heraus umgestalten. Ihn braucht es nicht zu kümmern, daß durch solche Umgestaltung die Schrift eben das Gepräge einbüßt, das als historisches Merkzeichen dem Kenner besonders wichtig sein muß. So mag es geschehen, daß

---

[20]) Morgenblatt 1816. Nr. 101. 26. April. Ueber die neue Ausgabe der Goetheschen Werke. Vgl. Goethes Werke (Cotta 1819) 20, 391. Dieser Aufsatz enthält einige der wichtigsten Andeutungen, die Goethe jemals über den Gang seiner Bildung und die Art seiner Thätigkeit gegeben. Er blickt auf die damals eben vollendete Ausgabe der Schillerschen Werke, für die Körner eine chronologische Ordnung gewählt hatte. Diesem Vorgange zu folgen, lehnt er ab. Und warum? Er antwortet überzeugend: „Bei einem sehr weiten Gesichtskreise hatte Schiller seinen Arbeitskreis nicht übermäßig ausgedehnt. Die Epochen seiner Bildung sind entschieden und deutlich; die Werke, die er zu Stande gebracht, wurden in einem kurzen Zeitraum vollendet. Sein Leben war leider nur zu kurz, und der Herausgeber übersah die vollbrachte Bahn seines Autors. Die Goetheschen Arbeiten hingegen sind Erzeugnisse eines Talentes, das sich nicht stufenweis entwickelt und auch nicht umherschwärmt, sondern gleichzeitig, aus einem gewissen Mittelpunkte, sich nach allen Seiten hin versucht, und in der Nähe sowohl wie in der Ferne zu wirken strebt, manchen eingeschlagenen Weg für immer verläßt, auf anderen lange beharrt."

selbst ein Autor, der die redliche Absicht hegt, sich voll und ganz dem Blicke der Nachwelt darzustellen, als Sammler und Herausgeber seiner eignen Werke dem spätern Forscher kein Genüge thut. Wie ernstlich waren Wieland und Goethe bemüht, in abschließenden Sammlungen den Inhalt ihres litterarischen Lebens vor uns auszubreiten! Heute jedoch wähnt niemand, durch das Studium dieser Ausgaben allein zur geschichtlichen Einsicht in das Wesen und Werden Wielands und Goethes vordringen zu können.

Eine bedenklichere Gefahr aber droht dem Forscher von solchen Schriftstellern, die in ihren Ausgaben letzter Hand von gewissen Perioden ihres Lebens und Wirkens kein allzu deutliches Bild überliefern möchten, um nicht in einem allzu schroffen Zwiespalte mit sich selbst zu erscheinen. Sie lassen uns nicht nur unbefriedigt, sie leiten uns irre.

Friedrich Schlegel gehört zu diesen Schriftstellern. Als er zur Sammlung seiner Werke schritt, war er zum Gegner seiner eigenen Vergangenheit geworden. Er durfte sich kaum zumuthen, sie unbefangen zu beurtheilen; er durfte nicht wünschen, das Andenken aller seiner jugendlichen Thaten aufzufrischen. Auf manche seiner frühern Arbeiten konnte er nur mit Mißbehagen, ja mit Scheu zurückblicken. Die einen mußten ihm durch ihren Inhalt zum Aergerniß gereichen; bei andern mußten ihm Form und Ausdruck verwerflich erscheinen. Zu grell widersprachen sie den Gesinnungen, die er nun bekannte und für welche die Gesamtausgabe ein dauerndes Zeugniß ablegen sollte. Dieser schneidende Widerspruch ließ sich nicht ausgleichen. Die verwegenen Sprößlinge seines Jugendgeistes waren auch durch die schonungslosesten Umbildungen und Verrenkungen nicht zu zähmen. Da blieb keine Wahl. Sie mußten gänzlich ausgeschieden, ihr Andenken mußte, wo möglich, getilgt werden. Und so vermissen wir denn in der Sammlung der Schriften eine beträchtliche Zahl gerade derjenigen Arbeiten, mit denen Friedrich einst am kecksten in die litterarische Bewegung der

Zeit eingegriffen und die uns jene vornehmsten Charakterzüge des werdenden Romantikers in schärfster Ausprägung zeigen. Wir vermissen die Beiträge zu Reichardts „Deutschland" (1796) und zum Lyceum der „schönen Künste" (1797); wir vermissen die Recension des von Niethammer herausgegebenen philosophischen Journals, sowie die Fragmente, die dem „Athenäum" die starke Würze ertheilten; und vergebens suchen wir nach den gehaltvollen Aufsätzen, die den dreibändigen Auszug aus Lessings Schriften begleiteten. Allerdings hat Friedrich die Sammlung seiner Werke unterbrechen müssen; wäre sie aber auch nach einem ursprünglich festgesetzten Plane von ihm zu Ende geführt worden, so hätte er es doch kaum über sich vermocht, den Bann zu lösen, der auf diesen verpönten Erzeugnissen früherer Jahre lastete.

So grausam ging er gegen sich selbst zu Werke. Aber damit war das Maß noch nicht erschöpft.

Nicht alles, was er als Unbekehrter geschrieben, konnte und wollte er der Vergessenheit anheimgeben. Und doch zeigte alles die mißfälligen Spuren seiner frühern Geistesart. Um diese nun zu verwischen, entschloß er sich zu einem gründlichen Reinigungsverfahren.

Jedes Wort, das einem ängstlichen, argwöhnischen oder böswilligen Gemüthe Anlaß zu Mißdeutungen geben konnte, ward gemildert oder durch eine vorsichtige Clausel unschädlich gemacht. Er, der sich ehedem darin gefallen, durch kühne Paradoxen und scharftönige räthselvolle Sätze den Leser zu spannen, herauszufordern oder zu verwirren, er trachtete nun darnach, alles zu erklären, zu begründen und zu begrenzen. Er will seinen Glaubensbrüdern jeden Anstoß aus dem Wege räumen; er will für seine später gewonnenen Ansichten schon die frühern Schriften zeugen lassen und auch über diese den milden Glanz religiöser Verklärung ausbreiten. Durch übertriebene Behutsamkeit raubt er seiner Rede die Schärfe und eindringliche Bestimmtheit; er verleiht ihr dafür eine gedunsene Fülle, die bekanntlich nicht auf Gesundheit deutet. Er verhüllt und vertuscht; er

ändert das Wort und sucht auch den Sinn umzudeuten. Nach=
dem er dieses Verfahren mit einer Beharrlichkeit angewandt,
die bald Staunen, bald Mitleid erregt, feiert er schließlich den
traurigen Triumph, den alten oder vielmehr den jugendlichen
Friedrich Schlegel aus seinen eigenen Schriften hinausgetrieben
zu sehen. Wer also in den sämmtlichen Werken den echten
Text zu besitzen wähnt, wird bis zu gänzlicher Verwirrung ge=
täuscht. Kaum ist es ältern Litterarhistorikern zu verargen,
daß sie dieser Täuschung verfielen und ihre Leser in dieselbe
harmlos hineinzogen.

Schon vor mehr als zwölf Jahren wies ich nachdrücklich
auf das Verhältniß hin, das zwischen der ursprünglichen und
der gesäuberten Form der ältern Arbeiten Friedrichs obwaltet.
Ich versuchte an mehreren einleuchtenden Beispielen jenes
Verhältniß darzulegen. Hindeutend auf Böckings Behandlung
der Schriften August Wilhelms äußerte ich den Wunsch, auch
für Friedrich möchte ein Herausgeber erstehen, der mit der
gleichen gewissenhaften Strenge und wissenschaftlichen Methode
seines Amtes waltete.[21]) Mit gutem Fug durfte ich die Forde=
rung aussprechen, daß der junge Friedrich Schlegel für die
Litteraturgeschichte wieder gewonnen werde.

Haym hat in seiner „Romantischen Schule" alles, was zur
klaren Einsicht in Friedrichs Bildung und in die erste Epoche
seiner Thätigkeit dienen kann, so genau und gründlich erörtert,
wie es sich mit dem Gesamtzwecke seiner umfassenden Dar=
stellung nur irgend zu vertragen schien. Wilhelm Dilthey hat

---

[21]) Allerdings zeigt auch diese Ausgabe, deren Mängel uns allmählich
immer fühlbarer werden, beklagenswerthe Lücken. Gern fände man dort die
Beiträge zu Friedrichs „Deutschem Museum" vollständig gesammelt, sowie
die Aufsätze der Indischen Bibliothek, unter denen die meisterliche Abhand=
lung „Zur Geschichte des Elephanten" besonders bemerkenswerth hervortritt.
Ich darf auch wohl an die frühzeitige Beurtheilung des Bürgerschen hohen
Liedes erinnern, die ich zuerst als August Wilhelms Arbeit nachgewiesen.
Und wie manches Anziehende ließe sich noch aus den handschriftlich er=
haltenen Vorlesungen gewinnen!

in seinem „Leben Schleiermachers", einem der reichsten und tiefsten biographischen Werke, deren wir uns rühmen können, das Bild der jugendlichen Persönlichkeit Friedrichs in scharfen Umrissen uns überzeugend vors Auge gestellt. Jener Forderung aber ist noch immer kein Genüge geschehen.

Heute darf man sie mit verstärktem Nachdrucke wiederholen. Heute darf man zugleich hoffen, daß sie nicht vergebens laut wird. Im verflossenen Jahrzehnt haben unsere litterarhistorischen Studien nicht nur an Ausbreitung mächtig gewonnen, in ihrem Gebiet ist auch endlich der wissenschaftliche Ernst zur unbestrittenen Herrschaft gelangt; mag man hie und da noch einige Unsicherheit in der Anwendung der wahrhaft historischen Methode spüren, so wagt doch niemand mehr die unerläßliche Nothwendigkeit dieser Methode selbst zu leugnen. Unaufhörlich ist man beflissen, die ersten Quellen aufzudecken und auszuschöpfen; von allen Seiten wird das urkundliche Material in schwer zu bewältigenden Massen herangeführt: es soll der Forschung neuen Antrieb, der Darstellung die zuverlässig dauernde Grundlage geben. Alle wichtigeren Denkmäler älterer Litteratur=Epochen werden uns der Reihe nach in erneuerten Drucken auf das genaueste wieder= gegeben; seltene Schriftwerke des sechzehnten, siebzehnten und achtzehnten Jahrhunderts werden bequem erreichbar. Da sollte man auch nicht länger zaudern, die unverfälschten Urkunden zur Geschichte unsrer neuern Romantik wieder ans Licht zu ziehen und für den Forscher bereit zu legen. Zu den wichtigsten dieser Urkunden aber zählen wir mit Recht die Schriften des jungen Friedrich Schlegel.

Vor allem richtet sich unser Verlangen auf eine mit philo= logischer Sorgfalt hergestellte Sammlung aller derjenigen ältern Arbeiten, denen Friedrich später einen Platz unter seinen Werken versagen mußte. Hier hätten wir die Erzeugnisse etwa eines Jahrzehnts beisammen (1795—1804). Der Forscher sähe hier mit Behagen in chronologischer Folge kostbare Documente an= einander gereiht, denen er bisher vergebens nachspürte oder die er aus der Zerstreuung mühsam herbeischaffen mußte. Wer aber, ohne litterarischen Zwecken nachzugehen, im Verkehr mit einem bedeutenden Schriftsteller seine Anschauungen beleben und seinen Geist erfrischen will, der mag zuversichtlich erwarten, hier eine vielfach reizende Geistesunterhaltung zu finden und manches zu vernehmen, was sein Gedankenleben in erfrischende Bewegung setzen muß. Man vergegenwärtige sich den Inhalt einer solchen Sammlung! Neben den Charakteristiken Forsters und Lessings die Fragmente! Oder neben den Aufsätzen über Condorcet, Kant, Herder, Schlosser, Schleiermacher, über Schillers Musenalmanach und Niethammers philosophisches Journal die Recension des Jacobischen Woldemar, das köstliche Musterstück einer Beurtheilung, die durch alle blendenden Hüllen hindurch in das innerste des Werkes und von da in das innerste des Autors siegreich vernichtend eindringt.[22]) Vielleicht fände man es nach

---

[22]) Die Leser Schellings wissen, wie erbarmungslos der Philosoph noch im Jahre 1812 diese Recension gegen Jacobi zur Geltung brachte. Da hier einmal Friedrichs älteste Arbeiten zur Sprache kommen, so sei doch eines Briefes vom 7. April 1797 gedacht, in dem der junge Schriftsteller der „so soliden und glänzenden" Cottaschen Buchhandlung eine Sammlung philosophischer Aufsätze zum Verlage anträgt. Als die beiden wichtigsten Abhandlungen bezeichnet er: 1. „Kants Schreibart. Gegen Klopstock"; was der Titel angiebt, sei aber nur Veranlassung; der Inhalt würde eine historische Charakteristik des Kantschen Geistes sein, die auf diesem Wege noch nie versucht worden (vgl. die von Windischmann herausgegebenen Supplemente zu Schlegels Werken 4, 411); 2. „Ueber den Geist der Fichteschen Wissenschaftslehre" (vgl. Supplement 4, 420). Ferner wollte er eine „Charakteristik der Sokratischen Jronie" und die schon gedruckte Recension des Woldemar, jedoch nicht ohne Aenderungen, in die Sammlung aufnehmen. Seine Aufsätze, so versichert er dem Verleger, sollen nicht zu denen gehören, die so leicht unverkauft liegen bleiben; er ist vielmehr überzeugt, daß sie auch bei dem großen Publico Sensation machen werden; hat er doch sein Möglichstes gethan, den Ausdruck nicht nur so leicht, sondern auch so unterhaltend und witzig zu bilden, wie in seinen Kräften stand. Das Ganze dieser Aufsätze soll an Popularität alles übertreffen, was noch über die kritische Philosophie geschrieben worden. Seine Befähigung für das philosophische Fach kann, wie er meint, die Recension

einiger Erwägung nicht unangemessen, dieser glänzenden Reihe
jugendlicher Kraftstücke die Recensionen aus den Heidelberger
Jahrbüchern folgen zu lassen. Durch diese zieht allerdings schon
ein anderer Geisteshauch, und der von der Uebermacht des
Katholicismus schon ganz hingenommene Romantiker muß in
andern Tönen seine Ueberzeugungen verkünden oder andeuten.
Aber Scharfsinn und Witz sind bei ihm noch unversehrt; der
Ausdruck vermeidet die Schroffheiten des frühern Stils, ohne
doch in die zerflossene Weichheit des spätern zu gerathen; und
nicht zu verkennen ist der Ernst einer Gesinnung, die durch das
Unglück des Vaterlandes gleichsam neue Kraft gewonnen hat.
Mir ist hier die Anzeige der Vorlesungen Adam Müllers zumeist
gegenwärtig (Heidelberger Jahrbücher 1808 S. 226—244).
Dort wird der Begriff einer vermittelnden und versöhnenden
Kritik, die Müller zur herrschenden Geltung bringen wollte, als
hohl oder verderblich mit vornehmer Ironie zurückgewiesen; dann
aber wird, im Hinblick auf die große Zeit und das selbstgefällige,
den ernsten Aufgaben des Volkes abgewandte litterarische Treiben,
die ergreifende Mahnung ausgesprochen, von der ästhetischen
Träumerei und der Formenspielerei sich loszusagen und den
Sinn nach oben und in die Tiefe zu richten. Friedrich giebt
uns da Worte zu vernehmen, wie sie ein Deutscher zu jeder
Zeit seinem Volke zurufen darf: „Möchten doch unsere Lands=
leute, besonders die von der jetzigen jüngeren Generation, nicht

---

des Niethammerschen Journals bezeugen; er wünscht, daß ein geschmackvoller
Freund der Philosophie, wie etwa der Hofrath Schiller ist, um sein Urtheil
befragt werde. Zugleich bemerkt er, daß er schon vor acht Jahren Kantsche
Philosophie studiert und sie seitdem nie aus den Augen verloren habe.
Schließlich rückt er mit einer Bitte heraus, die für die Kenner seiner noch
erhaltenen Briefe an Cotta und Reimer nichts überraschendes hat: er
wünscht, der Verleger möge ihm alsbald zwölf bis fünfzehn Louisdors auf
das Honorar avanciren. Das Unternehmen, von dem Friedrich hier so
zuversichtlich redet, blieb unausgeführt, wie so manches seiner litterarischen
Projecte, von denen er in den häufigen Momenten des Geldbedürfnisses
seine Verleger anmuthig lockend zu unterhalten pflegte.

durch ein falsches Streben nach Universalität und vielseitiger Bildung verleitet, so oft die eigentliche Natur und den Beruf des Deutschen verkennen! Nicht in der Mitte, noch auf der Oberfläche ist die Sphäre des deutschen Geistes, sondern die Tiefe ist seine eigentliche Region, in der von jeher er herrscht und alle andern siegreich zu übertreffen vermag." Verdient Schlegel nicht, daß wir das Bedenken solcher Worte und Gesinnungen erneuern?

Haben wir nun eine solche Sammlung erst in Händen,[23] dann muß auch der andere Wunsch Befriedigung finden, der

---

[23]) Dieser Sammlung müßte auch das Gedicht Herkules Musagetes einverleibt werden, und zwar in der Form, in der es zuerst am Schlusse des Aufsatzes über Lessing erschienen ist. (Charakteristiken und Kritiken 1801. Bd. 1, 271—281.) Schon in der ersten Gesamtausgabe der Gedichte (1809) S. 246—260 ward diese didaktische Elegie mit Veränderungen ausgestattet, welche durch die veränderte Anschauung und Lebensstellung des Dichters nöthig geworden. Im Jahre 1801 hatte er die Meister gefeiert mit den Versen:

„Lessing und Goethe, die haben die Bildung der Deutschen gegründet,
    Würdiger Quell warst du, heiliger Winkelmann, einst!"

Im Jahre 1809 muß es lauten:

„Lessing und Goethe, die haben die Kunst der Deutschen erneuert,
    Mächtiger Quell warst du, würdiger Winkelmann, einst!"

Fichte, der früher „göttlich bewußtlos vernichtend von oben gekommen war", mußte hernach gänzlich verschwinden. Wie dankbar hatte Friedrich zuerst die Freunde gepriesen, Ritter, Schleiermacher und Novalis:

„Denn in den Freunden nur leb' ich, verbunden auf ewig mit jenen,
    Die ich dankbar genannt, göttlicher Ritter! mit Dir
Eins zu werden gesinnt, wie ich schnell Dich liebend umfaßte,
    Redner der Religion, früher Novalis! auch Dich."

Ungemodelt erscheinen die Distichen im spätern Drucke:

„Denn in den Freunden nur leb' ich, verbunden auf ewig mit jenen,
    Die ich dankbar genannt, göttlich begeistert mit euch
Eins zu werden gesinnt, die ich früh schon liebend umfaßte,
    Deren mir Einen der Tod, and're das Leben geraubt."

Wunsch nach einer kritischen Ausgabe derjenigen ältern Schriften, die eine mehr oder minder durchgreifende Bearbeitung erduldet haben, ehe sie in den geweihten Kreis der sämmtlichen Werke Zutritt erhielten. Hier müßte die ursprüngliche Form in ihr Recht eingesetzt, jede spätere Abweichung von derselben genau verzeichnet werden. So erschienen der jüngere und der ältere Schlegel zwiespältig oder einträchtig neben einander. Die Sammlung der Werke aber, die wir vom Autor selbst geordnet und bearbeitet empfangen haben, bliebe als ein Ganzes unangetastet bestehen.

Die Geschichte der romantischen Schule ist abgeschlossen. Die Nachwirkungen der neuern Romantik sind jedoch nicht erloschen; in manchen Lebenskreisen machen sie sich noch fühlbar. Ward hier der Wunsch ausgesprochen und begründet, das Jugendbild Friedrich Schlegels in einer echten Ausgabe seiner Schriften erneuert zu sehen, so soll damit weder der einen Partei Nutzen gestiftet, noch der andern Aergerniß bereitet werden. Friedrich Schlegel hat ein Recht darauf, ganz gekannt zu sein; und er wird dabei nicht verlieren. Wir aber haben das Recht, auch hier nach der vollen Wahrheit, so weit sie der Wissenschaft erreichbar ist, zu verlangen. Schließlich muß jeder Partei, die auf etwas Erstrebenswerthes zielt, die Wahrheit zu gute kommen. Und sollte sie auch hie und da verletzend berühren — wir wissen ja, die Wahrheit schlägt nur solche Wunden, die sie selbst wieder zu heilen die Macht hat.

Die Forderung, die hier mit so guter Begründung ausgesprochen wird, hat volle Erfüllung gefunden in dem musterhaften Werke: Friedrich Schlegel 1794—1802. Seine prosaischen Jugendschriften. Herausgegeben von J. Minor. Wien 1882. Zwei Bände. Dort ist auch (I, 28—45) die Abhandlung „Ueber die weiblichen Charaktere in den griechischen Dichtern" nach dem ersten Drucke wiedergegeben. Der Aufsatz von Bernays erschien am 4.—6. Juli 1882, während Minors Vorrede zum ersten Bande vom 3. März 1882 datirt ist.   G. W.

III.

Charakteristiken.

Zur Erinnerung an Johann Wilhelm Loebell.
(1863.)

In der Rede, die Loebell am 3. August 1859 in der Aula
der bonner Universität zur Gedächtnißfeier des Königs Friedrich
Wilhelm III. hielt, schilderte er bewegten Herzens die Zeit, da
die berliner Hochschule gegründet worden, gedachte der großen
Männer, die damals lehrend auftraten und in dem begeisternden
Einfluß auf ihre Jünger die Kraft echter Wissenschaft bewährten,
und schloß seine Darstellung mit den ergreifenden Worten: „Ein
halbes Jahrhundert ist seitdem verflossen und mein Haar ist
weiß geworden, aber noch immer weht das Geistesleben jener
Jahre mich an mit unvergänglicher Jugendfrische." Will man
sich in ihren Hauptzügen Loebells Persönlichkeit vergegenwärtigen,
so mag man gern dieser Worte gedenken, in denen er selbst sie
sein und schön bezeichnet hat; denn nicht nur den Jahren nach
— er war 1786 geboren — in seinem innersten Wesen, in
seinem Denken und in seiner Weltanschauung, vor allem aber
in seiner Auffassung von Kunst und Wissenschaft gehörte er der
Generation an, die unter der unmittelbaren Einwirkung unsrer
frisch erstandenen classischen Litteratur emporgewachsen war und
in der Zeit eines allgemeinen geistigen Aufschwungs, welche den
Freiheitskriegen voranging, sich herangebildet hatte. Mit weh=
müthigen Gefühlen sehen wir diese Generation allmählich unter
uns aussterben, und einen würdigen und liebenswürdigen
Genossen derselben haben wir in Loebell verloren, der jüngst viel=
betrauert aus dem Kreise seiner Freunde geschieden ist.

Sein Leben verfloß unter einfachen, ihm durchaus gemäßen

Verhältnissen. Daß es ihm erst spät gelungen war, sich den Weg zu den streng gelehrten Studien zu bahnen, gereichte weder seiner Bildung noch seiner Wirksamkeit zum Nachtheil. Schon in Breslau, wo er bis zum Jahre 1823 an der königlichen Brigadeschule Geschichte lehrte, zeigte er sich in erfolgreicher Thätigkeit. Nach Heinrich Steffens' zuverlässigem Berichte müssen seine Vorträge sich schon damals durch lichtvolle Anordnung, geschmackvolle, fein abgerundete Form ausgezeichnet haben, — Eigenschaften, die auch später bei ihm in Rede und schriftlicher Darstellung stets wohlthuend hervortraten und die er sorgfältig zu pflegen und auszubilden nicht müde ward. Voll lebendiger Theilnahme an allem, was Poesie und Kunst berührt, konnte er für die manigfachen Anregungen, welche die litterarischen Kreise Breslaus zu jener Zeit darboten, nicht unempfänglich bleiben. In diesen Jahren, in welche der Anfang seiner schrift=stellerischen Thätigkeit fällt, beschäftigte ihn lebhaft und an=gelegentlich die wahrscheinlich im Verkehr mit Manso oft an=geregte Frage nach der besten Methode der Gymnasialbildung. Sein Buch: „Die Gymnasialbildung in ihrem Verhältnisse zur gegenwärtigen Zeit" (1821) läßt uns wahrnehmen, wie sorgsam und tief eingehend er diese Untersuchung geführt und wie er mit reicher Einsicht die Mängel und Bedürfnisse des höhern Unter=richts erkannt hat.

Um für seine ungewöhnlichen Lehrgaben einen weitern Wirkungskreis zu schaffen, berief man ihn 1823 nach Berlin zum Lehrer der Geschichte in den oberen Classen der Cadetten=Anstalt. Dort begann er (1824) die Bearbeitung der Becker'schen Weltgeschichte und lieferte so dem deutschen Publikum ein Buch, welches verdient, daß ihm eine allseitige Theilnahme auch forthin ungeschmälert erhalten bleibe. Denn unter allen den Werken, welche die schwierige und vielleicht unlösbare Aufgabe einer „für das Volk" bestimmten Weltgeschichte zu lösen unternehmen, behauptet die Loebell'sche Arbeit einen entschiedenen Vorrang durch weise Auswahl und übersichtliche Zusammenstellung der

Thatsachen, sowie vorzüglich durch die ungesuchte Feinheit und den anmuthigen Fluß der Erzählung. Die Schilderungen der großen Weltereignisse sind von einer milden Wärme belebt, und der Aufsatz über Shakespeare (im achten Bande) mag beweisen, wie vortrefflich Loebell es verstand, in kurzen, lebendig eindringenden Worten die Bedeutung der großen Erscheinungen der Litteratur auch dem weitesten Leserkreise zu eröffnen.

Endlich ward er an die Stelle berufen, die er schon seit langem einzunehmen befähigt war: im Jahre 1829 erhielt er die außerordentliche, zwei Jahre darauf die ordentliche Professur der Geschichte an der bonner Universität. Hier lebte er von nun an in einer ununterbrochenen, vielfach lohnenden, ihm selbst immer erfreulicher werdenden Thätigkeit. Während sonst auch die hervorragendsten Universitätslehrer im höhern Alter erfahren müssen, daß die Jugend sich gleichgültig von ihnen abwendet und sich den jüngern, mit frischen Kräften hervortretenden Docenten zuneigt, so blieb ihm diese Erfahrung nicht nur erspart, er konnte sich vielmehr überzeugen, daß gerade während der letzten Zeit seines Wirkens die Theilnahme der Schüler wuchs und die Jüngeren sich immer vertrauensvoller ihm anschlossen. Und dies geschah, weil er selbst in seinem Thun und Lehren bis ans Ende sich rüstig und jugendlich frisch erhielt. Keinem konnte es verborgen bleiben, daß er fort und fort wie in den Tagen der Jugend in der regen Ausübung seines edlen Berufes seine reinste Befriedigung fand. Wer im Laufe der letzten Jahre ihm nahe gestanden und sein Vertrauen genossen, der weiß, welche unablässige Sorgfalt er stets aufs neue seinen Vorlesungen angedeihen ließ, unter welchen ihm wie seinen Zuhörern später die „Einleitung in die Kritik der alten Geschichte" und die Darstellung der deutschen Litteratur im 18. Jahrhundert die liebsten wurden. Mit jugendlichem Eifer war er darauf bedacht, das, was er gab, stets vollkommen zu geben; noch im Sommer des vorigen Jahres äußerte er eines Tages im vertraulichen Gespräche mit unverhohlener Freude, diesmal endlich glaube er die vieldeutige Persönlichkeit Herders in ihrem Mittelpunct ergriffen und seinen Zuhörern ein nicht ungenügendes Bild von der vielumfassenden Wirksamkeit dieses außerordentlichen Geistes entworfen zu haben. Selbst in den Zeiten, wo die überhandnehmende Krankheit, welcher er endlich nach langem Kampfe erliegen sollte, eine gleichmäßig festgesetzte Thätigkeit nicht mehr gestattete, konnte er es nur äußerst selten über sich gewinnen, die Vorlesungen zu unterbrechen, und wirk= lich schien es, als ob er auf dem Katheder im Verlaufe des Vortrags, der nichts von seiner geistvollen Eigenthümlichkeit verlor, neue Erquickung und Stärkung gewänne.

Und wenn Loebell so — das Höchste, was dem Manne gewährt werden kann — im Kreise seiner Berufsthätigkeit sich befriedigt fühlen durfte, so floß ihm auch von außen manches wünschenswerthe zu, was dem Leben zur Zierde gereicht und seinen innern Werth steigert. Er hatte sich vielfacher Beweise fürstlicher Gunst zu erfreuen; seine gesellschaftliche Stellung war die ehrenvollste und erfreulichste. Tieck rühmte von ihm, er sei „mit einem Sinne für edle Freundschaft begabt, wie er nur wenigen Menschen zu Theil geworden"; und es blieb ihm vergönnt, diesen Sinn zu pflegen und vielseitig zu entwickeln. Er fühlte sich beglückt in dem herzlichen Verhältniß zu vielen der ausgezeichnetsten Männer, deren früh gewonnene Freundschaft ihn treu durchs Leben begleitete und deren bestimmender Einfluß auf den Gang seiner Bildung nicht zu verkennen ist. Als erster und verehrtester dieser Freunde ist hier Tieck zu nennen; sein Verhältniß zu ihm, welchem der Dichter in der Widmung des sechsten Bandes seiner Schriften ein Denkmal gesetzt hat, rechnete Loebell „zum schönsten Schmucke seines Lebens". Durch Gemein= schaft der Studien und der Gesinnung waren ihm vor andern nahe verbunden Friedrich von Raumer, Schnaase, Friedrich von Uechtritz, denen sich später manche der bonner Collegen an= schlossen.

Loebell hatte seine Studien gleicherweise der Geschichte

und der Litteratur zugewandt; doch offenbar überwog die Neigung
zu litterarhistorischen Forschungen, welche durch die ganze
Anlage seiner Natur begünstigt wurde und unter den Verhält=
nissen, die seine geistige Entwicklung bestimmt hatten, stets neue
Nahrung erhalten mußte. Immer deutlicher gab sich dieses
Uebergewicht kund; ja, man darf es als das charakteristische
Kennzeichen seiner historischen Arbeiten hervorheben, daß sie
sämmtlich einen litterarischen Ausgangspunct haben und, mehr
oder weniger entschieden, eine litterarisch=historische Färbung
tragen. Loebell erfaßt nicht unmittelbar mit festem Griff den
aus den Quellen geschöpften historischen Stoff, um ihn nach
den Gesetzen der Wissenschaft streng zu bearbeiten und alsdann
das Ergebniß dieser Arbeit in selbständiger Form darzulegen;
er zieht es vielmehr vor, wenn er eine geschichtliche Begebenheit
darstellen, geschichtliche Zustände schildern will, den Leser selbst
an die Quelle zu führen und von der Betrachtung und kritischen
Würdigung der Autoren auszugehen, denen wir die Ueberlieferung
der Thatsachen verdanken; alsdann läßt er auch die neuern
Schriftsteller zu Worte kommen, welche denselben Stoff vor ihm
behandelt, so daß man glauben sollte, er habe es mehr mit den
Geschichtschreibern als mit der Geschichte zu thun; aber aus
dem Widerstreit, der Verbindung und Vergleichung der ver=
schiedenen Berichte und Meinungen muß ihm allmählich die
richtige Anschauung der Charaktere, der Thaten und Ereignisse
hervorgehen. In dieser Weise sind alle seine historischen Arbeiten
behandelt, das Schriftchen über Sallust (1818), der freisinnige
Aufsatz über den Principat des Augustus (1834), die vortreffliche
„Weltgeschichte in Umrissen und Ausführungen" (1846), deren
Fortsetzung ungern vermißt wird, und endlich „Gregor von
Tours und seine Zeit" (1839), seine bedeutendste und wirksamste
Leistung auf historischem Felde, deren Verdienst doppelt groß
erschien zu einer Zeit, wo die wissenschaftliche Forschung sich
noch nicht so eifrig auf die Geschichte des frühern Mittelalters
gerichtet hatte. In der Vorrede zu diesem Buche, welches im

Anschluß an das Werk des Bischofs von Tours und unter fortwährender Berücksichtigung der neuern Schriftsteller die Geschichte und den Culturzustand des fränkischen Reiches, vornehmlich im sechsten Jahrhundert, umfassend darstellt, spricht sich Loebell klar und genügend über die Methode aus, die er befolgt. „Vielleicht," sagt er, „wird man es mir vorwerfen, daß ich in einem Werke, welches sich eng an eine bestimmte Quelle anschließt, so viele Rücksicht auf moderne Schriftsteller genommen habe. Ich weiß hierüber zu meiner Rechtfertigung nichts zu sagen, als daß es für mich keinen sichereren und erfolgreicheren Weg giebt, zu befriedigenden Resultaten zu gelangen, als den des Gesprächs, wenn ich so sagen darf, oder der Debatte mit den Vorgängern; und da es in diesen Dingen nicht bloß auf Ueberzeugung ankommt, sondern auch auf die Methode ihrer Erwerbung, ja, da beide gewissermaßen ineinanderwachsen, so habe ich auch die letztere von der Darstellung nicht ausschließen zu dürfen geglaubt." Wer auf diesem Wege der Aufgabe des Historikers zu genügen strebt, muß sich lebhafter als andre Genossen seines Faches angetrieben fühlen, den Begriff der geschichtlichen Wahrheit zu bestimmen, Wesen und Entwicklung der Historiographie zu erforschen und das Verhältniß der Geschichte zur Poesie festzusetzen. Schätzenswerthe Bruchstücke solcher ursprünglich weit angelegten Untersuchungen hat Loebell mitgetheilt in der Abhandlung: „Ueber die Epochen der Geschichtschreibung und ihr Verhältniß zur Poesie" (1841), und in dem Dialog: „Das reale und ideale Element in der geschichtlichen Ueberlieferung und Darstellung" (1839). Von solchen Untersuchungen oder von dem Aufsatz über die Geschichtschreiber der französischen Revolution (1854) war der Uebergang zur eigentlichen Litteraturgeschichte leicht gemacht. Es darf uns daher nicht befremden, wenn Loebell sich in seinem letzten Werke, das er leider unvollendet zurücklassen sollte, als Litterarhistoriker, und zwar auf die vortheilhafteste Weise zeigt.

In der „Entwicklung der deutschen Poesie von Klopstocks

erſtem Auftreten bis zu Goethes Tode" (2 Bände, 1856—58)
hatte er einen Stoff gewählt, zu deſſen glücklicher Behandlung
er vor den meiſten der Zeitgenoſſen durch ſeine ganze Geiſtes=
richtung berufen war. Den frühern Epochen der deutſchen
Litteratur hatte er nur vorübergehend ſeinen gelehrten Fleiß
gewidmet, und der großartigen Entwicklung, welcher Grimm und
Lachmann das Studium unſerer alten Sprache und Dichtung
entgegengeführt, war er fremd und fern geblieben. Um ſo
ſicherer durfte er ſich dagegen im Bereiche des achtzehnten
Jahrhunderts heimiſch fühlen. Hier war ihm alles vertraut
und verſtändlich, Kunſt und Leben, Weltanſchauung und geſell=
ſchaftliche Bildung; in der Denk= und Empfindungsweiſe, in die
wir uns auf dem Wege des Studiums zurückverſetzen müſſen,
war er aufgewachſen. Die großen Autoren, welche den Grund
zu unſrer nationalen Bildung gelegt haben, waren in einem
ganz andren Sinne, als wir Spätgeborene es von uns aus=
ſagen dürfen, die bildenden Lehrer ſeiner Jugend geweſen, und
gleichſam perſönlich befreundet blieben noch dem Greiſe die
hohen Geſtalten, die für unſren Blick ſchon in die Ferne der
Vergangenheit gerückt ſind. In das innerſte Weſen dieſer
Meiſter einzudringen, das Eigenthümliche ihrer Geiſteswerke,
auch in den unſcheinbarſten Zügen, zu erforſchen, darauf war
er mit ausdauernder Beharrlichkeit, mit liebevoller Hingebung
bedacht; jedem raſch zugreifenden Verfahren abhold, ſammelte er
ſorgſam alle Einzelheiten, ſichtete ſie mit prüfendem Blicke,
ordnete ſie mit behutſamer Erwägung und ließ aus ihnen all=
mählich das Ganze zuſammenwachſen, dem es dann an innerer
Feſtigkeit nicht fehlen konnte. Sein Augenmerk war nur auf
die Individualität des Künſtlers und auf die Erzeugniſſe ſeiner
ſchaffenden Kraft gerichtet; er war fort und fort beſtrebt, ſeinen
Geiſt frei zu erhalten von allen Einflüſſen, welche die Un=
befangenheit der Unterſuchung ſtören, die Reinheit der Anſchauung
trüben oder das Urtheil verfälſchen können. Es blieb daher
unvermeidlich, daß er ſich zu den Tendenzen und Principien,

welche durch Gervinus in die Geschichtschreibung unsrer Litteratur
eingeführt worden, in einem bewußten Gegensatze befand. In
dem geweihten Bereiche der Poesie wollte er nur der Poesie
selbst Herrschaft und Richteramt zugestehen, und nicht scharf
genug konnte er die Anmaßung derer tadeln, welche, die Autonomie
der Kunst verkennend, sie einer fremden Gerichtsbarkeit unter=
werfen wollen. In solchen Gesinnungen zeigt er sich als den
getreuen Sohn einer Zeit, welche in der Kunst allein die Blüthe
der Menschheit erblickte, obgleich er wohl kaum geneigt war, mit
Schiller zu bekennen, daß der Dichter der einzige wahre Mensch
und der beste Philosoph nur eine Caricatur gegen ihn sei.
(An Goethe, 7. Januar 1795.)

Die eben bezeichneten Eigenschaften Loebells sind es nun,
welche die charakteristischen Vorzüge seines letzten Werkes be=
gründen. Die Methode, die er in seinen historischen Arbeiten
befolgt hat, giebt er auch hier nicht auf; indem er die Autoren
und ihre Werke schildert, zieht er auch die Beurtheilungen,
welche sie von frühern und spätern Kritikern erfahren, in den
Kreis seiner Betrachtung; „einer Geschichte der Poesie," sagt er
im Vorworte, „ohne Rücksicht auf die sie begleitende, bewundernde,
zweifelnde, verwerfende Kritik, scheint mir eines der wesentlichsten
Stücke zu fehlen." Begünstigt durch die freiere Form seines
Buches, thut er manchen Schritt in die Gebiete der romanischen
Poesie und der englischen Litteratur und läßt deutlich genug
wahrnehmen, daß er hier schon seit langem heimisch ist. Die
in einem langjährigen Studium der großen Dichterwerke
gewonnene tiefe Kenntniß verbindet sich auf die liebenswürdigste
Art mit der frisch empfundenen, in edler Form sich aussprechenden
Begeisterung, welche der Anblick und Genuß des Hochvollendeten
immer von neuem erweckt. Unter vielem trefflichen leuchten
im zweiten Bande die Aufsätze über Cervantes und Sterne und
über die Darstellung der sinnlichen Liebe in der Poesie hervor;
unsre kritische Litteratur, wie sie sich in den letzten Jahrzehnten
entwickelt hat, bietet nur weniges dar, was sich ihnen an Reife

des Urtheils und Gediegenheit der Form vergleichen ließe. Wird man nicht leugnen wollen, daß Loebell sich mit Vorliebe in den Anschauungen bewegt, die im Beginne unsres Jahrhunderts von den Kreisen der Romantiker ausgegangen waren und die in seinem Verkehre mit Tieck stets neuen Reiz für ihn gewinnen mußten, so wird doch der Kenner eingestehen, daß sie auf ihn nur anregend und nicht beengend wirkten. Während sein Geschmack überaus fein durchgebildet und leicht zu verletzen war, blieb sein Urtheil frei und unbestochen. Jede Erscheinung suchte er aus ihrem eignen Mittelpuncte heraus zu begreifen. Den zarten Formensinn, der ihm unveräußerlich eigen war und den er in der Beurtheilung der großen Werke der Poesie so oft bewährte, läßt er auch in seiner Schreibart nirgends ver= missen; stets bleibt sie rein und edel, und nur selten scheint die Sorgfalt, mit der er die Worte wählt und das Satzgefüge bildet, die freie Kraft des Ausdrucks zu beeinträchtigen. Die geschilderten Vorzüge sind beiden Theilen des Werkes gemeinsam; dennoch wird das Urtheil der Einsichtigen der im zweiten Bande enthaltenen Darstellung Wielands den Preis zuerkennen; diese Monographie ist, wie die letzte, so auch die gelungenste von Loebells größern schriftstellerischen Leistungen. Vortrefflich hat er es verstanden, die, wie Goethe es einmal bezeichnet, „heitere Nachgiebigkeit und zähe Hartnäckigkeit, zwischen denen Wielands Wesen sich bis in die spätesten Jahre bewegte", nicht sowohl unmittelbar darzustellen, als aus der unbefangenen, klar gehaltenen Schilderung überall hervorblicken zu lassen, so daß die einzelnen Züge sich wie von selbst zu einem Gesamtbilde des Charakters zusammenfügen. Die Versuchung lag ihm nahe, den über Gebühr vernachlässigten Autor, den er in der weit= greifenden Bedeutung seines Wirkens schätzen gelernt und in der Eigenthümlichkeit seines Wesens lieb gewonnen hatte, nun auch über Gebühr zu erheben; aber mit dem glücklichsten Tacte hat er diese Gefahr vermieden und seiner Darstellung das schönste Gleichgewicht bewahrt. Und so kann man diese Bände als die edle Frucht eines innerlich reichen, vom Studium der Poesie erfrischten Lebens betrachten; aus ihnen spricht ein Geist, der im liebevollen Verkehr mit der Poesie die Einsicht in ihr Wesen und ihre Geschichte erlangt hat, der in die verborgenen Absichten der Künstler einzudringen vermag und mit vielseitiger Empfänglichkeit die Erscheinungen erfaßt, in denen sich Gewalt und Würde der Kunst offenbaren.

Daß es Loebell nicht vergönnt war, die Darstellung Lessings zum Abschluß zu bringen, bleibt beklagenswerth für ihn wie für uns; die Vorbereitungen zu dieser Arbeit hatte er in den letzten Jahren mit einer durch die Leiden der Krankheit ungebrochenen Lust betrieben. Noch lebhafter vielleicht ist es zu bedauern, daß er, als der Kundigsten einer, seine Kräfte nicht an eine ausführliche Charakteristik der Häupter der romantischen Schule gewandt hat. Der fragmentarische Aufsatz über A. W. Schlegel (1847), reich an belehrenden Winken und feinen Bemerkungen, ist nur geeignet, dieses Bedauern zu verstärken.

Wie in allen Naturen, deren Bildung eine harmonische ist, so war auch in Loebell der Mensch vom Gelehrten nicht getrennt, und als Schriftsteller wählte er sich solche Aufgaben, die er mit seinem vollen menschlichen Interesse umfassen konnte. Aber wenn auch die Eigenthümlichkeit seines Wesens in seinen Schriften zu erkennen ist, so trat sie doch noch freier, bedeutender und gewinnender im Gespräche hervor; nur diejenigen haben ihn ganz gekannt, die sich im vertraulichen Beisammensein wiederholt und oft seiner lebendigen Unterhaltung erfreut haben. Denn hier entfaltete sich das Edle und Liebenswürdige seiner Natur leicht und ungezwungen, und alles, was sein Geist, sein Gemüth in sich schloß, kam gern zum Vorschein. In einem ungewöhnlichen Grade besaß er die Gabe der Unterhaltung, und die Freude an geistiger Mittheilung verließ ihn nicht bis in die letzten Tage seines Lebens. Stets aufgelegt zu lebhaftem Austausch der Gedanken, wußte er aus der Fülle der Erinnerungen, aus dem Reichthum der Erfahrungen dem Gespräche einen

manigfach wechselnden und immer willkommenen Stoff zuzu=
führen. Vielleicht nur in solchen Unterhaltungen lernte man
den Umfang und das in unsern Zeiten so seltene Gleichmaß
seiner Bildung vollkommen schätzen; zugleich erkannte man, wie
die Liebe zu den Gegenständen seiner Studien und wissenschaft=
lichen Neigungen sein ganzes Wesen innig durchdrang und
erfüllte. Und dies war es auch, was ihm unter stets wieder=
kehrenden Qualen, in unverkennbarer Nähe des Todes, die
geistige Frische erhielt. Wissenschaftliche Anregung, Genuß an
edlen Kunstwerken blieb ihm bis zuletzt Bedürfniß, und nicht
ohne Rührung vernimmt man, daß Hermann und Dorothea die
letzte Dichtung gewesen, an der er sich mit beredter Bewunderung
erfreute, und daß er noch kurz vor seinem Ende, in Erinnerung
an den Freund, der ihm stets so theuer geblieben, eine Stelle
aus Tiecks Dichterleben zu hören verlangte.

Wie Loebell unter uns lebte und wirkte, so wird er im
Andenken der Freunde und Schüler fortleben, und noch lange
werden wir schmerzlich ihn vermissen, den geistvollen Lehrer
und Gelehrten, den fein= und edelsinnigen Freund der Kunst,
den theilnehmenden Förderer der aufstrebenden Jugend.

Zu Friedrich Gottlieb Welckers achtzigstem Geburtstage.

(1864.)

Gern und mit Recht rühmen wir uns, daß der deutsche Geist die Bildung der antiken Welt frei in sich aufgenommen hat, ohne sich seiner selbständigen Eigenthümlichkeit zu begeben. Der frische Aufschwung der klassischen Studien hat die Entwicklung unsrer Litteratur begleitet und gefördert; an Leben und Kunst der alten Völker hat unser Leben, unsre Kunst in vertraulicher Nähe sich herangebildet. Aber die freie Aeußerung der ursprünglichen Schöpferkraft, die in unsrem Volke waltete, ist dadurch nicht verkümmert worden, während andere Völker zu beklagen haben, daß der Druck, mit welchem das Ansehen der antiken Muster auf ihnen lastete, den aufstrebenden Geist darniederhielt und die Freiheit des geistigen Schaffens hemmte. Für uns ist die Einwirkung des Alterthums nur segensreich gewesen, denn unsre Bewunderung ging aus der Erkenntniß hervor. Wir erkannten die geschichtlichen Bedingungen, unter denen das Große und Unerreichbare entstanden ist und allein entstehen konnte; das Licht, das von dorther strahlte, erleuchtete, aber blendete nicht. Wir sahen ein, was der Meister unsrer Kunst ausgesprochen, daß dort „ganz allein für die höhere Menschheit und Menschlichkeit reine Bildung zu hoffen und zu erwarten ist". Vieles von dem edelsten, das in uns lebendig ist, ward durch die innige Berührung mit dem Alterthum hervorgerufen, und die großen Lehrer der Alterthumswissenschaft, die sich unter uns erhoben, sind in Wahrheit die Lehrer des Volkes geworden.

Seit den Tagen Gesners und Heynes haben bedeutende Geister in ununterbrochener Reihe diese Wissenschaft und damit die Bildung unsres Volkes vorwärts geführt. Unter diesen Lehrern aber, welche ruhmvoll ihr hohes Amt verwaltet, verdient keiner, in der dankbaren Anerkennung der Zeitgenossen höher zu stehen als Friedrich Gottlieb Welcker. Daß ihm eine erwünschte Lebensdauer beschieden ist, daß mehr als ein halbes Jahrhundert hindurch sein Geist ungehemmt in der fruchtbarsten Thätigkeit sich äußern konnte, das schätzen wir als eine der günstigsten Fügungen für die Wissenschaft, wir schätzen es als ein hohes Glück für alle, denen er durch Wort und Schrift ein Lehrer geworden. Allen diesen mag es geziemen, sich am heutigen Tage das Bild des theuren Mannes vor die Seele zu rufen. —

Nur aus der Vereinigung, aus dem einträchtigen Zusammenwirken aller Kräfte erwächst das außerordentliche. In Welckers Natur besteht diese Vereinigung. Er ist nie mit einer gesonderten Kraft thätig; sein Verhältniß zur Wissenschaft ist wie ein persönliches, an dem der ganze Mensch sich betheiligt. Aus den Wurzeln seines Daseins geht ihm die Blüthe der wissenschaftlichen Erkenntniß hervor; und darum bleibt sie ihm auch nicht bloß ein geistiges Besitzthum: er wird von dieser Erkenntniß ganz erfüllt und belebt; sie wird ihm zur Seele seines Wesens.

Welcker hat sich selbst die Pfade seiner Entwicklung gebahnt; aber seine Bestrebungen standen im innigsten Einklange mit den Forderungen und Bedürfnissen der Zeitgenossen. Mit dem Instincte bedeutender Geister erkannte er ahnend das rechte und das nothwendige und fand es auf den Wegen, auf denen er zuerst einsam ging, aber nicht lange einsam bleiben sollte. Indem er nur unbefangen dem Drange seiner Natur Genüge that, griff er zugleich auf das wohlthätigste in die fortschreitende Wissenschaft ein, und was er ihr gab, war eben das, was sie bedurfte. Eine Geschichte seines Bildungsganges, von ihm selbst aufgezeichnet, müßte uns die tiefsten Blicke eröffnen in das Geistesleben jener Zeiten, in die damaligen Zustände der Wissenschaft. Sie würde in der einleuchtendsten Weise darthun, wie er seine Natur in ihrer selbständigen Art walten ließ und doch mit jugendlicher Regsamkeit alles in sich aufnahm, was die mächtige Bewegung der Geister, die damals bei uns eine neue Epoche der Wissenschaft begründete, dem strebenden Sinne entgegenbrachte.

Während des Zeitraumes, in welchem er als Lehrer und Schriftsteller thätig gewesen, hat Welcker auf dem Gebiete der Wissenschaft die bedeutsamsten Umwandlungen erlebt. Viele von den Einsichten, die er zuerst gewonnen und verkündigt, sind das Gemeingut aller geworden; die geschichtliche Kenntniß hat eine ungeahnte Bereicherung erfahren, die Methode der Kritik hat sich bis zu einer erstaunlichen Sicherheit ausgebildet; es zeigt sich Fähigkeit und Lust, von allen Seiten in das innerste des Alterthums einzudringen, damit es als ein Ganzes in seiner Einheit erkannt werde. Inmitten dieser mächtig treibenden Bewegung der Wissenschaft ist Welcker, obgleich theilnehmend an allem, was im Verlaufe der Entwicklungen sich neues hervorthat, doch dem eigenthümlichen seiner Natur und Bildung unwandelbar treu geblieben. Er ist einer von den wenigen, die mit einer bestimmt ausgesprochenen, entscheidenden Persönlichkeit in der Gelehrtenwelt dastehen; — alles, was von ihm ausgeht, muß das Gepräge dieser Persönlichkeit aufweisen; — er ist einer von den wenigen, die noch nicht zum Geschlechte der Epigonen gehören.

Welcker umfaßt in seinen Arbeiten das geistige Leben des hellenischen Volkes, wie es auf den Gebieten des Glaubens, der Dichtung und der bildenden Kunst sich kund gegeben und in unsterblichen Schöpfungen sich selbst verherrlicht hat. Von Anfang an war er bestrebt, den Blick auf die Gesamtheit der Erscheinungen zu richten und unter der reichen Fülle der Gestalten die verbindende geistige Einheit zu erkennen. Aber nur

auf dem sicherſten Wege wollte er zur Anſchauung, zum Ver=
ſtändniß dieſer Einheit vordringen. Unterſtützt von unermüd=
licher Arbeitskraft und von ſtets reger Forſchungsluſt getrieben,
wollte er den ganzen Reichthum des Einzelnen bezwingen und
ſich aneignen. Erſt nachdem dies vollbracht war, konnte er
prüfen, ob das Ergebniß der wiſſenſchaftlichen Unterſuchung zu=
ſammenſtimme mit den Anſchauungen, die ihn geleitet. So
bildete ſich ihm das Allgemeine nur aus der deutlichen Erkennt=
niß alles Einzelnen, und es konnte ihm nicht ſchwer werden,
ein großes, manigfaltig gegliedertes Ganzes zu umſpannen,
mit deſſen Beſtandtheilen er ſo wohl vertraut war. Auf allen
Gebieten daher, denen er ſich zuwandte, hat er großes aus=
gerichtet und großes angeregt. Durch ſeine umfaſſenden litterar=
hiſtoriſchen Forſchungen hat er einer geſchichtlichen Darſtellung
der griechiſchen Poeſie auf das wirkſamſte vorgearbeitet. Ueber
Weſen und Bedeutung der drei Hauptformen, in welchen die
Dichtung der Hellenen ſich ausgeſprochen, hat er uns die
wichtigſten Aufſchlüſſe gegeben. Er zuerſt unternahm es, aus
den ſpärlichen Trümmern, die uns von der überreichen Lyrik
der Griechen übrig geblieben, die Geſtalten der einzelnen Dichter
gleichſam hervorzuſuchen; ſeinem tiefen Blicke erſchloß ſich die
Poeſie des Aeſchylos; ihm verdanken wir die Einſicht in die
Geſchichte und innere Entwicklung der vollkommenſten Kunſt=
form, welche das Alterthum geſchaffen, der Tragödie; und den
zerſtörten Bau der epiſchen Dichtung hat er vor unſern Augen
neu aufgeführt. Aus allen dieſen Arbeiten ſpricht uns ein Geiſt
an, der dem helleniſchen verwandt und dieſer Verwandtſchaft ſich
freudig bewußt iſt; ein dichteriſches Element durchweht und be=
lebt ſie. Denn um ſich der Erſcheinungen, die uns auf dem
Boden der helleniſchen Kunſtwelt entgegentreten, ganz zu be=
mächtigen, muß auch die ſchöpferiſche Phantaſie aufgerufen
werden und ihre Hülfe leihen. Er ſchaltet im Alterthume wie
in ſeiner Heimath. Ihm iſt es verſtattet, ſich den „erhabenſten
aller Kunſtwerke“ zu nähern, denn ihm iſt, wie er es ſelbſt ſo

schön ausdrückt, „die Tiefe und Innerlichkeit des Sinnes ver=
liehen, ohne welche das Erhabene nicht empfunden wird". —
Und wie der Dichtung, so steht er auch der bildenden Kunst
gegenüber; nicht als der Fremdling, der sich ängstlich um ihr
Verständniß abmüht, nein, als der Befreundete, Eingeweihte,
dem sie liebreich sich mittheilt; er bedarf keiner Hebel und
Schrauben, um ihr das Geheimniß ihres Wesens abzuzwingen,
sie selbst mag es ihm gern und willig offenbaren. Und nach=
dem er nun sein Leben lang für die Erkenntniß hellenischer
Poesie und Kunst, wie wenig andere, gewirkt, ward es ihm,
dem das Wesen des Mythos aufgegangen, wie keinem andern,
endlich noch vergönnt, in der „griechischen Götterlehre" die
Glaubenswelt der Hellenen in einem allumfassenden Bilde dar=
zustellen. Auch hier, wie überall, durchdringt er das Einzelne, um
der Anschauung das Ganze vorzuführen, und aus der großartigen
Uebersicht des Ganzen ergiebt sich ihm die einfache Natur der Dinge.

Doch von der Betrachtung dessen, was er geschaffen und
gewirkt, wendet sich der Blick auf ihn selbst zurück; denn das
Große, was ihm gelungen, läßt sich doch nur aus seiner Per=
sönlichkeit begreifen. In ihm ist Forschen und Wissen auf das
innigste mit seinem Denken und Empfinden vereinigt; da sind
die Elemente nicht mehr zu sondern, der Mensch und der Ge=
lehrte sind ganz und untrennbar eins geworden und die Sache
der Wissenschaft ist ihm Herzenssache. Und weil er die Wissen=
schaft mit so wunderbarer Innigkeit ergreift, hat sie ihm auch
ihre schönsten Gaben nicht vorenthalten. Ein Hauch des
hellenischen Kunstgeistes ist tief in sein Wesen eingedrungen und
hat dort die Blüthe edelster menschlicher Bildung hervorgetrieben.

So steht er unter uns da, in dem einfachen Adel seiner
Natur — unvergeßlich allen, die ihm je genaht, die je seines
Wesens Milde erfahren, die sein weisheitsvolles Wort gehört
und seine begeisterte Rede; und mit gerührter Seele blicken wir
auf das geliebte Haupt, über dem fort und fort freundliche
Geschicke walten mögen!

Uhland als Forscher germanischer Sage und Dichtung.

(1872.)

Oft und lebhaft, in Prosa und Versen, ist von den Zeit=
genossen Uhlands das allzu frühe Verstummen des Dichters be=
klagt worden. Als er im Jahre 1862 aus dem Leben schied,
hatten seine Landsleute schon seit mehr als vier Jahrzehnten
ein bestimmtes, in sich abgeschlossenes Bild seiner Poesie vor
Augen, in dessen Zügen während dieses langen Zeitraums keine
wesentliche Veränderung wahrnehmbar gewesen. Zwar nicht so
rasch wie man zu wähnen pflegt, ging die Sonne seiner
Dichtung zu Rüste. Nachdem er 1815 die bis dahin zer=
streuten Gedichte, gleichsam als ein fertiges Ganzes, der Nation
gesammelt vorgelegt hatte, ward noch manche Liebesfrucht ge=
zeitigt, die zu den edelsten und erquicklichsten gehörte. Die
folgenden Jahre sahen die vaterländischen Gedichte entstehen,
in welchen die Lyrik der Freiheitskriege einen vollkräftigen Nach=
klang fand und die, wenn auch meist durch die innern Kämpfe
und Wirren des württembergischen Staates hervorgerufen, doch
den wahren Deutschen aller Stämme zu Herzen bringen mußten.
Dieselben Gesinnungen und Gefühle, von denen sie lebendig
durchdrungen sind, sprachen kräftig und ergreifend auch aus den
beiden Schauspielen, welche der Verherrlichung heimischer Tugend
und Sitte gewidmet schienen; und daß der Poet auch fernerhin
im Vollbesitze seiner künstlerischen Mittel blieb, bezeugten bis
zum Jahre 1835 die neuen Auflagen seiner Gedichte; ja noch
in den letzten vierziger Jahren konnte er seinen Romanzenschatz
um zwei werthvolle Stücke vermehren; gerade unter diesen

spätern Zugaben finden wir mehrere der reifsten, zu gleich=
mäßiger Vollendung erhobenen Gebilde seiner Kunst.

Dennoch, blickte man auf das lange, mit schöner Muße reich
gesegnete Leben des Dichters, so mußte die Dauer wie der
äußere Umfang seiner Thätigkeit, wenn man auch noch so freudig
die gediegene Fülle des innern Gehalts anerkannte, nur gering
erscheinen. Sich der Ruhe hinzugeben in den langen Zwischen=
räumen, in denen der poetische Geist ihn unbesucht ließ oder die
vaterländischen Angelegenheiten ihn nicht zu unmittelbar ein=
greifender Theilnahme aufforderten, das entsprach nicht der Art
des thatkräftigen, schaffensfreudigen Mannes. Man ward also
gedrängt zu der Frage: wie hat Uhland den Raum seines Da=
seins thätig ausgefüllt?

Nun konnte man freilich wissen, daß der Dichter auch
ein ernster, emsiger Forscher war. Schon in seinen Jugend=
jahren, während des kurzen Aufenthaltes in Paris (vom Mai
1810 bis zum 26. Januar 1811) hatte er durch das müh=
same und vielfach beengte Studium der Handschriften einen
klaren und tiefen Blick in das Wesen des altfranzösischen Epos
erlangt, wie ihn damals noch niemand besaß; aus dem Aufsatze,
in welchem er (1812) die gewonnene Einsicht mittheilte, hätten
pariser Philologen noch manches Jahr hernach die gründlichste
Belehrung schöpfen können. Alsdann zeigte er durch die Schrift
über Walther von der Vogelweide (1822), wie fest er sich in
der Poesie unsres Mittelalters angesiedelt hatte, er schilderte
die Dichtung und aus dieser das Leben jenes männlichsten und
vielseitigsten unter den Meistern unsres Minnesangs; Walthers
liebenswürdig edle und kraftvolle Gestalt trat hier deutlich aus
der umgebenden Sängerschar jener Zeit hervor; die Grundzüge
seines menschlichen und dichterischen Charakters wurden hier für
immer festgestellt und zugleich ward ein anziehender Ausblick in
die poetisch verklärten staatlichen und gesellschaftlichen Zustände des
Mittelalters eröffnet. Später griff Uhland mit der Abhandlung
über den Donnergott (1836) sicher und mächtig in die ger=

manische Sagenforschung ein; und durch die Sammlung der
alten hoch= und niederdeutschen Volkslieder (1844) erwies er sich
als den kundigsten Beherrscher eines Gebiets, das nach allen
Seiten hin zu durcharbeiten und fruchtbar zu beleben der forschende
Dichter ganz eigens berufen schien.

Durch diese Leistungen hatte sich Uhland den Meistern der
in kräftigem Wachsthum erblühenden vaterländischen Alterthums=
wissenschaft würdig zugesellt. Aber während seines Lebens ist
die Kunde von diesen Arbeiten oder vielmehr die Einsicht in
den Werth derselben vielleicht nicht weit über den Kreis der mit=
arbeitenden Genossen hinausgedrungen. Und auch diese wollten
sich an dem, was ihnen hier gegönnt ward, nicht genügen lassen.
Denn eben sie mußten am deutlichsten erkennen, daß jede dieser
Arbeiten, mochte sie in ihrer künstlerisch abgerundeten Form
auch noch so entschieden das Gepräge der Selbständigkeit auf=
weisen, doch nur ein Bruchstück war, sorgfältig losgelöst aus
einem weit reichern, umfassendern Ganzen. Daß dies Ganze
nie zum völligen Abschlusse gebracht ward und uns daher so
lange entzogen blieb, dafür bietet sich eine zureichende Erklärung
nur in der peinlichen Gewissenhaftigkeit des Forschers, der,
freudig bereit zur Anerkennung jedes fremden Verdienstes, an
seinen eignen Leistungen nur die unvermeidlichen Mängel und
Lücken wahrzunehmen schien. Wie oft drangen die Freunde in
den ernsten bescheidenen Mann, um ihn zur Herausgabe dessen
zu bewegen, was so lange schon für die öffentliche Mittheilung
reif war! Umsonst; nur weniges mochte er gelegentlich aus dem
verschlossenen Vorrathe darreichen. Erst mit seinem Tode ward
das Siegel von seinen Schätzen gelöst; erst jetzt vermögen wir
den gesamten Umfang seiner durch sein ganzes Leben still und
beharrlich fortgesetzten Thätigkeit zu überschauen und ihren Er=
trag zu genießen.

In sieben gewichtigen Bänden, denen ein achter abschließend
folgen soll, werden nun Uhlands Schriften zur Geschichte
der Dichtung und Sage dem deutschen Volke vorgelegt. Ja,

ganz eigentlich dem deutschen Volke. Denn mögen in diesen Schriften auch überall für den eingeweihten und selbstthätigen Forscher manigfache Keime der Anregung und Belehrung aus= gestreut sein, so darf man doch Zweifel hegen, ob diese Arbeiten bei ihrem jetzigen, in gewissem Sinn verspäteten Hervortreten der schon so weit gediehenen und stets sich fortbildenden Wissen= schaft noch einen kräftigen Anstoß geben können. Sie wurden meist entworfen zu einer Zeit, da bei noch ungenügender Aus= beutung der Quellen auch der sorgfältigsten und umsichtigsten Forschung — und wer hat je die Forschung sorgfältiger und umsichtiger betrieben als Uhland! — manche einzelne Erkennt= niß versagt bleiben mußte. Aber wenn auch einige dieser Schriften, die, zur rechten Stunde erschienen, kräftig und heil= sam die Entwicklung der Studien befördert und deren Richtung bestimmt hätten, jetzt der Fachwissenschaft keine wesentliche Be= reicherung mehr zuführen, so erleidet dadurch der Werth, der Vorzug, den wir ihnen bewundernd zuerkennen, auch nicht die mindeste Einschränkung. Und diesen Werth, diesen Vorzug konnte nur ein Autor wie Uhland ihnen zutheilen. Nur er konnte das Gemälde der deutschen Sage und Dichtung, das er in diesen Schriften aufstellte, so gefällig anziehend und so ge= gediegen ausführen und es mit Farbenreiz und Formenschönheit so vielfach ausstatten, daß man die weiten, für edlere Bildung empfänglichen Kreise unsres Volks mit gutem Vertrauen auf= fordern darf, an dies Gemälde heranzutreten und an den mäch= tigen Gestalten, den regsam wechselnden Erscheinungen, die hier dem Auge begegnen, in aufmerksamer Betrachtung, in innigem Anschauen zu verweilen.

Uhland liebte unser vaterländisches Alterthum. Dort, wie in einer traulichen Heimath, war seine Dichtung erwachsen und erstarkt; dorthin blieb unablässig seine Forschung gewandt. Aber diese Vorliebe, ohne welche weder seine Dichtung noch seine Forschung denkbar wäre, wirkt nicht irreleitend auf seine Darstellung. Uhland ist kein Parteigänger, er will uns das

Mittelalter nicht anpreisen, um uns zu den Anschauungen der ritterlichen Vorfahren zurückzulocken, um uns zu den Sitten und Satzungen, die damals galten, zu bekehren. Die Vergangenheit ist ihm ein völlig Vergangenes; und eben deshalb kann er mit klarem, ruhigem Auge in sie zurückblicken; nur was sie von unvergänglichem, ewig gültigem Gehalte in sich birgt, nur das soll für uns wieder lebendig werden, soll von neuem in unsern Besitz gelangen. Er faßt und schildert die Dichtung des Mittelalters mit der schönen, würdevollen Unbefangenheit des echten Geschichtsforschers und mit der Liebe des Künstlers. Er hat zu viel Ehrfurcht vor der vaterländischen Vorzeit, als daß er nicht streben sollte, sie im hellsten Lichte geschichtlicher Wahrheit, so deutlich als es unserm Auge nur vergönnt sein mag, zu erblicken; aber er hat auch zu viel natürliche Neigung und warme Anhänglichkeit für die lebendige Gegenwart seines Volkes, als daß es ihm je in den Sinn kommen dürfte, dieser das Recht eigenthümlicher Selbständigkeit verkümmern zu wollen. Aus seiner Darstellung, für welche nur das Gesetz der Wahrheit gilt, tritt gerade die unausgleichbare Verschiedenheit der Zeiten auf das anschaulichste hervor. Will ein solcher Mann uns in die Regionen des mittelalterlichen Geistes- und Kunstlebens führen, in denen so manche sich kläglich verirrt haben, so darf man ihm mit freudigem Vertrauen folgen. Und so mag denn der Deutsche sich an der treuen Hand eines seiner Lieblinge zurückgeleiten lassen in die Bereiche seiner Vorzeit. Was dort herrliches entsprungen ist, lebt auch noch für uns, soll seine belebenden Wirkungen auch noch auf unser Dasein ausströmen. Das große, das in unsren Tagen zur Entfaltung kommt, soll uns gegen die Herrlichkeit früherer Tage nicht gleichgültig stimmen; es sollte vielmehr das Verlangen wecken, uns des großartigen Zusammenhangs, der trotz allem Wandel der Zeiten in der Geschichte des deutschen Geistes waltet, nur um so klarer und inniger bewußt zu werden. —

Uhlands Schriften können, wie sie uns jetzt vorliegen, bei

aller Verwandtschaft des Inhalts doch keine durchweg gleich=
artige Form aufweisen. Neben den längst gekannten und viel=
fach gerühmten Arbeiten finden wir selbständige wissenschaftliche
Darstellungen, denen zu vollkommner Ausführung kaum noch
hie und da die letzte Hand zu fehlen scheint. Als Musterstücke
aus diesem Kreise mögen die Abhandlungen über den Minne=
sang und über das Volkslied gelten. Eine andre Art der
Abfassung gewahren wir in der Sagengeschichte der germanischen
und romanischen Völker, sowie in der bis in das sechzehnte
Jahrhundert sich erstreckenden Darstellung unsrer ältern Poesie.
Beide waren für akademische Lehrvorträge bestimmt; sie sind
ein edles Zeugniß und ein würdiges Denkmal der allzu kurzen
Wirksamkeit, die dem Dichter an der Tübinger Universität ver=
gönnt war. Wenn wir in diesen Schriften eine gleichmäßige
Durcharbeitung vermissen, so leisten sie für diesen Mangel, der
ihren Ursprung verräth, reichlichen Ersatz, indem sie einzelne,
und zwar die bedeutsamsten und gehaltvollsten Theile des viel=
gegliederten Ganzen in liebevoll sorgfältiger Ausführung dar=
bieten.

Als Uhland in reifen Jahren (1839) endlich zu dem er=
sehnten Lehramte berufen ward, konnte er schon auf eine Reihe
umfassend angelegter Arbeiten zurückblicken, in denen er dem
Entstehen und Wachsen sowie der allmählichen künstlerischen
Ausbildung der heimischen Poesie forschend nachgegangen war:
den Stoff für seine Vorlesungen fand er zum großen Theil
schon bereitet daliegen. Der Drang zur Ergründung unsres
Alterthums hatte sich in ihm fast zu gleicher Zeit mit der
thätigen Neigung zur Poesie geregt. Forschung und Dichtung,
beide gingen aus dem gemeinsamen Grunde seines Wesens hervor
und geleiteten ihn durchs Leben wie zwei natürlich Verbündete,
denen im Bunde die Kräfte wachsen. Offenbar hat zuerst
— seine eignen Aeußerungen in frühen Jugendtagen zeugen
dafür — das poetische Bedürfniß seinen Blick in die Dichtungs=
kreise der frühern Zeiten zurückgelenkt. Er vermißte, — freilich

in einem andern Sinne als schon Klopstock einen ähnlichen Mangel
empfunden und zu vergüten gewünscht hatte, — er ver=
mißte, was er eine „vaterländische Mythologie“ nannte,
das heißt, eine zusammenhängende Reihe lebendig im Volke
erhaltener oder in Schrift niedergelegter Ueberlieferungen,
aus welcher die Poesie ihre tüchtige Nahrung ziehen könne.
Den griechischen Dramatikern und ebenso ihrem großen
britischen Kunstgenossen floß eine solche Quelle poetischer Kraft;
auch für die Poeten seiner Zeit wünschte Uhland einen solchen
Born des frischen dichterischen Lebens eröffnet zu sehen. Er
wies auf das Beispiel Goethes, der alles, was ihm von volks=
mäßigen Stoffen und Anschauungen erreichbar gewesen, mit
seiner darstellenden Kraft ergriffen und dadurch so manchem
seiner Kunstwerke die gediegenste Unterlage bereitet hatte. Ihm
schien es ein bedenklicher Mißstand, daß in unsrer Dichtung
so vielfach nur das innere Leben zum Ausdruck kam, daß die
Empfindung in ihr zu entschieden vorwaltete; er verlangte, daß
sie auch den ganzen Reichthum des geschichtlichen Daseins sich
aneigne, daß sie an mächtigen Thaten sich erhebe; er wollte
markige, sinnlich kräftige Gestalten durch die von der Poesie
geschaffene Welt dahinschreiten sehen.

So ward er durch den Zug künstlerischer Sehnsucht unsrer
heimischen Vorzeit zugeführt, deren Dichtung von noch unge=
schwächtem sinnlichen Leben voll gesättigt war. Die gewissenhafte
Strenge aber, die er vor allem gegen sich selbst und auf sein
eignes Thun und Schaffen wandte, ließ ihn in einem ober=
flächlichen oder zerstückelten Anschauen kein Genüge finden. Er
mußte auf den Grund gehen. Die Welt, die mit ihren halb
noch verhüllten Reichthümern aus dem Dunkel der Vergangenheit
aufstieg, er durfte sie nicht blos mit der regen Empfänglichkeit
des Künstlersinns in dämmernder Ferne ahnungsvoll erspähen,
er mußte sich freie Bahn schaffen, um ihr ganz nahe zu kommen;
er mußte sie nach allen Richtungen hin durchmessen und durch=
forschen. Indem er an der Fülle bildsamen Stoffes, die ihm

hier entgegendrang, seine gestaltende Kraft übte, mußten diese
Stoffe selbst ihn zu eindringender Betrachtung reizen; er mußte
sich verdeutlichen, wie sie entstanden waren, wie sie dann, un=
verwüstlich durch Jahrhunderte fortgetragen, von der wechselnden
Zeit wechselnde Gestalt und Farbe annahmen, ja in ihrem
innersten Kern bald geschädigt, bald heilsam umgeschaffen wurden.
Schon früh (1812) hatte er sich in den Gedanken eingelebt, daß
die Erzeugnisse der gesamten, über Europa verbreiteten
germanischen und aus germanischen Quellen entsprungenen oder
genährten Poesie in einer innern Familienverbindung stehen;
und sobald ihm die Vorstellung dieses großen Zusammenhangs
aufgegangen war, erwachte auch der Wunsch, ihn durch sorg=
fältige Untersuchung überall zu erkunden und zu beglaubigen.
In eine noch frühere Zeit fallen die Bemühungen des jugend=
lichen Dichters, das Wesen des Romantischen — damals für so
viele nur ein leerer Wortschall — in deutlichem Begriffe oder
wenigstens in sicherer Empfindung zu erfassen; zugleich richtete
er das noch ungeübte Forscherauge auf das große Gedicht von
Noth und Untergang der Nibelunge, dessen mächtige Umrisse
allmählich bestimmter sich zeigten, dessen innere Bedeutung aber
den meisten noch verschlossen blieb oder durch falsche Auslegung
verdunkelt ward, weil man das Verhältniß desselben zu der
Gesamtheit unsrer epischen Volksdichtung noch nicht zu erkennen
vermochte.

Durch dies frühzeitige und anhaltende Verweilen im Dich=
tungsbereiche des vaterländischen Alterthums bewahrte Uhland
seiner Poesie eine energische Selbständigkeit. Die neuere Ro=
mantik konnte ihm nicht viel anhaben, da er der echten alten
so vertraut geworden. Einen wahrnehmbaren, deutlich von ihm
empfundenen Einfluß hat er nur von Goethes Lyrik empfangen[1]);

____

[1]) Noch im Anfang des Jahres 1865 erzählte mir Gustav Schwabs
ehrwürdige Wittwe in ihrer geistvoll anziehenden Weise, die bekannten herben
Aeußerungen Goethes hätten eben deshalb Uhland um so tiefer berühren
müssen, weil dieser in Goethe stets das höchste dichterische Vorbild verehrte.

daneben mag auch Novalis' tief sehnsuchtvolles und doch von seliger Befriedigung durchdrungenes Lied mit seiner lautern, herzrührenden Einfachheit das erwachende Dichtergemüth angeregt haben. Aber nie ließ er sich durch irgend einen seiner dichterischen Zeitgenossen zur Abhängigkeit zwingen. Die alte Poesie hatte ihn gefeit gegen die verführerischen Mächte der Gegenwart. Zwar konnte die romantische Schule auf ihn, wie auf jede hervorragende Künstlernatur, die in dem ersten Viertel des Jahrhunderts zur Ausbildung gelangte, ihr gutes Recht geltend machen; daß er von ihrem Kreise ausgegangen, dafür geben manche seiner frühern Productionen, besonders in ihrer ursprünglichen, hernach leise veränderten Form unwidersprechliches Zeugniß. Seine Künstlerkraft jedoch bahnte sich den eignen Weg, eroberte sich das eigne Gebiet. Einen Romantiker kann man ihn rechtmäßig nur insofern nennen, als er, gleich dem Grimmischen Brüderpaar, einzig und allein das edelste, das aus den Leistungen und Anregungen der Schule zu gewinnen war, rüstig und selbstthätig sich aneignete. Willig, mit freudiger Empfänglichkeit, ließ auch er seinen Geist befruchten von dem neuen Lebenshauche, der damals die Wissenschaft mit frischen Jugendkräften zu erfüllen schien. Er gesellte sich zu der kleinen Schar der Erwählten, die ernsten Sinnes, mit ausharrender Arbeitskraft das vollbrachten, worauf die weitblickenden Führer der Romantik nur mit bedeutsamem Fingerzeig hingewiesen hatten. Wie viele redeten und lallten damals verzückt von den Geheimnissen unsrer dichterischen Vorzeit! Mit hochgetriebener Begeisterung rühmte man Siegfrieds Heldenthum und Parzivals Tiefsinn; mit dem beredtesten Lobe ward Kriemhildens Treue oder Isoldens und Sigunens Lieblichkeit gepriesen. Aber diese Begeisterten verriethen eben durch die Art, wie ihre Bewunderung laut ward, daß sie jenen

---

Und in der That, wo ist das innige Anerkennen Goethes zu einem so kraftvoll edlen künstlerischen Ausdruck gebracht worden wie in der „Münstersage", die jetzt mit verstärkter Gewalt uns zu Herzen spricht!

Erscheinungen, denen ihr tönendes Lob gelten sollte, nie vertraulich nahe gekommen waren, und daß sie im Grunde nichts bestimmtes von ihnen auszusagen wußten. Uhland hielt sich fern von dem Kreise der wortreichen Lober. Gemessenen, sichern Schrittes begab er sich zurück in die Zeit, auf den Boden, wo jene Gestalten heimisch gewesen. Dort hauste er mit ihnen, und ihr inneres Leben ward ihm offenbar. Was die andern von Hörensagen zu wissen glaubten, das konnte er verschmähen, er, zu dem die Geister der Vergangenheit selbst sich herabließen. Das Auge ward ihm aufgethan für die vergangene deutsche Geistesherrlichkeit; und diese Herrlichkeit wieder zu erwecken, und nicht blos für die Wissenschaft zu erwecken, — dies ward ihm ein Ziel des innigsten Bestrebens.

Und hierin mußte er sich durch die Neigung, ja den leidenschaftlich gesteigerten Willen der Zeitgenossen mächtig gefördert fühlen. Wenn Dichter und Forscher sich ins nationale Alterthum zurückwandten, so fand sich der Geist aller treuen Vaterlandssöhne in dieselbe Richtung gewiesen. Das Joch des Fremden lastete auf Deutschland; um so entschlossener ergriff der deutsche Sinn das heimische, das er so lange gering geachtet. Man durfte glauben, die Schmach der Gegenwart leichter tragen zu können, wenn man die Größe, den Ruhm der Vergangenheit, wenigstens im Nachgenusse sich zu eigen machte. Die verdunkelten Jahrhunderte sollten sich erhellen, und aus den klar beleuchteten Gebieten sollten in schöner Reihe die Zeugen für die angeborene Kraft des Germanenthums hervortreten. Der deutsche Geist, gelöst von Bann und Fessel, sollte sich stolz und freudig seiner selbst bewußt werden; er sollte seine eigne Vergangenheit überschauen, sollte erkennen, wie er heilkräftig schaffend und heilsam zerstörend in den Weltgeschicken gewaltet, um dann aus dieser Erkenntniß die Kraft zu neuen weltbewegenden Thaten zu gewinnen. Und da die gegenwärtige Wirklichkeit, verdüstert und umnachtet wie sie war, noch keine tröstliche Helle hoffen ließ, so mußten sich die weiten, in farbigem Glanze schimmernden Hallen der Vorzeit aufthun; dort, in der Lichtregion unsrer altheimischen Poesie belebte sich die Hoffnung auf den Anbruch eines neuen Tages deutscher Herrlichkeit. Denn jene alten Dichtungen wurden unsrem Volke zu neuen Urkunden unverwelklichen Ruhmes. Freilich konnte den Versuchen, den Inhalt derselben unmittelbar in die neuere Poesie überzuführen, ein künstlerisches Gelingen nicht beschieden sein; überaus fruchtbar erwies sich dennoch diese lebendige Berührung des Zeitalters mit einer Dichtungswelt, in welcher sich ein frischer Quell vaterländischer und poetischer Begeisterung eröffnete. Aus ihm zu schöpfen mochte sich niemand versagen. Selbst der Poet, der, wie man wähnte, seinen Geist fast ausschließend einem mild verklärten Hellenenthum befreundet hatte, selbst Goethe ließ damals (1810) in einer seiner sinnvollsten Gelegenheitsdichtungen die Riesen- und Wundergestalten der romantischen Poesie auftreten, seine bald festgeschlossenen, bald sanftbewegten Verse erschienen wie von einem Abglanz mittelalterlicher Pracht beleuchtet, jedes Wort mußte darthun, wie liebevoll er das Eigenthümliche auch dieser Welt erfaßt hatte, die ihm seit den Tagen seiner Jugend nie völlig fremd geworden war.

So hatte die Wissenschaft unsres Alterthums in ihrem hoffnungsfreudigen Entstehen gleichsam die vaterländische Weihe erhalten. Und auch als der Deutsche, gestärkt im Verkehr mit der Vergangenheit, thatkräftig in die Gegenwart zurückgeschritten war, als man den Pflichten, welche diese auferlegte, voll und ganz genügt hatte, als das fremde Joch abgeschüttelt und die nationale Selbständigkeit wieder errungen worden, auch da ward das so leidenschaftlich angeknüpfte Verhältniß zu unsrem Alterthum nicht aufgehoben, es ward vielmehr durch die in steter Entfaltung mächtig umgreifende Wissenschaft geregelt und in feste Formen gefügt. Als diese Studien sich in ihren ersten Anfängen hervorthaten, mußten die Förderer und Schützer derselben vor allem dahin trachten, ihnen eine weitverbreitete Auf-

merksamkeit und Theilnahme zu gewinnen; sollte das erstorbene
Alterthum wieder erwachen, so mußte zuerst ein vertrauens=
voller Glaube an die dort verborgenen Schätze erweckt werden.
Diese ohne Unterschied anzupreisen schien erlaubt; man durfte
sich in einem freudigen Staunen gefallen, man mochte selbst
den geringfügigeren Erscheinungen eine unbedingte Bewunde=
rung nicht versagen. Man mußte sich der von allen Seiten
zuströmenden Stoffmasse erst im ganzen bemächtigen und der
neu entdeckten Besitzthümer erst mit ungehemmtem Behagen
froh werden, ehe man das minder erfreuliche, aber unabweis=
lich nothwendige Geschäft des Sonderns vornahm, ehe man vom
Bewundern zum Erkennen fortschritt und so den Boden bereitete,
auf dem die Wissenschaft den richtigen Weg einschlagen und zu
ihrem Ziele wandeln konnte.

So mußte es denn diesen Studien zum schönsten Heil ge=
deihen, daß bald nach den Jahren der Freiheitskriege die Grund=
sätze, welche für alle wahre geschichtliche Forschung maßgebend
sind, auch in ihnen zur Geltung kamen. Die Grammatik ward
aufgebaut, die läuternde Kritik der überlieferten Texte begann;
die Wissenschaft zog ihre festen, sichern Geleise, wo bisher eine
vielgeschäftige Liebhaberei, mehr zum Sammeln als zum Sichten
geneigt, ruhelos und oft auch ziellos umhergeschweift war.

Uhland mußte diese Wendung ins streng wissenschaftliche
als erwünscht und willkommen begrüßen; denn sie begegnete
einem seiner Natur tief innewohnenden Bedürfnisse. Wie sehr
er auch als Dichter das Dunkelklare lieben mochte, als Forscher
gefiel er sich nicht im Nebel und in der Dämmerung. Er
wollte seinem gesunden Blicke eine weite, aber lichte Aussicht
bieten; sein wahrhaftiger Sinn konnte nur durch solche An=
schauungen befriedigt werden, die in scharfer Bestimmtheit vor
seinem Blicke standen. Ihm war es daher ein leichtes, manchem
freundlichen Wahn, an dem er auch sich früher ergetzt haben
mochte, zu entsagen und manche schmeichelnde Ahnung aufzu=
geben, um dafür die minder gefällige, aber zuverlässige Er=

kenntniß einzutauschen. Jeden Zuwachs, jede Erweiterung der Wissenschaft konnte er als seinen persönlichen Gewinn erachten. Während Jacob Grimm entdeckend und erobernd vorschritt und mit heldenkühnem Fleiße, dem natürlichen Gefährten echter Genialität, befestigte und sicherte, was er erobert hatte, war Uhland still geschäftig, den Ertrag dieser staunenswürdigen Leistungen in seinen Besitz zu bringen; die Werke des herrlichen Meisters blieben ihm die theuersten Geistesgenossen; auf seinem Arbeitstische mußten sie ihm beständig vor Augen sein. Mit gleichem Ernste folgte er den bedächtig geführten Untersuchungen Wilhelms, der die Bedeutung des erforschten noch durch den Reiz einer saubern, maßvoll und edel gehaltenen Darstellung zu heben wußte; und er verschloß sich nicht gegen die Ergebnisse, die Lachmann mit ordnendem, in kritischer Zucht erstarktem Geiste und mit weitdringendem Scharfsinn einem spröden, erst durch ihn gebändigten Stoffe abgewann.

Uhlands Natur war so glücklich angelegt und ausgestattet, daß ihm nicht nur das unablässige Fortlernen zur ernsten Lust ward, sondern daß er auch Selbstverleugnung genug besaß, um das so viel mühseligere Umlernen nicht zu scheuen. Aber wenn er unter den ersten war, welche die Nothwendigkeit erkannten, daß aus der liebevollen Beschäftigung mit unsrem Alterthum eine selbständige, nur ihre eignen Zwecke verfolgende Wissenschaft hervorgehen müsse, so war er es auch vor allen, der sich die ursprüngliche Innigkeit erhielt, mit welcher einst das jugendliche Gemüth sich erwartungsvoll und verlangend der noch verdeckten Vorzeit genähert hatte. Der Ernst der methodischen Forschung störte nicht das lebendig warme Herzensverhältniß, das ihn an diese Stoffe, an diese durch Sang und Sage fortgepflanzten Ueberlieferungen fesselte. Ihm blieb das rege Gefühl von einer unlösbaren Gemeinschaft der Vorzeit und Gegenwart; mit fein aufhorchendem Ohr vernahm er die Heimathlaute, die aus entschwundenen Jahrhunderten herüberdrangen. Wenn er in späten Jahren mit jugendfrischem Wort den Gehalt der

heimischen Dichtung darlegt und ausbeutet oder das eigenthüm=
liche ihrer Formen kunstsinnig schildert, so klingt immer noch
etwas von dem freudigen Erstaunen durch, welches die Lust der
Entdeckung, des ersten Wahrnehmens zu begleiten pflegt.

Mit vollem Recht durfte sich der Mann, dem zu dem
thätigen Forschungstrieb, zu der rüstigen Arbeitsfreudigkeit die
dichterische Einbildungskraft und eine ebenso zarte wie viel=
umfassende Empfindung verliehen war, — mit vollem Rechte durfte
e r sich den Beruf zutrauen, die Kunde unsres poetischen Alter=
thums seinen Zeitgenossen zu vermitteln. Ein diesem edlen
Zwecke gewidmetes, in weiten Umrissen angelegtes Werk be=
schäftigte ihn dauernd während der zwanziger Jahre. Hätte er
es damals über sich vermocht, das sorgsam vorbereitete in
raschem Zuge zum Abschluß zu bringen, so würde er in den
weitern Kreisen der Theilnehmenden die gesundeste Ansicht
von Kunst, Art und Sitte des Mittelalters begründet und die
Verbreitung einseitiger und unzulänglicher Anschauungen
auf das wirksamste verhindert haben. Welche anregende und
bestimmende Kraft damals von solchem Werke hätte ausgehen
müssen, da die Wissenschaft noch im beweglichen Werden, noch
im ersten unsichern Vorschreiten begriffen war, das vermag
noch jeder einzelne an sich selbst zu ermessen, wenn er nun,
da sie unerschütterlichen Bestand und innere Festigkeit erlangt
hat, auf jene in früher Zeit entworfenen Darstellungen Uhlands
zurückblickt.

Ich deute hier vor allem auf die Darstellung unsrer aus
Mythus, Geschichte und lebendiger Volkssitte hervorgewachsenen
Heldensagen, welche Uhland 1830 seinen academischen Zuhörern
vortrug und die nun den ersten Band der nachgelassenen
Schriften füllt.

Als eine dem ureignen Leben unsres Volkes entstiegene
Schöpfung hält Uhland das heimische Epos vorzüglich werth.
Ehe er in die Betrachtung desselben einführt, versetzt er uns
in den Jugendzustand kraftvoller und edler Völker, in dem allein

solche Schöpfungen in die Wirklichkeit treten können. Mit
vollem Behagen athmet er die Luft jener Zeitalter, in welchen
das noch nicht entbundene Denkvermögen die gewaltig schaffende
und kühn umherschweifende Einbildungskraft noch ungestört
walten läßt, in welchen der Mensch sich noch überall mit der
Gesamtheit seiner in ungebrochenem Einklange erhaltenen Kräfte
thätig zeigt. Unserm forschenden Dichter ist es kein leeres
Wort, daß die Völker dichten. Wie ihre Geschicke wechseln, wie
sie zu neuen Thaten fortgerissen werden und neue Lebens=
verhältnisse sich erzeugen, häufen sie von Jahrhunderten zu
Jahrhunderten den reichen, vielartigen Stoff an, aus dem jene
übermächtigen Gestalten erwachsen, welche die Welt des Epos
bevölkern, und zu denen spätere Geschlechter, mit matterer Ein=
bildungskraft begabt, in scheuem Staunen hinanblicken.

Nachdem er so die aus der unermessenen Kraft des jugend=
lichen Volksgeistes frei hervorströmende Naturfülle des Epos
anschaulich und überzeugend geschildert hat, verzeichnet er in
bündiger Kürze mit scharfer Hervorhebung bedeutsamer Einzel=
heiten den gesamten Inhalt der Heldensage, wie er aus allen
diesem Kreise angehörenden Gedichten, die gleichsam als Ein
großes episches Erzeugniß gefaßt werden, zu gewinnen ist. So
erhalten wir einen Blick über die Masse der Ereignisse und
Thaten, die sich in unsrem Epos zusammendrängen, oder die
vielmehr die feste Grundlage bilden, auf welcher die epische
Welt sich auferbaut. Und wenn uns nun neben der deutschen
Gestalt der Sage auch die vielfach abweichende Form, welche
uns der skandinavische Norden überliefert, vorgehalten wird, so
erkennen wir nicht nur, wie sich der große Zusammenhang aller
germanischen Stämme auch im Epos urkundlich bezeugt; wir
begreifen ebenso deutlich, wie bei dem verschiedenen Wechsel der
Lebensbedingungen, den die einzelnen Völker erfuhren, auch
Stoff und Gehalt der Sage einer mehr oder minder durch=
greifenden äußern Veränderung und innern Umbildung sich
unterwerfen mußten.

Wie Uhland die Schilderung der Heldensage mit einem
Ueberblick des Inhalts derselben schicklich eröffnet, so schließt er
sie, nachdem Vortragsweise, Vers und Stil des epischen Liedes
in genaue Betrachtung gezogen worden, mit einer Musterung
der einzelnen Gedichte, unter welche jener reiche Gehalt sich ver=
theilt.

Im Mittelpuncte der Darstellung aber erscheint die aus=
führliche Erörterung über Ursprung und fortschreitendes Wachs=
thum des Volksepos. Ist dieses einzig und allein aus geschicht=
lichen Ueberlieferungen hervorgebildet? Besitzen wir in ihm eine
historische Urkunde, abgefaßt in deutlichen Schriftzügen, die nur
allmählich im Fortgange der Zeiten hie und da bis zum Unleser=
lichen verwischt worden? Und dürften wir hoffen, die Entstehung
des Epos zu ergründen und seine Umwandlung sichern Blickes
verfolgen zu können, wenn es nur gelänge, die Begebenheiten
ausfindig zu machen, deren verdunkelte Erinnerung uns hier
aufbewahrt ist? — Oder war die epische Dichtung nur ein
Ausfluß des religiösen Glaubens unsrer Vorfahren? Sind
hier nur Anschauungen niedergelegt, die einst die deutschen
Stämme über Wesen, Thun und Schicksal der Gottheit und der
Götter hegten und die in ihrem frommen Sinne festgewurzelt waren?
Und kämen wir dem Werden des Epos auf die Spur, wenn
wir vermöchten, die Götter, die einst ausschließend in der
epischen Welt geschaltet, unter der später ihnen aufgezwungenen
Heldenmaske wiederzuerkennen? — Auf diese Fragen giebt Uhland
eine ebenso gründliche wie behutsam abwägende Antwort. Er
sammelt aus dem Ganzen unsrer Heldensage die geschichtlichen
Bestandtheile, die in den weiten, dehnbaren Kreis des Epos
eingedrungen sind und die noch unter der dichterischen Umhüllung
sich erkennen lassen. Mit gleicher Ausführlichkeit legt er die
ebenfalls unverkennbaren mythischen Elemente dar, die sich mit
der lebendigen Ueberlieferung so innig verschmolzen haben.
Das geschichtliche wird, indem es auf das epische Gebiet hin=
übertritt, dichterisch vergeistigt; die dem gläubigen Sinne ent=

sprungenen Anschauungen werden im Epos sinnlich gestaltet. Geschichtliche und religiöse Ueberlieferungen treffen hier nothwendig zusammen, weil ja das Volk in dem Epos, das es aus seinem Innern heraus gestaltet, sein ganzes, noch ungetrenntes Dasein wie in einem Spiegelbilde auffaßt. Wie dürften nun aus dem Umkreise dieses Daseins Geschichte und Glaube, diese mächtigen unmittelbaren Aeußerungen des Volkslebens, ausgeschlossen sein? Aber in Historie und Mythus geht die epische Dichtung so wenig auf, wie sie aus einem von beiden allein hervorgegangen ist. Ein Drittes muß hinzutreten, wenn sie in völliger Gesundheit zu dauernder Lebensfähigkeit erblühen soll: die Kraft der ethischen Eigenthümlichkeit, die durch das Volk waltet, die gleichsam im innersten Kerne seines Daseins beschlossen und behütet ist und im Epos durch unvergängliche Gebilde zur Erscheinung kommt.

Bei der Betrachtung und Entwicklung des Ethischen, wie es unsre Heldensage durchdringt, verweilt Uhland am längsten und offenbar am liebsten. Hier wird man auch seine Darstellung am ergiebigsten und anziehendsten finden. Er weist die Grundverhältnisse nach, welche das germanische Leben in Staat und Familie bedingten. Gerade in der Zeit, in welcher das Epos am reichsten mit geschichtlichen Bestandtheilen versetzt worden, behaupteten diese Verhältnisse noch ihre volle Macht über das Gesamtdasein des Volkes. Von dem ethischen Gehalte, den sie in sich bargen, ist daher unser Heldengesang erfüllt. Als besonders wichtig für die Erkenntniß der Zustände, die im Epos zu dichterischer Verklärung gelangen, schildert Uhland das Wesen der Gesellschaften, in welchen vorzüglich sich die Treue bewährt, „der Grundtrieb des germanischen Lebens und darum auch die Seele dieser Lieder". Er läßt uns begreifen, wie aus dem Heldenthum das tönende, gestaltenreiche Heldenlied hervorsteigt. Wie aber die einzelnen Erscheinungen des germanischen Heldenlebens sich in der Dichtung ausgeprägt haben, das wird uns bis zur klarsten Anschaulichkeit verdeutlicht, wenn er die

Gestaltenreihe, wie sie durch diese Lieder sich hindurchbewegt, mit sicherer Hand uns vorführt. Jede dieser Gestalten ist gleichsam ein redendes Zeugniß für die sittlichen Zustände, für die Lebensverhältnisse, aus denen allein sie sich herausbilden konnte — denn die lebendige Wirklichkeit war damals der Grund und die Quelle aller Poesie; — jede dieser Gestalten ist aber auch ein mit selbständigem Dasein ausgerüstetes, dichterisch beseeltes Wesen, hervorgegangen aus dem schaffenden Volksgeiste jener Jugendzeit, da alle geistigen Fähigkeiten des Volkes noch unter Botmäßigkeit der dichtenden Einbildungskraft standen und von der Poesie regiert und bestimmt wurden. —

Die Könige und die Meister, die Recken und die Heer= gesellen, Heldenmänner und Heldenfrauen, ja selbst die Waffen und Rosse, die den Reisigen, der damals noch einer „wandelnden Burg“ zu vergleichen war, in die sturmharte Kampfesnoth geleiteten, — sie alle werden hier mit den sinnlich=kräftigen Zügen geschildert, die durch die gesamten Dichtungen des großen deutschen Sagenkreises verstreut sind. Die dem germanischen Stammescharakter eingeborenen Eigenheiten und Eigenschaften werden hier in den verschiedensten Formen, unter vielfach wechselnder Beleuchtung sichtbar. Heldenzorn und Heldenscherz, Treue bis in den Tod und unauslöschliche Rachbegier, die aus der Wurzel der Treue selbst furchtbar emporwächst, heimlich tückischer Verrath und flammengleich ausbrechende Kampfeswuth, die sonnige Lebensfreude, die sich über eine thatenerfüllte Welt breitet, und das Grauen des Unterganges, in den die strahlende Herrlichkeit versinkt, — alles, was in unserm Epos mit gigantischer Kraft uns schreckend ergreift oder mit linderer Gewalt rührend bewegt, alles wird uns begreiflich, ja vertraut, wenn wir den Gestalten, wie des Dichters Hand sie hier nach= zeichnet, recht tief ins Innere blicken. Denn allerdings hat der Dichter, welcher das nur ihm offenbare Geheimniß der sinnlich lebendigen Darstellung durchschaut, hier überall dem Auge des Forschers die Richtung gegeben und auf jeden leisen,

halb verborgenen Zug hingewiesen. Mag auch der grimme
Hagen oder Rüdiger, der Vater aller Tugenden, der heiter
kräftige Spielmann oder Kriemhildens lieblich hehres Wunder=
bild — mögen sie vor unsrer Phantasie ein noch so bestimmtes
Leben gewonnen haben: so wie Uhland sie uns hier zeigt,
scheinen sie uns ihr inneres Sein doch noch deutlicher zu offen=
baren. Wir bewundern vor allem die ungestörte, bis in die
kleinsten Einzelheiten bewahrte Folgerichtigkeit, mit welcher der
Dichtersinn diese Gestalten, gleich als seien es Erzeugnisse der
gesetzmäßig schaffenden Natur, ausgebildet hat. Und wie kräftig
und eindringlich sprechen sich die Gegensätze in Gesinnungen
und Charakteren aus! Man blicke auf Wolfhart, in dem noch die
alte Berserkerwuth nachtobt, und dann auf Rüdiger, über den
schon der mildere Glanz christlicher Sitte zu streifen scheint,
obgleich in seinem reinen Gemüthe nur die Urtugend der
Germanen ihren festen Sitz aufgeschlagen hat.

Aber keineswegs läßt Uhland durch diese den einzelnen
Erscheinungen liebevoll gewidmete Betrachtung seinen Blick von
dem Ganzen des Epos abziehen. Er deutet mit Nachdruck auf
den Geist, der dies Ganze belebt und in allen Theilen desselben
sich spüren läßt. Zwar darf er dem Christenthum einen Ein=
fluß auf die Sänftigung der Charaktere, auf die Milderung
und Umbildung der Motive nicht aberkennen, doch sieht er vor=
nehmlich germanische Eigenart noch unverletzt durch diese
Dichtungen walten. Von den beiden Sagenkreisen, die in
unserm Epos zusammentreffen, dem gothischen und dem
fränkisch=burgundischen, bringt ihm jener mehr die Macht der
Treue, dieser vorwiegend die zerstörende Untreue zur Erscheinung.
Eine „Rose der Treue" ist ihm unser Heldenlied. Aus dem
Bereiche der Dichtung wendet er gern den Blick hinaus auf
das Leben des Volks, das ihm die Dichtung, mit der es so
eng verwachsen ist, erst erläutert und beglaubigt. Man sieht, hinter
dem deutschen Volksepos steht immer das Volk selbst, zu dem er von
der Betrachtung der Poesie mit stets gleicher Liebe zurückkehrt.

Noch näher und inniger zeigt sich sein Verhältniß zum Volk, zu dessen Leben und Sitte, wenn er über Geschichte und Wesen der deutschen Lyrik spricht. Die Kunstlyrik des Mittelalters hat ihn, nachdem er ihren Meister Walther von der Vogelweide einzeln herausgehoben, zu einer umfassenden Darstellung angeregt. Wie weit auch die Wissenschaft den Standpunct hinter sich gelassen hat, den sie damals einnahm, als Uhland seine Abhandlung über den Minnesang (1823) verfaßte, und obgleich manche Erscheinung dieses Kunstgebiets, wie z. B. Neidharts Dichtweise, zu jener Zeit noch nicht im rechten Lichte gesehen werden konnte, so ist doch selbst jetzt noch keine Schrift zu nennen, die demjenigen, welcher Form und Wesen unsrer alten Lyrik erfassen will, eine zuverlässige Belehrung in so gefälliger Art darböte. Die hervorstechendsten Züge, welche der Minnesang aufweist, werden ungezwungen aus dem Leben des Ritterstandes abgeleitet, die feststehende Form, in welche die künstlerische Manigfaltigkeit sich fügte, wird in ihrer vollen Bedeutung erkannt und dargelegt; sorgfältig bemerkt werden die aus dem Wechsel der Zeiten und Zustände, wie aus der Sinnesart der einzelnen Dichter entspringenden Verschiedenheiten in dieser anscheinend so gleichförmigen Kunstübung; und obgleich Uhland nicht verschweigt, daß diese Poesie in einen unversöhnlichen Gegensatz zu natürlicher Einfachheit und unverkünstelter Sitte gerathen mußte, so weidet er sich doch mit ungestörtem Wohlgefallen an jedwedem lieblichen, das der Minnesang bietet, der etwas von seinem eignen Frühlingsreize dieser anmuthig bewegten Darstellung mitzutheilen scheint. Mit Vorliebe richtet sich die forschende Aufmerksamkeit dahin, wo eine Berührung zwischen dem lebendigen Volksgesang und dem nach künstlerischer Satzung ausgebildeten Liede wahrzunehmen ist. Zur volksmäßigen Lyrik fühlte sich des Dichters Gemüth am mächtigsten hingezogen, die voll entfaltete Blüthe seiner Forschung reicht er uns in seinen Abhandlungen über das Volkslied.

Die Arbeit am Volkslied war gleichsam ein von der

Romantik ihm überkommenes Erbe. Arnim und Brentano hatten, mehr zur Belebung und Verbreitung eines für volksthümliche Dichtung empfänglichen Sinnes als zur Förderung streng wissenschaftlicher Zwecke, den Liederschatz ihres Wunderhorns gesammelt und wohl auch gelegentlich selbst zubereitet. Uhland durfte das Musterwerk seiner Sammlung nur nach den strengsten wissenschaftlichen Grundsätzen anlegen und ausführen, ohne jedoch das dichterische Interesse zurücktreten zu lassen. Wie kräftig aber bei Auswahl und Anordnung des Stoffes der lebendige Dichtersinn den prüfenden Forschergeist unterstützt hat, das vermögen wir im ganzen Umfang erst jetzt zu erkennen, nachdem uns endlich die Untersuchungen vorgelegt sind, die ursprünglich der Sammlung zum schönen fast unentbehrlichen Geleite dienen sollten.

Freilich haben wir auch jetzt nur ein Bruchstück vor uns. Acht Abhandlungen sollte das Werk über die Volkslieder um=fassen, nur vier sind vollständig ausgearbeitet; aber jede dieser Abhandlungen bildet ein herrliches Ganzes. Die erste „Sommer und Winter" läßt uns in die Natursymbolik des germanischen Alterthums zurückblicken, die „Fabellieder" führen uns in die Tiefe des grünen Waldes, wo so seltsame Wunder kund werden an allerlei Thieren, die dem Menschengeschlecht noch nicht gänz=lich entfremdet sind; die „Welt= und Wunschlieder" gehören dem regen gesellschaftlichen Leben an, in dem Heiterkeit und erfinderischer Witz, Spott und phantastischer Uebermuth in derben und lieblichen Tönen sich äußern müssen; die „Liebes=lieder" endlich verkündigen oft mit schüchternen Klängen, das Geheimniß des in Wonne, Sehnsucht und Schmerz rastlos bewegten Herzens.

Einer dreifachen Betrachtung unterwirft Uhland das Volks=lied. Er schildert dessen Zusammenhang mit unsrer alten einheimischen Dichtung; es ergiebt sich, daß fast jede Gattung unsrer volksmäßigen Lyrik einer in unsrer ältern Poesie gültigen Form entspricht, und daß der oft unscheinbare Inhalt

unsrer Lieder weit zurückdeutet auf uralte dichterische An=
schauungen und sagenhafte Ueberlieferungen. Ferner spürt Uhland
die Beziehungen unsres Volksgesangs zu dem der andern
Nationen auf; und mit Trost und Erhebung vernehmen wir
den unzerstörbaren Einklang, in dem die angebornen Empfindungen
aller Völker zusammenstimmen und der aus den schlichten
Herzensworten ihrer Lieder uns noch jetzt so rührend anspricht.
Endlich ergründet der Meister das Verhältniß des Volksliedes
zu dem Leben und der Sitte des Volkes, in dessen Mitte es
erklingt.

Bei dieser letztern Betrachtung bewährt sich wieder auf
das vollkommenste die Einheit des Forschers und Dichters. Von
jeher hatte Uhland die Neigung gehegt, über die im Wort ge=
faßte und aufbewahrte Dichtung zurückzugreifen auf die aller
Litteratur voranliegende Urpoesie, die noch in dem Volksleben
innigst versenkt und verschlungen ist. Diese für das Dichter=
gemüth so bezeichnende Neigung mußte ihm hier vorzüglich zu
statten kommen. Denn nur in Bruchstücken, in zersprengten
Theilen ist uns das Volkslied erhalten; soll es für unsere An=
schauung und Empfindung ergänzt werden, so müssen wir es,
wie in seine Heimath, in die Zeit zurückgeleiten, da noch das
Leben durchdrungen war von jener Urpoesie, deren Anhauch
allein das erstarrte oder geschädigte Wort beleben und herstellen
kann. Hier muß sich der ahnende Dichtersinn bethätigen; hier
muß der Forscher die Hülfe der Phantasie anrufen, nicht der
zügellos nach Willkür sich regenden, sondern der gesetzmäßig
wirkenden, durch das der Betrachtung dargebotene Object be=
stimmten und geleiteten Phantasie.

Und so läßt denn Uhland in köstlichen Schilderungen das
Leben vor uns aufblühen, aus dem wie eine nothwendige
Geburt das Volkslied hervorsprang. Die lachende, leuchtende
Frühlingswelt wird vor uns ausgebreitet, wo alles klingt und
duftet. Wir können es mitempfinden, wie beim Auferstehen
des Lenzes die durch den Winter zurückgehaltene Tanz= und

Sangesfreude sich neu belebt, wie das Gefühl, das aus dem Herzen wechselnd hervorsteigt, einstimmt in das Leben, das in endloser Manigfaltigkeit und doch beherrscht durch ewig gleiche Gesetze die Natur durchdringt. Dem Ton, der aus der Kehle der Nachtigall schallt, muß das Lied antworten, das aus bewegter Menschenbrust herausklingt. In dem Gefühl von der Zusammenstimmung der Natur und des Menschenlebens, in diesem allumfassenden Gefühl lebt und webt das deutsche Volkslied. Es scheint gleichsam eine brüderliche Einheit zwischen allen geschaffenen herzustellen. Die laute Freude des Menschenherzens findet ihren Widerhall in dem aufrauschenden Jubel alles lebendigen, und ein Mitgefühl mit den Leiden des bedrängten Sterblichen durchzittert alle Creatur. Mit zartem und beweglichem Sinn, mit dem Vermögen jener durch liebevolle Empfindung noch geschärften Wahrnehmung, welcher auch der leiseste Laut nicht entschlüpfen kann, versenkt sich Uhland in die dichtende Volksseele, deren inneres Leben sich in die umgebende Natur ergießt. Wie sehr auch die Mühe einer nach so verschiedenen Richtungen hin sich erstreckenden Untersuchung seinen Geist in Anspruch nehmen mag, stets bleibt ihm das lebendige Gefühl, wie er es selbst einmal nennt, „für die feinere Seele im Volk". Und wenn wir uns hier überall des so glücklich vollzogenen Bündnisses zwischen Poesie und Wissenschaft erfreuen, so mag uns zugleich jedes Wort hier bezeugen, daß der Forscher Uhland sich dem Herzen seines Volkes so innig nahe fühlte wie der Dichter.

Es ist ein auszeichnender Vorzug der größten unsrer Poeten, daß neben der dichterischen auch die Muse der Wissenschaft sich gern zu ihnen gesellte. Auch Uhland wird vor unsrem Auge fortan in diesem herrlichen Doppelgeleite erscheinen. Wer mit der Muse seiner Dichtung vertraut ist, wird in der wissenschaftlichen, die ihm ausharrend zur Seite blieb, deren Schwester nicht verkennen. Zwar sind ihre Züge ernster, gehaltener ihr Gang, bedächtiger ihre Geberde. Aber

auch ihrer Erscheinung fehlt nicht die gewinnende Anmuth, mild=
kräftig ertönt ihr Wort, und wie von verklärenden Strahlen
erglänzt ihr Antlitz, wenn sie von der durch alle Jahrhunderte
bezeugten Geistesherrlichkeit des deutschen Volkes redet, während
vor ihrem Blicke die weiten Gefilde der Vorzeit sich erhellen. —

Dem kunstbegabten Poeten, dem das reiche, in der Dich=
tung wundersam geborgene Volks= und Seelenleben sich willig
erschließt, und der sein Wort mit lebendigem Reiz zu schmücken
vermag, — ihm kann mit Erfolg nur derjenige nachstreben, dem
ähnliche Gaben beschieden worden; was aber den Forscher
Uhland auszeichnet, das können wir alle uns aneignen und
bewahren: gewissenhafte Treue, selbstverleugnende Hingebung,
unbeugsamen Wahrheitssinn.

Rede auf Scheffel.
(1892.)

Von dem Denkmal, das wir dem Dichter aufgerichtet, soll bald nun die Hülle sinken. Er, in allen Gauen Deutschlands heimisch und geliebt, wird wie zu einem neuen, dauernden, vergeistigten Dasein von seinen Volksgenossen in den Umkreis der Vaterstadt zurückgeführt. Das Antlitz, dem die sicher bildende Künstlerhand die sprechenden Züge des Lebens aufgeprägt, wird von den Lüften der Heimath umspielt, der Heimath, die ihm den nahrungsprossenden Boden für das kraftvolle Gedeihen seiner Dichtung gewährte. Und wie das Haupt, auf dem freudig stolz und wehmuthsvoll unsre Blicke weilen, von freier lichter Anhöhe sich emporhebt, so fällt alles von ihm ab, was der irdischen Erscheinung anhaftete, und ledig wird er alles dessen, was dem Bereiche des vergänglichen entstammt. In der ursprünglichen ungebrochenen Tüchtigkeit seines Wesens steht er vor uns da. Nicht mit anmaßlichem Urtheilsspruch sollen wir hier die Grenzen festsetzen, die seinem Streben und Können gezogen waren; nicht wollen wir erörtern, wie innere Erlebnisse, wie äußere Ereignisse sein Schaffen bedingten, seinen künstlerischen Drang erregten, leiteten oder beschränkten; nein, vergegenwärtigen wollen wir uns ihn, wie er, dem wandelbaren Erdendasein enthoben, in gefesteter Gestalt der Nachwelt sich zeigt.

Aber hat denn auch wirklich für ihn die Nachwelt schon begonnen? Die meisten derer, die sich vereinigen, ihn zu feiern, fühlen sie sich ihm gegenüber nicht als Mitlebende?

Noch klingt ihnen seine markig eindringliche Stimme, noch ist ihnen der Blick vertraut, in dem bald die Herzlichkeit warmen Mitempfindens sich kundgab, aus dem bald die Schalkheit geist= reich keck hervorbrach; noch erneuert sich ihnen der Eindruck seines Gesprächs, das durch sein anschauliches Wort sich so eigenartig belebte; sie glauben noch seine gemüthvolle Erzäh= lung zu vernehmen, die sich unwillkürlich zu einer fast dich= terischen Darstellung umbildete, in der sich der Urheber des Ekkehard, der Sänger des Gaudeamus nicht verleugnete, und in der, wie in seinen Werken, die Gegensätze von Scherz und Ernst leicht in einander überspielten, so daß man auch hier un= mittelbar die Wahrheit des Ausspruchs erkannte, mit dem er die einheitliche Doppelnatur seiner Poesie bezeichnete: seine Komik sei nur die umgekehrte Form der innern Melancholie.

Und wie manche unter denen, die sein Andenken werth und theuer halten, können ganz eigentlich als seine Lebensgenossen gelten, denen noch in lebendiger Erinnerung vorschwebt, wie er seinen Erdengang durchmaß. Sie sehen ihn als den durch vielerlei Preise ausgezeichneten Schüler des vaterstädtischen Gymnasiums, das schon damals der Pflege der edelsten Studien sich erfolgreich befliß; unter seinen Kameraden that er sich als der erste hervor. Schon regt sich in ihm der dichterische Geist, der, wie er in kindlicher Zärtlichkeit behauptete, ihm von der poetisch gestimmten und befähigten Mutter als köstlichstes Gut angeerbt war; doch übermächtiger noch als das dichterische Streben beherrscht ihn der Hang zur bildenden Kunst. In= beß weder der Dichtung noch der Malerei darf er sich zu eigen geben. Mit jenem Pflichtgefühl, das er als einen der Grund= züge seines Wesens festhielt und das er später auch den höhern Aufgaben der dichterischen Kunst gegenüber bewährte, fügt er sich dem väterlichen Willen: der zur Kunst berufene ergiebt sich den strengen Meistern des römischen Rechts. Aber weder Gaius noch Ulpianus und am wenigsten der Kaiser Justinianus können den Muth ihm wirren oder den Dämon der Poesie bannen. So sieht ihn München, Heidelberg, Berlin und dann wiederum das theure Heidelberg als heitern und erheiternden Studenten. Doch darf man aus manchen frisch übermüthigen Aeußerungen eines Welt-, Kunst- und Natur-frohen Jugendsinnes keineswegs schließen, daß er einer allzu leichten Auffassung des Lebens und der Lebensforderungen sich zugeneigt. Gerade seine jugendlichen Verehrer, denen sein Lied immer von neuem die Lust am Dasein weckt und stärkt, gerade sie mögen erwägen, daß, wenn der widerwillige Jurist gleich seinem Jung-Werner in gewissem Sinne sich hernach seines corpus iuris entäußerte, er diesen immerhin bedenklichen Schritt doch dann erst wagte, nachdem er es gründlich durchstudirt hatte.

Gestützt auf die Ergebnisse dieser Studien, macht er sich eben bereit, den ordnungsgemäßen Weg des nach höherer Stellung strebenden Staatsdieners anzutreten, da findet sich der dreiundzwanzigjährige einem unterwühlten, im tiefsten Innern erschütterten Staats- und Gesellschaftsleben gegenüber. Bei dem Zusammenbruch alt überlieferter Zustände blieb er kein theilnahmloser Zuschauer. Durch die Stürme, die mit mächtigen Schwingen über die Völker Europas, die auch über unser Vaterland einherfuhren, ließ er sich nicht blindlings in das wogende Getriebe der Zeit fortreißen. Was er beobachtete, was er erlebte, konnte die Unbefangenheit seiner Anschauungen nicht beeinträchtigen; sicherlich ging er aus diesen Bewegungen mit neu bestärktem vaterländischem Sinne hervor. Unmuths- und hoffnungsvoll zugleich, hie und da von einem Gefühl der Bitterkeit übermannt, blickte er hinaus in eine Zeit, da unser Deutschland durch eiserne That wieder jung werden sollte.

Inzwischen, während die vaterländischen Geschicke noch im ungewissen schwankten, sollte sein Geschick sich glückverheißend entscheiden. Die Muse, die sich einmal ihn erkoren, gesellte sich eben dann zu ihm, als die Schranke der Wirklichkeit sich trennend zwischen ihm und ihr zu erheben drohte. Eben der Ort, wo der Meister Josephus vom dürren Ast als armer Schreiber

— so nennt er sich wohl selbst — gewissenhaft seines ersten bescheidenen Amtes im Dienste des Staates waltete, eben dieser Ort ward ihm, wie durch die Einwirkung des heiligen Fridolinus, die geweihte Stätte, auf der ihm wie von selbst der Stoff der ersten Dichtung entgegenwuchs, durch die er alsbald so vieler Menschen Herzen gewinnen sollte.

Wie überall, wohin er sein Auge wandte, das gering= fügige Bedeutung erhielt, das unscheinbare bezeichnende Gestalt annahm, — wie er aller Orten sichern Schrittes den Spuren nachging, die aus einer mehr oder minder verbildeten Gegen= wart in die Fülle des freien und doch gesetzmäßigen Natur= lebens, in die lebendige Wahrheit der Geschichte zurückleiteten, das bewiesen seine Säckinger Briefe, die Schilderung des Hauen= steiner Schwarzwaldes und jene Berichte aus den rhätischen Alpen, zu deren Abfassung er sich mit Ludwig Häusser ver= einigte — wie gern ergreift man jeden Anlaß, des theuren Namens zu gedenken! — Während er aber so schon halb un= bewußt von der Vorahnung seines ersten großen Gedichtes um= fangen war, schien die bildende Kunst ihn endgültig für sich gewinnen zu wollen. Aus den bedrängenden Zweifeln, mit denen der Widerstreit der beiden Künste in seinem Innern ihn peinigte, konnte er nur durch eigne künstlerisch erlösende That befreit werden. War er ins Land Italia gepilgert, um dort unter der Führung deutscher Meister mit hingebendem strengem Fleiß sich die technischen Mittel der malerischen Darstellung zu erringen, so ward ihm dort, wie in plötzlich aufstrahlender Um= leuchtung, das Ziel deutlich erkennbar, dem sein künstlerisches Sinnen und Trachten in Wahrheit zustrebte. Als er in froher Frühlings=Ahnung auf Capris Klippen den Sang von der stillen Schwarzwald=Lieb' anstimmte, als er mit dem beginnenden Mai 1853 das Lied von Werner und Margaretha vollendet hatte, da wichen alle Zweifel: er wußte nun, welche holdselige Kunst fortan als leitendes Gestirn über ihm und seinem Leben walten sollte.

Das Bündniß mit der Dichtung, das in der Fremde so schön besiegelt worden, konnte nun in der Heimath sich nicht mehr lockern. Mochte er in die Vorbereitungen zu einer rechts= geschichtlichen Abhandlung sich vertiefen, durch die er den Zu= gang zur akademischen Lehrthätigkeit sich eröffnen wollte, — umsonst! er ward in andre Tiefen gezogen, zu andern Höhen hinangeführt. Indem er den Rechtszuständen der Vergangen= heit nachforschte, gewann der Gesamtgeist der Vergangenheit Macht über ihn; oder vielmehr, er befreundete sich in innigem Einverständniß mit dem Geiste, der einst den vielgestaltigen Lebensreichthum entschwundener Menschenalter erzeugt. Wie unter der Leitung dieses Geistes fügten sich im Ekkehard die Einzelerscheinungen zu einem mit künstlerischer Weisheit ge= ordneten Ganzen zusammen, ein Zeitenbild, in festen, wenn auch nicht eng umschließenden Rahmen gefaßt: das Leben des zehnten Jahrhunderts scheint sich dem neunzehnten zu offenbaren.

So früh — der Dichter stand noch vor seinem dreißigsten Jahre — war so hohes erreicht worden. Sein Schaffen auf solcher Höhe zu erhalten, empfand er als Verpflichtung gegen sich und seine Kunst. Wenn er abermals Italien durchwandert, wenn er auf südfranzösischem Boden das Wehen des Petrarca'schen Dichtergeistes empfindet — es sei an die belebte Schilderung des in Vaucluse verbrachten Tages erinnert! — wenn er vater= ländische Fluren durchstreift, oder wenn er im Verkehr mit edel strebenden Künstlern den Sinn erfrischt und das Auge stärkt, immer begleiten ihn die vorwärtstreibenden Gedanken an vielumfassende Entwürfe, in deren Ausführung er von neuem die Fähigkeit hätte bewähren müssen, die Gestalten und Zustände versunkener Zeitalter, in denen das Leben der Mensch= heit in folgenreicher Entfaltung sich machtvoll ausgebreitet, durch dichterische That ans Licht der Gegenwart heranzuheben. Da ward das nächste in das entlegenste verwebt. Der Schmerz um die eben entrissene herrliche, auch künstlerisch ver= wandte Schwester kam in dem düster ergreifenden Bilde des

Hugideo zum Ausdruck, das uns noch um ein halb Jahrtausend hinter den Ekkehard zurückversetzt. Dann wird er heimgesucht von der Ueberfülle der Erscheinungen, die aus dem Bereiche des zwölften und dreizehnten Jahrhunderts auf ihn eindrangen, und die, wie um einen hochragenden Sitz, um die Wartburg sich sammeln sollten. Sie umschwärmen ihn, sie bringen ihm geheimnißvolle Mären, wohl auch verwirrende Kunde zu, selbst während er in der fürstlichen Bibliothek zu Donaueschingen jenes Verzeichniß der altdeutschen Handschriften herstellt, das allein schon, gleich einem ehrenden Zeugniß, uns die Reise seines Wissens wie seine wissenschaftliche Sorgfalt verbürgen könnte. Innerhalb welcher weitgeschwungenen Umrisse sich das prosaische Wartburg= Gedicht ausgestalten sollte, — eine Vorstellung davon mag der Juniperus in uns wachrufen. Die Kleinodien erlesener Lyrik, welche die schmuckreiche Ausstattung der geschichtlich dichterischen Darstellung bilden sollten, hat uns Frau Aventiure glücklich aufbehalten. Die tiefen Töne dieser Lieder erfassen das Gemüth mit um so größerer Macht, wenn wir bedenken, daß sie dem= selben Dichtermund entschweben, der alle Höhen und Abgründe der bis ins gigantische anwachsenden germanischen Zecherwonnen so hinreißend überzeugungsvoll zu besingen wußte. Wohl darf man dem Dichter die Klage darüber nicht verargen, daß man über jenen Liedern, welche den allersonnigsten Sonnenschein über ein genußfrohes Leben zu breiten scheinen, nur allzu leicht solcher melodisch gedämpften Schmerzenslaute vergißt, wie sie auch seiner Brust entsteigen, wenn des Daseins unentwirrbares Geheimniß ihn anstarrt, wenn der Blick der Geliebten ihm er= löschen will:

> Nur wer sehnend in der Sonne
> Untergehnde Gluthen späht,
> Kennt die schmerzensbittre Wonne,
> Die aus solchem Blick erweht.
> War Dich finden, Dich verlieren
> Nicht wie kurzer Sonnenkuß?

Auch Dein Scheiden glich dem ihren,
Denn sie scheidet, weil sie muß. — —
Läutet, Glocken, dumpfen Schalles
Einem armen Mann zu Grab:
Hier war's, o mein Eins und Alles,
Wo ich Dich verloren hab'!

So, nachdem er in abgeklärter Form seinem Volke sein Bestes dargegeben, sammelten sich aus den Kreisen der Nation und über die Grenzen Deutschlands hinaus in immer fester geschlossenen Massen die Scharen derer, die seiner tiefernsten Dichterrede hingegeben lauschten, die an seinen heitersten Sängen zur Lebensfreude sich begeisterten. Lagerte sich auch umschattendes Dunkel über so manche seiner Tage, so blieb doch an jener Lebensfreude, die er so vielen schuf, ihm selbst ein reiches Maß gesichert. Und mußte er, der dem Leben des alten Deutschlands mit der Liebe des Künstlers so emsig nachgespürt, mußte er es nicht mit innerer Erhebung wahrnehmen und mit lautem Freudenruf begrüßen, als die vaterländischen Geschicke sich endlich glorreich erfüllten und auch so mancher seiner Jugendhoffnungen die unerwartete Erfüllung brachten? Und vernahm er in dem Zujauchzen der Jugend nicht den weithin fortgesetzten Widerhall seiner eignen Jugendlust?

In seiner wahrhaft männlichen Bescheidenheit — gewiß blieb ihm jede Selbstüberschätzung fremd — hätte er sich dem geräuschvollen Andringen der Bewunderer hie und da wohl lieber entzogen; doch durfte er mit heiterer Befriedigung die gehäufte Ehrenlast tragen. In wie liebevoller Erinnerung hegen alle, die sich in den letzten Jahren ihm nähern konnten, das Bild des ehrenfesten deutschen Mannes, der auf dem Stück heimischer Erde, das er freudig sein eigen nannte, wirthlich waltete. Hartnäckig, aber niemals böswillig, hielt er fest an dem, was er einmal als recht erkannt hatte. Vertraut mit den alt hergebrachten Lebenszuständen des Volkes, verschmähte er den Prunk, verachtete er die Ziererei. Er selbst, ein aus-

dauernd treuer Freund, erfuhr sein ganzes Leben hindurch
an edlen Freunden die deutsche Mannestreue. Und dankbar
empfanden und empfinden wir mit ihm, daß sein Dichterleben
gehoben und durchleuchtet ward von der Huld des hochsinnigsten
und geliebtesten Fürstenpaares, das durch seine Anerkennung
allein dem wahren Verdienste die schönste der Kronen reicht.

Können wir aber den Dichter vor unser geistiges Auge
rufen, ohne daß unwillkürlich die Gestalten um ihn sich sammeln,
die seine Künstlerhand geformt, denen sein Geist ein selbständiges
Leben eingehaucht? Selbständig überdauern sie ihn, wie gänz=
lich losgelöst vom Dasein ihres Urhebers; und doch untrennbar
bleiben sie ihm vereint. Ihn schauen wir in diesen Gestalten;
in ihnen thut sein eigentliches Wesen sich uns auf. Der Reich=
thum seines innern Lebens ist in sie hinübergeströmt; sie
tragen in sich, was er sann und schaute. Welche eindrucks=
vollere und des Dichters würdigere Feier könnten wir erdenken,
als wenn wir, statt über ihn zu reden, — immer ein gewagtes
Unterfangen! denn das Grundgeheimniß alles Dichtens bleibt
unausdeutbar — welche schicklichere Feier also könnten wir ihm
bereiten, als wenn wir ihn selbst durch die Gestalten, mit denen
er seine Dichtungswelt bevölkerte, zu uns reden ließen. Ganz
anders als wir es vermöchten, würden sie, jedes in seiner
Sprache, das Lob ihres Schöpfers und Bildners anstönen.
Werner und Margaretha, Hadwig, Ekkehard und Praxedis mit ihrer
ganzen höfischen und klösterlichen, kriegerischen und bürgerlichen
Umgebung, das aus lieblich kindlicher Befangenheit zum Leben
und zur thätigen Liebe aufblühende Paar Audifax und Hadumoth,
Juniperus und Rothtraut von Almißhofen, und jenes in an=
tifer Marmorschönheit leuchtende Schwesterbild Benigna Serena
— und dann jene andere Reihe, aus der neben dem Mönch
von Banth und den fahrenden Leuten Reinmar, Wolfram und
Heinrich von Ofterdingen hervorragen. — Aber wundersam!
während vor dem musternden Blicke diese Gestalten wie im an=
muthigen Reigen daherziehen, überkommt uns die Betrachtung:

sie alle entstammen der Vergangenheit. Was haben sie der Gegenwart zu künden? Wie gelang es ihnen, sich so innig einzuleben in die Anschauungen, in die Gefühlswelt dieser Gegenwart, die in der Kunst nur ihr eigenes Abbild sucht, die in allen Bezirken der Kunst nur sich selbst wiederfinden will?

Den Poeten bindet keine Zeit. Im freien Fluge über=schwebt er mit seinem Geiste die Weltalter. Durch allen Wandel der Zeiten hindurch vernimmt er die ewig lebendigen Stimmen der Menschheit, und wo sie mit lieblicher Gewalt verheißungsvoll ihn locken, da, wie in einer neu gefundenen Heimath, läßt er sich nieder. Wie mit seinem Eigenthum schaltet er mit dem Vorrath der Geistesschätze, die frühere Menschengeschlechter gesammelt: da bietet sich ihm der gefügige Stoff, aus dem er seine Schöpfungen erstehen läßt.

Aber der Dichter ist auch der Sohn seiner Zeit. Aus ihrem gesamten Sein heraus schafft er; zu ihr allererst muß er reden, und sollte sie auch nicht gleich ihn zu fassen vermögen. Sind es nicht eben die größten, deren Wort nie veraltet, deren Einwirkung auf die Menschheit durch keine Grenze von Zeit und Ort beschränkt erscheint, — Geister wie Aeschylos, Dante, Cervantes und wer noch gleichberechtigt ihnen zur Seite tritt, sind sie nicht auch die ewig redenden Zeugen ihrer Zeit, deren lebevollste Verkörperung sie uns in ihren Werken bieten? Dieser Zeit, aus der sie hervorgegangen, angehörig und nur durch sie verständlich, greifen sie hinaus ins künftige, wenden sie sich rückwärts ins vergangene. Die Menschheit steht vor ihnen wie ein großes, nur scheinbar in sich geschiedenes Wesen, dessen Gesamtdasein sie mit allumfassender Empfänglichkeit durchleben. Die innere Einheit alles menschlich Gewordenen stellt sich vor ihrer Einbildungskraft her. Der Dichter, sagt uns ein großer Poet, lebt den Traum des Lebens als ein Wachender, und das seltenste, was geschieht, ist ihm zugleich Vergangenheit und Zukunft. So bewährt er sich als der aus=söhnende Vermittler der Zeiten. Und war nicht vornehmlich

der Dichter des Ekkehard zu einem solchen Vermittleramt
erkoren?

Wie vieles und vielartiges muß doch zusammentreffen,
damit ein Kunstwerk von echtem Gehalt entstehe! Als im
Beginn des Jahrhunderts der Druck fremder Gewalt auf
Deutschland erniedrigend lastete und innere Spaltungen längst
die Volkskraft zersplittert hatten, da suchte der deutsche Geist in
der Erforschung des vaterländischen Alterthums das Bewußtsein
der angestammten Größe wiederzugewinnen. Das Wissen
vom deutschen Alterthum war eben zur gediegenen Wissenschaft
herangereift, als unser Dichter emporwuchs. Zwei Jahre nach
seiner Geburt traten Jakob Grimms Deutsche Rechtsalterthümer
hervor, aus denen seine Poesie hernach wahre Lebensnahrung
ziehen sollte; ein Jahr darauf folgte Wilhelm Grimms Deutsche
Heldensage. Um die Zeit, da er seine akademischen Studien
begonnen, erschien in erneuter Ausarbeitung Jakob Grimms
Deutsche Mythologie, die ihm den ahnungsvollen Natursinn der
Vorväter, wie das uralt sinnbildliche in Sitte und Brauch
deutete und ihm die religiöse Anschauungswelt der Germanen
eröffnete. In der großartigen Sammlung der Monumenta
zeigte das Mittelalter sein wahres Antlitz, das früher bis zur
Verzerrung entstellt oder von Nebeln phantastischen Wahnes
verhüllt worden.

So sprach aus unverfälschten Urkunden unmittelbar zu
ihm die Vorzeit; und neuere Forschung lichtete und erleuchtete
ihm den Pfad, auf dem er zum Anblick der Vergangenheit
vordringen wollte. Und wie versenkte er sich in diesen gleichsam
eroberten Anblick! Durchliest man die dem Ekkehard beigefügten
gelehrten Quellenangaben, so könnte man wohl irrthümlich
glauben, der Stoff hätte dem Dichter bereit vor Augen gelegen,
es hätte nur eines kecken Zugreifens bedurft, um ihn zu er=
fassen und zu bewältigen. Aber man wende sich doch einmal
selbst unmittelbar an eine der Hauptquellen, aus denen er für
seinen Ekkehard so reichlich schöpfte, an die Geschichte der

Vorfälle im Kloster St. Gallen, die casus Sancti Galli von Ekkehard IV., die in deutscher Uebertragung nun einen jeden belehren können, der vor mittelalterlichem Klosterlatein zurück= schreckt. Da wird man sich überzeugen: schon das Finden des Stoffes war eine entscheidende dichterische That. Ehe unter einer wirrevollen Masse von Einzelheiten der Forscherblick brauch= bare Bestandtheile einer dichterischen Darstellung entdecken konnte, mußte der leuchtend eindringende Dichterblick das Ganze schon ergriffen und verklärt haben. So aus innerer Noth= wendigkeit heraus schloß sich der Bund zwischen Forschung und Dichtung.

Gänzlich sondert sich der Dichter des Ekkehard von der Zunftgenossenschaft derer, die uns in graue Jahrtausende zurück zu täuschen wähnen, wenn sie die schwächlich gearteten Tages= geschöpfe, die ihrem von der Gegenwart befangenen Sinne entsprungen, mit alterthümlich fadenscheiniger Gewandung kümmerlich umhängen; und ebenso getrennt hält er sich von denen, die von der bannenden Gewalt der geschichtlichen Ueber= lieferung so unterjocht und gelähmt werden, daß sie den freien Schritt in die Gegenwart nicht mehr zurückthun können und ihnen jedes Gefühl für Forderungen und Bedürfnisse ihrer Zeit schwindet. Er vielmehr — und dabei kam ihm die juristische Schulung wohl zu statten — er sieht die Zustände der Vergangenheit in schärfster Umgrenzung; zugleich sieht er inner= halb dieser Grenzen alles in lebendiger geschmeidiger Bewegung; nichts bleibt starr; im Bereich der Vergangenheit regen und tummeln sich dieselben Lebenskräfte, die auch unsrem Dasein Schwung und Erhebung verleihen, es mit Genuß und Wonnen, mit Herzensweh und Geistesqualen überfüllen. So läßt uns der Dichter unsre Verwandtschaft mit dem gewesenen empfinden. Ihm droht nicht die Gefahr, daß die Geschichte die Poesie über= meistere. Mochte auch späterhin die allzu enge Nachbarschaft des Gelehrten und des Dichters dem Künstler zu hemmender Bedrängniß gereichen, — so lang ihm seine Vollkraft un=

geschmälert blieb, bezwang er die Geschichte, anstatt sich von ihr in Bande schlagen zu lassen: er verfügte über ihren Gehalt, als ob er ihn nicht dem Buche, als ob er ihn dem Leben entnommen. Er gleicht den Gegensatz der Jahrhunderte durch dichterische Vermittlung aus, ohne doch die schroffen Eigenthümlichkeiten der alten, längst geschwundenen, ja längst unmöglich gewordenen Zustände abzuschwächen. Das wissenschaftlich ergründete wird zum dichterisch geschauten. Versprengte Trümmer fügen sich an einander, wie zum Wiederaufbau einer alten Welt, und über ihr leuchtet eine ewig junge Sonne, welche die Menschheit, die uns hier begegnet, mit Lebenswärme und Jugendfrische durchströmt. Ja, so nahe tritt sie in Panzer oder Kutte, in höfischer Zier oder bäuerlicher Schlichtheit zu ihm heran, daß er, wie in einem mühelosen Verkehr, mit ihr umgehen mag. Da hat er Acht auf ihr Thun im großen, auf ihr Behaben im kleinen; da verräth sich ihm ihr Sinnen und Fühlen; er erlauscht die edlen Regungen wie die kleinlichen Gedanken. Muß da nicht ungerufen der sich einstellen, der im Geistesgebiete unsres Dichters sich gleichsam ein eigenes Reich gegründet hat, der Humor? Er schwebt verbindend über den Gegensätzen, lösend über den Widersprüchen, die im Menschendasein aneinanderstoßen und sich durchkreuzen. In fast unbemerkbaren Uebergängen leitet er vom würdigsten zum alltäglichen, vom Freudenjubel zur herzzerschneidenden Trauer; und indem er bezeugt, daß der feste Dichtersinn unberührt bleibt von der kränklichen Sehnsucht nach vergangenen Lebens- und Gesellschaftsformen, verbreitet er durch Darstellung und Sprache eine Würze, die den alterthümlichen Inhalt vor dem Veralten bewahrt.

Und doch — wenn auch, wie vor dem Blicke eines rückwärtsgewandten Sehers, vor dem Dichter das Bild jener fernen Menschheit in Lebensfülle und Lebensfarbe hell emporstieg, dennoch wäre es ihm kaum geglückt, diese unwiederbringlich entschwundene Welt über die Kluft der Jahrhunderte auch der empfänglichsten Einbildungskraft so deutlich entgegenzubringen, wenn er seinen Gestalten nicht in der vertraulichsten heimath= lichen Nähe den Boden bereitet hätte. Hier erkennen wir eine gewiß halb unbewußte Meisterthat des Dichters, die dadurch nichts von ihrer Bedeutung, geschweige denn von ihrer Wirkung, einbüßt, daß sie durch die Wahl des Stoffes schon gefordert ward. Was in der Zeitenferne geschah, wird uns im Raume nahe, ganz nahe gerückt. Das Thun und Dulden der längst vom Zeitenstrudel verschlungenen Menschen, ihr Ankämpfen gegen den äußern Feind und gegen den gefährlicheren, der im Innern sich aufbäumt, ihre Alltagssorgen und ihre außer= ordentlichen Wagnisse, ihr Triumphiren und Unterliegen, das alles wird angeknüpft an die vaterländischen Bezirke, die schon mit ihres Namens Klange in allen Deutschen ebenso liebliche Anschauungen wie theure Erinnerungen hervorrufen, und über die unser Auge ergetzt und entzückt hinschweift. Da liegt es vor uns hingebreitet, das schöne Stück deutscher Erde, „was dort zwischen Schwarzwald und schwäbischem Meer sich aufthut" — da wallt der See, da hebt sich der Hohentwiel — bald blinkt von ferne die Rheineswelle, bald trägt vor unsren Augen der deutsche Strom zwischen Uferfels und bebuschten Höhen seine Wogen mächtig daher. Der Säntis ragt auf neben seinen hochgipflichten Genossen — und Flur und Trift, Waldesdunkel, Ackerfeld und schattige Halde — da haben sie gehaust und gewaltet, die urväterlichen Geschlechter! Warum sollen sie nicht zurückkehren auf diesen heimischen Boden, der sich unverändert vor unsren Blicken dahinstreckt? Im hallenden Klostergang sammeln sich die Mönche, die arbeitsamen und die beschaulich stillen; die heilige Einsiedlerin psalmodiert und kasteit sich in ihrer ummauerten Zelle, die Waldfrau in ihrer steinernen Hütte am steilen Fels treibt ihr heidnisches Werk. Hadwig herrscht auf ihrer Burg, wo von den Lippen des heimlich Geliebten und unselig Liebenden die berückende Versmelodie des seelenvollsten der römischen Dichter tönt:

Infelix Dido, longumque bibebat amorem!

Zeitenferne — räumliche Nähe — aus der Verbindung beider entspringt die sinnliche Täuschung, aus der die künstlerische Wahrheit siegend hervorgeht. Da sinkt gänzlich die Scheidewand, die sonst die Menschenalter von einander abtrennt. Folgte der Dichter doch selbst seinen Gestalten unmittelbar an die Stätten, wo sich das begeben, was er in künstlerischer Ausführung wiederholte. Erst siedelt er am Hohentwiel sich an, dann am Waldkirchlein beim Säntis. Was er einst in der bildenden Kunst so gern geleistet hätte, das überträgt sich auf sein bildendes Wort, so bald er die Naturerscheinung erfaßt und wiedergiebt. Begleitet man in Gedanken Hadumoth auf ihrer Wanderfahrt, auf der sie Gott vertrauend dem geraubten Gespielen endlich wieder begegnet, so wird man nachfühlen, wie die wechselnden Gegenden, die sie durchzieht, sich beleben, ja, mithandeln und mitsprechen. Vor ihm, in dem rege Wanderselig= keit und strenge Forschungslust sich einen, lag das Buch der Geschichte und das Buch der Natur aufgeschlagen: nicht todte Buchstaben, nicht unbelebte Formen fand er in ihnen; aus beiden vernahm er lebendige Laute, die weckend und erhebend an Geist und Seele drangen. Wenn er der offenkundigen Schönheit und Majestät der Natur preisend und huldigend sich hingiebt, so lockt es ihn doch vielleicht mit noch lebhafterem Reiz, Sinn und Ahnungs= vermögen in das geheime Weben, in das leise Wirken der Erdenkräfte zu versenken. Er ist es,

> Der zu hören weiß in frommem Lauschen,
> Wie, herrlicher als Lied und Kunstgedicht,
> In stundenlangem, leisem Wipfelrauschen
> Des Waldes Seele mit sich selber spricht.

Aber nicht nur aus dem, was er erlernt, erlauscht und erwandert, fügt er die Elemente seiner Dichtung. Die Gestalten und Anschauungen, die er von außen und aus der Ferne empfängt, werden doch nur dadurch sein eigen, daß er sein inneres Leben — soll ich sagen — in sie einarbeitet oder gelind in sie einflößt. Und so wird ihm das eigene Sein zum Urquell seiner Dichtung. „Es kam alles von innen heraus" — so erklärt er selbst in spätern Jahren die Entstehung seiner Gebilde; oder, wie er es dem Parzival=Dichter in den Mund legt:

> Des eignen Herzens räthseldunkle Ziele
> Entwirren sich im höfisch=bunten Spiele.

Aus seinen eigenen Stimmungen erhebt sich Werners kräftiger Sang und sein Sehnsuchtslied; selbsterlebtes führt zu der schmerzlich=ernsten, aber nicht unmännlichen Ergebung, welche die Lieder des stillen Mannes athmen; der Nachhall solcher eigenen Stimmungen zieht wohl auch durch die mürrische, stets zur Kritik bereite Weltweisheit des sinnschweren Katers, dessen Stammbaum man nicht bei ältern Litteraturkatern suchen darf, der vielmehr leibhaftig aus dem Leben sich würdevoll in die Poesie hinüberbegeben hat. Der Dichter selbst leidet, ver= zweifelt und läutert sich mit seinem Ekkehard. Er ist es, der mit dem Regensburger Bischof in die Bergeseinsamkeit hinauf= steigt, wo er im erhabenen Sturmesungewitter, das ihn umtost und in dem noch erhabeneren Schweigen, das auf dem erdüber= schauenden und himmelanstrebenden Gipfel lagert, sein eigenes, von Stürmen durchwühltes Gemüth zur Ruhe schwichtigt und im Anblick dieser ragenden Schöpfungswunder den schwer wuchtigen Feierpsalm zu dem emporsendet, der die Tiefen ge= gründet und in unnahbarer Höhe über allen Erdenhöhen thront. So tritt der Dichter auch in ein durchaus persönliches Verhältniß zur Frau Aventiure, der spröden Unholdin, um deren Gunst er mit den gehaltreichsten und ausgebildetsten seiner Lieder wirbt. Wohl hat er ganz und tief sich eingelebt in die Gemeinschaft der Meister mittelalterlicher Dichtkunst; was in Ritterburgen und an Fürstenhöfen gesagt und gesungen worden, was im Waldes= grün und auf lichter Haide erklang und sich mit den Natur=

lauten der beschwingten Waldessänger mischte, das war ihm, seinem eigenen Worte nach, wie ein Abglanz der unsterblichen Jugend unsres Volkes. Ueber diesen Lebens- und Dichtungs-Kreis jedoch, in den Litteraturgeschichte und Kritik ihn ein-geführt hatten, wie bald schwingt er sich unabhängig über ihn empor! Reinmar, Walter, Wolfram und, den er aus Sagen-dunkel zuerst hervortreten läßt, Heinrich von Ofterdingen, — sie alle werden ihm brüderliche Sangesgenossen; durch ihren Lieder-mund macht er uns vertraut mit seinem Gemüth, mit seinem Geschick — sind beide nicht eins? Aus den zarten, aus den erschütternden Tönen der alten Meister müssen wir erfahren, wie er mit den höchsten Aufgaben der Kunst, bald hoffend, bald in düstrer Verzweiflung, ringt:

> — — Im sturmdurchbrausten Lenze
> Fahr' ich dahin und suche meinen Stern.

Gewiß, das treueste Abbild seines Innern zeichnet er uns in den Liedern, in denen lyrische Stimmung mit epigrammatisch geschärftem Ausdruck auf eigene, oft überraschende, niemals be-leidigende Weise zusammentrifft. — Und niemals darf ihn die lyrische Stimmung ins Unbestimmte, ins Form- und Haltlose hinein verleiten. Nur Gestaltetes und Festgefügtes darf von ihm ausgehen. Unwiderstehlich drängt ihn seine Künstlernatur zu Geschichte und Sage, wo schon das innere Leben sich ver-dichtet und verkörpert hat, so daß es der sinnlichen Anschauung faßbar geworden. So erblüht selbst seine Lyrik, die Trägerin seines Seelenlebens, am günstigsten auf episch-sagenhaftem Boden. Behält man diesen epischen Hintergrund im Auge, so versteht man vielleicht, warum der Zugang zum Drama ihm stets ver-schlossen blieb und seine Poesie auf die Beweglichkeit dramatischer Charakterentwicklung verzichten mußte. Er bedarf für seine Dichtung ganz eigentlich festen Grund und Boden. Im Säckinger Gedicht und im Ekkehard bot sich ihm dieser von selbst, wie eben nur dem gebornen Dichter sich so etwas bietet. Vergebens strebte er, ihn für seine Viola, für sein prosaisches Epos von der Wartburg zu finden. Unermüdlich forschend wanderte er am Rhein, an der Donau auf den Nibelungenpfaden; umsonst! Die Welt, die Gestalten, die hier vor ihm schwebten und schwankten, sie wollten sich nicht verdichten. Der gewissenhafte Künstler jedoch — gleich jedem echten Künstler näherte er sich der künst=lerischen Arbeit mit strengem Ernst und verschmähte jedes Spielen mit der Kunst — der gewissenhafte Künstler mochte seinen Bau nur auf geschichtlich gesichertem Boden errichten. In Wahrheit, er konnte nicht eher ruhen, als bis alle Abstraktion in einen bildlichen Eindruck verwandelt worden. Der Mythus wächst ihm so zu sagen unter den Händen; seine ausgelassensten Scherze kleiden sich in historisches und mythisches Gewand, — mag er nun, in graue Schöpfungsdämmerung zurückblickend, den Basalt und den erratischen Block, oder in bildungsheller Gegenwart das Heidelberger Faß besingen, das für die germanische Menschheit leider nicht mehr sprudelt. Auch die Zechlust darf nicht im Abstracten verharren. Aus ihr erwächst im Rodensteiner die kolossal heroische Verkörperung eines Dörfer verschlingenden und dennoch unstillbaren, Zeit und Ewigkeit trotzig überdauernden Durstes.

Ueberall ist es deutsche Geschichte und Sage, denen Scheffelsche Dichtung sich anschließt, mit denen sie zusammenwächst. Kaum mag man sich denken, daß sie in einem andern als dem vater=ländischen Boden wurzeln könnte. Durch einen Stoff, der ihn in die Fremde lockte, wie Tizian und Irene di Spielimbergo, konnte er wohl auf lange hinaus gefesselt werden, aber nicht konnte er mit dichterischer Kraft ihn befruchten. Nur heimische Sitte, heimisches Heldenthum, heimische Geistesthat kann seinen Geist zu schöpferisch gestaltender Thätigkeit entzünden. Und scheint sich nicht etwas von der kernhaften Gesundheit der deutschen Heldendichtung seinen Kunstgebilden mitzutheilen? Man darf es betonen — und dasselbe gilt von den Erzeugnissen seines alemannischen Kunstgenossen, des einzig unvergleichbaren Hebel,

zu dem Scheffel so liebevoll aufblickte und den er in dessen
eigenen Tönen so anmuthig zu rühmen wußte — man darf es
betonen: nie hat sich eine unlautere Zeile schändend in seine
Werke eingeschlichen. Dies wahrhafte Leben, das er im Bilde
vor uns auseinanderfaltet, ist gesäubert von den Schlacken ge=
meiner Wirklichkeit. Die Luft weht rein, wo er schafft. Un=
verhohlen blieben ihm die Schäden, die jetzt am Körper der
Menschheit nagen und zehren. Der zweiten Auflage seines
Jugendgedichtes gab er die Geleitsworte mit:

> Die Welt von heut ist dienstbar falschen Götzen,
> Die Wahrheit schweigt, die Schönheit seufzt und klagt,
> Nur Unnatur und Lüge schafft Ergötzen,
> Gott ist vergessen, Mammons Standbild ragt.

Um so höher ist die sittliche Tüchtigkeit dieser Poesie an=
zuschlagen, da der Poet die unbedingte Freiheit seiner Kunst
unverringert behauptet und sich in seinem Schaffen und Bilden
niemals durch die Rücksicht auf andre, wenn auch noch so edle
Zwecke beengen oder beirren läßt. Nicht an einen parteimäßig
abgegrenzten Theil des Volkes wendet sich diese Dichtung; zum
ganzen Volke spricht sie. Ganze Menschen stellt sie vor uns
hin, von deren Urkraft eine einseitige Bildung noch nichts ab=
gebröckelt hat. In ihr ergeht eine milde Friedensbotschaft an
eine in trostlosem Zweifel mit sich selbst ringende, in sieglosen
Kämpfen sich aufreibende Menschheit.

Als eine Genesung spendende Heilsgöttin, so tritt die Poesie
selbst in den Werken unsres Dichters auf. Von sehnender
Verzweiflung Pein muß Ekkehard genesen, da er den Erzklang
des germanischen Heldenliedes vom Waltharius in Virgilischen
Maßen nachtönen läßt. Auf ähnliche Weise sollte in jenem
größten unvollendeten Werke Heinrich von Ofterdingen von be=
drängender Qual sich erlösend befreien, indem er das Lied von
der Nibelungen Noth zu seiner endgültigen Gestalt ausbildet.
Als entschlossener Vorkämpfer deutscher Dichtung war er den

künstlerisch überlegenen Meistern der nach französischem Muster
entwickelten höfischen Poesie zu gefährlichem Wettkampf entgegen=
gestellt worden. Wie einen schmählich Ueberwundenen treibt man
ihn davon; aber Leben, Zorn und Kunst sind ihm noch frisch
geblieben. Der Glaube an deutsche Dichtung hält ihn aufrecht.
In arbeitseliger Einsamkeit wächst er, genest und erstarkt am
dichterischen Schaffen. Triumphirend kehrt er zurück auf den
Schauplatz der frühern Niederlage. Mit sich bringt er als
höchste Gabe das ewige Lied von des strahlenden Siegfrieds
Tod und Kriemhildens racheheischender Liebe, von Dietrich von
Bern und Rüdiger von Bechelaren:

> Der Ahnen Geister steigen aus den Grüften,
> Ein rauh Geschlecht, erprobt in Grenzmark Streit;
> Noch rauscht ihr Schlachtruf mächtig in den Lüften,
> Die Enkel mahnend alter Tapferkeit.

Es war das dreizehnte Jahrhundert, das unser Nibelungen=
lied entstehen sah; dasselbe Jahrhundert, in dem alle deutsche
Dichtung zu so wundersamer Blüthe gelangte, dasselbe Jahr=
hundert, das unser Dichter im Beginn der Aventiure mit dem
Weihespruch begrüßte:

> Schwingt Euch auf, Posaunen=Chöre,
> Daß in sternenklarer Nacht
> Gott der Herr ein Loblied höre
> Von der Thürme hoher Wacht;
> Seine Hand führt die Planeten
> Sichern Laufs durch Raum und Zeit,
> Führt die Seele nach den Fehden
> Dieser Welt zur Ewigkeit. —

> Ein Jahrhundert will zerrinnen,
> Und ein neues hebt sich an —

Auch wir harren einem neuen, allgemach aufdämmernden
Jahrhundert entgegen. Als ein Lebendiger wird unser Dichter

die Schwelle eines neuen Zeitalters überschreiten, im Gefolge jener gewaltigen und reinen Genien, deren Deutschland, ohne sich selbst aufzugeben, nie vergessen darf, und denen er, seiner vollen Selbständigkeit in seinem Kreise sich bewußt, eine wahrhaft männliche Verehrung widmete. Wir wagen zu erhoffen, daß er in der kommenden Zeit Geistesgenossen wecken wird, nicht solche, die in knechtischer Nachahmung unwirksam wiederholen, was er wirkungsvoll gesagt. — möge die trübselige Reihe seiner Nachahmer abgeschlossen sein für immer! — solche vielmehr, die seinem Sinne gemäß, aber ohne die von ihm erborgten Kunstmittel, auf das ewig menschliche gerichtet und des göttlichen eingedenk, in ihren Werken selbständig des deutschen Geistes immer neu erstehende Herrlichkeit bekunden und Deutschlands ewig strebendes Volk mit herzergreifenden Klängen an seine heiligen Pflichten mahnen.

Was hier mehr unvollkommen angedeutet als kunstgerecht ausgeführt worden, soll keineswegs als Gedächtnißrede gelten. Das Gedächtniß dessen, der unter uns aus eigner Kraft fortlebt, bedarf keiner Auffrischung durch ungenügende Rede. Das bescheidne Wort, das hier vernommen worden, sollte uns nur vor die Seele führen, was sein badisches Land, das er so geliebt und liebend verherrlicht, was sein ganzes großes Deutschland, ja was jeder, der durch deutsches Dichterwort die Macht des deutschen Geistes an sich erfahren, unserm Dichter innig zu danken hat und auch in Zukunft treulich danken wird.

Register.